本著作受南泰品牌发展研究院、上海市高峰高原学科和
上海对外经贸大学科研创新团队项目资助

U0592891

战略品牌管理

经典案例

谢佩洪
奚红妹 ◎ 编著

经济管理出版社
ECONOMY & MANAGEMENT PUBLISHING HOUSE

图书在版编目（CIP）数据

战略品牌管理经典案例／谢佩洪，奚红妹编著. —北京：经济管理出版社，2021. 9
ISBN 978-7-5096-8246-3

Ⅰ. ①品…　Ⅱ. ①谢…　②奚…　Ⅲ. ①品牌战略—企业管理—案例　Ⅳ. ①F273. 2

中国版本图书馆 CIP 数据核字（2021）第 193614 号

组稿编辑：王格格
责任编辑：王格格
责任印制：黄章平
责任校对：董杉珊

出版发行：经济管理出版社
　　　　　（北京市海淀区北蜂窝 8 号中雅大厦 A 座 11 层　100038）
网　　址：www. E-mp. com. cn
电　　话：(010) 51915602
印　　刷：北京晨旭印刷厂
经　　销：新华书店
开　　本：710mm×1000mm /16
印　　张：28. 25
字　　数：508 千字
版　　次：2021 年 9 月第 1 版　　2021 年 9 月第 1 次印刷
书　　号：ISBN 978-7-5096-8246-3
定　　价：88. 00 元

序一

学至于行而止矣

案例教学创造了一种自然的、批判性的学习环境。学生在此环境中参与问题讨论，引发观点碰撞，从而提升洞察问题、阐明观点、理性推理、明智决策、解决问题的能力。上海对外经贸大学探索案例教学 20 载，深知优秀案例是支撑案例教学的基础。于是，学校从 2000 年开始邀请国际著名商学院加拿大西安大略大学毅伟商学院（Ivey Business School）资深教授来校开展案例教学和案例写作培训，每两年开展一次。同时还派教师赴清华大学、毅伟商学院香港分院、加拿大毅伟商学院、中欧国际工商学院接受培训，形成了校内培训—校外培训—海外培训的培训链。在教师具备了案例教学和案例开发能力的基础上，上海对外经贸大学从 2012 年开始实施案例开发项目，资助教师按照国际上教学案例写作标准，走访企业，访谈决策人，采用一手资料开发本土案例，反映跨国公司在中国的经营管理实践，以及中国公司在本土和海外市场的经营管理实践。目前 72 位教师开发了 100 多篇案例，其中 18 篇案例被收录哈佛商学院案例库、毅伟商学院案例库、中国工商管理国际案例库、中国管理案例共享中心案例库、MPAcc 教学案例库。8 篇案例获得由全国MBA 教育指导委员授予的"全国百篇优秀管理案例奖"；2 篇案例获得全国MPAcc 优秀教学案例奖；5 篇案例荣获全国金融专业学位教学案例奖；2 篇案例入选首届和第六届全国管理案例精英赛总决赛，分别供晋级决赛的 12 所和18 所高校代表队比赛使用。2017 年申报的"基于案例开发及应用的教师教学能力提升与培养体系建设"项目获得上海市教学成果一等奖。

该书汇集、精选了上海对外经贸大学工商管理学院教师开发的 20 篇本土典型案例，聚焦品牌战略管理主题。每篇案例决策问题明确，谋篇布局合理，开篇引人入胜，结尾发人深思，给读者创造了真实的决策情境，能感受到决策问题的紧迫性和挑战性。每篇案例后附有启发思考题，引导学生分析思路。该书既适合市场营销专业本科生、研究生、MBA 和 EDP 学员使用，也适合企业管理人员阅读和学习。该书中的 12 篇案例已被中国工商管理国际案例库和中国管理案例共享中心案例库收录，教师使用者如果需要使用这些案例，可以联系这两家案例库获得案例全文以及案例教学指导书。另外，该书也有2篇案例被收录哈佛商学院案例库、毅伟商学院案例库，感兴趣的读者也可以去这两家国际权威案例库获得英文案例全文以及案例教学指导书。

该著作中的案例作者主要有奚红妹、谢佩洪、王朝晖、桑辉、吴志艳和刘欣。他们都是上海对外经贸大学工商管理学院教师，长期站在教学一线，从事案例教学、案例写作、案例研究。谢谢这六位作者的贡献，同时感谢每篇案例合作者的大力支持与帮助，这本书才得以顺利出版。此外，还要特别感谢"中国工商管理国际案例库"和"中国管理案例共享中心案例库"鼎力支持出版已经被他们收录的案例。最后，送上我们对经济管理出版社和王格格编辑的深深感谢，以及上海对外经贸大学工商管理学院三位研究生丁英蕾、陈怡霏和邹佳吟所做的编辑和校对工作，谢谢他们为此书出版付出的时间和精力。

瞬息万变的宏观环境给品牌管理世界带来了激动人心的变化，新思想、新观念、新理论也随之产生。对教师、学生以及企业管理者而言，探究这一快速变化的最好办法就是学习案例，接触到真问题，通过干中学，提高见识和能力。正如荀子所云："不闻不若闻之，闻之不若见之，见之不若知之，知之不若行之。学至于行之而止矣。"愿这本书给使用者带来价值。

奚红妹教授
上海对外经贸大学
2021年3月

序二

走出洞穴：
用本土原创案例讲述中国企业故事

柏拉图的《理想国》第七卷有一个著名的故事，学界称之为"洞穴隐喻"。在这个故事中，柏拉图描述了一个洞穴式的山洞，只有一条长长的通道连接着外面的世界，仅有很弱的光线照进洞穴。一些囚徒从小就住在洞中，头颈和腿脚都被镣铐紧锁，不能走动也不能转头，只能朝前看着洞穴的墙壁。在他们背后的上方，燃烧着一个火炬，在火炬和囚徒中间有一条路和一堵墙。而在墙的后面，向着火光的地方，还有些别的人，他们拿着各色各样的人偶，让人偶做出各种动作。这些囚徒看见投射在他们面前墙壁上的影像，便错将这些影像当作真实的东西。柏拉图的这个寓言给予了深刻的启迪：我们都深处洞穴，被自身的无知与偏见束缚，有限的感官呈现给我们的只有影子。那为什么我们不能走出洞穴去看看外面那个真实的世界呢？因为我们身上套着镣铐。

经过 40 年的发展，目前中国管理学研究最大的变化是科学性得到加强，但没有充分重视中国管理的重要现实问题。北京大学周长辉教授曾评价说："范式无争议，顶天不立地。满目皆浮云，很像但不是。"我们满足于"很像但不是"，满足于影子这种心理正成为另一种更为沉重的枷锁。截至 2019 年 8 月 25 日，入选哈佛大学商学院案例库的中国企业案例共有 147 个，涉及 110 家企业。2020 年《财富》世界 500 强排行榜发布，中国（包含中国香港）有 124 家企业出现在榜单上，在数量上第一次超过了美国的 121 家，实现了历史性的跨越。2021 年，中国（包含中国香港）有 135 家企业上榜《财富》世界 500 强。自 1995 年《财富》世界 500 强排行榜发布以来，还没有任何一个其他国家或地区能够如此迅速地增加在排行榜中的数量。回望中国商学院最近 20 多年的发展历程，中欧国际工商学院副院长兼教务长丁远感慨：中国的商学院从最初实行"拿来主义"，已经发展到如今基于中国市场的丰富实践向全球输出本土案例。

管理案例之于商学，正如解剖之于医学，个案之于法学，是工商管理教育不可或缺的重要组成部分。一批世界级企业或正在向世界级企业迈进的优秀企业，如华为、阿里巴巴、腾讯、小米、联想、海尔、中国建材、振华重工、字节跳动等，它们为中国管理教育的成长提供了得天独厚的土壤，其中蕴含着大量生动鲜活的商业案例与中国经验。而中国管理教育的蓬勃兴盛，也势必将为中国乃至全球经济的发展提供"中国智慧"。因此，我们现在要做的，不再是简单地传授给学生那些基于西方企业经验的管理理论，而是开发自己的、基于本土化的原创教学案例。转折点出现在 2012 年，上海对外经贸大学开始实施案例开发项目，受资助教师按照国际标准，采用第一手资料进行本土案例的开发。2018 年 9 月，上海对外经贸大学工商管理学院成立了案例开发与研究中心，开启了原创案例开发的新征程。

当今我们所处的是一个"近未来"的液态社会，世界进入了 ABCD 时代，随着人工智能、区块链、云计算、大数据等前沿领域的突破，一批中国本土企业快速崛起。基于第四次工业革命的数字经济时代，颠覆了诞生于工业经济时代的现有管理理论的逻辑，我们不能用过去的理论教现在的学生去面对不确定性的未来。原创管理案例的开发有助于学生探讨领先企业的最新管理实践，中国本土案例也为世界提供了一个了解中国的窗口。案例开发与教学从单纯"知识传播"的 1.0 版本，发展到今天"知识创造+传播"的 2.0 版本，在上海对外经贸大学的课程上，我们的老师用自主开发的原创案例讲述中国企业的精彩故事。原创管理的中国经验不仅具有"各美其美"的本土价值，而且还具备"美美与共"的全球价值。随着越来越多中国案例走进全球商学院的课堂，我们有理由相信，中国智慧将源源不断地为全球管理知识的丰富和完善做出应有的贡献。

谢佩洪教授
上海对外经贸大学
2021 年 6 月

目　录

第一篇　品牌内涵

第二篇　品牌战略

第三篇　品牌定位

第四篇 品牌塑造

第五篇 品牌国际化

第一篇

品牌内涵

上海家化："雙妹"品牌复兴之路①

摘　要："雙妹"品牌创建于 1898 年，20 世纪三四十年代成为上海名媛最喜爱的品牌。该品牌由中国历史上第一家化妆品公司"广生行"（现为上海家化联合股份有限公司）持有。20 世纪 50 年代中国实行公私合营政策后，"雙妹"品牌产品在中国逐渐停产。2007 年，上海家化联合股份有限公司重启"雙妹"品牌复兴之路，以海派文化为个性，打造跨界时尚品牌。本案例描写了老字号品牌的再造过程。

关键词：品牌；雙妹；品牌定位；品牌延伸

引　言

单价 1080 元的护肤霜、890 元的香水、220 元的香皂……正当人们惊喜地发现老字号品牌"雙妹"以时尚的面貌重回上海滩时，上海家化联合股份有限公司（以下简称上海家化）的一则公告打破了人们对"雙妹"品牌的期待。2013 年 5 月 11 日，上海家化董事长葛文耀被宣布免职。葛文耀是塑造上海家化品牌的"灵魂人物""主心骨"，他掌舵上海家化 28 年，把当初固定资产只有 400 万元的公司建成了总资产达到 45.2 亿元的公司。2007 年他引

---

①　本案例由上海对外经贸大学工商管理学院奚红妹教授、谢佩洪教授、许长清撰写，本案例作者拥有著作权中的署名权、修改权、改编权。未经允许，本案例的所有部分都不能以任何方式与手段擅自复制或传播。案例来源于中国工商管理国际案例库，案例编号 MKT-15-019，并经该案例库同意授权引用。案例中数据均来自公开发表的渠道。本案例只供课堂讨论之用，并无意暗示或说明某种管理行为是否有效。

领上海家化走时尚之路，唤醒沉寂半个世纪的老字号品牌"雙妹"，引领她迈向上海家化旗下品牌的塔尖之座。没有了葛文耀的指挥，"雙妹"品牌能走多远呢？

1 上海家化

1.1 上海家化背景

上海家化的前身为 1898 年创建于香港的广生行，随着历史变迁，原来的广生行经过改制合并后于 1999 年成为上海家化联合股份有限公司。2001 年 3 月 15 日，上海家化在上海证券交易所上市，股票代码为 600315，是国内化妆品行业首家上市企业，2011 年入选沪深证券交易所联合发布的沪深 300 指数（上海家化发展史见附表 1）。上海家化是中国日化行业的支柱企业，一直致力于开发和生产化妆品、化妆用品及饰品、日用化学制品等，帮助人们实现清洁、美丽、优雅生活的愿望。它拥有国内同行业中最大的生产能力，是行业中最早通过 ISO9000 国际质量认证的企业，也是中国化妆品行业国家标准的参与制定企业。上海家化技术中心在个人护理品开发领域处于国际领先水平，营销渠道覆盖了全国 200 多座一百万人口以上的城市。2013 年实现营业收入 44.69 亿元，同比增长 11.74%；实现净利润 8 亿元，同比增长 28.76%（2008~2013 年上海家化营业收入和利润见附表 2）。改革开放以来，上海家化大致经历了以下三个发展阶段：

第一阶段：把握机遇（1978~1990 年）。1978 年党的十一届三中全会后，中国实行改革开放政策，上海家化踏入了快速发展车道，于 1990 年登上了发展史上第一座高峰——固定资产超过 6000 万元，销售额达 4.5 亿元，利税 1.05 亿元，位居全国化妆业之首。此间，推出的美加净系列产品成为国内销售量最大、品种规格最全、获奖次数最多、知名度最高的中国民族化妆品第一品牌，创下多项全国第一。

第二阶段：曲折前进（1991~2000 年）。1991 年上海家化厂被迫拿出"露美""美加净"两个品牌与美国庄臣公司合资，建立上海庄臣公司。合资后"露美""美加净"即被合资方打入"冷宫"，当年上海家化销售额锐减 2.5 亿元，陷入谷底。失败的合资让上海家化反省民族品牌的战略发展之路。在随后的两三年里，上海家化向庄臣公司回购了"美加净"和"露美"品牌。1992 年上海家用化学品厂改制为上海家化联合公司，上海家化开始按当时全球领先的市场管理模式推行品牌经理制度，这为上海家化从一个计划经济下的工厂转变为市场经济条件下具备竞争力的现代化企业奠定了重要基础。1999 年上海家化联合股份有限公司正式成立。

第三阶段：转型升级（2001 年至今）。2001 年上海家化在上海证券交易所成功上市。资本平台的搭建，为上海家化走向世界舞台奠定了坚实基础。"六神""美加净""佰草集"等多个知名品牌组成了上海家化品牌部落，分别占据了各自细分市场的领导地位。研发实力和品牌实力位居本土日化企业前列，是一家能与国际同行展开全方位竞争的本土日化企业。2007 年上海家化部署进军时尚产业战略，致力于成为时尚消费品的中国代表性企业，复兴老字号品牌"雙妹"。2010 年"雙妹"产品面市，标志着上海家化正式进入高端时尚跨界领域。

2011 年上海市国资委公开挂牌出让上海家化集团 100% 股权，中国平安从众多投资者中脱颖而出，并由此成为上海家化大股东。上海家化董事长葛文耀坚持投资"海鸥"牌手表，拓展时尚产业产品线，但遭到中国平安拒绝，而中国平安向上海家化派人一事也与葛文耀产生过分歧，双方矛盾激化。2013 年 5 月 11 日，葛文耀董事长职务被罢免。

1.2 上海家化品牌家族

上海家化拥有"雙妹""佰草集""高夫""玉泽""六神""美加净""家安""恒妍""茶颜""启初"等诸多中国著名品牌，实现了对百货商场、超市卖场、化妆品专营店和电商等主流渠道的全覆盖。"佰草集"是为数不多进入高端百货商场的中国品牌，"六神""美加净""家安"主要占据超市卖场渠道；"恒妍"专为三四线城市化妆品专营店定制；"茶颜"（Tea Beauty）则是针对电商，特别是移动互联网渠道专门推出的定制品牌；"启初"则是聚焦 0~3 岁婴幼儿的护理品牌，由电商起步，进入线下终端连锁母婴店渠道。这些品牌覆盖了低端、中端和高端市场，获得了消费者信赖，赢得了多项奖项（品牌获奖见附表 3）。

上海家化精于品牌打造，"佰草集"和"六神"不仅家喻户晓，而且年零售额达到了二三十亿元，每年消费"六神"的人数有两亿五千万。提起上海家化在品牌管理方面的成绩，不能不提"佰草集"。1995 年，上海家化为了完善品牌结构布局，决定推出一个中高端品牌。那时，中国已成为国际化妆品鏖战的前沿，联合利华、宝洁、资生堂、欧莱雅等全球知名日化和化妆品正在中国市场展开激烈的争夺战，国内品牌别说与之展开抢夺，就是能保住已有阵地都成为一种奢望。1995 年 12 月，上海家化成立项目组，正式立项研究，科研部人员专程去神农架实地考察当地的草药资源，为研发做准备。

国际化妆品普遍采用生化技术，研究已经非常成熟。上海家化如果想突破必须另辟蹊径——结合本土医药文化，利用中草药方面的天然优势与化妆品相结合。公司搭建起一个中西结合的研发班底，找来曾经在法国欧莱雅总部做过相关研究的专家负责细胞研究，由上海中医药大学的博士负责中医理论的总结性研究，同时邀请六家知名高校和医院共同参与。最终，产品定义为"中国第一套完整意义上的现代中草药个人护理用品"。产品体系按照护理部位和功能诉求的不同分为纵、横两大类。纵向三类有头发护理、面部护理、身体护理，横向四类有肌本护理、专意护理、香怡护理和品颜护理。经过三年时间对产品定位、研发和营销方面的研究，最终形成了一个清晰的目标：打造一个全球运营的品牌。就这样，在 1998 年，带有浓郁中国中医文化色彩的"佰草集"诞生。

上海家化专门为"佰草集"完善内部组织架构。2001 年，上海家化成立佰草集化妆品有限公司，重建团队，赋予"佰草集"经营和预算自主权，共享上海家化研发及供应链资源。此后，随着销售规模的进一步扩大，"佰草集"的生产计划系统、仓库管理系统和物流配送系统从上海家化供应链中渐渐独立出来。

在渠道建设方面，上海家化借鉴了欧莱雅的高端和低端产品品牌差异化的营销经验，精选销售点，采用专卖店运营模式。1998 年 8 月 28 日，"佰草集"第一家专卖店在上海香港广场开张；2001 年"佰草集"进军香港市场；2002 年"佰草集"汉方 SPA 开张；2005 年"佰草集"以唯一一个中国品牌进入国际知名化妆品连锁专卖店丝芙兰；2008 年"佰草集"登入世界时尚风向地标——法国香榭丽舍大街；2010 年"佰草集"官方网上商城上线；2011 年"佰草集"在国内的门店扩展至 1200 家；2013 年"佰草集"正式登入德国化妆品连锁巨头道格拉斯，并且获得了德国消费者和专业人士的一致好评。正因为有"佰草集"的成功，上海家化增添了培育"双妹"品牌时尚气质的底气。

2　葛文耀——上海家化掌门人

葛文耀 1985 年到上海家化工作，任厂长。那时上海家化规模很小，固定资产只有 400 万元。在当时计划经济的条件下，葛文耀意识到国家不可能对所有的企业一直大包大揽下去，企业这条船早晚都会驶出计划经济的"避风港"。于是葛文耀领导全厂职工，围绕市场展开经营活动，在全国同行中第一个建立了覆盖各省区市的销售网络。到 1990 年，上海家化的销售额已达到 4.5 亿元，遥遥领先全国化妆品行业，各类产品的市场占有率达到了 16%，其中"露美"和"美加净"等系列产品形成了良好的品牌效应。

进入 20 世纪 90 年代后，随着国际产业资本的进入，市场竞争日趋激烈。1991 年初，上海家化以 2/3 的固定资产、大部分的骨干人员以及"露美"和"美加净"两个知名品牌同美国庄臣公司合资。由于美方不愿让葛文耀日后成为竞争对手，因此作为合资的一项必要条件，葛文耀担任这家新公司的副总经理。在合资公司期间葛文耀学到了先进的管理经验，如品牌经理制度、毛利的控制、人才细分等。工作了 17 个月以后，葛文耀萌发了重返上海家化的想法。他认为一国之强在于企业之强，在开放的中国市场上，作为国企掌门人必须为民族工业争得一席之地。1992 年 6 月葛文耀重返上海家化，继续担任厂长。

然而，此时的上海家化已今非昔比。由于合资抽走了精兵强将，输出了名牌产品，甚至连最好的两幢大楼也被划了出去，企业的销售额只有 1.7 亿元，净资产只有 4000 万元。更为严峻的是，在上海家化参与合资的同一时期，世界十大化妆品公司都已进入中国，它们凭借从全球网络中产生的竞争力大举"蚕食"中国民族化妆品的市场份额，上海家化的前途显得十分渺茫。面对此景，葛文耀没有退缩，他毅然斥巨资赎回"露美"和"美加净"这两个遭到外商"冷冻"的民族品牌。接着，他又采取了一系列措施，在公司内部建立了四大体系，即人才引进和管理体系、新产品开发体系、市场开拓体系和企业内部控制体系，切实有效地改善了企业增长方式和增长质量。经过三年努力，1995 年上海家化销售额将近 7 亿元。

1998 年 10 月上海家化（集团）成立，葛文耀任上海家化（集团）有限公司总经理、上海家化联合股份有限公司董事长。2000 年前后，化妆品行业的竞争态势发生了很大的变化，大多数内资化妆品企业不是被外资并购就是严重亏损。上海家化的竞争对手都成了外资企业，而且是跨国公司。葛文耀意识到，要想与跨国公司开展竞争，必须采取差异化的品牌经营战略，在研发、设计、精密制造、终端零售等环节上发力。"六神"品牌和"佰草集"品牌就是他领导企业实施差异化战略的最大亮点。这两个品牌汲取中华中医药理论营养，采用中草药配方，取得了很好的产品功效。"佰草集"是全世界第一套中医中药个人护理用品，2007 年这个品牌的零售额接近 4 亿元。同时，上海家化的业务出现了两位数增长，集团 2007 年净资产收益率达到 18%。

面对公司良好的发展势头，葛文耀思考着上海家化未来 10~20 年的发展方向。中国将成为全球第二大消费市场，中国新生代（"70 后""80 后""90 后"）有着完全不同的消费理念，时尚产业将迎来巨大的发展机遇。全球著名时尚品牌都已抢滩上海，然而，令人遗憾的是上海只是时尚消费之都，而不是时尚创造之都。上海若要成为时尚之都，必须大力发展时尚产业。因此，2007 年葛文耀向上海市政府提出发展时尚产业的设想并提交了《打造时尚品牌，推动上海消费品行业向时尚产业优化升级》的报告。葛文耀认为时尚产业附加值高，它充分整合科技创新、创意设计、精密制造、市场营销、文化传播和现代零售服务业六大环节资源，是实现上海经济转型发展的突破口，也是本土品牌发挥潜力的领域。2010 年上海家化重新推出了中国历史上第一代现代意义上的化妆品品牌——当年享誉香港和上海的"双妹"。葛文耀意欲借助旧上海名媛时尚的复兴，将"双妹"打造成中国高端跨界时尚品牌，填补上海家化在高端市场的空白。葛文耀精于品牌运作，非常清楚老品牌的价值，"双妹"与上海家化的历史渊源是不可多得的品牌资源。

当然，葛文耀也知道在现有体制下运作老品牌不是一件容易的事。他曾在接受记者采访时说："很多老品牌都属于国企，而中国老品牌的问题大都是体制问题，体制影响机制，机制影响市场化运作。没有好的机制就无法吸引人才，没有人才怎么做好品牌？所以老品牌振兴的第一步是要进行体制革新。如果国资不能全部退出，那么也可以适当卖出一部分股权，让其他资本介入。"①

2011 年上海市国资委公开挂牌出让上海家化集团 100% 股权，中国平安控股上海家化。葛文耀与中国平安就公司发展战略出现分歧，矛盾激化。2013 年 5 月 11 日，上海家化召开临时董事会议，决议免去葛文耀上海家化董事长和总经理职务，从此葛文耀结束了掌管上海家化 28 年的历史（葛文耀履历见附录 4）。

3 "双妹" 品牌

3.1 "双妹" 历史

清光绪年中叶，祖籍广东南海的冯福田在香港一家洋行售卖药品，从英

① 刘晓翠. 如何让老品牌重焕生机？——访上海家化董事长葛文耀 [J]. 上海国资，2012（8）：32-33.

国药剂师那里学会了配药知识，他经过反复研究试制出了比较适宜东方人的花露水，并为它取名"雙妹"。据说这一名字是冯福田从梦中得到的灵感：完美的女人融"嗲"和"JIA"①于一体，如双生花一样。"嗲"是沪语中形容上海女子言谈举止的娇柔，会打扮；"JIA"是沪语描述女子聪明伶俐，果断干练。1898年冯福田在香港成立广生行，1903年广生行在上海成立发行所，随后在上海东北角的塘山路设广生行有限公司沪厂，就是现在上海家化联合股份有限公司的前身。

1910年，"雙妹"入驻上海南京路475号，占据了当时最高端的时尚地标。1915年，"雙妹"旗下已经拥有众多美妆与香水产品，"雙妹"的美颜经典产品"粉嫩膏"在旧金山巴拿马世博会上获金奖，曾任国民政府大总统的黎元洪为此亲笔题写"材美工巧，尽态极妍"的匾额。当时的巴黎时尚界用"VIVE"（极致）盛赞"雙妹"的完美，"SHANGHAI VIVE"就成了"雙妹"另一个名字。

20世纪早期，上海广生行最大的竞争对手是英国"夏士莲"品牌雪花膏。第一次世界大战期间欧洲上空战云密布，英国商人怕商船途中遭受敌军炮火袭击，迟迟不敢将"夏士莲"从英国运到上海销售，造成上海市场上"夏士莲"断货。这时"雙妹"雪花膏"乘虚而入"，许多"夏士莲"消费者转向"雙妹"品牌。20世纪30年代，上海掀起旗袍热。广生行聘请关蕙农、杭稚英和郑曼陀等月份牌名家为"雙妹"绘制广告画——在一座由篱笆围绕的豪华花园里，两个身穿旗袍亭亭玉立的美少女并肩而立，尽显女性高贵典雅气质（广生行"雙妹"广告画见附录5）。

1937年抗日战争全面爆发，国人抵制日货、用国货的热情高涨，广生行沪厂向实业部申请将"雙妹"粉嫩膏、生发油、花露水、茉莉霜、千日香水、爽身粉和牙粉等9个品种确认为国货，申请得到批准，获得了国货沪字第76号证书。整个20世纪30年代是上海广生行的全盛时期，"雙妹"已经力压国际品牌，成为上海滩首屈一指的美妆品牌，并自沪上风靡全国，备受名媛佳人喜爱与推崇。20世纪50年代，上海全面实行公私合营，广生行改制成上海家化，"雙妹"产品逐渐停产，品牌从人们的视野中消失。

3.2 "雙妹"重新登场

直到2007年，当上海家化决定将现有的化妆品、日用护理品业务向时尚

---

① 该字在沪语中意为能干，字典中没有对应的汉字。

产业延伸时，"雙妹"这个已经沉寂了半个世纪的老品牌重回上海家化的视野。复兴"雙妹"品牌之初，上海家化花了近两年时间研究该品牌的定位。公司调查发现，能够认同"雙妹"的这部分女性消费者有着较明显的生活方式和性格特点。她们是讲究生活品质，对海派文化认同，有一定民族情怀的消费新贵；她们有较好的学习和工作经历，对中西方文化有深入的研究和了解，有自己独立的见解；她们爱好文艺，爱看话剧，爱听音乐会，喜爱聚会派对；她们性格上偏感性，喜爱低调的奢华。因此，"雙妹"的消费者应该是新时代下跨越不同年龄阶段的消费人群，她们在性格特点和精神追求上延续了原来 20 世纪 30 年代那部分开时代之先河的女性消费者。

了解了目标消费者特点之后，上海家化决定用最好的材料和工艺，做出最好的产品，继承和发扬"雙妹"品牌"材美工巧，尽态极妍"的品牌特色。在"雙妹"的品牌重塑过程中，上海家化重新梳理了营销管理、研发创新、供应链管理、质量管理、财务管理、信息化和组织、人才建设等方面的优缺点，并制定出了打造时尚产业的路线图。在这条路线图中有六大关键环节，即科研、设计、精密制造、品牌运作、传播、终端销售。

3.2.1　品牌内涵

"雙妹"品牌概括了一个女人的两种特征——"嗲"和 JIA。"嗲"是出色、好，外表看上去妩媚、干净；"JIA"是睿智、能干、坚强。20 世纪三四十年代，典型的上海女性既会打扮又聪明能干，物质上追求精致典雅，精神上追求独立平等，兼"嗲"和"JIA"两种气质于一身。"雙妹"也跟着上海东西文化交汇的节奏，漫舞着传统与时尚、内敛与开放、民族与国际、东情与西韵的脚步，深受上海名媛喜爱。每个女性心中都有名媛梦，20 世纪 50 年代之前，中国女性的梦想是走出家门，可以读书上学，可以工作，像男性一样，有经济来源，在社会上占有一席之地。那个时候"雙妹"的消费者就是这样的一些女性，她们有自己的独立生活追求。在现在追求男女平等的社会，女性对生活质量提出更高的要求，更注重个人的感受。她们买高端的化妆品，买时尚服饰类的产品来装扮自己，有的时候不是为别人看，而是为了自己的心理感受，这是自己内心的需求而不是外在强加给自己的要求。

"雙妹"的产品特色是"材美工巧，尽态极妍"，上海家化要求"雙妹"使用最好的材料和工艺，做出最好的产品。为了弥补自己在某些方面的短板，上海家化整合全球资源来打造"雙妹"，启用了国际设计公司、国际原料供应商、国际设备供应商等，在各个环节给予该品牌支持，希望把"雙妹"打造成既有海派文化积淀，又有国际视野的新品牌。

在产品研发方面，上海家化与意大利 Aqua-space 共同锻造活花提取技术；与法国调香名家合作，提升香水制作工艺。在门店室内设计和产品陈列方面，上海家化再度携手“佰草集”合作伙伴法国设计公司 Centdegres，为其出谋划策等。

3.2.2　品牌设计

上海家化重新推出的新“雙妹”在保留其原有中文名的同时，添加英文名为“Shanghai VIVE”。从这个英文名可以看出，“Shanghai”成为一种独特的标志被附加于“雙妹”之上。就是这样一个小小的变化，可以看出“雙妹”品牌与时尚的关联。俗话说“进不了上海，到不了全国，更闯不到海外”。上海在 20 世纪二三十年代曾被誉为“远东巴黎”，是世界级时尚中心。中华人民共和国成立初期，上海是全国轻纺工业中心，是衬衫、自行车、手表、照相机等优质轻工产品发源地，引领全国消费。进入 21 世纪以来，上海是时尚消费之都。新“雙妹”通过宣扬原品牌中的上海产地，以唤起大众对“雙妹”品牌独一无二的联想，把她与海派名媛气质和上海时尚风情紧紧联系起来。

新“雙妹”力求更加符合现代女性的审美喜好，在继承原本美好优雅形象的同时，希望凭借更加现代时尚的气质，体现海派文化中“东西交融、风情万种”的特质，并以这样的品牌形象抓住大众的心。

相较于旧时“雙妹”标识，新的标识更具有装饰性，舍弃旧标识中两位女子的完整身影，取而代之为插画效果的女性头像。这样的改变，既保留了原有标志中“一双女子”对“雙妹”的呼应，更凸显出新“雙妹”时尚、现代、摩登却又不失高雅的品牌形象。新的广告画中，两位女子妆容高贵俏丽，服饰奢华典雅，一正一侧半身呈现（上海家化“雙妹”品牌广告画见附录 6）。在具体的包装瓶型方面，设计师以上海老派建筑为根基，设计出红色瓶身、黑色雕花瓶盖的包装，显得精致典雅（“雙妹”包装见附录 7）。

3.2.3　产品组合

在产品组合方面，“雙妹”以现代科技融合中西奢美工材，撷取上海名媛晨起时独特的“沐、润、梳、描、怡、妍”六道扮姿步骤，划分出“沐浴、护肤、洗护发、彩妆、香水、配饰”六大化妆品类产品，再现上海滩名媛致美方略。“雙妹”亦通过海上名媛日常生活中的“衣、食、住、行”规划“妍”类跨界文化产品，意在赋“雙妹”品牌新名媛文化，复苏东方精神。首批上市销售的产品包括护肤品、香皂、香水、丝巾、彩妆、服饰、首饰，甚至音乐等在内的 40 多个产品。

"雙妹"美妆护肤类产品主要包括 8 个系列，分别是玉容系列、粉嫩系列、雪白晶润系列、玲珑保湿系列、夜上海香氛系列、花样年华系列、海上花系列、菁纯花露系列（"雙妹"美妆护肤类产品见附录8）。

"雙妹"珠宝配饰产品中，则有特别订制的海派珍珠饰品等。"雙妹"名媛丝巾极致优雅，由 Jasper Huang 设计。Jasper Huang 作为 Ferragamo 的世界年轻设计师，其作品已被佛罗伦萨皇宫收藏。在"雙妹"名媛丝巾系列中，图案演绎了 20 世纪 30 年代上海名媛的衣、食、住、行活动，表达了东情西韵，尽态极妍的"雙妹"品牌特质（"雙妹"珠宝配饰及皮具产品见附录9）。

3.2.4 产品定价

在上海家化产品组合中，"雙妹"产品面向高端市场，定价较高，其经典套系中玉容霜售价高达 1080 元/瓶，最便宜的香皂售价也达 220 元/块。上海家化就是要把"雙妹"打造成中国的"雅诗兰黛"，实际上"雙妹"的价格已经超过了雅诗兰黛。"雙妹"产品的定价改变了人们对国产品牌"便宜"的固有认知。

3.2.5 销售渠道

为了衬托"雙妹"上海名媛身份，"雙妹"在上海的首家零售店位于上海外滩的和平饭店。和平饭店建于 1929 年，原名华懋饭店，属芝加哥学派哥特式建筑，楼高 77 米，共 12 层。华懋饭店是由当时富甲一方的英籍犹太人爱利斯·维克多·沙逊建造，外墙采用花岗岩石块砌成，由旋转厅门而入，大堂地面用乳白色意大利大理石铺成，顶端古铜镂花吊灯，豪华典雅，有"远东第一楼"的美誉。饭店落成以后，名噪上海，以豪华著称，主要接待金融界、商贸界和各国社会名流。

"雙妹"旗舰店的设计由法尚设计公司参与打造，该公司是一所服务于国际高端品牌和大众零售品牌的创意设计公司。"雙妹"和平饭店旗舰店设计创造了一个亲切而愉悦的装饰艺术氛围，纵横交错的闪光黑线搭配洋红色图案，突出品牌色调。目前，"雙妹"零售终端已达到 14 家，分别布局在上海、北京和成都，其中 12 家为自营专卖店，另两家为专柜。一家专柜坐落于上海淮海路太平洋百货，另外一家专柜则通过丝芙兰零售渠道面向消费者。

3.2.6 品牌沟通

上海家化主要通过"雙妹"品牌活动宣传品牌形象。2010 年 8 月 23 日，"雙妹"全球首店的剪彩仪式在装修一新的上海外滩和平饭店举行。上海家化董事长葛文耀先生和著名舞蹈艺术家周洁女士等领导与各界名流会同来自全国的 60 多家媒体记者一道，见证了"雙妹"品牌的盛大上市。发布会大厅的鸡尾酒会觥筹交错，享誉上海的"和平爵士乐"步调如初，情怀依旧。伴随着瑰丽的经典上海歌曲，来宾们循着"雙妹"品牌历史的画廊，细品凝缩一个多世纪的玫瑰色传奇。著名艺术家秦怡女士、时尚权威人士靳羽西女士、著名作曲家陈钢先生等各界名流也出现在宾客中。

2013 年，上海家化又在上海举办了"东情·西韵"百年"雙妹"赋新文化展。展览通过丰富的历史素材、艺术品一般的产品展示，恰如其分地将"雙妹"悠久的历史、与时代息息相关的品牌命脉、深厚的精神底蕴以及当下华光复刻后的新形象与内涵——呈现出来。20 世纪 30 年代老上海繁华造就的月份牌、老广告以及名媛旧照都得到了集中亮相、追忆，21 世纪"雙妹"重回视线后与国际知名设计团队跨界合作的形象、产品也得到集中展示。展览分六个主题，包括百年回眸、新生翘楚、岁月光华、材美工巧、尽态致美及合作跨界。展览厅以黑金色装饰而成，低调而典雅，与"雙妹"的气质对应交融。

2013 年初"雙妹"推出了两段微视频，采用新媒体与消费者互动。"雙妹"启用了现阶段国内没有出现过的版画式视频，将玉容霜珍贵成分的挖掘、融合，通过一种略显神秘、硬朗、干净的视觉性表现手法，让消费者感受玉容霜的弥足珍贵。总之，"雙妹"正以优雅的身姿迈向时尚产业高端市场宝座。

4 "雙妹"品牌的考验

"雙妹"的重生，宣告了上海家化正式进军高端时尚领域的决心。在规模近千亿元但竞争残酷的日化行业，国产品牌的市场份额被挤压得不足 20%。复兴"雙妹"，不仅是一次大胆的尝试，而且是复兴民族品牌的大胆创举。在 2010 年将"雙妹"产品推向市场后，上海家化有了明显的再发力举动，其打造顶级化妆品品牌，努力向"时尚产业集团"目标靠近的想法显而易见。

如今，获得消费者与资本市场高度认可的"佰草集"，每年都为上海家化贡献数亿元的利润。在公司的理想状态下，若干年后，"雙妹"也能成为上海家化旗下的另一只现金牛。但不得不提的是，"佰草集"强调的是具有"东方神韵"的中草药配方，这是一个没有沿袭和历史背负的品牌，做好了产品功效、终端设计与宣传推广便大功告成。相比之下，"雙妹"承载着一百多年的历史与老上海文化，又要跨越多品类，更要体现时尚和古典气息。从这个角度看，"雙妹"无法类同于"佰草集"，过往的成功经验很难完全复制到"雙妹"身上。与此同时,对"雙妹"目前瞄准的目标客户群而言,那些久远的品牌记忆并不存在。"雙妹"曾经风光一时,但被历史尘封已久,或许只有那些年长者觉得"雙妹"是自己挚爱的品牌。

品牌寄托着企业的理念和信仰,也寄托着企业家的理念和信仰。纵观上海家化的发展历程,"佰草集""美加净""六神"等这些响当当的品牌凝聚了上海家化几代人的理想、信念和追求。在葛文耀的领导下上海家化架起了比较合理的品牌结构,在和跨国巨头的竞争中站稳了市场脚跟,跻身全球化妆品企业前50名。然而,中国平安控股上海家化不到两年,原董事长葛文耀意外地被董事会罢免,这让"雙妹"的前途充满了许多不确定因素。中国平安是金融资本的代表,追求短线收益,而上海家化作为实体企业,发展依靠长期战略。像主打品牌"佰草集",创立后7年才盈利,中国平安有耐心扶持"雙妹"吗?"雙妹"复兴之路考验重重。

附录1　上海家化发展史

附表1　上海家化发展史

年份	大事记
1898	香港广生行有限公司成立
1903	清光绪二十九年（1903年），在上海南京路成立了上海广生行并于20世纪30年代在沪建厂
1915	"雙妹"产品获巴拿马金奖
1956	上海全面实行公私合营，广生行有限公司沪厂吸收数家化学品厂后更名为"公私合营广生行制造厂"
1958	广生行、明星家用化学品制造厂、东方化学工业社、中国协记化妆品厂合并成为上海明星家用化学品制造厂
1960	20世纪60年代初推出"友谊""雅霜"护肤品
1967	"文革"期间，上海明星家用化学品制造厂删除"明星和制造"，改名为"上海家用化学品厂"
1984	美国总统里根访华途经上海，上海政府把"露美"赠送给里根夫人南希
1985	上海家化起草中国日化行业包括花露水在内的主要化妆品的测试标准
1991	上海家化厂拿出"露美""美加净"两个品牌与美国庄臣公司合资，建立上海庄臣公司
1992	"上海家用化学品厂"改制为"上海家化联合公司"
1996	上海家化有限公司成立
1998	青浦中央工厂建成使用，标志着上海家化拥有了国内同行业中最大的生产能力
1999	上海家化技术中心被国家经贸委等部门认定为国家级企业技术中心
1999	上海家化联合股份有限公司成立
2001	上海家化在上海证券交易所上市
2011	入选沪深证券交易所联合发布的沪深300指数

附录2 2008~2013 年上海家化营业收入和利润

附表2 2008~2013 年上海家化营业收入和利润

	2013 年	2012 年	2011 年	2010 年	2009 年	2008 年
营业收入（亿元）	44.69	45.04	35.76	30.93	26.97	24.93
同比变动（%）	—	25.9	15.6	14.71	8.2	—
净利润（亿元）	8	6.14	3.61	2.75	2.33	1.85
同比变动（%）	28.76	70	31.06	18	26	—
总资产（亿元）	45.20	36.46	25.47	21.22	18.63	16.85

资料来源：公司年报。

附录3　品牌获奖

附表3　品牌获奖

年份	奖项名称
1983	美加净发乳获得国家质量奖审定委员会所授化妆品行业中的最高荣誉，即国家银质奖
1985	“美加净”品牌被上海名牌产品评选委员会评为“上海名牌”
1989	“美加净”品牌连任“上海名牌”
1991	六神花露水被上海市经济委员会评为“上海优秀新产品”
1992	“美加净”荣获由商业部最畅销国产商品展销活动组委会评选的“最畅销国产商品”称号，“六神”品牌被上海名牌产品评选委员会评为“上海名牌”
1997	“美加净”商标获得国家工商行政管理总局和上海市工商行政管理局颁发的“驰名商标”和“著名商标”的荣誉证书，“六神”品牌连任“上海名牌”，并获由上海市工商行政管理局颁发的“上海市著名商标”荣誉证书
2001	“美加净”获上海市工商行政管理局颁发的“上海市著名商标”荣誉证书
2003	六神花露水荣获国家质量监督检验检疫总局颁发的“中国名牌”称号，“佰草集”被上海市工商行政管理局评为“上海市著名商标”
2005	“六神”获得由世界权威品牌鉴定机构 Interbrand 评选出的“2005年品牌建设年度十大案例奖”以及“中国最具价值品牌奖”
2006	“六神”被国家质量监督检验检疫总局评为“中国名牌”，“佰草集”荣获 InterBrand 颁发的“中国创造奖——中国最具创造力产品”奖
2007	“六神”被商务部评为“最具市场竞争力品牌”
2013	“高夫”“美加净”“佰草集”被上海质量技术监督局评为2013年“上海名牌”

附录 4

附表 4　葛文耀履历

1984 年 9 月至 1985 年 3 月	上海日化公司计划科副科长
1985 年 3 月至 1991 年 1 月	上海家用化学品厂厂长
1991 年 1 月至 1992 年 6 月	上海庄臣有限公司副总经理
1992 年 6 月至 1992 年 10 月	上海家用化学品厂厂长
1992 年 10 月至 1996 年 1 月	上海家化联合公司总经理
1996 年 1 月至 1999 年 1 月	上海家化有限公司董事长兼总经理
1999 年 1 月至 2013 年 5 月 11 日	上海家化（集团）有限公司总经理 、上海家化联合股份有限公司董事长
成就荣誉	上海市优秀企业家 上海市优秀共产党员 轻工部劳动模范 上海市劳动模范 全国优秀共产党员 全国"五一劳动奖章" 第三届全国优秀创业企业家 2011 上海国资委系统新世纪最具影响力先进人物

附录5 广生行"雙妹"广告画

附录6 上海家化"雙妹"品牌广告画

附录7 "雙妹"包装

附录 8 "雙妹"美妆护肤类产品

玉容系列

【凝驻至美时光 玉容不留岁月】

了解详情 >>

粉嫩系列

【粉颜白嫩 双重美肤无暇】

了解详情 >>

雪白晶润系列

【自然之白 点亮肌肤】

了解详情 >>

玲珑保湿系列

【开启肌肤"水喷泉" 水润玲珑享奢宠】

了解详情 >>

夜上海香氛系列

【揭开名媛曼妙身姿与幼嫩美肤之秘】

了解详情 >>

花样年华系列

【灵感于海上名媛的华美粉黛】

了解详情 >>

海上花系列

【护理身心灵 气质女人】

了解详情 >>

菁纯花露系列

【百年经典名媛秘方 深层滋润肌肤】

了解详情 >>

附录9 "雙妹"珠宝配饰及皮具产品

Shanghai Jahwa:
Rejuvenating Shanghai VIVE

Abstract: Shanghai VIVE or literally, "Two Sisters" pronounced as "Shuang Mei" in Chinese was born in 1898. This century old brand first gained international recognition when it won the gold medal at the 1915 Panama World Expo for its "Radiance Restorative Cream". After that it won popularity among wealthy and well educated young ladies in Shanghai during 1930s – 1940s. Due to political environment change in 1950s, Shanghai VIVE started to decline and finally disappeared from the market. In 2007 China's largest cosmetics company, Shanghai Jahwa determined to bring people back to the good old time of oriental Paris by re-introducing old Shanghai inspired beauty brand Shanghai VIVE. The case describes Jahwa's effort to rejuvenate Shanghai VIVE.

Key words: Brand; Shanghai VIVE; Brand Positioning; Brand Extension

上海家化："雙妹"品牌复兴之路

一、教学目的与用途

1. 本案例适用于 MBA、EDP 以及高年级本科生"品牌管理"与"时尚与奢侈品营销"的课程教学和管理培训。

2. 通过本案例的分析和讨论，培养学生运用所学理论知识思考问题和分析问题的能力，以及做出品牌决策的能力。

3. 本案例的教学目的之一是帮助学生理解品牌内涵，了解消费者对品牌的理解过程以及企业建设品牌的理念、方法和策略。

本案例的教学目的之二是帮助学生比较产品和品牌的区别，了解重点突出品牌文化的来源以及品牌文化培育。

二、启发思考题

1. 什么是品牌？品牌和产品有何区别？

2. 什么是品牌资产？上海家化在建立"雙妹"品牌资产方面采取了哪些措施？

3. "雙妹"品牌的文化内涵是什么？这一文化内涵是怎么形成的？"雙妹"品牌该如何定位？

4. 上海家化进入时尚产业为什么不开发新品牌，而启用已经淡出消费者视野几十年的"雙妹"品牌？

5. 葛文耀的免职对"雙妹"品牌未来发展会产生哪些影响？你对"雙妹"品牌未来发展有哪些建议？

三、分析思路

在经济全球化环境下，品牌是企业重要的战略资源。企业拥有国际品牌不仅可以进入全球市场，而且可以整合全球资源，取得竞争优势。

品牌的表象是符号，本质是文化，既包含一个国家的价值观、信念和追求，也包含企业的价值观、信念和追求，同时更是企业最高领导者的价值观、信念和追求的体现。随着环境的变化，曾经辉煌的品牌不再受消费者追捧。历经几十年甚至百年积累起来的品牌资产在世事变迁中流失。在新的竞争环境下这些老字号品牌资产该如何复活已成为中国企业家面临的现实问题。

首先，分析什么是品牌，什么是品牌资产，在此基础上理解品牌资产的来源。老字号品牌复兴应该从品牌资产来源方面采取措施，提高品牌知晓度以及品牌形象。其次，根据品牌定位理论，对老字号品牌的定位既要传承历史，也要有所创新。最后，为了强化独特的品牌联想，老字号品牌还需延伸。

课前建议阅读资料：

[1] Aaker D. A. Win the brand relevance battle and then build competitor barriers [J]. California Management Review, 2012, 54 (2): 43-57.

[2] Holt D. B. Brands and Branding [J]. Harvard Business Review, 2003, 11 (3).

传承中国手工艺的中国顶级奢侈品牌
——"上下"品牌塑造的艰难过程①

摘　要："中国制造"在全球一些消费者心中素来有"不高端"的印象，以中国元素为主题的、真正地由中方独立运营的中国奢侈品牌也是寥寥无几。本案例基于Keller于2009年提出的塑造强势品牌四要素的理论，记录了近五年来中国的奢侈品牌"上下"，以中国新锐设计师蒋琼耳女士为首的中国品牌管理团队深入挖掘中国文化元素、打造世界顶级中国奢侈品牌的艰难过程。

关键词：中国奢侈品牌；"上下"品牌；品牌塑造与管理

引　言

中国奢侈品消费者的消费习惯近几年发生了一些转变，即部分消费者在体验了西方的奢侈品之后，开始逐步回归到自己的文化根基，寻找更好的、有根基的生活方式。这使他们开始热衷于消费带有中国文化元素的精致产品。同时，随着中国国力的增强，世界更加关注中国，也开始关注带有中国元素的精致产品。因此，中国设计师蒋琼耳女士与法国爱马仕集团于2008年携手

①　本案例由上海对外经贸大学吴志艳博士、美国罗彻斯特理工大学的Jonathan Schroeder教授和Janet Borgerson教授撰写，本案例作者拥有著作权中的署名权、修改权、改编权。未经允许，本案例的所有部分都不能以任何方式与手段擅自复制或传播。本案例英文版收录在哈佛商学院案例库"Shang Xia: The creation of a Chinese luxury lifestyle brand"（No. 517032），并获得授权使用中文版。由于企业保密的要求，在本案例中对有关名称、数据等做了必要的掩饰性处理，但案例本身具有真实性。本案例只供课堂讨论之用，并无意暗示或说明某种管理行为是否有效。

创立，共同打造了一个传承中国文化及复兴传统手工艺的东方雅致生活品牌——"上下"。2013 年 9 月 12 日，"上下"品牌在法国巴黎开设其海外第一家零售空间。自"上下"的零售空间在 2010 年和 2012 年分别于中国上海、北京相继设立，"上下"巴黎零售空间是此品牌在全球开设的第三家零售空间。和前两间零售空间的经营理念一样，"上下"巴黎零售空间由建筑大师隈研吾（Kengo Kuma）先生设计，他以巴黎深厚的历史与文化为灵感，采用中国文化中不可或缺的元素"瓷"为原料，轻灵地勾勒出像文化艺术展览馆一样的零售空间，演绎着"上下"品牌理念："上"与"下"、"过去"与"现在"、"传统"与"现代"、"西方"与"东方"的文化沟通与对话、流动与融合。它向全球人民淋漓尽致地传达着一个包容并蓄、海纳百川的东方雅致生活。"上下"零售空间摆设设计考究，产品覆盖服装、家居、首饰，每件产品需花费数周或者数月制作。然而，"上下"品牌从不参与任何走秀活动，也不投放广告，而仅以文化展览的营销方式传递着其品牌的文化内涵。

在过去的五年里，"上下"品牌还未能盈利。消费者都认为导致这一结果的原因是，虽然"上下"的设计考究，但是其店中有 480 元一条的领带，也有 50 万元一张的紫檀双人椅，这使较多消费者感到"上下"产品的不上不下。大多数业内人士认为导致"上下"品牌还未能盈利的原因在于其定位不清。这个品牌定位于继承中国传统文化，复兴传统手工艺的东方雅致生活。这种定位导致其产品线太广、产品过杂、产品工艺时间过长。此外，该品牌也从不参加任何走秀，也不投放广告，这种营销方式可能导致消费者不容易形成统一的品牌认知。此外，中国大多数消费者还是盲目追求西方品牌。这些都导致该品牌运营五年还在亏损。因此，多数业内人士和消费者都质疑"上下"品牌能否走远。然而，"上下"公司表示"上下"不是一个仅仅为了做时装的奢侈品牌，而是一个把传统的雅致生活方式和现代人的都市生活结合的品牌，其店铺和文化物品展览模式是该品牌最常用的营销方式。该公司认为此种策略更能打动"重品质不重 Logo"型的消费者。

1 "上下"在强势品牌四要素方面的表现

Keller 提出塑造强势品牌的四要素：品牌认知、品牌含义（形象）、品牌响应和品牌关系。下面将阐述"上下"在强势品牌四要素方面的表现。

1.1 "上下"的品牌认知

Keller 认为品牌认知是指不同情形下，顾客回忆和再认出该品牌的能力，并在记忆中将各种被选择的品牌元素（品牌名称、域名、标识与符号、品牌形象代表、品牌口号、包装等）和次级品牌联想杠杆（通过公司的品牌战略、对产品原产地的认同、渠道战略、名人广告、赞助事件、与其他品牌的联盟、第三方资源的奖励和评论等）形成强大、招人喜爱和风格独特的品牌联想。因此，许多商家通过震撼人心的多品牌元素或次级品牌联想杠杆，并不断重复展示以提高品牌熟悉度，从而使品牌与品类或其他暗示（相关的购买、消费）之间塑造出有效的联想来创造品牌认知度。通过三个品牌零售店、多场文化物品展览和多篇的媒体评论的不断重现，"上下"品牌展示了令人震撼的多品牌元素和次级品牌联想杠杆，其主要表现为以下四点。

第一，"上下"品牌是首个中国人运营的高端奢侈品牌。它致力于传承中国传统手工艺术，复兴中国文化。就像 Charles 先生（"上下"的品牌经理）说的一样，"上下"品牌由爱马仕和蒋琼耳共同拥有股份，其中前者份额超过90%。同时，"上下"品牌是纯正的中国奢侈品牌，因为它具有中国的元素、中国本土的设计、中国的工艺，并由中国生产、中国人运营等特点。此外，"上下"与"爱马仕"各自有独立的市场、公关部门，它并非隶属于爱马仕中国公司。因此，"上下"品牌完完全全是中国的一个奢侈品牌。

Charles 先生接着说："中国历代封建王朝的宫廷生活中拥有最精湛的奢侈品。它向我们展示了中国古老文明的顶级生活方式，也向我们展示了最精湛的中国传统手工艺术。"他表示："中国的'70后'这一代人需要在具有上千年历史的手工艺技术灭绝之前，与中国富有创造性的历史重新对接。"因此，"上下"品牌致力于传承中国传统手工艺技术，重现中国古老文明的顶级生活方式。

第二，"上下"品牌是一个颂扬而不是隐藏"中国元素"的品牌。它体现了中国消费者不仅将成为全球奢侈品行业一支重要的力量，而且越来越多的中国奢侈品消费者更加重视奢侈品中的中国元素。它不仅向人们展示着上下五千年的中国文化积累，即传承中国文化及美学的精髓，而且还通过创新使之引向"今天"寄问"未来"的生活，这也预示着中国将成为全球奢侈品行业一支不可小觑的力量。

麦肯锡（McKinsey）2011年的预测显示，中国奢侈品市场将每年增长

18%，到 2015 年达到 180 亿元。越来越多的中国奢侈品消费者重视奢侈品的中国元素，特别是奢侈品消费时间不到五年的消费者成为中国奢侈品消费的主要力量（见图 1）。此外，该品牌不仅颠覆的是隐藏"中国元素"的品牌塑造模式，还启用颠倒的品牌名字。该品牌名字的灵感来自于汉语中的"承上启下"。

该品牌颠倒的不仅是这个品牌名字本身，还颠覆了中国对于奢侈品的传统看法：该品牌的零售店都坐落于高档购物区，"奉行极简主义，色调柔和且不张扬。我们很少用这样的词汇来描述中国的奢侈品店"。同时，每个店铺的装饰、店铺内陈设的每一件作品都向人们诉说着一段段美丽而动人的中国故事。比如，北京零售店以铝、茶、木和柔和的白光、黄光打造出虚实交错、轻盈灵动的老北京城墙；又如零售店内摆设着一款名为"天梯"的玉石项链。这令人联想到中国封建时期所穿的竹衣，即古人们用竹衣将沉重的礼服与满是汗水的皮肤隔离开。

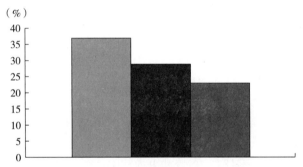

图 1　更喜欢消费有"中国元素"的奢侈品消费者占有率

第三，以文化展览为主的营销方式。Charles 先生解释道："我们的店员不会问顾客他们是否需要我们的产品。我们不做营销。'上下'不是一个金融投资项目，它是一个文化投资项目。"他表示，"幸运的是，我们有一个像爱马仕这样的合作伙伴，它愿意等待。其他商业项目的项目周期一般为 5 年或 10 年，在'上下'这个梦长达 100 年、200 年。我们从不参加任何走秀，也不投放任何广告，而是采用店铺和展览的营销方式，如'上下'品牌的零售店设计犹如展览馆或美术馆。同时，它还在上海和北京共举办了三场为期三周的文化展览：'上下'品牌于 2011 年推出以'传承与情感'为主题的文化展览；历程一年，邀请参与者打开他们的盒子，讲述他们的故事，并将它们记录、集结成册，与一些充满情感温度的小物件一起，装进盒子，成为'上下'文化物品的第一件。"

Charles 先生接着解释说："'上下'还于 2011 年 2 月 23 日举办首个文化展，展出这些能够勾起大家回忆的老照片，让大家在这些老照片和旧书信中，寻找熟悉或不熟悉的感受。这个主题主要通过家庭的方式，在工艺的基础上把自己的生活艺术重新和东方人还有全世界人分享，与生活有关的茶具、家具、服装、首饰、配饰等，都运用了传统的工艺描述当代设计和生活之间的关系。2012 年举办'人与自然'文化展览，花了一年半的时间去中国六个偏远的地区，重新找到了这些和自然最贴近的生活方式中的人，当你倾听他们的梦想、情感、故事、生活，当你看他们眼睛的时候，包围我们的是震撼及感悟。我们做"人与自然'，并不是让每个人去做隐士，只是生活里面有时候需要给自己一点空间，有一个回思的过程。为什么要做文化物品？因为这是超越任何一件带有功能性、带有价格、带有商业的物品，是超越一切的，从思想、哲学、信仰、情感、社会的角度和我们今天忙忙碌碌的人们、和全世界的人分享来自我们自己文化的精华。"

就像 Charles 先生解释的一样，"上下"品牌还免费赠送其产品制作过程的图文介绍，并且还邀请手工艺人作现场演示。比如，2013 年 5 月 31 日至 6 月 9 日，"上下"品牌在北京中国国际贸易中心国贸商城中庭开启首次对话传统竹编工艺的"竹·造"手工艺设计体验展。竹编手工艺人在现场演示"竹丝扣瓷"的编织过程，用纤细的竹丝，紧扣瓷胎，胎弯竹弯，依胎成形，竹丝和瓷胎浑然一体。这种将古老手工艺引入现代生活的商品成为时下的热门，因为其背后流露着静心之味，它是都市人祛除浮躁的"良药"。借由此次手工艺设计体验展，"上下"邀请参观者亲自动手，体验竹编工艺的灵动与巧思，体味每一件精良的艺术品背后被赋予的别样情致，也希望能带来一份弥足珍贵的触动。这种以文化为主题的营销策略被认为更能打动"重品质不重 Logo"型消费者。"过去的 30 年中国凭借其经济发展征服了世界，未来的 30 年，中国需要继续凭借其文化征服世界。" Charles 先生总结道。

第四，"上下"品牌利用第三方资源（媒体的评论与采访）建立次级品牌联想杠杆。Google 检索数据显示，自 2008 年 "上下"品牌成立以来，共有 79.2 万条新闻报道"上下"品牌有关事件，其中单单"上下"巴黎开店事件，就有 19.1 万条报道。Charles 先生说："在'上下'有大动作前都会接受多加媒体的采访，这也是我们向大众传递消息的一种主要方式。比如'上下'巴黎开店事件受到国际重要新闻媒体如英国的路透社、美国 CNN、《米兰晚邮报》和法国各大媒体的关注报道。此事也受到国内 5 大主流媒体中除中央电视台以外的其他4家重要媒体（新华社、《人民日报》、中国国际广播电台、中国网）的报道。"

1.2 "上下"的品牌形象

塑造强势品牌离不开在消费者心中建立稳固、完整的品牌含义或形象。"上下"的寓意深渊。比如，"上下"象征着两个对立面的和谐共处，因为天在"上"，地在"下"，但是没有"地"，也就没有了"天"。这就如"上下"的产品形象一样，其产品的外观看似简单、朴素、安静，但其实内里却是极其高端的材料、极其精致的工艺和极其深远的文化内涵，即"上下"品牌文化就是创造绚烂而平淡的精致生活方式。中国有上下五千年的文化积累，"上下"品牌秉承"承上"而"启下"的精神，通过现代的美学诠释中国的传统文化，使之恰如其分地融入当今及未来的生活。在传承精良手工艺、制作极高品质生活物品的同时，"上下"品牌也注重文化、生活与情感。比如，"上下"品牌每年创造一些文化物品，这是人们记住传统、对话记忆的最佳方式。因此，就如炼金术的宗旨"如其在内，如其在外；如其在上，如其在下"一样，"上下"品牌传递着传统与现代、东方与西方、人与自然和中国式的儒雅与热情的统一与和谐。

1.3 "上下"的品牌响应

塑造强势品牌必须引导消费者对品牌认同和品牌含义做出适当反应。就像"上下"的顾客郑女士（服装设计师，38岁）说的："我太喜欢这个品牌了，越来越多的设计师在传承中国文化，做属于中国自己的东西，让我看见中国设计的未来。再细看（'桥'系列的白茶瓷具），真的很漂亮！据它的作品图册介绍：白茶瓷具上的竹丝是用只有0.4毫米的竹丝紧扣瓷胎、依胎交叉立体编织成形，跟白瓷结合在一起。每100斤原竹只能抽取8两上好的像这样的竹丝啊！同时，这些竹丝也为茶具起保温隔热的作用。这些竹丝和瓷胎经过1300℃高温烧制，它们也就浑然一体了。你摸摸看，这手感真是细腻、流畅。你看，在这温润如玉的白瓷壶身上，居然找不到一丝起始或终结的编制痕迹！这真是蒋琼耳的执牛耳之作呀！"郑女士的解释说明她非常认同"上下"品牌的含义，即传承中国传统的精美绝伦的手工艺术。

1.4 "上下"的品牌关系

塑造强势品牌必须将消费者对品牌的反应转换成消费者和品牌之间紧密、

积极、忠诚的关系。就像李先生（文化传播公司董事长，45 岁）表示的：
"我第一次接触'上下'是源于喜欢。因为'上下'Logo 非常有意蕴。首先
它把对中国明式家具的极简化设计的方式融入'上下'的 Logo 中，并且'上
下'两字镶嵌在一个正方框中，远看像是一扇窗。这 Logo 的红色象征着家的
吉祥如意。同时，这富含中国篆刻字体的文化底蕴，在'上下'Logo 中得以
充分体现。再者，我非常喜欢它的设计。中国人对西方奢侈品趋之若鹜源于
'无知者无畏'，因为对西方文化的陌生从而照单全收，如加利亚诺设计的骷
髅图案，在西方美学中骷髅意味着修行，而在中国文化中骷髅是不吉利的。
这并不妨碍中国人消费加利亚诺，但是对中国文化中国人有自己的认知，'上
下'的元素虽然都取自中国，但是并非简单的还原，有些对传统中国元素做
了极简化处理，有些是混搭，融进了西方元素，如'上下'的紫檀家具只保
留了传统家具基本的形，去掉了过于繁复的雕花和小转折，把曲线拉成直线，
整个设计削减到了本质，但保留了它的韵。时尚品设计则是中西结合，男式
西装领口上半部中式设计，下半部西式设计，把中式立领的元素用到了女式
高跟鞋上，极简和混搭正是当今的潮流设计风格，这样的设计对我来说非常
适合，也符合中国人对传统文化的认知。此外，'上下'的衣服需要穿着者有
强大的气场，越简单的衣服越难穿，越考验穿着者的气质，而我就喜欢这个
风格。"不难看出，"上下"品牌建立起了消费者与品牌间的紧密联系。

2 "上下"的品牌文化发展和蒋琼耳的梦想

2.1 "上下"品牌的发展历程

由中国设计师蒋琼耳女士和国际奢侈品制造商 Hermes（爱马仕）共同打
造的中国奢侈品牌"上下"于 2010 年 9 月 16 日在上海正式亮相。这是全球
顶尖奢侈品集团爱马仕旗下的一个品牌，但又是一个完完全全"Made in
China"的奢侈品牌。这在国际奢侈品史上也是首次出现的一个彻底"中国制
造"的奢侈品牌。Charles 先生表示，"上下"品牌将完全独立于爱马仕的主
流产品线，以避免顾客在购买商品时产生混淆。爱马仕的主流产品线（在华
拥有 18 家门店）也不会为中国市场生产特殊产品。目前，"上下"主要销售
包括紫檀家具、薄胎瓷作品、白瓷茶具、立体毡服等带有浓郁中国传统元素
的产品，其产品着重强调从中国悠久的历史文化中汲取灵感。同时，设在巴

黎的品牌零售店将提升其品牌价值，尤其是让来法国的中国游客认可这个品牌。

Charles 先生解释道，在 2007 年底，蒋琼耳女士与爱马仕集团全球首席执行官帕特里克·托马斯先生和爱马仕集团艺术总监皮埃尔·杜马先生在法国一起构思此品牌。他们对此品牌运作的具体思路构建工作顺利完成，但对此品牌的命名过程几番周折。最后，当皮埃尔·杜马先生对着他画的一个圆圈说着"世界是圆的，如果中国在这里（法国的'下'方），法国就在这里（中国的'上'方）；假设现在的中国传统工艺在'下'方，那么高科技在'上'方，那么总有一天传统工艺会到'上'面来！"的话语时，蒋女士就觉得中国的汉字"上下"恰如其分地表达此意，特别是"上"字是"下"的倒影。因此，此品牌就命名为"上下"。

坐落在上海淮海中路香港广场上的"上下"品牌的第一间零售空间是由日本建筑大师隈研吾先生设计的：用记忆形状的羽毛般轻柔的白色高科技织物，营造出一种梦幻的氛围，即行在其中，犹如云中漫步；也像是一个个洞穴，宛若来自中国某位圣人的梦境，令人感受到科技的进步与神秘以及自然的清静与飘逸。这些拥有六角形机理的白色织物，犹如竹编、刺绣、瓷具等中国传统手工艺在现代科技社会中的倒影，与地板和墙面的木料以及石材的自然与纯朴形成反差，但又和谐地融为一体，它令人感受到没有世俗的污染、没有喧嚣的扰乱后那荡涤人心的清逸与神秘。

两年之后，即 2012 年 10 月 18 日，"上下"品牌以"里外"为主题的全球第二家、具有 1480 平方英尺的零售空间在位于中国国际贸易中心的北京国贸商城开幕，即"上下"上海之后，"上下"北京零售空间又由日本建筑大师隈研吾先生以铝、茶、木为材料，打造出一个个工字形的结构，从而形成虚实交错、影影绰绰的老北京城墙。同时，两道铝格栅墙错落之间，"上"与"下"两字隐约可见。整个庄严的城墙，巧妙地借用虚实错位，轻盈灵动地演绎着"里"与"外"、"上"与"下"、"过去"与"现在"、"传统"与"现代"、"东方"与"西方"的文化沟通与对话，流动与融合，其淋漓尽致地传达着"上下"品牌的东方传统美学与西方现代所融合的理念。"上下"北京零售空间提供高档传统的中国旗袍、丝绸、羊绒围巾、软丝夹袄、薄胎瓷碗和茶具。"上下"零售空间的所有产品都是花费数周或者数月制作的纯手工产品，其价位也相当昂贵，比如一件牦牛皮外套的售价为 1.2 万~1.5 万元，一套风水茶具的售价为 2.2 万元。

Charles 先生表示，"上下"品牌将于 2013 年 9 月在位于巴黎赛弗尔街（Ruede Sèvres）上紧邻爱马仕专卖店处开设出自己的第三家零售空间。两度推迟巴黎零售店的开店时间（此前宣布它的巴黎店于 2012 年 12 月、2013 年春节开幕）是因为"上下"品牌的巴黎店开张被认为是"上下"品牌发展三年以来一个至关重要的环节，它是"上下"品牌国际吸引力的一个体现，也是把中国文化的新面貌和西方成熟的商业体系结合的效用证明。与前两家零售店一样，"上下"品牌的巴黎店再次由日本建筑师隈研吾主持设计，店员也为进门的顾客奉上白瓷小茶杯装着的热茶，并为顾客解说每件产品背后的工艺和故事。例如，店员在介绍薄胎瓷的时候，会先请顾客闭上眼睛，然后在顾客耳边轻轻敲击瓷器，并解释道："正是这样的声音启发了音乐人窦唯为'上下'特制的店铺音乐。"在"上下"上海店和北京店出售的由民间特殊手工艺与实用主义的现代化设计相结合的服装、珠宝、家具、艺术品、茶具等产品，也以同样的产品组合在"上下"巴黎店出售，但以紫檀木为原料的家具除外（法国不允许使用紫檀木制造家具，紫檀家具将用其他木材代替）。

2.2 "上下"品牌艺术创意总监蒋琼耳女士

对"上下"品牌的创立者蒋琼耳女士来说，传承中国的传统手工艺是她的首要任务。蒋琼耳出身于一个艺术世家：其外祖父是最早留洋的中国艺术家之一，也是最早把西方油画艺术引入中国的贡献者之一；其父亲是参与建造了上海博物馆的著名建筑师。怀有一个"要让中国传统手工艺和艺术家走向世界"梦想的蒋琼耳毕业于法国国家装饰艺术学院，曾在爱马仕工作六年，主要负责设计一些中国橱窗。在设计主题为"与爱马仕共舞"的橱窗时，蒋琼耳用水墨画了一些抽象舞者的线条，巧妙地用玻璃纤维设计成"三维水墨"的效果：当人们从橱窗前走过而变换视觉角度时，会惊奇地发现橱窗里的水墨舞者在翩翩起舞。设计"印度印象派"主题橱窗时，则采用铝质马赛克，"点彩"出她在印度拍下的照片，呈现的是一派印象派的旖旎。

在蒋琼耳工作期间，她接触到许多深藏于民间的中国传统手工艺，这也坚定了她的梦想，成功地说服公司在中国继续发扬爱马仕的传统，将自己的创意与中国传统手工艺以一种独立的方式表现出来，也就诞生了"上下"这一品牌，这也是对爱马仕本身独特文化的认同。就像"上下"的品牌经理Charles 先生所说的一样，"上下"品牌的零售店是消费者可以来此收集文化遗产的一个地方。"上下"的品牌精神完全来自于不同的时代，但它具有一个超越商业的共同目标，即"上下"品牌是展示现代中国人生活的艺术、质量、奢侈，而不是一个普通的奢侈品牌；"上下"品牌是基于中国工艺、中国历史、中国传统、中国人生活的艺术展示，以传统的雅致生活方式与现代人都市生活模式相结合的，具有高尚生活品质的中国奢侈品牌。

2.3 "上下"的产品工艺

作为当代中国高尚生活奢侈品牌，"上下"致力于传承中国文化、复兴传统手工艺，演绎其所推崇的绚烂而平淡的生活方式，其产品线包括家具、家居用品、服装、首饰及与茶有关的物品。"上下"（Shang Xia）与爱马仕（Hermes）一样，分享着对卓越材料品质的激情，坚持着对上乘手工艺质量的承诺，以及对创新设计的不断追求。它的每一件物品都选自上等的原材料，采用精湛的中国手工艺，精雕细琢，专注于每一个细节，并诠释着中国式的儒雅与热情。它的所有产品都与中国传统手工艺者合作生产，而且合作方式非常灵活，比如，它的每件新品的设计都会虚心听取工艺师和工匠们的建议，以此就新品的创作灵感获得进一步的启迪。它在质感方面追求极致，为了达到此目标，"上下"品牌就材料的甄选方面，不惜寻求极其珍贵的材料，例如，一些用珍贵紫檀木制作明式家具。因此，它的产品，无论是刻意具有含蓄风格的工艺品还是装饰效果较强的珠宝饰品，都展现出精致而平淡的高尚生活气息。

蒋琼耳继承着爱马仕对手工艺人的爱戴、对手工艺术坚守的优良传统，在"上下"的产品创造中，她到处寻访民间工艺师，把传统精致的中国手工艺技术融入"上下"产品中。比如，当她造访苏州顶级刺绣和缂丝的手工艺大师时，这些大师们传授的中国刺绣针法有三十多种，并且动物羽毛、眼睛、树叶茎脉都具有不同的针法，但最佳绣娘也仅仅擅长十多种针法。因此，她把这种珍贵而又罕见的刺绣针法融入其产品制作中。然而，这也是一场中国传统手工艺复兴的艰难之旅。比如，由于唐宋时期的手工艺适应当时的生活需要，因此唐宋时中国的手工艺术达到巅峰。若现在仅是单纯复制这些手工艺品，那么这些"美丽而无用的东西"仅能放在博物馆中。Charles 先生说过，"上下"创造的产品是把手工艺术的"手"和"脑"结合在一起，但是较多的中国传统手工艺人习惯言传身教。他们虽然拥有丰富的经验，但是文化知识的缺乏导致他们不理解革新的必要性，也没有对手工业必须进行产业化的紧迫感。现在，蒋琼耳慢慢地引导他们，提高他们的文化水平，提升他们对文化价值、社会价值的认同感。然后，"上下"融入这些手工艺者的手工艺术，从而使一些手工艺术形成产业。就像 Charle 先生说的一样，若"上下"品牌成功地将中国过去多年间手工艺和历史断裂连接好，"上下"品牌也会成为一个顶尖的世界品牌。

3 不上不下的"上下"品牌还能求索多远?

除了爱马仕,或许没有人知道自 2008 年"上下"品牌成立以来一共投资了多少资金,但 Chares 先生表示该公司到目前为止未能盈利。这导致大多数业内人士质疑"上下"品牌能否走远。他们认为"上下"品牌未能盈利的原因是产品线过杂、定位于中国传统手工艺商品的太广、从不参加任何走秀也不投放广告的营销方式可能导致消费者不容易形成统一的品牌认知,"上下"品牌的产品工艺时间过长,以及中国消费者盲目追求西方品牌。

3.1 一些消费者和专业人士认为"上下"无法走远

首先,"上下"品牌过杂的产品品类、宽泛的品牌定位、单一的营销方式可能使消费者无法形成统一的品牌认知。定位于中国传统手工艺商品的"上下"品牌决定了其消费者人数的 60%~70% 是中国人,年龄层次跨度很大,二十几岁到七八十岁的都有。这会导致其商品的消费群和人数不稳定。"上下"店中最便宜的产品是 480 元的领带,最贵的是 50 万元的紫檀双人椅,很多消费者看着这家设计考究,产品覆盖服装、家居、首饰的门店却感到"不上不下"。再者,"上下"从不参与任何走秀活动,也不投放广告,仅靠店铺与文化展览的营销方式也局限了普通消费者对该品牌的认知。这些因素都导致消费者对"上下"品牌不容易形成统一的品牌认知。

其次,"上下"产品的工艺制作时间过长。业内人士认为,"上下"品牌在中国过于强调传统的文化符号,但这一领域对于爱马仕主品牌而言,并无过多优势。与爱马仕在法国经营传统手工艺皮具有所不同,中国传统的棉布、瓷器、竹编等工艺和产品,多因产地和原料而出名,消费者对这类工艺品的收藏也非常有讲究,并非耗时 2000 小时制作就可以打动他们。部分收藏爱好者对于行业内新兴的品牌敏感度不够高,而且他们甚至会有自己的收集和采购门路。

最后,中国消费者盲目追求西方品牌。中国一些消费者喜欢用奢侈品作为身份、地位的象征,因此,他们首先消费的是周围大多数人认可的品牌。像"上下"品牌推崇"重品质不重 Logo"型的消费者数量依旧较少。目前"上下"上海店的中外消费者的比例为 3∶2,而北京店的中国消费者更多,达到 85%。这就意味着"上下"品牌在短时间内销售业绩不高。这也就有可能无法实现 Chares 先生称之为一个成熟品牌的条件,即一个成熟的品牌必须具有可覆盖一、二线城市的规模和体量,并且普通消费者对其品牌有认知。

3.2 "上下"公司认为其品牌定能走远

对于"上下"的产品过于杂乱、品牌定位过于宽泛及营销方式过于单一导致"上下"品牌不易让消费者形成统一的品牌认知的质疑,Chares 先生及他的团队认为好的东西是没有年龄和地域的界限的。店内的商品既有普通人负担得起的衣服,也有超过 50 万元的紫檀摇椅。此外,靠店铺与文化展览的营销方式是因为将"上下"品牌定位于顶尖奢侈品。

就其产品工艺制作时间过长的质疑,"上下"品牌的管理团队认为高品质的奢侈品最重要的两个因素是时间和情感,一件好的东西要看你愿不愿意花很长的时间去制作,譬如一把紫檀的椅子需要制作六个月,一套茶具需要三四个月,一件羊毛毡子的衣服需要两个月。在当今物质已相当丰富的社会里,大多数消费者只是购买真正能打动他们内心的产品,所以"上下"公司希望拥有真正打动消费者内心的产品。"上下"的产品研发时间很长,最短需要一年,因此,在原有的工艺上展开创新对"上下"的手工艺人来说也是个挑战,有时他们已经尝试了很多次,但到目前为止创新的产品可能依旧未能面市。

中国奢侈品消费者近年来发生了转变,即部分消费者在体验了西方的奢侈品之后,开始逐步回归自己的文化根基,寻找更好的、有根基的生活方式。这致使他们开始热衷于消费带有中国文化元素的精致产品。就"上下"品牌的发展而言,对于"上下"品牌建设的投入和盈利,作为大股东的爱马仕公司虽然没有设限,但是从零售店开张的三年来,"上下"品牌的业绩是令他们满意的。因为,他们一直认为"上下"品牌的成功首先是其文化传承、社会影响、历史传承的成功,然后再是商业的成功。"上下"公司的管理团队希望步步为营,目前"上下"品牌还仅仅是一个三岁的小婴儿,他们有计划,但需要更多的时间去完成。

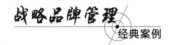

The difficult Process of Shang Xia Brand Building of China's Top Luxury Brand Inheriting Chinese Handicrafts

Abstract: The term of "Made in China" often has an image of not being high-end to the Global consumers and Chinese luxury brands with Chinese elements as the the-me and truly independently operated by China enjoy a very small number. This case study exhibits how Shang Xia, owned by Mr. Jiang Qionger and Herms, is made in China and operated by the Chinese completely. This study further reveals how the Chinese-led brand, Shang Xia employs Chinese cultural elements to develop the top Chinese luxury brands globally.

Key words: Chinese Luxury Brands; Shang Xia Brand; Brand Building and Management

案例使用说明

传承中国手工艺的中国顶级奢侈品牌
——"上下"品牌塑造的艰难过程

一、教学目的与用途

1. 本案例主要适用于 MBA、EMBA 以及专业类硕士研究生的"市场营销""奢侈品牌管理"和"品牌管理"等课程的教学和管理培训。

2. 本案例的教学目的是帮助学生掌握在劣势环境条件下开展品牌建设的技能,学会根据企业内外部资源状况以及外部的市场机会与风险,探索品牌发展的有效途径,并根据该途径具体设计品牌塑造与管理的策划方案。

二、启发思考题

1. "上下"目前的品牌定位、产品定位和市场定位分别是什么?对此,你有何不同看法?"上下"品牌与国内外其他竞争对手相比,其优势和劣势何在?

2. 从总体发展战略上看,"上下"品牌塑造的有效路径是什么?"上下"是怎样选择品牌元素和营销策略创建品牌资产的?

3. 目前,中国的奢侈品消费市场仍以西方奢侈品牌为主,消费者还不是很接受"Made in China"的奢侈品牌。请设计一个营销策划方案,提升消费者对"上下"品牌的认知度,并引导消费者理解其品牌内涵与文化意义。

4. 如果你是蒋琼耳,面临当前市场局面,综合其机遇和挑战,必须在哪些方面做出明确的决策?

三、分析思路

在市场营销领域,定位概念是 Ries 和 Trout 于 1972 年提出来的。他们认为，产品定位就是为了适应顾客心目中的某一特定地位而设计企业的产品和市场营销组合的行为。产品定位的目的是确定产品在市场中有别于竞争者的位置。品牌定位是在顾客的头脑中为产品或者品牌找一个独特的位置，就是针对顾客的感知和认知做工作，运用定位传播的方法影响顾客对产品或品牌的感知和认知，使顾客感知或认知到品牌的独特意义。市场定位是指追求与众不同并需要做出取舍以形成一致性的经营方向，即企业选择一个与众不同的商业模式，向顾客提供独特的价值。市场定位离不开产品/品牌定位，产品/品牌定位越明确，市场定位才能越准确。

首先，概括当前中国奢侈品行业的发展态势，以及行业的主要竞争状况，在此基础上分别分析什么是品牌定位、产品定位和市场定位。引出品牌塑造的有效路径，怎样选择品牌元素创建品牌资产，怎样选择营销策略和营销传播方式创建品牌资产。其次，提出根据企业内外部资源状况以及外部的市场机会与风险，探索品牌发展的有效途径。最后，思考在高端竞争对手的夹击下，如何塑造强势品牌。

林珍绣：创造符号消费价值①

摘　要：中国已进入消费社会，消费者除了消费物的使用价值外，更追求物的符号价值，即物的符号所代表的意义，由此获得社会地位和身份认同。消费者通过占有商品和商品的符号意义，建立了与他所属群体之间的身份认同，又拉开了与低于自己社会阶层成员之间的距离。苏绣作品的符号价值受到中国中上阶层追捧，人们消费它、收藏它、投资它。本案例描述了林珍绣品牌符号消费价值的创建过程。在镇湖苏绣产业集聚和镇湖镇政府大力推动苏绣产业大发展的背景下，林珍绣品牌创始人黄林珍既坚守手工制作者的工匠精神，又追求艺术创新，建立了林珍绣品牌，瞄准高端消费市场，实现了从绣品到作品的飞跃，创造了符号消费价值。

关键词：苏绣；林珍绣；艺术作品；符号消费；符号价值

引　　言

2016年11月5日，阳光灿烂，黄林珍早早地来到位于苏州齐门路上的林珍绣工作室，等待庞迪艺术品投资公司（以下简称庞迪公司）总经理李先生到访。在刚刚结束的2016年江苏省"艺博杯"工艺美术精品大奖赛上，她参赛的刺绣作品《十二美人图》屏风一举夺得金奖。作品以清朝宫廷画家创作的工笔重彩人物画复制品为画稿，在工作室全体人员的努力下，历经四年时

---

①　本案例由上海对外经贸大学工商管理学院奚红妹教授和谢佩洪教授撰写，本案例作者拥有著作权中的署名权、修改权、改编权。出于保密的需要，本案例中对有关名称、数据等做了必要的掩饰性处理。本案例只供课堂讨论之用，并无意暗示或说明某种管理行为是否有效。

间完成。作品用细腻的针法、千种色线刻画了古代美人典雅、含蓄、闲适的神韵，再现了苏绣精、细、雅、洁的独特魅力。这幅作品引起了庞迪公司的注意，公司总经理李先生当场开出高价收购这幅作品，并提出对林珍绣工作室进行投资，独家代理黄林珍的作品。这突如其来的好事让黄林珍十分惊喜，双方就合作意向在林珍绣工作室做进一步交流。

1　苏绣

　　苏绣为苏州刺绣简称，至今已有2000多年的历史，春秋战国时，就以刺绣服饰作为礼仪国服，至宋代苏绣逐渐以技艺精细、形象生动而闻名。苏绣具有图案秀丽、构思巧妙、绣工细致、针法活泼、色彩清雅的独特风格，以"精细雅洁"而著称。艺术大师丁佩用"齐、光、直、匀、薄、顺、密"七字高度概括刺绣艺术特色。所谓"齐"，即刺绣用线之迹要齐整，不使一毫出入；"光"要求轮廓自然光亮；"直"要求绣线直如朱弦；"匀"指用绒匀称，所谓粗细适均、疏密相称；"薄"指用线极细、造型准确而绣面极薄；"顺"意味丝顺气顺，一丝不顺则气脉全乖、精神俱隔；"密"与实相成，惟细而密。这七个字也是检阅刺绣用针、用线乃至用心的准则。刺绣既是技术又是艺术。它是由针线书写的美术作品，由点线面和色彩组成的画面形式。苏绣作品不同于绘画作品之处在于它用针用线绣出作品的肌理，把绘画图形纳入苏绣构造之中，用针线再现一个新的艺术形式世界。因此，苏绣作品的效果，既取决于绘制的图样，又取决于针法和丝线的肌理，其独特的美感亦源于此。

1.1　苏绣针法和色彩

　　苏绣的针法极其丰富，大概归类起来有九大类43种针法，这些针法组合起来，使苏绣作品层次分明，精巧细腻。基本针法有齐针、正抢、反抢、迭抢、平套、散套、集套、擞和针、施针、接针、滚针、切针、辫子股、拉梭子、平金、盘金、打子、结子、拉尾子、鸡毛针、绒、格锦、编针、网绣、水纹针、桂花针、挑花、松针、戳纱、打点、乱针、扣绣32种，辅助针法有扎针、铺针、施毛针、旋毛针、刻鳞针5种，变体绣针法有迭绣、穿珠、帘绣、钉绣、贴绫、虚实针6种。苏绣作品创作者为了更好地表现物体的形态特征，常常是多种针法并用。例如绣猫时，毛丝用施套针，眼珠和眼白用集套针、施针，胡须及眼睛用滚针，通过针法的灵活应用，使绣出的物像真实生动、质感毕现。一般来说，苏绣的针法是由一根丝线劈成 1/8，1/16，1/32以至 1/64。针的疏密、松紧，光的聚散、强弱，不同针法的混用、转折，都是为了绣面的效果有意设计的，而不是随意的、无序的。

苏绣作品色调调和、色彩文雅、明洁亮目。它的线色达千种以上，每种颜色从浅到深又有十多种，一幅作品所用颜色往往多达一二百种。常常一小幅苏绣作品就要绣女工作 3 个多月，中等作品要绣一年多，大幅的要绣两三年及以上，且还要多人合作才能完成。精美的苏绣已成为国礼，送给外国国家元首。

1.2 苏绣工艺流程

苏绣有着一套成熟而完整的工艺流程，大致分为九个步骤。第一，设计（选稿）。绣稿的来源大体有两种：一种是专为刺绣创作出适合刺绣的画稿，另一种是选自名家的作品，包括国画、油画、照片等。第二，勾稿（底稿）。根据创作完成的画稿，复制黑白单线的轮廓稿。如果是油画、水彩画或是摄影稿，还需勾出光线明暗层次。第三，上绷。将两块绷布（白棉布）分别与底料两头缝接起来，形成一块整料，再把绷布嵌入两根绷轴的嵌槽中，用嵌条嵌紧，转动绷轴，将底料绷在两轴之间，再用绷闩两头分别插入绷轴两端的长方形孔内，用绷钉插入绷闩的小孔内，以固定位置。然后在绣地两边用棉线来回交叉缝制，接着用绷线穿过缝线的交叉点中，缠到绷闩上，再依次逐条拉紧，使绷面纬向平服。第四，勾绷。将勾稿用细针钉在底料反面，透明的底料从正面呈现出稿样，再用铅笔或毛笔在底料上将画稿勾画下来，如果底料透明度差，可放在装有灯光的玻璃台上勾稿。勾稿上的线条作为刺绣者下针的依据。第五，染线。根据绣稿设计要求，选择粗细不同的丝线，染成若干个色级的色线。比如，苏州刺绣研究所的丝线基本上自己染色，仅不同灰色的丝线就达十几种。第六，配线。按照绣稿的色彩挑选所需的色线，绣稿上有多少色就要配多少色线。为了达到镶嵌和顺，一种色彩往往要选若干个色级，如一朵红色牡丹花，从深到浅要配十多个色级的线，才能表现出理想的效果。乱针绣一般采用油画或摄影稿，配线时，除物象本身色线外，还有环境反映色，色彩更为丰富，配线尤为复杂。第七，刺绣。根据绣稿，采用最恰当的针法和色线再现原作意蕴。第八，落绷。底料上的纹样全部绣完，并达到预期的效果，才将绣件从绷架上取下来，这称为落绷。第九，装裱。刺绣作品也需经过装裱使绣面平整服帖，有利于欣赏和传世。[①]

2 苏绣产业集聚镇湖

镇湖，位于太湖之滨，离苏州市区约30千米，面积20平方千米，人口2万左右，是苏绣的发源地。自古以来，当地人耕作之余，多以刺绣、织席、养蚕、捕鱼作为传统副业，其中尤以刺绣为盛，"家家闺阁架绣绷，妇姑人人习巧针"是镇湖的真实写照。20世纪90年代，随着改革开放深入，百姓收入水平提高，绣品市场日趋活跃，绣品价值被市场发现，不少绣女主动走出乡村，到镇上开店设厂。镇湖镇政府因势利导，于1997年建造了1700多米长的绣品一条街，集生产、设计制造、销售、观光于一体，同时出台了入驻绣品街开店的多项优惠政策，刺绣产业很快地在镇湖一条街集聚。1999年，镇湖被江苏省文化厅授予"民间艺术之乡"的称号；2000年，又被文化部授予"中国民间艺术（刺绣）之乡"的称号。昔日的传统副业成为当地的支柱产业。据统计，镇湖约有8000名绣女常年从事刺绣生产，大小绣庄300多家，由此带动了上下游产业链的发展，如电脑辅助设计、刺绣辅料供应、绣品包装装潢、绣品批发零售等。镇湖成了全国规模最大的苏绣专业市场。很多外地人也来镇湖谋求发展，镇湖刺绣产业由此变得形式多元而层次丰富。

镇政府在促进苏绣质量提升方面做了大量的工作，1998年10月成立镇湖刺绣协会，协会邀请苏州刺绣研究所老师传授技艺，以传、帮、带方法提高绣女们的技艺，鼓励绣女走出镇湖参加各种展览、展销活动，把绣品推向市场，以获得社会认可。2007年，绣品街"中国刺绣艺术馆"建成并对外开放。该馆面积8000平方米，每年都举办全国规模最大的专业性刺绣展，吸引大批游客来小镇参观。苏州大学艺术学院的实习培训基地也建在了镇湖。苏州大学艺术学院专业老师对镇湖绣女进行素描和色彩的培训。培训后，绣女们的素描、色彩知识都有了明显的提高。一些原本把刺绣当副业的绣女，因为经过专业系统的学习，对苏绣有了更大的热情，自然愿意投入更多的精力，很多人变副业为主业。2009年，镇湖刺绣协会拿到了由国家工商行政管理总局核发的"镇湖苏绣"地理标志集体商标注册证，这意味着镇湖刺绣协会会员都能分享这块金字招牌。镇湖镇成了绣女们展示自己作品的重要窗口，也成了绣女们走出传统家庭作坊，投入市场经济活动的必争之地。

---

① 李红娟. 苏绣——针尖上绣出的黄金 [J]. 艺术市场，2013 (27)：114-119.

3 林珍绣品牌创始人——黄林珍

3.1 学艺

黄林珍出生于水泽之乡镇湖，七岁起跟着母亲学刺绣，在母亲一针一线的指导下，黄林珍逐步掌握了基本针法，学会了劈丝、选线、描画、配色等技术，能够把一根线分成 128 丝。在艺术成长的道路上，黄林珍得到了中国工艺美术大师、国家级非物质文化遗产（苏绣）项目代表性传承人、中国苏绣艺术博物馆高级顾问余福臻老师的精心指导。黄林珍特别向余福臻老师学习了由老师本人发明的"细乱结合"刺绣技法，即在细绣里融入乱针，使所绣之物色彩更加丰满、立体感极强。黄林珍跟随老师不仅学到了技艺，而且练就了一颗安定的心，在传承中前行，在前行中创新。余福臻老师常说，"刺绣本身是门对抗时间的艺术，需要创作人一丝一线的认真投入，更加需要日积月累的长期坚持。无论如何，想要成就这门艺术，刺绣艺人的心必须是安定的。"黄林珍没有辜负老师的期望，自己以摄影作品《猫》为母本的刺绣在 2012 年江苏省工艺美术精品博览会上获得金奖（见附录 1）。

3.2 创办绣庄

受镇湖良好创业环境的影响，黄林珍离开自己工作多年的绣厂，于 2011 年在镇湖创办了绣庄，收徒学艺。黄林珍收徒有特定的要求，一看人品，二看悟性。人品决定了绣品的高度，一针一线绣出的是绣女真善美的内心世界。悟性很重要，不是所有人都具备学刺绣的条件，它要靠绣女创造性地运用针法，细腻表达画稿的韵味。苏绣针法有 43 种，什么情况下用什么针法是可以学的，但大部分情况下需要绣女创造性地发挥。黄林珍绣庄开在镇湖绣品街上，上下两层楼，楼下供作品展示和业务洽谈，楼上是绣女工作场所。黄林珍绣庄有八位固定绣女，她们都是镇湖本地人，每天来黄林珍绣庄工作。如果业务量大，固定绣女来不及做，黄林珍会请一些临时绣女做。报酬结算分为"计时制"和"计件制"两种方式。固定绣女采用"计时制"结算方式。"计时制"是指以实际工作时间计算应得的工钱，按照八小时工作时间，保质保量完成绣品的加工，工资每月发放。临时绣女采用"计件制"结算方式。"计件制"是以"件"为单位，将绣品底料交于绣女，帮其配好绣线，规定质量标准，并约定好完工日期的一种生产方式，绣女可以在家做，不受地点约束，即使实际工时超出，手工工费也基本不变动。

黄林珍绣庄的绣品继承了传统苏绣的特点，以手工为主，获得了客户的青睐，既有企业订单，又有个体消费者购买，绣品供不应求。订购商通过介绍或者慕名来到镇湖，一般在镇湖住上几天，每个绣店挨排走走看看，收集一些资料，摸摸行情，熟悉情况。经过一番考察，他们比较同类产品的质量和价格，然后再决定订购什么绣品，从哪家订购。客户非常喜欢黄林珍的绣品，他们不仅重复购买，还会向他人推荐。黄林珍也愿意根据客户提供的画稿，专门为他们定制。客户和黄林珍建立了比较好的关系，他们会先支付预订款，等上半年左右的时间再拿货。黄林珍总是坚持自己做苏绣的质量标准，件件绣品让客户满意。家人让她扩大绣庄规模，满足订购商批量订单需要，但黄林珍不仅没有扩大绣庄，反而打算暂停手中的业务，系统学习艺术理论和知识，提升自己的艺术创作能力。因为她知道没有独特艺术价值的绣品，很容易卷入价格竞争的漩涡。

3.3 清华求学

2014年清华大学美术学院面向全国开办"艺术理论与工艺美术创作高级研修班"，旨在将该学院的研究理论应用于工艺美术创作实践，推进艺术创新、复合型人才的培养。该研修班首期开设了刺绣、陶瓷、紫砂、玉雕等多个专业，黄林珍成了这个班的第一批学员，系统学习苏绣艺术。高级研修班授课时间为期9个月，学员们学习公共理论课、导师公开课、导师专业课三部分课程。公共理论课由清华大学美术学院的专业老师讲授中外工艺美术史、素描及色彩、艺术品市场分析、中国传统文化概述等课程。著名苏绣艺术家姚建萍开设导师公开课、导师专业课。姚建萍认为，目前很多苏绣作品还停留在临摹、复制、体现刺绣工艺之美阶段，其最大瓶颈就是缺乏原创。要继续攀登苏绣艺术之高峰，必须突破瓶颈，实现从复制到原创的跨越，实现苏绣艺人从"匠"到"师"的转变。

黄林珍在清华大学学习期间，如饥似渴，理论和实践齐头并进。她对清代刺绣大师丁佩在《绣谱》"论品"篇中对刺绣五种境界的描述有了切身的理解。丁佩用能、巧、妙、神、逸五个字概括刺绣由低至高的境界。"能"属于刺绣技艺的层次，指的是通过长期研习磨炼，自能通达；"巧"是要求有独立的巧创，开始攀登技艺的高峰；"妙"即能巧皆备、举重若轻；"神"与"逸"则是一种无可挑剔、出神入化的至高境界，也是炉火纯青、大匠不雕的理想境界。从具体的针法到绣品的效果，从技艺层面的"能"到非技艺层面的"神""逸"，始于技艺而止于境界，一种艺术的境界。① 跨进清华校门学习对黄林珍的帮助是巨大的，如果说以前的历程是摸索，那么进入清华大学学习的进步就是飞跃了。她接触到了很多清华大学美术学院的老师和同学，与他们频繁交往，参加国内外交流活动，视野一下子从镇湖一角开阔到国际舞台，她对苏绣又有了新的认识。她开始思考绣品的现代审美、语言表述和符号化意蕴，对自己所从事的这门手工艺术更自信，迈出的步伐更坚定。

4　市场繁荣背后的隐患

镇湖集聚了大小绣庄 300 多家，除了极少数绣庄注重品牌化运作外，大部分绣庄绣品题材雷同，缺少独特的创意，质量虽有高低之分，但消费者辨别能力有限，往往被低价吸引。绣庄和商户为了争夺市场，千方百计降低人工成本，造成苏绣品质下降。在镇湖，一般的绣庄最高日工价为 250 元，最低日工价为 160 元。中高档绣品无法量产，也不可能靠外发活降低成本，因为外地绣工难以达到"精细雅洁"的苏绣艺术特色。匮乏的绣工及高昂的人工成本，使价高质次的机绣大行其道，商户之间为了争夺市场，往往进行低价竞争。在镇湖刺绣市场中，有相当一部分绣品从严格意义上讲并非真正的"苏绣"。刺绣经营者为了降低劳动成本，赚取更多的利润，将苏绣生产转向苏北农村，在那里培训刺绣女工进行绣品生产。苏绣的发源地为苏州镇湖，当地女子自古就有学习刺绣的习惯，至今已有千年的历史，形成了良好的刺绣文化氛围，出自苏北的"苏绣"和镇湖的"苏绣"是不可相提并论的。然而，还有一部分"苏绣"来自于朝鲜。朝鲜虽有刺绣的传统，但在工艺上和苏绣相差甚远。和苏北情况一样，由于朝鲜的劳动力成本更低，所以镇湖的刺绣商愿意远赴朝鲜，寻找合作的加工厂或者直接在朝鲜开设加工厂，将绣好的产品运回镇湖销售。即使增加了关税和运费，价格也比普通苏绣便宜不少，这不仅能够吸引客户，还能给刺绣商家带来更多的利润。苏北绣和朝鲜绣的出现给镇湖苏绣市场造成很大的冲击，严重影响了苏绣的形象和发展。②

获取利润的动机主导着民间艺术的形式和性质，对功利的追求超过了质

---

① 张朵朵."绣"的书写——对中国刺绣艺术的分析 [J].文艺研究，2006（12）：127-132.

② 王斌.传统手工艺因应当代社会发展的考察研究——以苏绣为例 [J].美与时代（上），2016（5）：57-59.

量本身，艺术性让位于市场交易所获取的利润多少，于是不计工时的手工劳作被迫匆忙和浮躁起来，苏绣从本质上说已经不是原来意义上的手工制品了。手工艺品最大的特点在于它是一种不计工时、具有创造性的手工劳动，拒绝复制和批量生产。苏绣产业化带来了市场繁荣，但产业化背后隐含的机械化、标准化、规模化、复制化对苏绣独特性的破坏是不言而喻的。镇湖刺绣在更多人的眼里，已经从原先的具有真诚品质和工艺感的手工艺品，逐渐沦落为一种犹如机器生产的工业化产品，手工顶多成为假借的制作途径而已，包括镇湖的从业者在内，莫不对苏绣的产品质量忧心忡忡。

黄林珍不甘心祖祖辈辈流传下来的手工技艺在市场竞争中无立足之地，也不甘心自己的作品成为低价竞争的牺牲品。为了摆脱低端产品的干扰，使有千年传统工艺的苏绣熠熠生辉，她决定打造自己的品牌，把绣品打造成艺术作品，瞄准高端消费市场。

5　林珍绣品牌战略

改革开放 40 多年，中国百姓生活水平明显提高，家庭财富逐年增长，消费需求由追求功能转向追求体验，追求情感满足。苏绣极具观赏价值和收藏价值，在手工技艺逐渐流失的情况下，精雕细琢的苏绣深受富有阶层青睐，他们愿意花数万元甚至几十万元购买一幅绣品，放在家中既提升居家品位，又获得艺术享受。艺术消费是一种感性消费，它的价值有一个认识的过程，需要对消费者进行有意识的引导。这一市场处于动态变化中，黄林珍敏锐的艺术嗅觉引导她捕捉高端市场机会。

5.1　目标市场

5.1.1　高净值人群

高净值人群一般指资产净值在 600 万元（100 万美元）以上的个人，他们也是金融资产和投资性房产等可投资资产较高的社会群体。胡润研究院调查数据显示，截至 2016 年 5 月，中国资产达千万元的高净值人群数量约 134 万人，比 2015 年增加 13 万人，增长率达到 10.7%；亿万元高净值人群数量约 8.9 万人，比 2015 年增加 1.1 万人，增长率高达 14.1%。中国高净值人群数量与增长率如附表 1 所示。黄林珍瞄准高净值人群，满足他们收藏艺术品的需要。

当一个人的财富达到一定数量时，收藏艺术品就成为一种自然而然的选择。第一，艺术品收藏是传承家庭文脉的上佳选择。艺术品具有历史、文化和学术的传世价值，同时凝聚着家族或父辈文化理念的价值取向。优质的艺术品随着时间的延续，价值会不断地体现和提升。第二，艺术品在一定程度上是高雅的身份名片，象征着社会地位和文化品位。艺术品既可以满足精神上的需求，又可以重新分配财富。虽然有金融学实证检验证明，大师作品的收益率有时会低于平均水平，购买最贵的艺术品不一定是很好的投资战略，但是收藏大师作品有时可取得炫耀性消费所带来的福利和效用。第三，承载文化和艺术内涵的艺术品可以成为与心灵对话的载体。收藏是静生活和慢生活的独享，与艺术品对话可以缓解内心的焦虑。收藏艺术品与一些富豪们的财富幸福指数息息相关。多国比较研究发现，人均GDP超过8000美元后，财富和幸福感之间没有任何相关关系。当财富膨胀到一定程度以后，财富增长对于人的幸福感影响的效用越来越低。因此，很多富豪们开始注重自己的精神层面，追求高层次艺术作品带来的心灵平静和淡定。《福布斯》中文版和友邦集团联合公布《2015中国高净值人群寿险市场白皮书》随机调查的结果显示，可投资资产1000万元以上的中国高净值群体中，男女占比分别为53.2%和46.8%，高净值人群平均年龄为43岁，超过半数集中在30~49岁这个年龄段，中青年已成为财富阶层的中坚力量。目前"50后"和"60后"收藏家仍然是艺术品拍卖市场上重要的力量。虽然年轻收藏家入场贡献的成交额还不是很高，但是他们是未来艺术品市场的生力军，他们的行为取向将影响艺术品市场的走势。艺术品市场主要需求来自高净值的小众人群，其市场规模与房地产市场和股票市场相比有较大的差距。但正是因为艺术品市场主要是富人的专属市场，无形中赋予了它化解收入差距矛盾的特殊功能。艺术品市场的发展对于将资金流向非百姓消费领域，提高高净值人群的文化修养和精神层次，有着其他资产市场无法比拟的独特作用。[①]

5.1.2 中高收入阶层

中国经过40多年的改革开放，中高收入阶层正在形成，他们的个人年收入在30万~100万元。2015年中国出境人数是1.2亿，境外消费1.5万亿元人民币，其中至少有7000亿~8000亿元用于购物，中高收入阶层占了境外购物的大部分比例。

随着购买力提升，人们的消费也由满足基本生存需要的物质消费转化为

① 黄隽. 艺术品市场的财富效应 [J]. 金融博览（财富），2016（6）：89-91.

满足文化需求的符号消费。符号消费指消费者在消费过程中除消费产品本身以外，还消费这些产品所象征和代表的意义、心情、美感、档次、情调和气氛，即对这些符号所代表的意义或内涵的消费，由此获得社会地位和社会认同。符号消费既是一种彰显个性的生活方式，也是现代人对社会和人生的一种解读和追求，通过占有商品和商品的符号意义，消费者建立了与他所属群体之间的身份认同，又拉开了与低于自己社会阶层成员之间的距离，人与人之间的关系被明显分化。人们通过消费不同的物品来界定自己与物品相符的身份，将自己与某种类型等同而与其他人相区别，即人们现在消费的不是物品的使用价值，而是其符号价值。人们需求的那些产品不是满足一般需要的产品，而是符合特殊的文化层次的产品。

手工艺品最大的特征就是差异性，苏绣的符号特性源远流长，在春秋战国时期，吴国已将刺绣用于服饰。到了明代，朝廷在苏州设立织造局，专为皇室绣制宫廷服饰和日用品。清代为苏绣的全盛时代，为了满足皇室贵族生活的需要，朝廷在苏州扩大了织造衙门，督促生产锦缎、缂丝、刺绣等用品。皇室享用的大量刺绣品，几乎全出于苏绣艺人之手。苏绣已被牢牢地打上了高贵、华丽、典雅、精致的印记。如今中高收入阶层的消费者也在寻觅最具符号价值的物品，以此展示个人价值与力量，确立自己的身份和地位。据统计，2015 年中国消费者全球奢侈品消费达到 1168 亿美元，全年中国人买走全球 46%的奢侈品，这充分证明了中国中高收入消费者对符号消费的旺盛需求。随着中国中高收入消费者消费品位的成熟，他们会回归到自己的文化根基，青睐精致的、最具本土文化特色的手工艺品。黄林珍瞄准中高收入阶层，以期满足他们符号消费的需要。

5.2 作品

5.2.1 作品题材

黄林珍作品题材十分广泛，包括类似于西方古典主义人物油画、印象派风景画等，例如莫奈的油画《睡莲》（见附录 3），还有传统的工笔花鸟以及像八大山人、齐白石的虫、鱼这样的大写意题材（见附录 4），主攻吴门画派，尤其喜欢以明四家的画作为底稿来进行创作。

明代时期，苏州画坛上出现了以沈周、文徵明、唐寅、仇英四大名家为代表的"吴门画派"，其风格以疏朗开阔、空灵旷远、格调高雅见长。四大名家不仅品评苏绣，而且参与画稿创作。苏绣与书、诗、画结合，相得益彰。刺绣艺人在吴门画派潜移默化的影响下，绣品风格变得淡雅、秀丽、明快、清新。明代文渊阁大学士王鏊在他主编的《姑苏志》中，用四字概括苏绣，即"精、细、雅、洁"。黄林珍的画家朋友中，一些人传承了吴门画派艺术精髓，他们建议黄林珍用苏绣来表现吴门文化特点。此前有人做过一两幅吴门画派题材的刺绣，未成系列，黄林珍计划把明四家所有的作品都用刺绣进行表现，尝试用小乱针技法表现明代古画的意境。这是一项浩繁的大工程，在尺幅上，刺绣作品和原画要保持一比一的比例。为了保证颜色不失真，缩小与真迹的差距，她所有的样稿都是委托国家博物馆、上海博物馆提供，自己平时也到博物馆里去观看原作。她先把明四家最具代表性的作品做一部分，目前已完成的作品有唐寅的《事茗图》、文徵明的《林榭煎茶图》、仇英的《赤壁图》等，还在创作中的作品包括仇英的《汉宫春晓图》、沈周的《盆菊图》。

仇英的《汉宫春晓图》是一张长卷，黄林珍绣了四年还没完工，估计还要用一年多的时间。为了能够在绣面上表达明代四大名家作品的精气神和意境，黄林珍一方面观察老艺人的作品，参观学习她们的创作过程，补充并提升技艺技法；另一方面，不断深入地对吴门画派、对明四家进行研究，并且把自己放在画家的角度，去揣摩原画作者创作时的心态，感受时间和环境背景。每一幅画都有故事，画中人物各有神态，还要进行互动，画面不是死板的，而是情境的生动表现。例如研究唐寅的《事茗图》，他是在什么样的环境下创作的？他为什么要画这幅画？他创作时的内心感受是怎样的？黄林珍要感受画面背后的精神，有时候甚至还会把古画先临摹一遍，最后用刺绣来还原笔墨。用刺绣来还原笔墨是很难的，墨分五色，浓、淡、干、湿、焦。而传统水墨画又讲究墨色的晕染，如何用刺绣来呈现这一独特的效果呢？黄林珍认为一幅刺绣作品的好坏，最关键的还是色彩的变化，需要由浅入深，归根结底还是看懂原画浓、淡、干、湿的细微变化，看上去黑、白、灰三色，其实蕴藏了几百种颜色的变化，这就需要几百种颜色的线来搭配，缓缓渐变。

5.2.2 作品特色

精、细、雅、洁是苏绣的特色，也是黄林珍对自己作品的定位，在每一个细节上都把苏绣的独特工艺发挥到极致。黄林珍创作的《十二美人图》，从任何角度看，服饰的每一个曲面都有丝光在转动，而这种感觉画家是画不出来的，这是材料（丝）的美和工艺的巧组合在一起构成的刺绣的美。传统制线技艺加工成的蚕丝线，每根由2个单位的丝线缠绕而成，称为绒，每一绒可分成8个单位称作丝，每丝又可分作8个单位称作毛，一根绒可分成128毛。黄林珍精品绣都是用二丝打底，最细到二三毛甚至一毛，很费工时。她在对密度、针距、色彩的把握上也有严格的规定，其中的微妙差距，外行人观察不到，但黄林珍一直坚持自己的品质。黄林珍对细平绣和乱针绣有着自己的看法和运用。传统的苏绣以细平绣为主，可以用八个字概括：精、细、雅、洁、柔、顺、平、齐。细平绣是细致紧密的一种排针法，适合表现工笔的、具象化的题材。乱针绣，乱而有序，适合表现写意的、抽象的题材。细平绣抑或乱针绣并不分孰优孰劣，两种技法的运用要根据所营造的画面感来进行选择。

5.3　渠道

5.3.1　林珍绣工作室

2015 年黄林珍创建了林珍绣工作室。林珍绣工作室位于苏州市中心，靠近拙政园，离苏州博物馆只有 5 分钟步行距离。工作室面积 100 多平方米，上下两层楼。第一层楼首先映入眼帘的是地屏《荷花》细平绣，墙壁上是一幅幅获奖作品，有获得 2013 年第七届江苏省"艺博奖—银针杯"银奖的《虞美人》，2013 年江苏（苏州）工艺美术精品展金奖的《樱桃鸟》，2012 年江苏省工艺美术精品博览会金奖的《猫》，2012 年中国（杭州）工艺美术精品博览会铜奖的《贵妇人像》（见附录 5），还有许多黄林珍在不同时段创作的作品。在地屏《荷花》的另一侧是一套古色古香的桌椅，洁白如玉的薄胎瓷器茶具置于桌子中央，茶壶中冒着缕缕热气，散发出碧螺春的清香，看得出黄林珍对造访者的招待犹如她的绣，精细雅致。穿过后侧，踏上木制的楼梯，就进入二楼展示厅。厅中央是红木茶几，四周墙面是一幅幅明四家作品刺绣，有获得 2014 年中国民间艺术博览会金奖的"明四家系列"（见附录 6），2014 年中国民间艺术博览会精品奖的金奖《仕女四条屏》，2014 年江苏省工艺美术精品博览会银奖的《事茗图》，2013 年第三届东方工艺美术之都博览会暨第十一届中国民间文艺山花奖金奖的《赤壁图》，2013 年中国（北京）国际文化创意产业博览会金奖的《仇英山水》，2014 年中国民间艺术博览会银奖的《孙中山像》，精品佳作数不胜数。

林珍绣工作室窗明几净，茶香四溢，雅音绕梁，展示了典型的江南生活方式，令人心旷神怡，让人产生拥有和珍藏这些艺术作品的向往。

5.3.2　与红木家具商合作

继字画、珠宝之后，红木家具已经成为现代投资收藏界的新宠。红木家具集实用、收藏、观赏、保值等多重价值于一身，被视为家具中的珍品。高端红木家具消费者与林珍绣消费者高度重合，都是针对高净值人群和中高收入阶层。高端红木家具商为了使展示厅更显中国传统文化底蕴和气息，彰显红木家具奢侈品属性，常用精美雕刻的挂屏或座屏展示精湛的制作工艺，吸引消费者的注意力。挂屏和座屏配上精美的苏绣作品，则把我国传统艺术的精美体现得淋漓尽致并结合得恰到好处。林珍绣的挂屏和座屏很受上海、北京、南京等主要城市红木家具商的欢迎，这些作品既提升了红木家具展示厅的品位，又促进了产品销售。红木家具商与黄林珍合作得很愉快，不仅不向黄林珍收取任何销售费用，而且还主动推介林珍绣，把客户介绍给黄林珍。红木家具零售店起到了展示和销售林珍绣作品的双重作用，是林珍绣作品的重要销售渠道之一。

黄林珍目前未考虑进入网上销售渠道，因为网上销售主要靠图片展示作品，林珍绣丝线的光泽和精细的针法无法通过图片展示，其作品的独特性无法彰显。

5.4　沟通和宣传

黄林珍主要通过参加艺术博览会、文化创意产业博览会等专业性的展会宣传自己的作品，扩大作品知名度。在博览会上，黄林珍与目标客户和潜在消费者进行沟通交流，促进他们对自己作品的理解，培养他们对自己作品的喜好。同时，黄林珍也利用这样的机会，把握同行同业的整体状态，学习其他参展者之长。这些博览会都会对参赛作品进行评奖，黄林珍的作品获得各种奖项无数，如民间艺术博览会金奖、银奖，东方工艺美术之都金奖，江苏工艺美术精品展金奖，中国（北京）国际文化创意产业博览会金奖，江苏省"艺博奖—银针杯银奖"等。产品获奖吸引了多家媒体采访、报道。无论是接受电视记者采访，还是杂志、报纸记者采访，黄林珍都落落大方、温文尔雅，娓娓讲述作品的创作经过以及绣面设计和针法运用的独特之处，把听者带入作品的意境。

黄林珍认为，工艺美术大师品牌的长期发展归根到底是由作品的内在品质所决定的。品牌的诞生与成长的过程其实就是工艺美术大师不断地用作品、用展览、用其他各种方式与消费者进行沟通的过程。在此基础之上只有双方长期达成了互信与默契，品牌才能呼之欲出，因此品牌不是靠工艺美术大师自我标榜，而是消费者对作品高度认同的产物。不过黄林珍也承认，作品再好，若没有大量资金投入市场宣传，与消费者沟通，品牌怎么做得出来呢？黄林珍希望有一日能与真正懂苏绣艺术的经营者合作，借助对方市场推广方面的专业能力和雄厚资金，把自己的作品送达到目标消费者手中。

6 抉择的犹豫

　　黄林珍坐在工作室的茶桌前，一边翻阅庞迪公司的相关资料，一边等着李先生的到来。庞迪公司成立于 2012 年，公司创始人李先生早年从事房地产开发，积累了雄厚的资金，他也是艺术品收藏者。为了激发艺术家们的创作才华，得到更多有收藏价值的艺术品，他成立了公司，资助艺术家出精品。他的资助方式是通过预付款向艺术家订购作品，资助他们完成创作的全过程，同时负责作品推广和销售，销售利润与作者平分。李先生被黄林珍作品所特有的精、细、雅、洁神韵所吸引，决定与黄林珍合作，资助黄林珍作品从创作到销售的全过程。对黄林珍而言，有公司专门为自己的作品开拓市场、办展览、参加专业博览会，让自己的作品在一些重要场合展示，这是非常难得的机会，靠自己单打独斗，力不从心。回想自己这么多年来，为了参加展会、办展览，花费了不少体力和精力，占用了太多的创作时间。

　　庞迪公司的投资方式在艺术界早有先例。1999 年上海宽视网络电视有限公司与年轻画家刘令华签约，全力打造刘令华，并为他拟定创作主题。签约后，刘令华的作品在国际性重要会议场所展示。2001 年秋季，APEC 会议在上海国际会议中心举行，刘令华的作品《世纪玫瑰》悬挂在宴会大厅，同时在一楼大厅、总统房和 VIP 休息室悬挂着刘令华以京剧题材创作的 26 幅"国粹系列"油画。刘令华成为唯一在这重大的国际会议展露才华的画家，引来大量媒体报道。刘令华与上海宽视网络电视有限公司签约后一举成名，在 2001 年上海东方国际拍卖公司举办的一场大型拍卖会上，刘令华的一幅《贵妃醉酒》油画，以 100 万元拍出，这让艺术家看到了用市场化手段成功运作艺术品的巨大成果。不过也有艺术家认为上海宽视网络电视有限公司过多地介入了刘令华的创作，为刘令华拟定京剧创作题材，某种程度上限定了艺术家的创作自由。

　　黄林珍一直对刘令华的际遇非常羡慕，希望有朝一日也能赢得专业机构对林珍绣品牌进行市场运作，提升品牌知名度。现在庞迪公司有签约意向，黄林珍反而感到犹豫不决。她担心一旦与庞迪公司签约，自己的创作思路会被公司左右，毕竟公司奉行市场导向原则，一切需要向消费者看齐。目前中国消费者的整体鉴赏能力还未达到艺术家所期望的高度，消费者的品位并不完全符合艺术家的志趣，一味跟着市场走，可能真会迷失自己的艺术追求方向。黄林珍凝视着墙壁上的《贵妇人像》，心中默默发问"应该与庞迪公司签约合作吗?"

附录1 《猫》

2012 年江苏省工艺美术精品博览会金奖作品

以乱针法来体现，猫的毛发层层叠叠加色，看似无序实则有形

附录 2　2011~2016 年中国高净值人群数量与增长率

附表 1　2011~2016 年中国高净值人群数量与增长率

年份	千万元高净值人数（人）	增幅（%）
2011	960000	9.7
2012	1020000	6.3
2013	1050000	2.9
2014	1090000	3.8
2015	1210000	11.0
2016	1340000	10.7

资料来源：《2016 中国高净值人群医养白皮书》。

附录 3 《睡莲》

以大乱针法来体现，层层施色，更有层次和立体感

附录 4　花鸟刺绣

以朗诗宁宫廷画为蓝本，精工细绣，生动而雅致

附录 5 《贵妇人像》

2012 年中国（杭州）工艺美术精品博览会铜奖作品

以乱针法来体现，层层施色，脸像细腻而富有层次和立体感

附录 6 "明四家系列"

2014 年中国民间艺术博览会金奖作品

作品根据明四家扇面原尺寸描稿后刺绣，重现古朴韵味

附录 7 《孙中山像》

2014 年中国民间艺术博览会银奖作品

以乱针法来体现，层层施色，脸像细腻而富有层次和立体感

附录 8 获奖目录

2012 年《猫》，江苏省工艺美术精品博览会金奖。

2012 年《贵妇人像》，中国（杭州）工艺美术精品博览会铜奖。

2013 年《赤壁图》，第三届东方工艺美术之都博览会暨第十一届中国民间文艺山花奖金奖。

2013 年《虞美人》，第七届江苏省"艺博奖—银针杯"银奖。

2013 年《樱桃鸟》，江苏（苏州）工艺美术精品展金奖。

2013 年《仇英山水》，中国（北京）国际文化创意产业博览会金奖。

2014 年"明四家系列"，中国民间艺术博览会金奖。

2014 年《孙中山像》，中国民间艺术博览会银奖。

2014 年《仕女四条屏》，中国民间艺术博览会精品奖金奖。

2014 年《事茗图》，江苏省工艺美术精品博览会银奖。

2016 年《十二美人图》屏风，江苏省"艺博杯"工艺美术精品大奖赛金奖。

Linzhen Xiu：Symbolic Consumption Value

Abstract：In consumer society, Chinese consumers use products not only for their functional value but also for the meaning the products carry. They seek the symbolic value and cultural meaning of the products they consume so as to satisfy their needs for distinction, self–identity and social status. The symbolic value of Suzhou embroidery has been discovered by middle and high social class consumers who use it as art collection and investment tool. The case describes Madam Linzhen Huang's progressive development of art creativity of Suzhou embroidery. Against the background of Suzhou embroidery industry concentration in Zhenhu and local government strongly support for Suzhou embroidery industry development, the founder of Linzhen embroidery brand Huang Linzhen adheres to craftsman's spirit of hand crafters and art innovation, builds Linzhen Xiu brand and finally upgrades her products to artworks level by creating symbolic consumption value.

Key words：Suzhou Embroidery；Linzhen Xiu；Artworks；Symbolic Consumption；Symbolic Value

案例使用说明

林珍绣：创造符号消费价值

一、教学目的与用途

1. 本案例适用于 MBA、EDP 及本科生"品牌管理""时尚与奢侈品营销"与"艺术品营销"的课程教学和管理培训，讨论点包括符号消费、艺术品符号价值、艺术品消费动机、艺术品营销观念、艺术品营销机构作用。

2. 通过本案例的分析和讨论，培养学生运用所学理论知识思考问题和分析问题的能力，以及做出营销决策的能力。具体而言，本案例的教学目标在于帮助学生：

（1）理解符号消费内涵、符号消费动因，了解商品符号价值形成机制，进一步理解艺术品符号价值特性。

（2）分清艺术作品、艺术商品、艺术产品之间的区别，启发学生思考以消费者为中心的营销观念在多大程度上适合艺术品营销。

（3）剖析艺术品营销目标，弄清楚艺术品营销机构在促成艺术家与客户价值交换过程中发挥的作用。

二、启发思考题

1. 什么是符号消费？

2. 苏绣作品符号价值体现在哪些方面？

3. 消费者从艺术品消费中获得了哪些价值？消费者艺术品消费的动机是什么？

4. 讨论艺术作品、艺术产品和艺术商品三者之间的区别。以消费者为中心的市场营销观念是否适合艺术作品营销？

5. 艺术品营销目标是什么？艺术品营销机构在促成艺术家与客户价值交

换过程中发挥哪些作用？

6. 黄林珍是否应该与庞迪公司合作？如果合作的话，你对黄林珍有哪些建议？

三、分析思路

法国社会学家波德里亚认为，在消费社会中，人们从来不消费物的本身（使用价值），人们总是把物（从广义的角度）用来当作能够突出自己的符号，或让自己加入视为理想的团体，或参与一个更高的团体来摆脱本团体。随着中国步入消费社会，消费者对物的消费已不再满足于物的使用价值，而追求物的符号价值，即消费物品符号所代表的意义。消费者通过符号消费确立自我身份认同和社会身份认同。艺术品具有天然的符号价值属性，尤其苏绣创作，经过2000多年的传承和发展，已成为一门独特的艺术，苏绣作品所具有的审美价值、符号价值、收藏价值和投资价值引起了中高社会阶层人士的青睐。了解艺术品的符号价值以及艺术品符号价值形成机制，对引导艺术品消费具有指导意义。

艺术创作是艺术家内在激情和意志的自由表现，消费者进行艺术消费是为了获得艺术体验。艺术体验是否深刻则取决于艺术作品影响消费者固有认知模式的程度如何，取决于艺术消费者理解新隐喻要面临的挑战有多大，也取决于新隐喻带来的意义丰富程度如何。艺术品营销的目的是为客户参与艺术体验提供服务、建立和维持客户关系，以求同时创造客户价值和实现艺术目标，从而促进与目标客户群的价值交换。艺术营销机构既要尊重艺术家的作用，也要尊重艺术消费者扮演的重要角色，不能将消费者简单地等同于购买者。此外，在艺术消费领域，以客户为导向并不等于一切以客户的需求为中心，而是创造客户参与艺术创作的条件。

首先，分析什么是符号消费，消费者符号消费的动因，符号价值形成机制，在此基础上理解苏绣作品的符号价值。其次，分析艺术品的特性，剖析以消费者为中心的市场营销观念在艺术品营销方面的局限性。最后，讨论艺术品营销机构在促成艺术家与客户价值交换过程中应发挥的作用。

课前建议阅读资料：

[1] 让·波德里亚. 消费社会 [M]. 刘成富，全志钢，译. 南京：南京大学出版社，2006.

[2] 王宁. 消费社会学——一个分析的视角 [M]. 北京：社会科学文献

出版社，2001.

［3］Hirschman E. C. Aesthetics, ideologies and the limits of the marketing concept［J］. Journal of Marketing, 1983, 47: 45-55.

［4］Boorsma M. A strategic logic for arts marketing: Integrating customer value and artistic objective［J］. International Journal of Cultural Policy, 2006, 12（1）: 73-92.

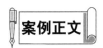
案例正文

中国奢侈品牌
"上海滩"（Shanghai Tang）的迷失？[①]

    摘 要：**"上海滩"**（Shanghai Tang）品牌创建于 1994 年，得名于改良式现代旗袍、唐装、马褂，为 20 世纪的东方风情添上现代元素。该品牌自 2000 年起由全球第二大奢侈品公司——历峰集团（Richemont）持有。该品牌自问世之日起就深受外国人及游客的喜爱，而后也逐渐受到国内时尚人士的追捧。然而，近年来，"上海滩"遭遇了多个门店先后被关的境遇，是"上海滩"品牌业绩低迷所致，抑或是本身转型过程中迷失了方向？本案例描写了这一困境及其背后的原因。

    关键词：奢侈品品牌；"上海滩"；品牌文化

引　言

    全球第二大奢侈品公司——历峰集团（Richemont）旗下品牌"上海滩"（Shanghai Tang）是一个以中国身份认同为荣，宣扬中国文化和时尚的全球大使。创建于 1994 年的"上海滩"，通过不断地创新，使之与中国的美术、音乐、服饰等行业融合，演绎出一个强调东方现代生活方式的奢华品牌。这个坚守中国传统元素和西方设计融合的品牌是如何从一间位于香港的概念商店，

----

    ① 本案例由上海对外经贸大学工商管理学院吴志艳博士和谢佩洪教授撰写，本案例作者拥有著作权中的署名权、修改权、改编权。未经允许，本案例的所有部分都不能以任何方式与手段擅自复制或传播。案例中数据均来自公开发表的渠道。本案例只供课堂讨论之用，并无意暗示或说明某种管理行为是否有效。

发展成一个国际顶级奢侈品品牌的？如今又面临频频关店困境，背后的原因是什么？

1 历峰集团与"上海滩"

历峰集团是瑞士奢侈品公司，它是由南非亿万富翁安顿·鲁伯特（Anton Rupert）于 1988 年建立的。公司涉及的四个商业领域分别是珠宝、手表、附件以及时装。自 2004 年以来，按营业额计算，它是世界第二大奢侈品公司，排名在路易酩轩（LVMH）和巴黎春天（PPR）之间。表 1 展示了历峰集团旗下品牌。

表 1　历峰集团旗下品牌

商业领域	旗下的品牌
珠宝、钟表类	A. Lange & Sohne（朗格）、Baume et Mercier（名士）、Cartier（卡地亚）、IWC（万国）、Jaeger-LeCoultre（积家）、Officine Panerai（沛纳海）、Ralph Lauren（拉尔夫·劳伦）、Piaget（伯爵）、Purdey（枪械）、Roger Dubuis（罗杰杜比）、Van Cleef & Arpels（梵克雅宝）、Vacheron Constantin（江诗丹顿）
书写工具、皮革类	Montblanc（万宝龙）、Montegrappa（万得佳）
服装和其他类品牌	Afred Dunhill（登喜路）、Alaïa、Shanghai Tang（上海滩）、Chloé（蔻依）、Peter Millar、Giampiero Bodino、Net-A-Porter Group

来自瑞士的历峰集团作为世界第二大奢侈品公司，拥有众多世界顶尖腕表和珠宝品牌，如江诗丹顿（Vacheron Constantin）、卡地亚（Cartier）、万国（IWC）、积家（Jaeger-LeCoultre）、梵克雅宝（Van Cleef & Arpels）等。2000 年前，历峰集团相当缺少时装与配饰品牌，仅有蔻依（Chloé）、登喜路（Afred Dunhill），其轻纱上的花卉图案、轻柔飘逸的衣衫线条表现了蔻依的法式浪漫风格，登喜路则体现着最精美的男士奢侈品牌，集优雅、功能、创新于一身。然而，历峰集团缺乏"上海滩"弘扬"中国风"特质的复兴中式的传统旗袍和唐装，而中式的美感在女性的眼里往往没有国界之分，戴安娜王妃、希拉里、撒切尔夫人、凯特莫丝、安吉丽娜·朱莉都拥有过"上海滩"的高级定制。因此，历峰集团于 2000 年收购了"上海滩"。

"上海滩"品牌的 CEO 雷富逸（Raphael le Masne de Chermont）更是以

"发掘真正中国风"为己任，着力改革品牌，特别是设计风格。由于他熟知中国消费市场口味，知道要设计一个能够被本土市场接受的中国时尚品牌，首先是设计风格不要夸张，毕竟"中国风不是在衣服上绣条金龙"。实际上，从前"上海滩"的设计完全符合外国人眼中的中国情怀，然而那些唐装却并不适合日常穿着，为此该品牌引入了很多西方设计师，由这些国际设计师将中国风精髓巧妙地穿插在大都会时尚之间，轻松洒脱，尽显格调。"向顾客提供可以在何时何地都能穿着的唐装"已成为"上海滩"的独特理念。就这样，历峰集团在保持"上海滩"中国风的原汁上，也融合现代时尚趋势的味道，带她走向了国际化市场，2005年全球销售额增长43%，2012年"上海滩"全球零售店有49家。然而，仅2013年"上海滩"全球就关店了7家。

2 "上海滩"品牌

2.1 品牌创始人与品牌历史

邓永锵，已故香港慈善家邓肇坚爵士之长孙，英国剑桥法学、哲学博士，南海九江人。邓永锵自小接受西方教育，极有个性，爱好文化艺术，且喜好外国古典音乐。邓永锵说："我要开另外一个牌子，就叫'Tang Tang'，more Chinese，cheaper and younger，目的就是打到中国市场。"他认为中国目前的时装太靓了，跟十几年前太不一样了。有太多中国设计师跟风西方的看法，而自己更愿意持有中国看法。于是，他立志要把20世纪30年代的时装发展到21世纪的中国，希望有一天中国有能力做出世界顶级的服装品牌，让国外的人开始想念中国的服装。邓永锵曾言道："如果你没在中国成功，你的牌子就不可能成功，至少不会很成功，因为中国有13亿人，有1300万人穿你的衣服，就不得了了。"邓永锵酷爱穿唐装，他认为唐装不但要用中国的工厂，而且应该加入中国的文化。"毛主席、孙中山以前都是穿上海20世纪30年代的唐装，为什么我们不能做呢？"这一信念支撑着他创造了"上海滩"。

1994年，邓永锵在香港开设了他的第一家中装店——"上海滩"。最初的时候，"上海滩"还只是一个起步于香港中环的小型时尚精品店，为顾客提供定制服装服务，推出丝巾、旗袍等量身定做的单品，随后因受到英国超模Kate Moss的喜爱而声名鹊起。1997年11月21日，"上海滩"在纽约Barneys百货对面、麦迪逊大街黄金地段开出了一间占地面积达1000多平方米的旗舰店，仅仅经营了 19 个月，就因生意惨淡而被迫关门，"上海滩"陷入了低谷。2000 年，邓永锵将公司的大部分股权出售给了瑞士奢侈品公司历峰集团，自己则选择退出。2001 年，雷富逸担任品牌总裁之后，开始改变原先的定位，逐渐让中国消费者接受这个品牌并将其打造成全球知名的中式品牌。2005 年，该品牌在全球的销售额增长了 43%。目前"上海滩"在中国有 30 多家店铺（包括香港和澳门），品牌已经全面筹划扩张海外市场。"上海滩"和美国 Inter Parfums 公司签署了长达 12 年的特许经营协议，全套香水生产线于 2015 年正式启动，并期许在接下来两年席卷全球。

"上海滩"作为香港著名品牌，自创立起，始终是源自中国的领先时尚品牌。以生动而又雅致的当代书法演绎中华文化与手工技艺，"上海滩"透过独特的产品系列以及多感官的购物体验展现充满期望的生活方式。如今，"上海滩"在全球高级购物区经营超过 40 家精品店，这些城市包括上海、纽约、巴黎、伦敦等，产品系列包含中式传统男装、女装及童装及唐装、手袋、家居装饰、礼品。

2.2 品牌定位和品牌内涵

"上海滩"是一个纯粹的重视风格的品牌，也是中国首个列席国际顶级品牌行列的成功案例。"上海滩"的设计主题为"东方遇见西方"，其服装特色为东方风情添上现代元素。品牌将目标市场定位于 25～50 岁的中高收入人群，并在原有女装的基础上加入男装和配饰等系列，同时制定了长期的发展战略。"上海滩"的客户和其他品牌的区别在于，他们是一群对时尚比较有感觉的人，敢于与众不同，乐于表现自己的个性。因此，"上海滩"确立自己的风格定位，要求品牌必须更富时代感。

"上海滩"品牌的英文名 Shanghai Tang 是"上海滩"的粤语音译，充满浓厚历史感。"上海滩"品牌旨在表现一个全新的、摩登中国的形象，一个从悠久历史破茧而出的中国，一个在 21 世纪魅力非凡的中国。

"上海滩"的产品特色是"用 21 世纪的活力和智慧来分析中国传统文化和传统工艺"，其产品的设计并非表面的中国符号化，而更多的是在色彩、面料、材质等方面的内在表达，并且运用于最高品质的中国材料之上，结合奢侈的中国丝、蒙古的开司米和珍贵的中国玉来制作各种摩登的当代生活奢侈品。比如颇多"上海滩"产品是由羊绒制作的，而世界上很大比例的羊绒来自内蒙古，这也是中式的一种表达。"上海滩"对于中式风格的表达是多元化、立体化的。品牌主张中国人对于欧洲流行不要盲从，中国的文化和传统非常深厚，中国非常有创造力，我们完全可以拥有自己的现代流行，并且对中国文化的认同更重要的是神而不是形。

此外，"上海滩"的设计团队皆为外国人，分别来自巴黎、罗马、伦敦、纽约等，用全球视角发现中国文化之美，恰恰能找到最佳的意境。"上海滩"的成功秘诀之一，就是在世界面前扮演了一个中国雄厚文化诠释者的角色，以中国雄厚的历史为依托，创造世界舞台中独特的存在。

2.3 产品组合和定价

在产品组合方面，"上海滩"的成功之处在于她的品牌差异性和真实性。在搭建产品服装线的时候，她不仅继承了中国的传统文化，还不失时机地融入了现代时尚元素。比如，虽然"上海滩"在服饰上频频出现双喜、双鱼、八仙、寿字、脸谱等拥有特别含义的图案，令每一件货品的每一处细节都蕴含着令各国顾客心驰神往的中国细节，但是其西式的裁剪、用料和设计以及更为国际化的流行色彩搭配，使得如今去"上海滩"购物已经不同于以往买旅游纪念品的意义。"上海滩"最早专注于制作女装，比较出名的是现代旗袍、唐装等。此后，服装种类在原有的基础上增加了更为年轻的女性服饰和男性服饰，包括 Polo 衫、丝绸睡衣、羊绒丝绸里衬开衫等。

现今，"上海滩"逐渐发展为中式时尚的现代生活方式品牌。除了为顾客提供摩登、舒适、精致且富含中国元素的服饰系列外，也有各种精美配饰和家居装饰品。2015 年，"上海滩"首次参加巴黎家居装饰博览会，推出一系列漆器、家居小物、居室香氛、丝巾及皮质摆件，款式丰富多样。"上海滩"尤其擅长制作细腻的骨瓷与珐琅制品设计，令人目不暇接。在珠宝配饰方面，"上海滩"推出了女士包包、中式复古圆框太阳眼镜以及选用珐琅和精美金属打造的女士手镯，并饰有标志性的中国风图案，新颖别致。在生活用品方面，"上海滩"推出了奢华的定制漆盒、独家高级限量版漆盒（包括乐器盒、珠宝盒、雪茄盒等）以及香氛蜡烛等。此外，由享有"香水设计师终身成就奖"的调香大师 Carlos Benaim 操刀的香氛系列，既能展现古老中华文化的真实面目，又能反映"上海滩"的奢侈品质和卓越工艺水平。"上海滩"独特的"量身御制"系列提供定做性的精裁服务，代代相传，并且上海裁缝师傅完美糅合了御制裁缝的精湛技艺、奢华服务和个性设计，绝对是当之无愧的"中国高级时装"。

以表 2"上海滩"手提女包定价为例（见附录），"上海滩"品牌的手提女包价格集中在 3000~5000 元，5000 元以上的算得上价格相对较高的了。然而，一些国内外奢侈手提女包，如香奈儿（Chanel）的 Timeless Classic Flap

手袋在法国的零售价为 3100 欧元（约 2.3 万元），在中国内地售价 3.7 万元；路易·威登（Louis Vuitton，LV）的 Speedy25 手袋在欧洲售价约 1.4 万元，在中国专卖店售价是 1.92 万元。而在欧洲，300 欧元（约 2200 元）的 Gucci 包款式很多，同类 Gucci 的包在国内售价 5000 元左右；Gucci-Dionysus 链条包在欧洲零售价 1.7 万元，在国内售价 2.77 万元；Gucci-Dionysus 手拿包在欧洲零售价 750 欧元（约 5600 元），在中国零售价 8200 元。Coach-Disney 在国内售价 4950 元；"夏姿·陈"的低档女包定价几千元不等，稍好点的女包则需 1 万~2 万元；"上下"的产品定价大多在万元以下，在奢侈品行业中，性价比较高。因此，就定价来说，"上海滩"的价格在同类奢侈品品牌中相对较低。

表 2 "上海滩"品牌产品定价

产品系列	系列种类	价格
女士	裙装、旗袍、衬衫、上衣、Polo 衫、羊绒丝绸里衬开衫、开衫、披肩、外套、夹克、半裙及长裤、睡衣	裙装、衬衫、上衣价格范围在 3000~8000 元，主要集中在 5000 元左右； 睡衣售价 4000 元； 羊绒丝绸里衬开衫售价约 7000 元
男士	衬衫、羊绒丝绸里衬开衫、套衫及开衫、外套及夹克、丝绒唐装夹克、长裤、睡衣、Polo 衫（时尚、球队标准、限量版）	衬衫售价在 1000 元左右； Polo 衫、开衫售价约 1000 元； 羊绒丝绸里衬开衫、夹克及丝绒唐装夹克售价在 5000~10000 元，主要集中在 7000 元； 睡衣售价约 4000 元
配饰	女士配饰（祥云真皮夹棉系列）：手包、手提袋、钱夹、手拿包、围巾、丝绸方巾、腰带、拖鞋	化妆袋、钥匙圈售价约 1000 元； 手拿包售价 3000~4000 元； 手提袋售价 3000~5000 元，主要售价在 5000 元左右； 钱夹售价 1000~3000 元； 丝绸方巾售价 2000~5000 元，主要在 3000 元； 腰带主要售价在 2000 元左右
	女士首饰（部落风首饰系列和竹—首饰系列）：珐琅手镯、手镯手链、幸运符、戒指、项链与吊坠、耳环	手镯主要售价 1000 多元，部分在 4000~5000 元； 幸运符售价 600~800 元； 手链主要售价 2000 多元； 戒指售价 1000~3000 元，主要在 2000 元； 吊坠售价 1000 多元； 项链售价 2000~6000 元，主要在 2000~3000 元； 耳环售价 1000~4000 元，主要在 2000 元

产品系列	系列种类	价格
配饰	男士配饰：袖扣、旅行及手包、钱包、围巾、皮带	公文包、马球包、斜挎包、手提包售价约4000元；钱包、名牌包、卡包售价1000~2000元；围巾两个系列售价分别为1700元、3000元；皮带售价1000多元；袖扣售价1000~2000元
	男女通用配饰：太阳眼镜、手机壳、旅游伞、拖鞋	手机壳售价400~500元，旅游伞售价600元，拖鞋售价1000元，太阳眼镜售价3000元
家居配饰	"上海滩"精选品：中国十二生肖系列，"上海滩" x Jacky Tsai 合作系列。餐具：骨瓷茶杯和茶壶、骨瓷托盘、筷子、酒塞、杯垫。装饰：香氛蜡烛、骨瓷装饰盘、骨瓷罐、漆盒、限量版漆盒、珐琅盒、相框。相册、记事簿和笔、书签及书	漆盒售价3000~7000元，主要在3000~4000元，限量版30000~40000元；其他几百至1000多元
礼品	按场合分，有父亲节、母亲节、猴年礼品，婚礼、告别、乔迁之喜、迎婴派对、毕业礼品	
高档	量身御制系列	

3 中国奢侈品发展概况

3.1 2013~2015 年各大奢侈品在中国的概况

3.1.1 2013 年中国奢侈品行业概况

根据贝恩公司发布的《2013 年中国奢侈品市场研究》，2013 年对于中国内地奢侈品市场而言，是表现平平的一年，增速进一步放缓，整体的年同比增长率为 2% 左右（2012 年为 7%）。2013 年，奢侈品牌纷纷宣布要放慢在中国的扩张脚步。该年全球 20 大奢侈品牌新开店数量约 100 家，比 2012 年的

150 家少了近 1/3。以 LVHM、Kering（开云）、Richoment 为首的三大奢侈品集团暂缓在中国的扩张。物业顾问公司 Knight Frank 莱坊和建筑事务所 Woods Bagot 在 2014 年 1 月联合发布的报告显示，由于未能找到合适的开店地址、消费放缓等，65% 的奢侈品牌在 2013 年都未能达到其在中国扩张的目标。表 3 为 2013 年部分奢侈品牌扩张计划及完成情况。

奢侈品集团开云（Kering）于 2014 年 2 月 21 日发布的第四季度及全年财报显示，2013 年全年 Kering SA 的表现是自金融危机以来最差的一年，旗下主要品牌古驰（Gucci）2013 年收入下跌 2.1%，至 35.608 亿欧元，第四季度更是大跌 5.5%，至 9.412 亿欧元；2013 年在中国甚至没有新开一间门店。虽然 Louis Vuitton 亦表示 2013 年不会新增中国门店，但是实际上新增了 4 家。博柏利（Burberry）则继续延续其中国扩张策略，不过 2013 年也未能完成扩张目标。Burberry 首席财务官 Carol Fairweather 在 2013 年 1 月表示，之所以在中国开店是希望当中国游客前往欧美时能产生更多的购买。卡地亚（Cartier）不仅未能完成 2013 年在中国新增 6 家门店的目标，反而关闭了 1 家门店。里昂证券（CLSA）高级分析师 Susanna Leung 表示，伴随着中国游客消费旺盛，一些品牌在很多中国城市已经不需要以往那么多门店了。此外，2013 年，阿玛尼（Armani）旗舰店在上海外滩三号停业。在不远处的外滩十八号，百达翡丽（Patek Philippe）与宝诗龙（Boucheron）也一并撤出。

表 3　2013 年部分奢侈品牌扩张计划及完成情况一览

品牌	2012 年店铺数（家）	2013 年扩张计划（家）	2013 年门店增量（家）	是否完成扩张计划
Chanel	10	3	3	是
Gucci	57	10	0	否
Prada	25	7	4	部分完成
Fendi	16	4	4	是
Burberry	57	11	8	部分完成
Hermes	20	3	2	部分完成
Louis Vuitton	43	2	4	超额完成
Tiffany & Co.	14	2	11	超额完成
Piaget	11	2	5	超额完成
Cartier	37	6	−1	否

在这样的大环境下，"上海滩"也难以避免受到打击，在 2013 年关闭门店达 7 家之多。实际上，关于店铺的扩张，雷富逸早就雄心勃勃，早在 2008 年北京奥运会期间，雷富逸就对外宣称要借助奥运之风，大力推广"上海滩"，目标是在 2010 年前，在包括马德里、莫斯科、洛杉矶和迪拜等城市拥有 50 家分店。当时"上海滩"只有 31 家店，然而事实上，该品牌扩张并不顺利。

3.1.2　2014 年中国奢侈品行业概况

2014 年，对于传统奢侈品牌而言是压力巨大的一年，它们受到了前所未有的冲击和挑战。其一，挑战表面看是由新兴品牌，特别是设计师品牌、定制品牌和轻奢品牌等的快速发展引起的，其实是消费者心理的进一步变迁；其二，2014 年中国人在全球消费奢侈品突破 1060 亿美元，即便奢侈品品牌不断在华开店、采取本土化策略，奢侈品消费外流比例也不降反升，高达 76%。

2014 年，虽然各大奢侈品集团销售额仍在增长，但是增长已经明显放缓，并且库存积压严重，打折和变相打折成为常态。同时，各大奢侈品放缓开店速度，对传统门店改造费用增加，大型体验店和旗舰店数量增加。然而，虽然很多品牌在 2014 年放缓门店开设速度，甚至停止开店，但是由于电商和代购等渠道的发展，很多消费者可以有更多机会接触并购买到奢侈品，渠道大众化加速了奢侈品大众化。当传统市场品牌普遍大众化的同时，高端消费领域出现了新的机会。2014 年，高端定制品牌获得更多机会，财富品质研究院调研发现，有 67% 的中国富豪认为传统奢侈品并不是真正的奢侈品，而高端个性化定制才是真正的奢侈品。

2014 年，中国出境旅游人数继续暴涨，这已经是连续第五年中国出境游人数以 20% 左右的速度增长。四年时间，中国出境游人数增长约 1 倍，由 2010 年的 5300 多万人增长到 2014 年的 1.17 亿人，并且人均境外购物消费也是全球最高，人均消费达到 632 美元，主要为奢侈品消费。由于出境旅游人数暴涨，国内外奢侈品价差的存在，以及国内奢侈品假货现象较为普遍，消费者对正品货源信心不足，从而导致中国消费者在境外消费额越来越大，消费外流进一步加剧，境外消费已经占到中国消费者奢侈品消费的 76%。

于是，重视中国消费者但是不重视中国市场，成为很多国际品牌管理者目前的普遍心态。这个问题在"上海滩"身上也得到了体现。"上海滩"品牌的 CEO 雷富逸在 2001 年接手该品牌时就表明："对于我们来说，重要的不是随便给'上海滩'找一个可以依靠的历史背景，而是在亚洲当时还没有哪个牌子可以媲美国际高端品牌的时候，'上海滩'扮演了高端中国品牌开拓者这样一个举足轻重的角色。"他坚持要让中国人相信他们自己的文化可以挖掘出具有影响力的高端品牌，然而，"上海滩"品牌从一开始就将重心放在国际舞台上，努力获得国际市场的认可，广告支出也基本用在国外。

3.1.3　2015 年中国奢侈品行业概况

贝恩咨询公司最新发布的报告显示，全球奢侈品消费者数量从 2000 年的 1.4 亿人增长到 2015 年超过 3.5 亿人，但中国奢侈品销售额 2015 年出现了约 2%的下滑，市场规模从上一年的 1150 亿元降至 1130 亿元。

2015 年 3 月，法国奢侈品牌 Chanel 首次尝试将部分产品的中国售价调低 20%，同时照常上涨欧洲价格，以便达到最终全球价差不大于 5%的目标。贝恩全球合作人 Bruno Lannes 说道："在竞争的环境下，调价策略正在奢侈品牌中间蔓延。很多品牌没有公开宣布，而是以试水心态低调地调整部分产品线的价格。"

在过去的 15 年间，时尚大牌的中国战略可用"扩张"二字概括。直到国内销售出现下滑，品牌方才开始正视门店坪效，"关店潮"由此而起。2015 年，83%的奢侈品牌在中国有各种形式的关店行为。Louis Vuitton 于 2015 年 11 月接连关闭广州、哈尔滨和乌鲁木齐 3 家店铺，引发业内震惊。

奢侈品牌在中国的"关店潮"自 2015 年底开始蔓延后，至今仍未停息。据搜铺网对 2016 年上半年各大奢侈品牌在中国关店情况的不完全统计，Montblanc、Cartier、Louis Vuitton、Burberry、Gucci、Dior 六大品牌在上半年已关店近 10 家。其中，位于广州太古汇的中国南方最大的 Montblanc 专卖店关闭；Dior 因业绩不理想撤出广州老牌高端商场；Gucci 关闭成都仁和春天百货人东店和合肥首家 Gucci 专柜芜湖路店；顶级奢侈品品牌 Louis Vuitton 在 2016 年上半年又关闭了 3 家门店，分别为华宇国际精品商厦的 Louis Vuitton 太原专卖店、上海力宝广场的 Louis Vuitton 旗舰店、天津友谊商厦 Louis Vuitton 店，这意味着 Louis Vuitton 同时在一线和二线城市缩减规模。关闭业绩不佳的门店，谨慎选择开新店的地点和时间，是大多数奢侈品牌在这一大背景下做出的选择。另外，Burberry、Cartier 相继撤出温州，TOD's 计划关闭部分香港门店，Bottega Veneta 将在大陆和香港关店。2016 年 1 月 11 日，东莞某鞋业发布公告称，受经济形势影响，公司客户订单严重萎缩，因此做出全面停产并裁员的决定。该工厂主要客户包括 LVHM、Prada 等国内外知名品牌。奢侈品零售商在国内的扩张已日趋谨慎，可高端购物中心的空间仍然需要被填满，因此为了争夺品牌，中国的商场业主甚至愿意协商租金。图 1 为部分奢侈品牌近年门店情况一览。

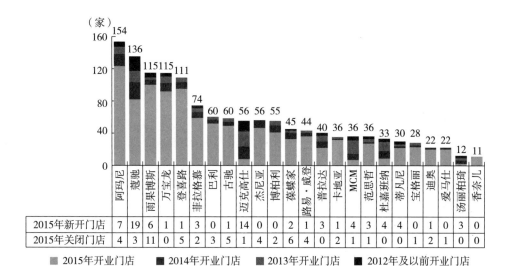

下面表格数据（图内配合图表的数据表）：

	阿玛尼	蔻驰	雨果博斯	万宝龙	登喜路	菲拉格慕	巴利	古驰	迈克高仕	杰尼亚	博柏利	葆蝶家	路易·威登	普拉达	卡地亚	MCM	范思哲	杜嘉班纳	蒂凡尼	宝格丽	迪奥	爱马仕	汤丽柏琦	香奈儿
2015年新开门店	7	19	6	1	1	3	0	1	14	0	0	2	1	3	1	4	3	4	4	0	1	0	3	0
2015年关闭门店	4	3	11	0	5	2	3	5	1	4	2	6	4	0	2	1	1	0	0	1	2	1	0	0

■ 2015年开业门店　　■ 2014年开业门店　　■ 2013年开业门店　　■ 2012年及以前开业门店

图1　2015年部分奢侈品牌新增门店及关店情况一览

资料来源：贝恩咨询。

从贝恩调研数据来看，78%的受访者通过互联网和应用程序获得奢侈品信息。数字化已是大势所趋，为抓牢消费者眼球，奢侈品牌在2015年的平均数字营销支出占比超过了35%。微博、微信、官网是标配，不少品牌还会选择与视频网站合作。例如，英国奢侈品牌Burberry就将它的化妆视频课程、时装秀放上了某主流视频网站主页。由于网络消费者越来越多，部分奢侈品牌已开始尝试开拓电商渠道，例如Burberry、Coach等，"上海滩"的产品也已经能够直接在官网下单订购了。因此，如今已经很难找出抗拒网络的奢侈品牌了。

此外，奢侈品牌应终端客户需求而更加注重个性化定制。据相关信息展示，定制服务在2015年快速发展，目前定制服务比重占整个奢侈品行业的20%，有86%的奢侈品牌推出不同形式的定制服务。在"上海滩"的官网上可以看到每个产品系列下都有一项"量身御制系列"，可根据顾客的要求高端定制所需产品。

3.2 "上海滩"的主要竞争者

3.2.1 "上下"（Shang Xia）

（1）品牌简介。

"上下"是由中国设计师蒋琼耳女士与法国爱马仕集团携手创立的当代中

国生活时尚品牌，2010年10月9日在上海正式开幕，致力于传承中国精湛的手工艺，通过创新使其重返当代生活。"上下"象征着换位及对话，东方与西方，传统与现代，追求天人合一，推崇"绚烂而平淡"的生活方式，旨在将传承、文化、创新和对话融为一体。"如其在上，如其在下。""上下"的名字简单而意义深远，上下五千年的文化积累，"上下"要"承上"而"启下"，期许搭建一座无形的桥梁，沟通连接传统与现代、东方与西方、艺术与生活、人与自然，诠释中国式的儒雅与热情。

同为宣扬中国特色的时尚奢侈品品牌，"上下"从不参加任何走秀，也不投放任何广告，而是采用店铺和展览的营销方式，如"上下"品牌的零售店设计犹如展览馆或美术馆。同时，"上下"还在上海和北京共举办了三场为期三周的文化展览。"上下"品牌于2011年推出以"传承与情感"为主题的文化展览，邀请参与者打开他们的盒子，讲述他们的故事，并将它们记录、集结成册，与一些充满情感温度的小物件一起，装进盒子，成为"上下"文化物品的第一件。此外，"上下"将会每年创造一件限量版的文化产品，使人们记住传统，对话记忆。

（2）产品系列及特点。

"上下"是一个来源于中国文化的当代雅致生活艺术品牌，致力于传承中国的生活美学和精湛的手工艺，通过创新使其重返当代生活。在中国设计师蒋琼耳女士的带领下，"上下"期望通过努力，将日渐式微的中国传统手工艺的精湛技艺保留下来，并从中汲取灵感，将之置于当下生活语境中重新审视，令古老的手工技艺生发无限可能。木作家具、竹丝扣瓷、羊绒毡、薄胎瓷……这些精妙的传统工艺，经由当代设计的创造力，转化为富有时代精神的"美"与"用"，已成为具有代表性的"上下"工艺。表4展示了"上下"品牌产品系列及独特工艺。

表4　"上下"品牌的产品系列及工艺

品牌	系列	工艺
"上下"	服饰与配饰	羊绒毡
	珠宝与首饰	紫檀
	茶具、家饰	薄胎瓷
	家具、礼品	竹丝扣瓷

"上下"相信"时间"与"情感"之于物的意义，以"家"为原点，创

作了一系列兼具传统精神与现代风范的家居生活作品，涵盖家具、家居用品、服装、皮具、首饰及与茶有关的物品，演绎"绚烂而平淡"的生活方式。其中，"大天地"系列家具、"桥"系列茶具、"雕塑"系列服饰、"揽月"系列包袋已然成为"上下"代表性的经典作品。每一件"上下"的物品都选取上等的材料，精雕细琢，专注于每一个细节，呈现中国制造品质的上乘与精妙。

（3）近年发展概况。

截至 2013 年，"上下"的大股东爱马仕集团在大中华地区共设有 38 家门店，其中 21 家在中国大陆。无时尚中文网数据显示，爱马仕集团 2014 年第二季度因主要市场日本、美国需求下降和国际汇率不利浮动，销售增长相对第一季度大幅放缓。第二季度仅取得 5.8% 的销售增长，远低于第一季度的 10.1% 和上年同期的 10.3%。撇除汇率浮动造成的 7300 万欧元损失（第一季度相关损失为 4000 万欧元），第二季度收入增长也只有 9.6%，销售总额从上年同期的 9.104 亿欧元增加至 9.634 亿欧元，不及市场预期的 9.71 亿欧元。同时，"上下"开设零售门店的选择颇为谨慎，至 2015 年共有 4 家门店，分别在上海（2 家）、北京（1 家）、巴黎（1 家）（见表5）。

表5 "上下"零售店

年份	开设门店
2010	在上海开设首店
2012	在北京国贸商城开设了品牌第二间精品店
2013	海外首店于 9 月 12 日在巴黎开幕，坐落在巴黎 Ruede Sèvres 塞弗尔街
2014	在上海开设第二家门店，也是该品牌的最大旗舰店，该店面积约 400 平方米，品牌门店总数增至 4 家
2015	暂无

3.2.2 "夏姿·陈"（SHIATZY CHEN）

（1）品牌简介。

1978 年初产生于中国台北的"夏姿·陈"（SHIATZY CHEN），含义为"华夏新姿"，希望透过创作的转化，让历史的风采与时代的风貌制成恰到好处的剪裁轮廓，最后再将"初衷"当作目标，巧手缝在引领处。"夏姿·陈"的设计总监，即品牌灵魂人物王陈彩霞（Shiatzy Chen），对于服装工艺丝丝入扣，从布质的触感到光泽的呈色，纵横于纺织的纹样图腾都一丝不苟，从元素的研发延伸到技术的工法都力臻完美。正如王陈彩霞女士所说："中国服装元素是自古传承下来老祖宗的艺术结晶，皆为'夏姿·陈'服饰所珍视并竭力加以保存、发扬的精工技艺。"

"夏姿·陈"不走浮夸、矫情的民俗味，而是取材于西方的大胆、流行设计并融合东方的细致品位，这种结合西方轮廓与东方图纹创造出优雅中国气韵的品牌定位、深厚的文化底蕴和现代感的剪裁，让"夏姿·陈"成为台湾名贵的各种重要场合的服饰选择。王陈彩霞表示，"夏姿·陈"定位于中式低调奢侈品牌，并非那些张扬外显的风格，而是由内而外的文人气息。她希望"夏姿·陈"是任何环境下长大的女孩想要表现超人气质时的第一选择，"选择'夏姿·陈'的女人是文静内敛，外柔内刚的"。

（2）产品系列及特点。

"夏姿·陈"专注于设计与生产世界顶级精品女装，经营产品包括高级女装、高级男装、高级配饰、高级家居品及中式庆典用品等精品。"夏姿·陈"的核心概念是对于中国文化传承的景仰，其中就以四种中国艺术——瓷器、诗书画"三绝"、刺绣工艺和丝绸来表达。同时，"夏姿·陈"展现的是台湾人向上的精神及同时接纳中西文化的混合文化特质，让历史的风采与时代的风貌制成恰到好处的裁剪轮廓是"夏姿·陈"服饰高质量、高价格的品牌定位。除此之外，"夏姿·陈"还顺应国际潮流，注入当代国际时尚流行美学，应用国际流行服饰语言赋予服装新的生命力，铸造了如今独特的"夏姿·陈"风格。具体地说，"夏姿·陈"的每个系列产品都有其灵感来源和系列故事。

（3）近年发展概况。

作为非上市公司，"夏姿·陈"并不披露财务数据，但表示在中国大陆、中国台湾和其他拥有业务的市场都实现了盈利。"夏姿·陈"与"上海滩"不同，"夏姿·陈"有八成的销售收入是女装，包和鞋子很少，可能只有5%，这也是"夏姿·陈"需要加强的地方。

据悉，"夏姿·陈"在北京新光天地拥有一家占地1000平方英尺（约93平方米）、月租金达6万美元的门店，该门店的生意非常不错，2011年其门店的销售额高达400万美元。2011年，"夏姿·陈"在中国大陆的营收猛增40%，目前已占到公司7000万美元年营收的1/3，2012年第一季度大陆市场销售额较上年同期增长了20%，但不及该公司预期的40%。根据品牌数据，"夏姿·陈"2014年收入为8000万美元，2020年销售额达到2亿美元。

"夏姿·陈"在全球共有70多家销售门店，门店分布中国大陆、中国台湾、中国港澳地区以及马来西亚、日本、巴黎等。自2013年以来，"夏姿·陈"依然在频频开设新的门店，2020年其门店数扩张至170家（见表6）。

表6 自2013年以来"夏姿·陈"的开店情况及未来期望

年份	开设门店
2013	成立日本分公司并开设专门店
2014	9月初，香港圆方广场全新形象店铺正式揭幕； 11月，中国大陆地区首间全新形象店铺——上海半岛旗舰店正式运营
2015	5月，位于成都仁恒置地广场的全新形象精品店开幕； 7月，金宝汇旗舰店盛装揭幕
2016	苏州新光天地概念店也在夏日繁景盛放
2020	门店扩张至170家，包括进一步拓展台湾本地市场

3.2.3 "东北虎"（NE·TIGER）

（1）品牌简介。

"东北虎"（NE·TIGER）品牌创始人张志峰先生于1982年开始创业，"东北虎"经过了32年的积累和发展，已经成为中国的顶级奢侈品品牌。作为中国服饰文化的守护者和传承者，"东北虎"始终秉承"贯通古今，融汇中西"的设计理念，致力于复兴中国奢侈品文明，新兴中国奢侈品品牌。"东北虎"早期以皮草的设计和生产为主，并迅速奠定了其在中国皮草行业中的领军地位。在品牌的发展历史中，该品牌相继推出了晚礼服、中国式婚礼服和婚纱等系列产品，并开创性地推出了高级定制华服。"中国有礼仪之大，故称夏；有章服之美，谓之华"。"华夏礼服"即是华服，是代表中华民族精神的国服。"东北虎"华服的设计可以高度概括为五大特征，即以"礼"为魂，以"锦"为材，以"绣"为工，以"国色"为体，以"华服"为标志，融汇并呈现数千年华夏礼服的文明，开创现代中国特有的一种服饰形象。

（2）产品系列及特点。

高级定制华服是"东北虎"品牌最具开创性意义的作品，采用云锦、丝绸、缂丝等上等天然真丝面料，将诸如手绘、刺绣、结绳、剪纸等散落民间的各项工艺及织造大师的绝技汇集在精美华服之上，使之焕发新生。"东北虎"品牌还拥有皮草、婚纱、礼服、成衣及亲子装等产品系列。其中，"东北虎"的皮草系列产品在中国皮草行业遥遥领先，在时尚行业声誉日隆；婚纱系列产品以突破性的高级婚纱系列宣告中国婚纱"革命"，以创造性的中国式婚礼服实现中国婚礼服的复兴与新兴；礼服系列产品以开创性的高级定制晚礼服系列开创中国晚装先例。

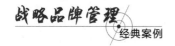

（3）近年发展概况。

"东北虎"品牌的总部位于上海，在北京、上海、哈尔滨、牡丹江均有分公司，在北京东方新天地、翠微广场、上海时尚园、哈尔滨中央大街、青岛阳光百货、天津海信广场、杭州大厦、济南银座等高端百货店开设了形象店。近年来开店情况如表 7 所示。

表 7 "东北虎"近年来开店情况及未来期望

年份	开设门店
2010	"东北虎"扩展时尚版图，多家新店隆重开业： 北京市海淀区复兴路 23 号翠微广场二层； 天津市和平区解放路 188 号海信广场二层； 济南市泺源大街 66 号银座商城三层东馆； 杭州市杭州大厦 B 座三层
2012	11 月 9 日，"东北虎"皮草山东旗舰店在青岛阳光百货盛装开幕
2013	11 月，北京侨福芳草地艺术形象店及"拾艺"生活馆开幕
……	迄今为止，"东北虎"都是自营店，数量不多，精而又精

3.3 "上海滩"的优势

3.3.1 坚强的后盾——历峰集团（Richemont）

2000 年，"上海滩"被世界第二大奢侈品公司——历峰集团（Richemont）收购后，后者为"上海滩"输入了许多西方设计史。在执行主席雷富逸（Raphael le Masne de Chermont）的带领下，"上海滩"由原先的纯粹中式风格转变为中西合璧，并制定了成为世界奢侈品的计划，使得其服装吸纳了很多时尚元素。由此，"上海滩"从一间位于香港的概念商店，成长为一个与中国传统元素紧密衔接的全球顶级生活时尚品牌。《商业周刊》预言，"上海滩"会成为中国的"Chanel"，因为幕后金主历峰集团实力雄厚，通晓时尚业规则，能够源源不断地支持这个"中国时尚婴儿"。

从严格意义上界定，"上海滩"不能算作中国品牌，准确地说，是"中国概念"，历峰集团带着旗下卡地亚、登喜路、伯爵、万宝龙等一批奢侈品牌的运作经验，其高级管理人员将成熟的经营机制带进了"上海滩"，一步步提升品牌价值，上演了"灰姑娘变公主"的奇迹。历峰集团对"上海滩"的包装改造，是由外表至机理的，消费者研究、战略制定、品牌定位、风格定位、文化内涵、产品线规划、衍生品开发，甚至店面风格与陈列等，都是按照顶尖品牌的"游戏规则"一步步进行的。

"上海滩"的上海区总经理凌嘉城评价说："历峰的加入才让其逐渐迈向世界顶级品牌。在被历峰收购以前，虽然公司发展得已经很不错，但是她的卖点还只是老上海的风情，基本上没有明晰的市场定位，客户喜欢什么，我们便生产什么。由于历峰旗下拥有卡地亚、登喜路、伯爵、万宝龙等一批顶级品牌，对于顶级品牌的管理与发展具有非常成熟的一套机制，于是它将这套理念也带进了'上海滩'，对其进行了全新的包装和改造。"

在收购"上海滩"后，历峰集团开始研究客户，将目标市场定位于 30~35 岁的中高收入女性，后来又给"上海滩"输入了很多西方设计师，使得其服装吸纳了很多时尚元素，由原先的纯粹中式风格转变为中西合璧。凌嘉城介绍说："国际上每一季的时尚趋势都会在我们的服装中有所体现，这就使我们能从众多品牌中一下子便脱颖而出。"

3.3.2 "畸形"的智慧

"上海滩"最有名的是改良式现代旗袍、唐装、马褂，为 20 世纪的东方风情添上现代元素。与在中国鲜为人知的知名度相比，"上海滩"品牌自问世之日起就受到西方时尚人士的狂热追捧。从香港到纽约，该品牌深受消费者的喜爱。"上海滩"品牌的设计团队是由外国设计人员领衔的，因此，有人说"上海滩"始终无法深入地看中国，且无法诠释中国服装。这一点与"上下""东北虎""夏姿·陈"恰恰相反。后者无论是灵感、融入的传统工艺，还是设计师，都是地地道道的"中国味"。然而，这恰恰是"上海滩"的特色所在：当局外人以一种全新的视角去观察这个国家的时候，就有了一种"畸形"的智慧和全新的视角。这种智慧与上海的气质非常吻合，这个由新外来文化和中国文化撞击融合而成的城市，自成一体的海派文化让她愈发迷人。虽然"上海滩"的设计团队主要由外国设计人员组成，但是其广告大片的主角大多都是中国人（见表 8）。这一点与"东北虎""夏姿·陈"一样。

表 8 "上海滩"品牌部分季度系列产品广告创意

时间	广告大片
2015 年春夏	"上海滩"春夏系列广告大片，超模陈碧舸和男模 Dae Na 共同出镜代言，摄影师 Richard Ramos 执镜，本季大片于意大利卡普里岛拍摄
2014 年春夏	"上海滩"春夏系列广告大片，由中国超模陈碧舸倾情演绎，著名摄影师 Richard Bernardin 掌镜，以好莱坞黄金时代为灵感

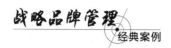

续表

时间	广告大片
2013 年春夏	"上海滩"春夏广告大片,由胡兵、中国超模张丽娜演绎。新一季时装设计将复古情怀、休闲与中国元素融合,展现国内高端时尚的华丽一面
2012 年春夏	在国际知名时尚摄影师陈漫的镜头下,胡兵化身为都市游侠,在迷情的雨季与林志玲上演着离别故事。胡兵的动情演绎、完美的身材,加之该品牌春夏新款的时尚设计、明丽的色彩和多重拍摄场地的选择,都令这组广告大片有了与观者诉说的灵魂

3.3.3 "上海滩"的 12 个代表性作品和时尚影响

12 个代表性作品塑造了"上海滩"这一品牌的历史,每个产品都独具一格,通过品牌工艺和创作力,向世界呈现这些高品质的作品。这些作品包括:"上海滩""DNA"的重要组成部分——雅致的现代旗袍,"从古至今最好的作品"——羊绒丝绸里衬开衫,"上海滩"标志性香氛系列——姜花香氛,象征好运连连的祥云夹棉系列女包,设计独特的定制漆盒及独家高级限量版漆盒,选用珐琅和精美金属打造而成的女士手镯,高贵、柔软的华美丝绸睡衣,系列多样的香氛蜡烛,调香大师 Carlos Benaim 的丝绸之路香氛系列,中西交融、寓意时尚的中国特色唐装,"上海滩"中式复古圆框太阳眼镜,以及 Polo衫(见附表 1)。

皇室成员如查尔斯王子、戴安娜,政界人士如希拉里、撒切尔夫人,名模如娜奥米·坎贝尔、凯特·莫斯,演艺界明星如安吉利娜·朱丽、尼古拉斯·凯奇等都是"上海滩"品牌的忠实追随者。众多的西方时尚男女都以拥有至少一件"上海滩"的经典上装,黑色丝绒面配以鲜艳真丝衬里的唐装作为时尚的符号。

4 "上海滩"的困境

4.1 "上海滩"高关店率的背后

随着中国经济的高速发展,除了北京及上海之外的一些城市的奢侈品市场已日渐成熟。一些主要的二线城市,拥有优质的零售购物环境,已形成了消费能力雄厚的客户群体。国际名品纷纷进驻,而作为中国奢侈品牌代表之一的"上海滩"，也将目光锁定在这些市场。2011 年，除在 9 月陆续开出的沈阳卓展、厦门磐基与昆明金格外，"上海滩"还在其他的省会城市开设更多的时尚概念店。与此同时，"上海滩"积极筹备在中国开设旗舰店。"上海滩"的国际业务董事及中国区董事顾乡女士说："从创立之初，品牌即定位为中国奢侈品牌的开拓者和领军者，并强调品牌的国际化身份，纽约旗舰店、伦敦旗舰店相继开出，与世界上其他著名奢侈时尚品牌骄傲地比肩……"

然而，如今现实中的"上海滩"则遭遇尴尬处境。历峰集团最新发布的财报显示，2012 年"上海滩"的全球门店关闭 7 家，仅剩 42 家，而 3 家于2011 年落成的门店也未能幸免关店之殇。同时，早在 2008 年北京奥运会期间，雷富逸就对外宣称要借助奥运之风，大力推广"上海滩"，目标为在2010 年前，在包括马德里、莫斯科、洛杉矶和迪拜等城市拥有 50 家分店。然而，截至 2016 年，"上海滩"仅有 42 家店。

4.2 高达 14%的关店率背后是业绩的下滑还是转型的失败？

4.2.1 服装的时尚元素多于传统元素？

"上海滩"CEO 雷富逸在 2011 年接受采访时提道："自 2001 年加入'上海滩'担任公司行政主席起，我所做的第一件事情就是把'上海滩'从一个概念店转变成一个品牌，换句话说，就是让'上海滩'更加适合穿着，去吸引更多见多识广的时尚人士，所以我们不断为品牌融入更多实穿性和现代性的元素。"出于对"上海滩"自身强大的"DNA"的直觉肯定，雷富逸在接手"上海滩"时并没有做过较多市场调查，但幸运的是，"上海滩"本身拥有一个绝好的、可以做大做强的概念。这也正是前文我们一直强调的"上海滩"是一个坚守中国元素，以中国身份认同为荣的中国时尚之全球大使。在此基础上，该品牌不断吸纳和融合更多的西方时尚设计。"我们每个新系列都会逐渐加入更多大胆的设计和现代元素。"雷富逸说。

如今，走在"上海滩"新天地店里，从陈列的服装来看，中国传统的特色确实在削弱，而时尚化在增强。以前钟爱"上海滩"品牌的消费者陈先生说道："现在'上海滩'中我们最喜欢的中国传统特色在削弱，而时尚化在增强。最具中国特色的绳结扣和盘扣也是少量运用，比如最新推出的祥云图案的连衣裙系列，款式就包括时尚的现代款和改良旗袍款等。绳结扣的设计基本装饰在腰带和包包上。所以，我现在很少买她家东西了。"

然而，"上海滩"CEO 雷富逸不这么认为，他解释道："'上海滩'的设计通常都是用高级织物作为原料，配上刺绣、中国结和高领等具东方色彩的剪裁工艺。同时，她所要求的当代时尚风格，要使每一季的作品足以在米兰和巴黎等时装 T 台上得以轻松展现。的确，本季秋冬时装，我们的设计师选用了较为内敛、深沉的颜色，剪裁线条也变得更为低调。你看，我身上这件西装的中式立领就很低调，不引人注意，但仔细看是个很值得玩味的细节。很多消费者不喜欢夸张的设计，其中必须有一些吸引人、值得他们把玩之处，这是符合国际潮流的做法。"

4.2.2 从单一产品线到大杂烩发展？

邓永锵时期的"上海滩"，产品线单一，仅局限于以旗袍、唐装、马褂为主的女装，产品的卖点仅限于老上海的风情，没有明晰的市场定位，只是根据市场的需求和客户的要求来定制服装产品。当历峰集团接手"上海滩"后，便开始对"上海滩"进行改革。

雷富逸刚接手"上海滩"时，和创意总监 Joanne Ooi（2002～2009 年任"上海滩"的创意总监）同样认为"上海滩"怪里怪气的衣服就像迪士尼乐园的时装版，"没有一件衣服是能立马穿着走出去的"。两人对"上海滩"印象的高度默契让接下来的改革顺利进行。首先，雷富逸将目标客户群体定位在 25～50 岁中高收入者，他们热衷时尚元素，勇于展现自己个性。其次，产品线方面，在女装的基础上，加入了男装系列和更加年轻的产品系列；在"上海滩"中国元素设计的基础上，又加入现代化的时尚设计元素和理念。再次，拥有更多的衍生品是奢侈品区别于一般品牌的特质之一，雷富逸按照万宝龙、伯爵等奢侈品牌的运作经验，决定开发"上海滩"品牌的衍生产品。于是，在雷富逸与 Joanne Ooi 并肩作战的几年里，"上海滩"品牌增加了男装和童装，并且业绩开始上扬。尤其是 2005 年麦迪逊大街专门店的总收入上升达 50%，整体业绩同比增长 40%。最后，雷富逸又将产品系列延伸到配饰、家居用品、中装定制等多项服务，并于 2009 年推出了一款"风水大师"腕表。2010 年，"上海滩"还开设了全球首家品牌概念餐厅"上海滩餐厅"，旨在将"品牌体验延伸到味觉上"。此时的雷富逸欲将"上海滩"由一个时尚品牌转型为一个生活方式品牌。

然而，一连串大刀阔斧的改变着实让人应接不暇，大杂烩式的产品线也让品牌难以定型。虽然爱马仕、纪梵希等品牌的产品线也极其广泛，但是这些品牌都是在长期积累了品牌知名度和美誉度的基础上厚积薄发而成。然而，对于一个只有 20 多年历史的年轻品牌而言，能否承受和消化这样的转变有待观察。

4.2.3 国外设计师团队能否设计出中国奢侈品品牌的中国文化部分？

邓永锵时期的"上海滩"，设计师以中国的传统裁缝为主。雷富逸接手"上海滩"后，将设计师团队大换血，改变了"上海滩"原本的设计师团队，转而搭建以国外设计师和中国设计师一比一的设计团队，由原先的纯粹中式风格转变为中西合璧。

雷富逸说道："'上海滩'怀着担当现代中国时尚的全球大使使命，一直用更多精力去坚持自己独特的'DNA'，而不是太过于关注研究平衡东西方文化差别。如果执迷取悦于某个特定的消费群体，你就会做一大堆别人都在做的东西。我们就是有其他品牌可能缺乏的新鲜度和真实性，因为他们太关心竞争对手都在做什么了。"因此，"上海滩"是一个开拓者，而不是追随者。"这是因为我们的品牌是一个全新的、独一无二的概念，我们的设计师没有可以山寨的对象！"

如今，"上海滩"的设计师团队基本是外国人。有人说"上海滩"由外国设计人员领衔的设计团队无法深入地看中国，他们眼中的中国永远都是流于表面而无法诠释中国。也有人说，这恰恰是"上海滩"的聪明。这种智慧与上海的气质非常吻合——一个由新外来文化和中国文化撞击融合而成的城市，一个中西结合的时尚品牌。有人说她市井，有人说她浮华，有人说她落俗，可她却依然深深地吸引着消费者。

4.2.4 历峰集团时装和配件业务业绩下滑？

蔻依（Chloé）、兰姿（Lancel）和"上海滩"（Shanghai Tang）所属的时装和配饰业务是历峰集团业绩表现较差的部门。历峰集团发布的2013年全年财报显示，珠宝和手表部门以及电商（Net-a-Porter）业务均实现双位数增长，唯独时装和配饰部门仅取得个位数增长，营业利润更是出现倒退。当时，历峰集团董事会执行主席Johann Rupert在财报发布后的电话会议中也表示，历峰集团应该尽早摆脱那些令人失望的品牌，而蔻依（Chloé）、兰姿（Lancel）和"上海滩"（Shanghai Tang）等正属于这些处于挣扎中的品牌。

在2013年财报发布后不到一周，历峰集团宣布时尚配饰部门首席执行官Martha Wikstrom离职，而且不会另聘高管填补空缺，而是转由集团联合首席执行官Bernard Fornas负责该部门业务。分析师称Martha Wikstrom的离开可能是因为集团不愿意在时装配饰品牌上投资，另外，刚刚上任半年的登喜路（Alfred Dunhill）前任首席执行官Eraldo Poletto也悄然离职，一系列关联事件让人有理由相信历峰集团存在对时装配饰品牌的清理计划，以专注于卡地亚（Cartier）、梵克雅宝（Van Cleef & Arpels）和朗格（A. Lange & Soehne）等高端手表和珠宝品牌的发展。集团某位前高管也表示："历峰在硬奢侈品领域做得更加出色，它懂得如何发展和销售钟表和珠宝品牌。"

伦敦 Berenberg 机构分析师 John Guy 则称，由于兰姿（Lancel）、蔻依（Chloé）、登喜路（Alfred Dunhill）的业绩一直低迷，而竞争对手则跑赢大盘，所以集团不再对这些品牌有信心。而同属历峰集团时装和配件业务下的"上海滩"境遇比兰姿更为凄惨。2000 年，"上海滩"这个在外国人眼中"中国唯一的奢侈品牌"风光无限，这风光来自世界第二大奢侈品公司历峰集团的收购，而彼时"上海滩"仅仅创办六年。因此，中式服装奢侈品牌"上海滩"的发展，逐渐成为顶级品牌管理的经典案例，国际著名商学院的课程都把其作为中国品牌国际化传播发展的样本。然而，"上海滩"现在却面临着被集团遗弃的危机。由于历峰集团的时装和配饰业务业绩下滑，"上海滩"首当其冲，品牌价值也不断缩水。奢侈品行业分析平台华丽志创始人余燕（Alicia Yu）认为，这说明"上海滩"的业绩很差。

然而雷富逸先生并不赞同，他解释道："从管理者和品牌决策者的角度来看，关闭一部分门店、重新寻找合适的地点和时机重开门店，都是相当正常的调整。用门店扩张数量或者门店关闭数量来衡量时尚品牌的价值，实在有失偏颇。现在，很多奢侈品品牌都开始积极拓展在线销售的渠道。'上海滩'也是一样，2015 年 1 月或者 2 月，也就是中国的农历春节，我们的中文在线购物频道就会开通。到了明年年中，我们还会有进一步拓展线上销售的动作。我们对线上销售的预期相当看好，认为这个举动将会重塑'上海滩'品牌，甚至重塑新中式设计。同时，我们邀请建筑师组合明合文吉重新打造位于香港的旗舰店。"

4.3 是对国际市场的过分倚重还是对中国市场的错误看空？

当国际各大奢侈品牌纷纷抢占中国市场的时候，中国本土的奢侈品牌"上海滩"却逆其道而行：忽略中国，到国外宣传。这就是雷富逸的宣传策略："在中国市场实现销售，但将宣传的重点放到海外。"这就导致"上海滩"在国际市场上打开了知名度，但在国内没有知名度。就像财富品质研究院院长周婷说的一样："一方面，她在国际市场上打开了知名度，提高了美誉度，包括历峰集团内部也给予她集团优势的支撑；另一方面，如果不在国内推广的话，可能会失去这波消费潮，又会失去中国消费者。只能是中国消费者中的一部分很高端的人会知道她，真正的结果是少数人知道，少数人购买。虽然有一些国外的人会买她，但是真正的消费主力是中国、印度、巴西这种新兴市场国家。从长远来看，这会对'上海滩'这个品牌造成一定的伤害。"

雷富逸就中国高端消费者的变化而评价道："他们（中国高端消费者）变得更加理性，不再迷信品牌的名声，也不再以西方品牌为圭臬，而是钟情于自己内心的喜好和审美观。"就这一转变，雷富逸表明，"上海滩"一方面是要努力获得国际市场的认可，另一方面还要让中国人相信他们自己的文化可以挖掘出具有影响力的高端品牌。因此，雷富逸自 2001 年加入"上海滩"起，带领团队花了一年半的时间扭转了业务形势，在经营上也实现了盈利。"在首先赢得西方市场之后，越来越多中国人也开始喜欢'上海滩'的东西。"2011 年，"上海滩"的外国客户和中国客户的比例大概是 1∶1，"上海滩"北京专卖店的当地客户就占了 65%～68%，而在"过去几年中，来自中国大陆的消费已经有了两位数的增长"。

"上海滩"对中国市场还是比较看重的。雷富逸经常往返于伦敦和纽约的子公司，每当听到伦敦的公关经理说"东方的东西不流行了"，他总会反驳说："年轻人，你们就是不折不扣的机会主义者！你怎么可以忽略这大半个世界呢？现在的中国已经成长为世界第二大经济体，每个人都渴望来分一杯羹。"此外，2011 年，雷富逸在接受采访时表示，"上海滩"未来发展的重心会在中国，因为这是一个很重要的市场。"我们未来三年的大多数投资都会在中国。作为一个中国品牌，我们坚持以现代方式来包装中国文化，我们会坚守领军者的地位。"同时，他也表示会在巴黎寻找合适的店址开设新店，以加强巩固"上海滩"在欧洲的地位。"亚洲区之外，我们有大概 15 家店，但和其他高端品牌一样，我们现在的重心还是在这里（欧洲）。"

同时，中国市场的竞争力很大，爱马仕集团就推出了类似理念的品牌"上下"，而像"夏姿·陈""东北虎"这样的新兴品牌也很具有发展潜力，雷富逸表示非常乐意接受这些竞争，"上海滩"品牌已有 20 多年的历史，这就是一个最大的优势。但是让他不满意的是现在太多品牌都想和中国扯上关系，以为在衣服上绣条龙就成了中式服装了，这是对中国市场的不尊重。"上海滩"的服装应尽量避免太过明显的中式图案，选择更具内涵的图样，增添现代感。

附　　录

附表 1　"上海滩" 12 个代表性作品

现代旗袍	旗袍的雅致： 彰显身材的旗袍一开始是由演员关南施演绎到极致，随后由张曼玉在王家卫执导的影片《花样年华》中表现得淋漓尽致。旗袍是"上海滩""DNA"的重要组成部分	
异域芳香	美丽花卉的颂歌： 姜花是"上海滩"标志性香氛系列，也是香港春季颇具代表性的一个花种，一旦盛开，则盛夏将至。姜花原产于印度东部和中国西南部，充满异域风情。隐约含蓄的姜花香气，营造出平和安宁的氛围，安抚心灵	
华美丝绸睡衣	高贵柔软的亲肤享受： "上海滩"重新演绎了东方的经典，丝绸的柔软性是无与伦比的，奢华的丝绸面料加上色彩鲜艳的颜色体现了"上海滩"睡衣的高贵品质	
香氛蜡烛	包括多种系列： 姜华、丝绸之路、翡翠花园、北京香烛、香港香烛、绿茶香烛、黑茶香烛、皇家花园……	

手镯	女士手镯： 选用珐琅和精美金属打造而成，饰有标志性中国风图案，新颖别致，与众不同；可单独佩戴或优雅叠戴，营造醒目出众的效果	
羊绒丝绸里衬开衫	从古至今最好的作品： 从提取蒙古羊绒中最好的材质到利用珍贵的丝绸，"上海滩"一直致力于用精湛的工艺来制作独具一格的经典产品。产品的材质结合了非常纯质的丝绸和精美保暖的羊绒。将袖口轻轻卷起，将这款独特的系列里鲜艳的颜色和引人注目的印花演绎得淋漓尽致	
祥云夹棉系列	好运连连： "上海滩"的祥云夹棉系列灵感源于"祥云"，它也被称为吉祥的云，象征着好运、五重财富和幸福。祥云图案层层叠叠，代表好运连连。这个系列包括托特包、小的手提包、手包和皮夹	
丝绸之路香氛系列	独一无二的鼻子创造独一无二的香水： 调香大师 Carlos Benaim 在香水领域的卓越贡献使其获得了"香水设计师终身成就奖"。基于自己的中国之行，他设计了这个向浑厚的中国文化致敬的香水系列，以此重温商队沿着丝绸之路载着中国珠宝通往西方世界的浪漫。该系列共 8 款，其中女士 5 款，男士 3 款，均为纯手工调制，为我们展现香水古老工艺真实面的同时也反映出"上海滩"的奢侈品质和卓越手艺	
唐装	中西交融： "上海滩"坚持用料上乘，从中国丝绸到蒙古羊毛绒，服饰多采用各种华贵的天然面料，为这些唐装、小唐装披上了名牌的光环，令中国特色变成时尚	

太阳眼镜	"上海滩"中式复古圆框太阳眼镜： "上海滩"推出第二代的太阳眼镜，灵感来自于20世纪60年代的香港浪漫情怀。眼镜的外框是中式复古圆形，但通过手工抛光的镜片强烈地体现出现代气息。中式圆框太阳眼镜有多色可选择，拥有高质量的镜片和人工抛光过的框架	
Polo衫	马球运动的复兴： 作为当代中国时尚全球大使，"上海滩"一贯秉承的理念是向世界展现中国文化最迷人和美丽的方面——从古代传统到当代艺术。自2006年起，"上海滩"就开始支持马球在蒙古的复兴，组织一年两次的"上海滩"马球杯，赞助成吉思汗马球马术俱乐部，培养新生代世界级蒙古马球运动员以进军国际水平的赛事	
奢华漆器	漆盒： 漆盒在中国装饰品制作中发挥着重要作用，例如家具、乐器、毛笔和珠宝盒之类的盒子。"上海滩"荣耀出品各种色泽丰富、设计独特的定制漆盒及独家高级限量版，其中包括雪茄盒、首饰盒、袖口盒	

Chinese Luxury Brand
Shanghai Tang is at Lost?

Abstract: Shanghai Tang, founded in 1994, has been well-known for the modern-style cheongsam, Tang Suit and mandarin jacket, adding modern elements into Oriental Style of 20th century. Since 2000, the brand has come into the embrace of the world's second largest luxury goods group-Richemont. With the advent of Shanghai Tang, it has been foreigners and tourists' favorite brand all the time, and then gradually pursued by fashionable Domestic fashionistas. However, in recent years, Shanghai Tang has suffered a dilemma-a number of stores have been closed. Its sluggish performance or it loses direction in transformation process? Therefore, this case describes the dilemma and the reasons behind it.

Key words: Luxury Brands; Shanghai Tang; Brand Culture

中国奢侈品牌
"上海滩"（Shanghai Tang）的迷失？

一、教学目的与用途

1. 本案例适用于 MBA、EDP、EMBA 和 DBA 的《品牌管理》《奢侈品营销》与《市场营销学》课程教学。

2. 通过本案例的分析和讨论，培养学生运用《品牌管理》《奢侈品营销》与《市场营销学》的理论知识去分析问题和解决问题的能力。

3. 本案例的教学目的之一是帮助学生比较产品和品牌的区别，理解品牌的本质，了解顾客对品牌文化的理解，以及企业塑造品牌文化的策略和方法。

4. 本案例的教学目的之二是帮助学生理解品牌资产的内涵，以及如何结合中国传统文化元素在传承中创新去提升品牌资产。

二、启发思考题

1. 什么是品牌资产？"上海滩"（Shanghai Tang）在建立品牌资产方面采取了哪些措施？

2. "上海滩"（Shanghai Tang）的品牌文化是什么？这一品牌文化是怎么形成的？

3. 你如何对它进行品牌定位？你对它的品牌定位有何看法？

4. 在 2013~2015 年奢侈品品牌在中国市场的业绩下滑的概况下，与竞争品牌相比，"上海滩"（Shanghai Tang）的优势和劣势各是什么？

5. 你认为"上海滩"（Shanghai Tang）品牌是真的在转型过程中迷失了方向吗？为什么？你对"上海滩"（Shanghai Tang）品牌未来发展有哪些建议？

三、分析思路

在严重同质化的商业环境中，唯有靠品牌才能体现差异，取得竞争优势。品牌逐渐成为商业中最重要的元素之一，好的品牌才能在市场中脱颖而出。品牌不仅仅是符号，更重要的是文化体现，其文化还体现了一个国家的价值观、信念和追求，也体现了企业的价值观、信念和追求。因此，本案例首先分析品牌的定义，以及品牌资产的涵义，在此基础上理解品牌资产的组成因素。这些利用中国传统文化元素塑造其品牌内涵的品牌应该从品牌资产的组成元素方面采取举措，提升品牌资产。其次，根据品牌定位理论，分析这些品牌如何在传承传统文化方面的创新。最后讨论为了强化独特的品牌联想，这些利用传统文化元素的品牌如何培育其品牌文化。

课前建议阅读资料：

［1］Aaker D. A. Win the Brand Relevance Battle and then Build Competitor Barriers［J］. California Management Review，2012，54（2）：43-57.

［2］Holt D. B. Brands and Branding［J］. Harvard Business Review，2003（9）：503-545.

［3］Jonathan E. Schroeder and Miriam Salzer-Morling［M］. London：Routledge，2006.

第二篇

品牌战略

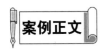

云南白药集团多元化扩张迷局①

摘　要： 云南白药集团是一个具有百年历史的老字号企业，凭借"伤科圣药"的历史美名，长期以来一直专注于中成药产品的发展，在行业内取得了较好的市场业绩。伴随企业的快速成长，寻找新的蓝海与利润增长点始终是王明辉关注的焦点。2005年初，王明辉提出了"稳中央、突两翼"的成长战略，实现了从中央产品的"一枝独秀"发展到透皮和健康产品的"多点支撑"。2011年，王明辉提出"新白药、大健康"作为公司战略来指引公司未来的发展。云南白药集团在进入非相关多元化业务快车道发展的同时，其主营业务的负面消息不时见诸报端。云南白药集团是应继续多元化扩张还是应适度"归核"主营业务，进而寻求国际化发展，考验着王明辉的战略智慧，关乎这家百年企业未来的健康与可持续发展。

关键词： 云南白药；核心竞争力；多元化战略；持续创新

引　言

创立于1902年的云南白药集团（简称"云南白药"），是一家不折不扣的百年老字号。说起云南白药，很多人并不陌生，不仅是因为其主业白药产品历史悠久，还在于其近年来在个人护理产品上的不断创新与突破——在创

①　本案例由上海对外经贸大学工商管理学院谢佩洪教授、魏农建教授和云南财经大学商学院于克信教授撰写。案例来源于中国工商管理国际案例库，案例编号STR-16-002，并经该案例库同意授权引用。本案例中相关数据均来自公开发表的渠道。本案例只供课堂讨论之用，并无意暗示或说明某种管理行为是否有效。

可贴行业与强生比拼，在洗发水行业与宝洁竞技，在多如牛毛的牙膏市场硬生生挤出一片蓝海，成为了高露洁、佳洁士等知名品牌的强劲对手……这家地处云南昆明的百年老字号，在挑战众多国际知名企业中赢得了新的发展。2010 年，云南白药营业收入首次突破百亿元大关。2013 年，云南白药牙膏销售额达到 25 亿元。牙膏业务的辉煌标志着公司"稳中央、突两翼"战略决策的成功，也为公司大规模开展日化市场打开了大门。2011 年，王明辉提出"新白药，大健康"的产业战略，开启了寻找蓝海的新征程。

从 2007 年到 2013 年，云南白药至少有 10 次因药品质量、夸大广告疗效等登上多地食品药品监督管理局的黑榜。来自市场的最大质疑声音认为，云南白药跨界经营后放松了对质量的管控是主要原因所在。业内分析人士认为，云南白药自 2004 年来以牙膏跨界日化，分散了不少对主营业务发展的精力。在牙膏市场收获颇丰后，其触角也延伸至洗发水、面膜、沐浴露等领域，打出日化药妆牌。但是除了牙膏卖得火，旗下的"养元青"洗发水、"采之汲"面膜、"千草堂"沐浴露却还未见起色。除了进入日化领域外，云南白药还把触角深入茶叶和旅游地产。因此，云南白药的非相关多元化之路饱受诟病，市场上也传来了质疑的声音，认为云南白药不务正业。云南白药的国际化也举步维艰，披着"国家保密配方"神秘面纱的云南白药在欧美市场却被要求公开成分。面对这样的复杂局面，云南白药该何去何从，是应适度归核化还是国际化发展，考验着王明辉的战略智慧。

1 云南白药的"前世今生"

1.1 白药传奇的由来①

云南白药问世百年来，以其独特、神奇的功效被誉为"中华瑰宝，伤科圣药"。白药为什么会有如此广泛而独特的治疗效果？又是谁创制出白药呢？在云南省档案馆的地方文史资料中，有这样的介绍：云南白药为云南人曲焕章创制的专门用于伤科治疗的中成药散剂，至今已有 100 多年历史，其处方现今仍然是中国政府经济知识产权领域的最高机密。对于曲焕章其人，资料

---

① 此部分内容根据中央电视台《探索·发现》频道《白药传奇》（1~4 集）纪录片整理。完整视频《白药传奇》可从云南白药集团官方网站下载观看。

中也有简单的记载：曲焕章，字星阶，原名曲占恩，1880 年 8 月 27 日出生于云南省江川县赵官村。1902 年曲焕章研制成功云南白药的前身——百宝丹。

白药的出现就是一个谜。1880 年出生的曲焕章 1902 年就研制出了百宝丹，那时他年仅 22 岁。如此年轻的一个山村郎中，是怎样研制出日后闻名天下的云南白药的呢？他广泛收集彝族、哈尼族和瑶族等少数民族的民间方药，在综合民族、民间和前人药方的基础上，博采众家之长，苦心钻研，并结合自己平时疗伤止血的经验不断地实践，1902 年，一种取名"百宝丹"的伤药被曲焕章研制出来。这种白色的药末，具有很强的消炎止血、活血散瘀功效，用它治疗跌打损伤、消肿止痛具有很好的疗效。由于其颜色近银白色，故民间俗称为"白药"。尽管对于白药的渊源还有争议，但是曲焕章作为云南白药创制者的身份，已经得到了大多数人的认同。

1.2 从百宝丹到云南白药

1931 年"曲焕章大药房"成立，将百宝丹销往全国，并在国内外的一些大城市开设了分销店和代销点，百宝丹的声誉由国内走向海外。1937 年，发明人曲焕章出于爱国之心，向正在和日军作战的中国军队捐赠了 3 万瓶云南白药，对台儿庄战役的胜利做出了一定的贡献。白药通过士兵的口碑相传广为人知，该药确凿的疗效使得云南白药成为中国武装部队急救箱中的常备药。而后，百宝丹的声誉由国内走向中国香港、中国澳门、新加坡、印度尼西亚雅加达、缅甸仰光、泰国曼谷、日本等地。问世百年来，其药效也在无数次的使用中被证明。白药产品在内科、妇科、儿科以及皮肤科等领域有着 300 余种应用。

从 1902 年白药发明之初，其处方和配制工艺一直保密。1955 年，曲焕章的妻子缪兰英将云南白药的配制秘方献给人民政府，由昆明制药厂生产，改名为"云南白药"。1956 年，国务院保密委员会将云南白药处方及工艺列为国家级绝密资料。1971 年 6 月，在周恩来的亲切关怀下，在昆明第五制药厂的基础上成立了云南白药集团的前身即云南白药制药厂。1995 年，云南白药被国家列为 20 年保护期一级中药保护品种，这是目前国家对中药最高级别的保护，云南白药处方被列为国家机密。1996 年云南白药实现了生产计划、批准文号、商标、质量标准、销售管理的"五个统一"，组建云南白药集团。从此，云南白药在批量生产、研究及应用方面得到了快速的发展。

1.3　云南白药的腾飞

1999 年 5 月，37 岁的王明辉从昆明制药厂调入云南白药集团担任总经理。当时云南白药拥有净资产 3.77 亿元，销售额超过 1 亿元，每年利润几百万元，这一切看起来都还不错。然而，当他开始深入了解这家企业之后，发现情况并非如此。通过市场调研，公司管理层发现云南白药产品存在三个方面的问题：①产品虽好，但定位低端。云南白药神奇的功效虽深入人心，但长期以来的散剂包装给消费者一种民间偏方的低端形象，导致市场价格与内在价值关联度不高。②产品市场边界狭窄。白药快速止血功能众人皆知，但消费者对白药的其他功效了解甚少。③品牌形象老化。云南白药的消费者群体年龄大多超过 40 岁，年轻消费者群体认知度不高。这三个方面的问题导致 30 岁以下的人很少使用云南白药，这令王明辉非常担忧，因为 30 岁的消费者才是云南白药的未来。当时的云南白药虽然能赚钱，但是已经开始落伍了。

1999 年后，云南白药进行了成功的转型，获得了业绩的持续高速增长。在以云南白药为主的中央产品地位得到稳固的同时，两翼产品（云南白药创可贴等透皮产品、云南白药牙膏等健康产品）贡献的销售收入和利润开始大幅上升。"稳中央、突两翼"战略的实施，使得云南白药在短时间内迅速壮大，从一个单纯的传统中药企业逐步转变为一个拥有丰富产品生产线的，产品迅速从传统白药散剂延伸至白药胶囊、白药气雾剂、宫血宁胶囊、白药膏、白药创可贴和白药牙膏在内的云南白药系列畅销产品的，横跨制药和个人护理产品的大型企业集团。产品主要销往中国、东南亚等地区，并已进入日本、欧美等市场。其系列产品获得云南省首批原产地标记证书，"云南白药"被认定为中国驰名商标。

云南白药是中国众多百年品牌中的一个奇迹。统计数据显示，1999~2013 年，云南白药每年都在以 30% 以上的复合增长率超速增长。云南白药从 1999 年的 3.77 亿元净资产，在没有任何资金注入的情况下，至 2012 年主营业务收入从 2.32 亿元上升至 136.87 亿元，增长了 58 倍；净利润从 0.34 亿元增加至 15.83 亿元，增长了 46 倍（见图 1）。截至 2013 年末，云南白药实现营业收入 158.15 亿元，同比增长 15.55%；利润总额 27.01 亿元，同比增长 47.60%；净资产收益率为 28.94%（2003~2013 年云南白药集团主要经济指标见附表 1）。2013 年是云南白药上市 20 周年，与上市之初相比，其营业收入增长 270 倍，净利润增长 150 倍，总资产增长 72 倍。2014 年，云南白药集团实现营业收入 188.14 亿元，同比增长 18.96%；净利润 22.67 亿元，同比增长 21.51%；净资产 111.85 亿元，同比增长 23.88%。

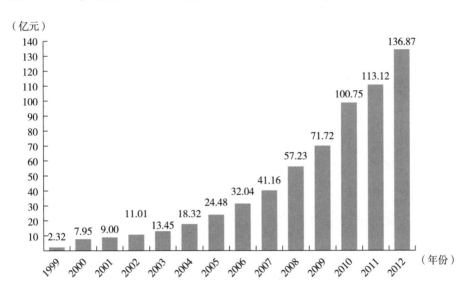

图 1　1999~2012 年云南白药营业收入

资料来源：云南白药集团公司年报。

云南白药集团快速发展，其对股东的回报也是丰厚的。云南白药集团股份有限公司（以下简称"云南白药"）1993 年 12 月 15 日在深圳证券交易所A 股挂牌上市，上市之初发行价格仅有 3.38 元/股，市值 2.70 亿元；2013 年10 月 8 日，公司股价冲上 119.30 元，市值高达 828.25 亿元，是 1993 年上市之初的 307 倍，创下有史以来的最高市值纪录，稳居中国医药类上市公司之首。2013 年，由世界品牌实验室（World Brand Lab）发布的"中国 500 最具价值品牌"排行榜中，云南白药以 94.67 亿元的品牌价值位居第 191（品牌价值的攀升见附表 2）。

2　中草药行业发展状况与趋势

2.1　中草药行业状况

制药业是个独特的行业，它的独特之处首先在于制药企业的产品是与人们的生活和健康息息相关的药品，其次在于它是个高风险、高投入、高回报的行业。医药行业作为一个关乎国计民生的行业，在资金、技术、人力、信息、管理、品牌等方面都有很强的专业性要求。为了加速与国际接轨的步伐，抵御跨国医药巨头的竞争，中国在医药生产企业中强制性推行 GMP 认证，在医药经营企业中推行 GSP 认证。我国现有医药生产企业 8000 多家，其中有 1400 多家医药企业仍在亏损中挣扎，制药企业的 "一小二多三低" 现象较为严重。统计显示，2013 年全球药品市场销售额突破 9750 亿美元，年复合增长率达 6%。2013 年，美国药品市场销售额达到 3550 亿美元，约占全球销售总额的 1/3。中国则成为药品销售额仅次于美国和日本的全球第三大药品市场。

由于医药商品与人类的健康和安全紧密相关，因此世界各国无一例外地对药品的生产、管理、销售、进口等均采取严格的法律加以规范和管理。未经等级规范论证的药品和企业很难进入药品市场。中药要想进入美国市场，必须通过 FDA 认证。FDA 是美国食品药品管理局（Food and Drug Administration）的英文缩写，它是国际医疗审核权威机构，由美国联邦政府等授权，专门从事食品与药品管理的最高执法机关。美国的 FDA 是世界公认的将技术优势和执法权力结合得较好的食品与药品管理机构之一，通过 FDA 认证的食品、药品、化妆品和医疗器具对人体是确保安全而有效的。美国 FDA 的认证在世界范围内有着较好的权威性和延展性，通过 FDA 认证，也等于拿到进入美国以至进入国际市场的通行证。现在即使仅仅取得了由美国 FDA 备案的药物主控档案（Drug Master File，DMF），就能对企业产品进入欧洲、日本以及东南亚市场起到巨大的推动作用。长期以来，FDA 对包括中药在内的天然植物药不予承认。因此，迄今为止，没有一例中药通过美国 FDA 或欧盟的上市许可，其中原因就在于成分不明，药理机制不明。

有数据统计，目前日本是除中国以外最大的中药生产国与消费国。如今日本有汉方药厂 200 多家，处方用汉方药每年以 15% 的速度增长，年销售额高达 15 亿美元，被日本政府批准适用 "国民健康保险制度" 的中药大约有 148 种。目前日本汉方药年生产总值已超过 1000 亿日元，在国际市场上的中成药、中药保健品贸易中，由日本生产的占很大份额。自 20 世纪 90 年代以来，韩国中药产业发展也势头强劲。目前，在韩国国民医疗支出中，中医药占 15%，这一比例仅次于我国，与我国中药注重原料种植相比，其对原料的加工操作规范、标准严格，且包装宣传到位，相同等级的参类产品单价是我国的 25 倍。我国中药行业必须完善质量标准和安全准入制度，这或许是破解药材安全难题的途径之一，而加大 GAP 建设，则是源头的重中之重。

我国中医药历史悠久，源远流长，是我国五千年灿烂文化的瑰宝。尽管各国人士对我国中医药的"望闻问切"之术、"草根树皮"之方颇感好奇，但是这并没有为我国的中医药在国际市场中赢得应有的地位和重视。虽然中医药已经传播到世界160多个国家和地区，但是依然普遍难以打入国际医药的主流市场，大部分只能在华人圈子里使用①。我国不仅有着璀璨夺目的中医药文化，而且有着极为丰富的中草药资源和中医药临床应用经验。然而，与我国传统中医药大国的地位极不相称的是，我国中药在世界市场所占的份额极其微薄：在中成药300多亿美元的国际市场份额中，日本占80%，韩国占10%②。日本中药制剂的生产原料75%从我国进口，在全球拥有绝对中药材资源优势的中国却只占了5%的份额。当日本"救心丹"、韩国"高丽参"打入国际市场，且单品出口就相当于我国全部中药材出口额的50%时，中国人都震惊了！中药国际化绝地突围，进入国际主流市场的路还有多远？因此，如何突破中医药国际化瓶颈一直备受关注。

2.2 主要竞争对手

2.2.1 日本津村株式会社

日本津村株式会社（Tsumura & Co）是日本最大的一家中药生产企业，其产量约占日本生产汉方药的70%。作为日本最大的汉方药制药企业，津村药业是我国中成药国际化最大的竞争对手。这家企业在2001年成立上海津村制药有限公司，2005年大规模进行美国FDA认证申请，无论是在日本国内市场，还是在美国市场，津村药业都奠定了较为稳固的市场地位。

对于津村药业，国内中药企业并不陌生，其汉方药中的草药，大约80%需从我国进口，津村药业已先后在我国建立了70多个GAP药材种植基地。在基础研究方面，津村药业也投入大量人力物力在药理、毒理、剂型成分分析的标准化、规范化等方面进行研究，津村药业在传承了中医药的精髓之后，又科学化地将其与西方医药学接轨。

2.2.2 天士力制药集团股份有限公司

天士力制药集团股份有限公司（简称"天士力制药"）是天士力控股集团（简称"天士力控股"）的核心企业，是我国中药现代化的标志性企业，于2002年8月在上海证券交易所挂牌上市（600535）。天士力控股创建于

---

① 王君平. 中药国际化要过五关［N］. 人民日报，2010-09-09（19）.

② 王君平，郭海英. 中药国际化迷途［EB/OL］.［2009-08-10］. http：//www.ydzz.com/zt. php？col=87&file=6948.

1994 年，公司成立以来，坚持打造中药现代化、国际化第一品牌，打造大健康产业领先品牌，不断推进大健康产业持续快速发展。2013 年资产总额为262 亿元，销售额为 240 亿元，实现利税 36 亿元。天士力制药入选中国最具竞争力医药上市公司 20 强，是唯一被评为 2008 年度"中国最佳上市公司治理奖"的民营上市公司。天士力控股名列"2014 中国民营企业 500 强"第196 位，名列"2014 中国民营企业制造业 500 强"第 132 位。此外，天士力控股荣获 2014"超越想象"创新竞争力评选"最佳品牌创新奖"。

　　1992 年研制成功的复方丹参滴丸已是天士力的核心主打产品。1997 年，天士力制药大胆尝试，向美国 FDA 递交了复方丹参滴丸以药品身份进入美国市场的申请。2010 年 7 月，天士力复方丹参滴丸历时三年的 II 期临床试验结果获得了美国 FDA 的认可，并获批在全球多个医疗中心同时进行 FDA II 期临床试验①。这成为美国 FDA 历史上第一个完成期临床的复方中药，同时，FDA 还授予了复方丹参滴丸特殊评估协议（Special Protocol Assessment，SPA）特许的待遇。这意味着 FDA 对复方丹参滴丸的 II 期临床结果非常满意，希望该药能简化审批环节，尽快上市。这标志着中药国际化迈出了关键和有力的一步，相当于有了进入国际市场的通行证。2013 年，复方丹参滴丸的销售额突破了 29 亿元。截至 2013 年底，天士力控股的产品已在全球 34 个国家进行了商标注册，并以药品身份进入荷兰、南非、俄罗斯、韩国等 16 个国家和地区的主流医药市场。

　　目前，天士力已经形成了四区一点的市场布局（"四区"即以马来西亚、韩国为中心的亚洲区，以荷兰、法国为中心的欧洲区，以美国为中心的北美区，以南非、尼日利亚为中心的非洲区；"一点"即俄罗斯）。身为"现代中药第一股"的天士力制药掌舵者闫希军正在全球开展的 FDA III 期临床试验，被业界誉为"中药国际化的突破性进展"。在理念和体系上完全有别于西药的中药，曾经进入国际市场简直难于登天，但闫希军并未却步，他提出了通过大批专利构筑现代中药知识产权体系的观点。截至 2014 年 6 月底，天士力控股及主要子公司拥有专利总数 1436 件，其中发明专利 1320 件。闫希军曾表示："中药现代化、国际化的过程概括来说就是：如何把说不清的说清，可以说清的如何数字化，数字化的东西又如何建立标准，最后如何能够符合国际标准。"②

---

① 高巍 . 中药国际化：天士力的临门一脚 [J]. 中国医院院长，2011（2）：86.
② 参见新华网芦超的《天士力：让世界医药体系进入中国时间》一文。

3　第一次多元化浪潮：
"稳中央、突两翼"成长战略

　　20世纪90年代，中药企业主销市场从主流市场退却的产业窘状，让云南白药也深受打击。云南白药品牌形象老化，消费群体以40岁以上居多，不但市场份额不断下滑，其品牌也有渐渐被人遗忘之势。"30岁以下的人对白药品牌的认知度就已经很低，更别说十几岁的孩子了，他们基本上已经不知道白药了。"云南白药集团总经理尹品耀说，产品是品牌最基础的载体，消费者是通过产品对品牌形象认知的，而当时白药仅有的产品形态和种类都与消费者的需求渐行渐远。实际上，云南白药自诞生之日起，就是以止血药品闻名于世。多年来，白药产品几乎都集中在相关的几个产品上，虽然品牌和形象得到了极大强化，但是也限制了未来的发展空间。云南白药此时认识到，必须在发展思路上寻求变革，不能只停留在简单的止血产品生产上。

　　1999年，王明辉就任云南白药总经理后启动的企业再造，让这一年成为云南白药的转折之年。他来到云南白药的初期，就发现限制云南白药发展壮大的主要原因是忽视了市场和销售。尽管云南白药有很好的产品，但是多年的老字号、百年的老企业、产品以及企业形象与现代化的生活和市场竞争已经格格不入。王明辉凭借其多年的医药销售经验以及对行业发展趋势的把握，大力推进云南白药气雾剂产品的研发和推广。一方面，他试图通过气雾剂这种能够体现和传递现代科技信息的技术和产品形式来改变云南白药百年传统中药的落后形象；另一方面，这也使得云南白药的产品明显区别于竞争对手的同类产品。更富有差异化和独创的是云南白药气雾剂将止疼与活血化瘀两种功能创造性分开而形成两种产品——云南白药气雾剂和保险液。

　　云南白药气雾剂产品的成功推出，一下子扭转了云南白药传统落后的产品形象，而后云南白药推出的红瓶、白瓶气雾剂均为消费者的有效识别和正确使用提供了很大的便利。因此，云南白药气雾剂的推出满足了其目标顾客时尚、便捷而有效的需求，大受市场欢迎。2013年，专利产品云南白药气雾剂产值超过10亿元。云南白药根据消费者的需求和外部环境变化，围绕其核心技术加大产品研发力度，有力地促进了集团自主知识产权转化为生产力。比如，云南白药又开发了云南白药胶囊、云南白药酊、宫血宁胶囊以及田七系列等畅销产品。2013年，宫血宁胶囊单品种销售额超过4亿元。

　　随着产品创新等工作的逐步展开，云南白药开始着力进行品牌创新。云南白药开始尝试把白药应用到相关领域,尤其是与人们生活息息相关的日化领域,积极为这家百年品牌寻找新的利润增长点。2007 年,云南白药在全球范围内寻找最杰出的急救产品,推出云南白药急救包。公司的经营格局也从原来的"一枝独秀"变为"多点支撑",不但丰富了云南白药自身的产品类别,先后开发出了云南白药气雾剂、云南白药胶囊等产品,还将材料科学与云南白药相结合,开发出了云南白药创可贴、云南白药膏等产品,同时拓展了日化产品市场,开发出了云南白药牙膏等产品。王明辉为云南白药设计了"稳中央、突两翼"的企业发展战略,即稳固发展白药主产品,拓展白药牙膏和创可贴等个人护理产品,从而让品牌创新与产品和技术创新形成互动效应,使"云南白药"重新焕发青春(见图2)。

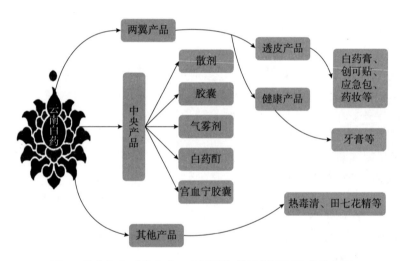

图2　云南白药"稳中央、突两翼"战略指导下的产品布局

3.1　云南白药创可贴等透皮产品[①]

1992 年,当美国强生公司的明星产品——邦迪创可贴全面进入中国市场时,云南白药散剂逐渐淡出了城市消费者的视野。从原理上讲,"邦迪"并不是一种药品。因此,作为在快速止血产品领域的直接竞争对手,"邦迪"对传统白药的"取代",更像是市场理念的胜利——它抓住了都市消费者方便、易用的消费心态。在 2004 年《中国医药报》的一份市场调查中显示,在"邦

---

① 此部分内容参考了长江商学院项兵教授撰写的《白药创可贴:与"邦迪"的竞争》一文。

迪"的全盛时期，邦迪创可贴的购买率高达44.5%，是排名第二的"云南白药气雾剂"的2.29倍，是云南白药传统明星产品"云南白药外用散剂"的20.19倍，显示了其无可比拟的领导地位。在中国创可贴市场，"邦迪"的市场占有率一度高达70%。

2000年，当云南白药把目光对准创可贴时，美国强生公司生产的邦迪创可贴在中国市场正所向披靡。更加致命的是，同样作为外伤治疗和快速止血产品，邦迪正在蚕食着传统的云南白药外用散剂的市场，这让同样作为快速止血产品的云南白药感觉到了巨大的压力。对于云南白药来说，他们面临着的是一个新领域，创可贴已经不是单纯的治疗药物，而是将药物和材料科学结合在一起的产品。"压力可想而知。"王明辉说，"那时候我们一直在想，应该怎么办，应该怎么来做研发？材料科学我们不懂，也没有相应的技术储备和研发团队。可是我们可以不做吗？不做又不甘心。"考虑云南白药属国家级保密配方，创可贴的核心技术环节——添加白药成分的保护性复合垫，只能由公司独立研发完成。2001年3月，云南白药以虚拟企业的运作模式，投资500万元成立了云南白药集团上海透皮技术研究有限责任公司，负责白药创可贴、药膏的研发与市场培育。

由于云南白药没有生产透皮方面的技术，因此云南白药选择了德国拜尔斯道夫公司作为合作对象，将云南白药的优势和全球优秀的材料科学加以整合。云南白药通过市场调查发现，市场上的邦迪创可贴仅仅是一种卫生材料，仅能实现对伤口的物理隔绝而无止血和愈合功效，而云南白药的核心竞争优势就在于产品的独特疗效。于是，王明辉就试着将这种独特性延伸到创可贴，在创可贴直接贴住伤口的黄色隔离渗透膜处添加云南白药。这样，创可贴的功效就不仅仅停留在保护伤口上，而是能够更好地治愈伤口。2001年，云南白药委托拜尔斯道夫（常州）有限公司生产创可贴，将云南白药在外伤治疗上的优势和拜尔斯道夫材料科学方面的优势结合起来，推出新的白药创可贴。至此，云南白药找到了挑战"邦迪"的竞争策略，简单讲就是往"邦迪"里加点"白药"。

因为加入了云南白药，具备了"邦迪"所难以企及的竞争优势，而且邦迪的胶布只是简单的无药胶布，而加了白药的胶布则具备了止血、杀菌、消毒和促进伤口愈合的多重功能，所以云南白药在产品的营销中，不是单纯地宣传云南白药创可贴的疗伤效果如何好，而是凸显了普通创可贴所不具备的一个独特优势，即有药的创可贴，让人印象深刻。可以说，云南白药引领消费者全面进入了创可贴的升级时代，用"有药"和"无药"树立了创可贴的新认知价值，也将云南白药这一百年品牌的"止血"疗效与其现代衍生产品密切联系起来。2001 年 6 月, 云南白药创可贴成功推向市场, 云南白药顺利完成了 "云南白药创可贴" 从研发到市场的 "三级跳"。云南白药创可贴一经推出, 便取得了非常惊人的市场效果, 至当年 12 月就实现了 3000 万元的销售额。

2004 年, 云南白药又开始与 3M 公司和一些日本、我国台湾的公司合作进行材料科学方面的研发, 开发公司的新产品。2004 年, 云南白药透皮事业部 (含云南白药膏产品) 实际终端销售达到 9600 万元。从 2006 年开始, 由于材质先进、透气性好、价格高、新品替代老品等, 云南白药创可贴销售收入快速增长, 进入利润收获期, 透皮事业部全年完成销售回款 2.5 亿元。2007 年时, 白药创可贴的市场占有率已经达到了 40%, 领先于 "邦迪" 的 30%。此后, 白药创可贴的优势还在继续扩大。白药创可贴的单品种销售额从 2001 年的 3000 万元人民币上升到了 2013 年的 4 亿多元。如今, 在含药创可贴领域, 云南白药创可贴已牢牢占据国内 50% 左右的市场份额。

3.2 云南白药牙膏等健康产品

如果说白药创可贴的成功是云南白药与现代生活的一次成功对接, 那么 2005 年白药牙膏的问世, 更是推动了云南白药的华丽转身——由传统中药企业进军大健康产业。云南白药创可贴在市场上取得的初步成功, 让王明辉开始更多地思考消费者, 即如何根据消费者的需求, 通过产品创新, 将白药蕴含的白药活性成分及其所具备的独特功效, 以更方便的产品形式和使用方法来满足消费者的需求, 使得传统白药真正走入现代生活。白药牙膏的诞生过程看似非常简单。在中国, 经常有人在刷牙时, 因为牙龈出血, 刷出满嘴血水。2001 年, 一个很偶然的机会, 王明辉听说有人将云南白药的散剂洒在牙膏上刷牙, 以此来治疗牙龈出血。这种传闻, 再加上将白药的优势和普通创可贴结合起来产生的制胜效应, 让王明辉进一步产生了将白药的优势延伸到牙膏上的想法。"云南白药止血、愈伤、消炎三个功能合一。上百年在临床施救过程中积淀了数以亿计的病例, 证明它在针对出血的治疗上拥有不可替代和无可比拟的优势。如果我们把云南白药的活性物质提取出来, 放到牙膏上, 那这就是一款全新的产品。"

然而, 当时中国的牙膏市场基本被外资品牌完全垄断, 佳洁士、高露洁等品牌牢牢占据着中、高端市场; 竹盐和两面针牙膏, 在区域市场也有不俗的表现, 品牌形象深入人心。而云南白药在牙膏行业还是一个新面孔, 力量单薄, 要想站稳脚跟、打开局面, 就必须走一条全新的路子。那么, 这条新路子该如何走呢？王明辉经过深入的市场分析和调研发现，已有的牙膏品牌多以牙齿的防蛀、美白、清新口气等功能为主，但针对牙龈出血、牙周疾病的治疗和保健方面还是空白。而云南白药恰恰是对治疗出血有非常好的疗效，因此，云南白药的领导层决定把云南白药牙膏定位在"解决多种口腔问题、提供口腔整体护理和保健"上，这样，云南白药牙膏就把刷牙这个简单的口腔清洁行为，变成了一个口腔护理和保健治疗的过程①。

与普通牙膏相比，由于药理作用，云南白药牙膏的优势体现在三个方面：刷牙时碰到牙龈会出血的人，使用云南白药牙膏之后，牙龈不再出血，这是白药的止血功能所起的作用；长期以来因为工作压力比较大，容易患口腔溃疡的城市白领，由于云南白药的愈伤功效，可以不再为这种问题苦恼；而云南白药对牙龈的护理作用，可以有效预防牙龈的萎缩。为了保证云南白药牙膏推出所需的人才和资源，云南白药集团在公司内部运营上进行了组织结构的调整，专门成立了健康产品事业部来整体规划、实施白药牙膏项目，并从公司资源的配置上向这一产品倾斜。此外，也是非常关键的一点，云南白药牙膏是云南白药品牌的延伸，和创可贴一样，其重视云南白药的传统药效功能，把子品牌和母品牌的关联性很好地结合在了一起。这就使得云南白药牙膏诞生之后就拥有较高的品牌认知度。

经过3年左右的研发和试生产，2004年，当这款被称为"牙膏革命"的产品推到市场时，高达22元的零售价格并没有阻止白药牙膏被市场迅速接受。云南白药牙膏用其良好的市场口碑和快速增长的销售额给予这支当时国内最贵牙膏是否有销路的疑问画上圆满句号。2005年，云南白药牙膏的销售额就达到8000万元。2006年销售额达2.2亿元。而到2008年，这款产品的销售超过5亿元，位居牙膏品牌的第五。2010年，白药牙膏的单品销售已突破12亿元。截至2013年末，云南白药牙膏销售额达到25亿元，增幅近20%，占营收总额的15.82%。目前，白药牙膏已位居牙膏品牌第四，占据国内市场份额的10%。因此，云南白药牙膏已经成为云南白药集团一个强劲的明星产品和非常闪亮的利润增长点。

① 为配合云南白药"非传统牙膏"的高端定位，细化并满足消费者的不同需求，云南白药集团分别开发了云南白药牙膏和金口健牙膏，前者主要用于治疗牙龈出血和肿痛，后者主要用于预防牙龈出血和肿痛。

3.3 "稳中央、突两翼"的成长战略[①]

加入白药的创可贴，成为了能与国际医药巨头产品竞争的云南白药创可贴；加入白药的牙膏，产生了市场上用料精良、配方独到、能够治疗和预防口腔疾病的云南白药牙膏。云南白药创可贴和白药牙膏使云南白药的品牌优势迅速转化为市场优势，新的发展思路给云南白药带来了新的发展空间。基于以上认识，2005 年初，云南白药集团提出了"稳中央、突两翼"的发展战略，在中央产品稳步增长的前提下，集中精力促进两翼产品销售上台阶。其中，中央产品就是以白药散剂、胶囊、气雾剂和宫血宁胶囊等为主的专业药品；两翼产品包括以白药创可贴、云南白药膏、急救包、药妆等为主的透皮产品，以及包括云南白药牙膏等在内的健康产品。

"稳中央、突两翼"的战略，一方面保证了整个企业产品群和价值链的基本支撑点，即中央产品坚决不受新业务的影响；另一方面也使得两翼产品具有了相对独立的发展空间。2006 年，在"稳中央、突两翼"战略推出的第一年，中央产品增长幅度就达到当时的最好水准，实现销售收入 6.7 亿元，同比增长 24%，对公司利润的平稳增长起到了决定性的支撑作用；两翼产品在 2006 年实现销售收入 4.09 亿元，同比增长 136%，成为公司利润增长的推动力，并成为未来几年主要的增长点。2008 年，两翼产品的销售收入突破 10 亿元，和中央产品平分秋色。"稳中央、突两翼"市场发展战略的成功实施，不仅为公司未来几年的发展勾画出了清晰的产品和业务拓展脉络，更为重要的是，从前两年的"一枝独秀"发展到近几年的"多点支撑"，公司的整体经营格局得到了本质的改变，市场抗风险能力也大大增强。

"十一五"期间，云南白药通过与市场全方位接轨，以及内部创业机制等一系列创新和改革，有效实现了发展方式的转变和产业结构的调整，主要经济指标年均复合增长率保持在 30% 以上，形成了以药品为基础和根本，健康产品、透皮产品、中药饮片等相关多元化的产品发展格局。目前，公司已构建起了药品事业部、透皮事业部、健康产品事业部、源生药材事业部四大业务板块。2010 年，公司实现营业收入 100.75 亿元，较上年增长 40.49%；净利润 9.26 亿元，比上年增长 53.41%。在各项主要经营指标超额完成预定目标的同时，公司的经营规模、资产运营质量、收益率、市值等指标继续保持行业先进水平。

[①] 此部分内容和相关数据参考了王明辉撰写的《以变应变，持续创新》一文。

4 第二次多元化浪潮：
"新白药、大健康"发展战略

在云南白药品牌的 Logo 上，最显眼的位置是一个葫芦，据说是寓意中医的道德操守。而如今，这个百年"江湖郎中"所做的事显然早已超出治病救人的范畴，它正在着眼于将中医文化引入日常消费领域，以整体产业链从更广泛的范围"悬壶济世"。云南白药牙膏、云南白药创可贴等一系列个人护理产品的成功推出，将传统中药引入人们的日常生活与保健之中，改变了人们消费和使用中药的通常模式，使传统中药与现代生活更加紧密地联系和结合在一起，开启了云南白药跨界经营进入大健康产业的新时代。在这种思路下，公司又陆续推出了洗发水、具有药用功效的化妆品等个人护理产品。在个人护理产品上，云南白药把目光瞄准了具有药用功效的化妆品如面膜、适用于北方干燥气候的沐浴露等。"含药的个人护理品是我们的强项，因为只有专业化的制药企业，才具备在治疗型和功能型产品上的制胜优势。一般的日化企业缺乏这方面的技术积累。"王明辉称。

随着"养元青"洗发水、"千草堂"沐浴露、瑶浴系列洗护品、"采之汲"面膜、气血康口服液等产品的成功推出，云南白药形成了中药提取物、中药保健品、中药日用品、中药化妆品等系列化产品，产业链越拉越长，跨界之路越走越宽。2011 年，"新白药、大健康"战略的实施，让云南白药的发展战略从产品层面上升到了产业层面，为未来第二个百年打开了无穷的想象空间。云南白药将依托现有核心业务板块，通过内生式增长强化白药为主的产品延伸，辅以特色药品市场开发，拓展发展空间。同时，在产业的上下游通过对外合作、兼并收购等外延式发展道路上，借助外围研发创新能力较强的科研院所以及先进的现代新兴生物技术，从养生会所、健康管理及服务、休闲度假、茶产业整合发展、高端特色专科诊疗、健康产品制造（保健品、保健食品、日化产品）等方面谋划完成云南白药大健康产业布局（涉及产品及领域见表1）。

表1 云南白药在大健康领域的系列品牌群

2008 年	"千草堂"沐浴露	定位为"中药调养肌肤、止痒和防干燥"，涉足健康养生
2010 年	"养元青"洗发乳	突出"中药去屑"，专注高端头皮护理

113

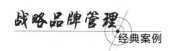

续表

2011 年	"采之汲" 面膜	涉足护肤日化领域，产品为面膜及其他药妆
2012 年	"日子" 卫生巾	进入个人护理行业，强调抗菌和科技含量高
2006 年	旅游地产项目	涉足房地产领域，开发度假村进入养生休闲领域
2010 年	"红瑞徕" 滇红茶	打入高端健康养生茶饮，产品为茶叶以及经营茶庄
2012 年/2013 年	养生保健品	推出天然药物系列气血康口服液与高原维能口服液

资料来源：根据云南白药集团公司网站和相关资料整理。

4.1 进入药妆和洗护领域

2008 年 12 月，云南白药推出 "千草堂" 沐浴露，这是继白药牙膏之后，云南白药推出的又一高端日用品。云南白药对它的定位是 "中药调养肌肤、止痒和防干燥"，平均市价为 148 元，被称为当时最贵的沐浴露。2010 年 10 月 28 日，云南白药推出了新产品 "养元青" 中药去屑洗发乳，作为云南白药大健康计划的重要产品开始创立其高端护发产品的征程。自 2010 年底上市以来，"养元青" 洗发乳 2011 年和 2012 年的销售情况均没有达到市场预期。

2008 年 3 月，云南白药集团与日本 Ma leave 化妆品株式会社成功签订化妆品技术转让协议。云南白药购买了 Ma leave 株式会社旗下的两个品牌系列的基础技术，分属高端和中高端产品，并准备用面膜和面霜等个人护理和个人健康产品进军高端药妆市场。经过 3 年时间的研发，把云南白药与化妆品进行有效融合，云南白药于 2011 年推出了 "采之汲" 面膜，以及其他药妆产品如云南白药美白精华液和美白祛斑洁面乳。

2012 年 12 月 31 日，云南白药以 8131.74 万元的价格收购了其控股并持有的云南白药清逸堂实业有限公司（以下简称 "清逸堂"）40% 的股权。清逸堂的主要产品是 "日子" 苦参系列卫生巾，至此，"日子" 卫生巾纳入云南白药旗下。云南白药表示，通过此次收购，公司可进入个人护理产业，与公司战略相匹配，可深入贯彻执行 "新白药、大健康" 战略。云南白药 "新白药、大健康" 产品族群又增添一位新成员。

4.2 进入茶叶、旅游地产和养生保健领域

2010 年 12 月，云南白药集团成立云南白药天颐茶品有限公司，与凤庆茶厂共同推出 "红瑞徕" 滇红茶。国际市场上红茶份额是 75%，中国目前占比不到 5%，整个市场的上涨空间还非常大，这是云南白药落户茶行业的重要原

因。2012年8月18日启动并奠基的云南白药"天颐茶源"临沧茶庄项目，是一个高起点、多功能、国际化与当地民族特色和茶文化高度结合，融健康与养生为一体、兼具接待功能的国际养生庄园式会所，也是云南白药大健康理念融入现代生活、通过休闲养生元素的植入以打造高端养生庄园会所的开始。

云南白药除了进入日化、药妆、茶叶领域外，近年来还把触角深入旅游房地产行业。2012年12月19日，云南白药位于大理苍山东麓旅游度假区的"双溪健身苑"项目动工，号称要打造成国际高端养生度假基地。这一占地面积633亩的地产项目将投入总计38亿元的资金。然而，云南白药涉足地产也并不是新鲜事。资料显示，早在2006年4月，云南白药就成立了云南白药置业有限公司（以下简称"白药置业"），注册资本1000万元。

那么，云南白药投资地产业绩如何呢？其实，白药置业自成立以来业绩一直不如人意。据云南白药年报披露，2007年白药置业无营业收入、净利润，2008年无营业收入、亏损41万元，2009年亏损455万元，2011年亏损111万元，仅2010年实现563万元盈利，在2007~2011年累计亏损44万元。面对外界的不断质疑，2013年3月13日，云南白药以6.46亿元转让了白药置业100%股权，正式退出了房地产业务①。

延续2011年启动的第二次企业再造，云南白药采取"统一销售、统一生产、统一采购、统一平台、统一财务"的"五统一"策略，步步精心，深度整合内部资源。随着人们养生保健意识的增强，保健品消费增长迅速。因此，云南白药分别于2012年和2013年推出了气血康口服液与高原维能口服液。

4.3 "新白药、大健康"发展战略

云南白药创可贴和云南白药牙膏所获得的成功，不仅仅是产品的成功，更是让王明辉坚信：传统中药通过产品创新、重塑消费模式，完全可以和现代生活完美融合，并推动传统中药产业实现突破式增长。而要想让云南白药的产品创新有市场价值，就要把白药配方聚焦于那些已经被消费者高度认可的产品市场，然后将白药的有效成分添加到成熟产品中，让云南白药疗效在充分竞争的产品市场发挥效应，在红海市场中开辟出一个个小的蓝海市场。

---

① 此部分内容和相关数据来源于《每日经济新闻》报道的《多元化经营受挫，云南白药退出房产业》一文。

　　"稳中央、突两翼"战略决策让云南白药品牌实现从药物品牌向大健康概念品牌的延伸，随着云南白药对急救包、茶产业、休闲养生产业等的探索初步显效，大健康前景逐渐清晰。在对企业自身的特点、基础和能力以及市场环境深入分析的基础之上，2011 年，王明辉将云南白药的战略从过去的"稳中央、突两翼"升级为"新白药、大健康"，将大健康产业作为了未来的发展方向。如果说"稳中央、突两翼"是以产品为基础的公司战略，那么，"新白药、大健康"则是以产业为基础的公司战略。

　　王明辉讲道，"新白药、大健康"的核心就是要用我们的核心科技服务于目标顾客的健康、关爱顾客健康，最终管理顾客的健康。最初的白药解决的是单一创伤问题，未来的白药解决的是顾客整体健康问题，即未病先养、未病先防、未病先医。传统产品解决的是最基础的健康问题，而未来的产品将解决顾客更高端的健康问题。过去的实践证明，在这些问题上，传统的医药科技和理念比西方的有更大的用武之地。

　　云南白药原有制造中心建成于 20 世纪 80 年代的昆明市中心，布局占地仅 40 亩，产能扩大受到限制。为了配合"新白药、大健康"的发展战略，2011 年云南白药整体搬迁到昆明市呈贡新城，占地 1100 余亩，总投资 25 亿元。呈贡产业基地是集生产制造、商业物流、工业文化旅游为一体的新区基地，制造、物流设计产能各 150 亿元，实际总产能可达 300 亿元。

5　云南白药多元化扩张的喜与忧

5.1　多元化战略所取得的成就

　　美国著名经济学家保罗·皮尔泽在《财富第五波》中将健康产业称为继 IT 产业之后的全球"财富第五波"。云南白药在坚守"药"这个根本的同时，不再拘泥于传统意义上的、与"病"相对应的"药"的范畴，而是进行跨界拓展，试水和涉足涵盖医疗卫生、营养保健等与人类健康紧密相关的生产和服务领域。云南白药通过跨界创新让"白药"保密配方在创可贴、牙膏、镇痛药膏、药妆等充分竞争性市场中，重新展现了自身独特的资源价值。无论是云南白药创可贴、白药气雾剂、白药膏、应急包，还是云南白药牙膏等，这种跨界组合让云南白药这个经过百年积淀的品牌焕发了青春活力。

企业的核心竞争力，首要的是要和消费者的需求相结合，才能创造出市场。要想让云南白药的产品创新有市场价值，必须让保密配方以"白药元素"的方式发挥云南白药核心竞争力的独有作用，使保密的白药配方变成其他产品的"添加剂"。云南白药在运用其品牌影响力方面可谓成绩卓越，从改变剂型的胶囊和喷雾剂，到宫血宁胶囊、创可贴和白药膏，再到白药牙膏，以及推出的急救包，这些产品推出的成功，背后都有云南白药的影子，我们称之为"白药元素"。尽管产品是多元化的，但是"止血化瘀"这一核心技术和利益诉求点贯穿于每一个产品线，这是其保持竞争优势的重要法宝。

截止到 2013 年末，云南白药实现营业收入 158.15 亿元，利润总额 27.01 亿元，其中云南白药牙膏销售额已达到 25 亿元。牙膏业务的辉煌标志着公司"稳中央、突两翼"战略决策的成功，也为公司大规模开展日化市场打开了大门。正如王明辉所讲："事实上，云南白药仍然是一家专业的制药企业。传统中药是云南白药的根，是我们竞争力的核心，我们非常尊重也很珍惜。如果没有药上的积累，我们在日化领域将不堪一击。正是药业赋予了云南白药在快速消费品行业里与众不同的特点，才使得我们与国际大公司的强势产品有了根本的区别，也使我们有能力去与他们竞争。无论是向哪个领域延伸，实际上都是把我们的优势在那个领域适当体现出来。"

5.2 多元化扩张带来的负面效应

然而，王明辉好像偏离了自己为云南白药设定的"传承不泥古，创新不离宗"的初衷。自 2004 年跨越单纯药品事业进入日化领域，推出云南白药牙膏，并依靠"大广告、大终端、大品牌、高价位"的操作模式取得巨大成功，云南白药首次尝到了跨界经营的甜头，但是在趁势介入的药妆领域，却又品尝了市场信息冷淡的苦果。近年来，云南白药一直疾驰在多元化经营道路上，产品由药品延伸至日化、地产等领域。除白药牙膏业务大获成功外，"养元青"洗发水、"采之汲"面膜、"千草堂"沐浴露等产品的销售却并不乐观。拓展房地产业务却铩羽而归，这就是云南白药近年来多元化经营窘境的一个缩影。

云南白药历年年报数据显示，在营业收入和净利润逐年递增的情况下，公司以前引以为傲的明星产品即白药中央产品、白药特色产品占总收入比重及毛利率却在逐年下滑。2005 年，公司药品销售收入占全部营收比例为99.10%，2012 年上半年，这一比重则降至 24.83%。从毛利率来看，2009～2012 年上半年，公司药品类的毛利率分别为 73.39%、73.71%、66.61%、

62.14%，下降幅度较为明显，在同类公司中也较为罕见。公司过度的多元化分散了不少对主营业务发展的精力，导致近年来公司主业面临毛利率下滑的问题。白药中央产品收入、毛利率所占比重的降低是其多元化扩张的必然结果。

2011年，云南白药整合药品事业部与透皮事业部，统称为药品事业部（含透皮部）。由此，云南白药中央产品与透皮产品的收入、利润均以合计形式出现。即使如此，2012年相比于2011年，药品事业部（含透皮部）的收入与利润占总收入与总利润的比例均有所下降（见附表3和附表4）。值得注意的是，2011年相比于2010年，透皮事业部的收入增长了69.40%，利润增长了263.78%，若保持这个趋势，那么2012年透皮产品的收入继续大幅增长，可见中央产品的收入占总收入比例一直处于下降状态。原本是中央产品的药品，正逐渐失去老大的位置。主业产品频出问题，让牙膏卖得飞起的云南白药，遭到"不务正业"的质疑。一时间，云南白药多元化荒废主业的质疑声四起。

云南白药作为中药行业的"阳春白雪"，人们很难将其与黑名单联系起来。然而，自2007年以来，公司多种产品因质量问题或虚假宣传问题被列入"黑名单"的常客。据不完全统计，2007～2013年，云南白药旗舰产品至少10次因药品质量、夸大广告疗效而登上各地食品药品监督管理局黑榜（见表2）。事实上，在云南白药的发展史上，如此频繁、密集地出现质量问题较为罕见。来自市场的质疑声音认为，云南白药由于跨界经营后放松了对质量的管控是主要原因所在。业内分析人士认为："主业产品会频现质量事件，还是由于企业在该业务上存在管理疏忽。具体到云南白药，其2004年来以牙膏开始跨入日化，分散了不少对主营业务发展的精力。"云南白药陷入了一场消费者的信任危机。

表2 云南白药产品陷入"质量门"的相关新闻报道

2007年第三季度	"田七花叶颗粒"与"热毒清片"被湖北省药监局公布不合格
2008年1月	北京市药监局指出，云南白药创可贴存在擅自篡改审批内容、发布违规药品广告问题
2008年10月	"灯盏花素片"被河北省河间市药监局抽检发现不合格
2009年第三季度	"开胸消食片"被广东省药监局认定存在"重量差异"而不合格
2009年10月	"气血康口服液"被辽宁省药监局认定发布违规药品广告
2012年7月	"清肺抑火片"被广东省药监局列入黑名单，禁入三年

2012 年 12 月	云南白药胶囊被四川省药监局列入黑名单，禁入三年
2013 年 2 月	香港卫生署和澳门卫生局因"草乌"成分对云南白药的五款王牌产品（云南白药胶囊、云南白药散剂、云南白药膏、云南白药气雾剂和云南白药酊）发出停用回收通知

资料来源：根据 2013 年 2 月 25 日《股市动态分析》① 和相关资料整理。

6　何去何从：适度归核化还是继续多元化？

　　云南白药是我国历史上著名的中成药之一，有超过百年的历史，以在跌打损伤、创伤止血等方面的神奇疗效而享誉中外，有"中华瑰宝，伤科圣药"之称。同时，云南白药又颇具神秘色彩，其配方、工艺被列入国家秘密。然而，荣誉傍身的云南白药近年来却麻烦不断，四川省对白药胶囊的"封杀令"与香港、澳门责令销售商回收包括云南白药胶囊、云南白药膏等在内的五款王牌产品，令市场颇为迷惑不解：这到底还是不是以前的白药？云南白药到底安不安全？这一切都与云南白药 2004 年开始的多元化之路密切相关。

　　2004 年白药牙膏的成功使得云南白药将触角延伸至洗发水、面膜、沐浴露、茶叶等诸多领域，并打出日化药妆牌。2011 年，云南白药确立了"新白药、大健康"战略，希望在产品线上获得突破，打造成"中国的强生"。不过，除了牙膏卖得火外，云南白药旗下的"养元青"洗发水、"采之汲"面膜、"千草堂"沐浴露却在市场竞争中举步维艰。在谈到为何要走多元化战略时，云南白药董事、总经理尹品耀解释称："与药品相比，日化类产品毛利较高，监管较少，止血类药物的市场规模有限，而日化类产品的市场规模要大得多。"就在云南白药集中精力多元化的同时，公司的产品却频频曝出质量问题。

　　时至今日，云南白药的多元化之路显得荆棘密布。公司近年来多次因产品质量问题而登上黑榜，虚假违规广告、白药保密配方泄密等负面新闻也是接连不断。仅 2010 年公司就先后遭遇白药膏诉讼案，白药牙膏"功效门"等，这无疑会对云南白药的品牌带来很大的伤害。近年来公司主业面临毛利

---

　　① 此部分内容和相关数据来源于《股市动态分析》报道的《云南"黑"药：黑名单上的常客绝密配方有如黑幕》一文。

率下滑、旗舰产品多次登上各地食品药品监督管理局黑榜问题，由此引发了"不务正业"的质疑。有业内人士指出，正是由于其不加节制地跨界经营，让其分散了精力，影响药品主业的研发等，在一定程度上导致产品问题的频繁出现。主业问题不断，已引起云南白药的重视，明确表示剥离地产业务的目的就在于更好地专注主业。云南白药是时候应该好好思考未来的发展战略了。

　　有数据显示，历史上风光无限的百年老店，在市场经济的今天，勉强维持经营的占70%，濒临破产的占20%，效益好的仅占10%。对老字号企业来说，把握好传承与创新的关系，选择好创新的路径非常重要。王明辉说道："企业的创新与变革是企业发展源源不竭的动力，云南白药之所以取得今天的成就，秘密就在于我们因时而变，迎风向前。"白药品牌是一个值得全中国人骄傲的民族品牌。白药绝不仅仅是一个产品，它还是中国人民族情结的一个载体，它神奇的疗效和对伤者的呵护感动着每一个中国人。云南白药的未来可持续发展如何通过创新来延续传奇，考验着王明辉及其高管团队的战略智慧。

附录1 2003~2013年云南白药集团主要经济指标

附表1 2003~2013年云南白药集团主要经济指标

年份	营业收入 （亿元）	同比增长 （%）	利润总额 （亿元）	同比增长 （%）	净资产收益率 （%）
2003	13.45	22.15	1.32	11.95	19.61
2004	18.32	36.25	2.12	60.46	27.27
2005	24.48	33.62	2.77	30.66	30.91
2006	32.04	30.71	3.37	21.48	29.06
2007	42.63	33.05	3.90	15.73	25.91
2008	57.23	32.04	5.55	42.54	29.40
2009	71.72	25.31	7.06	27.09	17.98
2010	100.75	40.49	10.40	47.34	23.07
2011	113.12	12.28	14.07	35.32	24.29
2012	136.87	20.99	18.30	30.06	25.16
2013	158.15	15.55	27.01	47.60	28.94

资料来源：根据2003~2013年云南白药集团公司年报整理。

附录 2　2008~2013 年云南白药品牌价值

附表 2　2008~2013 年云南白药品牌价值

年份	排名（位）	品牌价值（亿元）
2013	191	94.67
2012	184	84.61
2011	178	75.29
2010	140	65.99
2009	128	63.15
2008	273	28.11

资料来源：世界品牌实验室历年发布数据。

附录 3　2010～2013 年云南白药集团药品事业部营业收入及占比变化趋势

附表 3　2010～2013 年云南白药集团药品事业部营业收入及占比变化趋势

	2013 年		2012 年		2011 年		2010 年	
	营业收入 （亿元）	占总收入 比例 （％）	营业收入 （亿元）	占总收入 比例 （％）	营业收入 （亿元）	占总收入 比例 （％）	营业收入 （亿元）	占总收入 比例 （％）
药品事业部					21.35	18.45	17.11	16.66
药品事业部 （含透皮部）	44.21	27.96	36.92	25.97	9.52	8.23	5.62	5.47

资料来源：根据 2010～2013 年云南白药集团公司年报整理。

附录 4 2010～2012 年云南白药集团 药品事业部的净利润及占比变化趋势

附表 4 2010～2012 年云南白药集团药品事业部的净利润及占比变化趋势

	2012 年		2011 年		2010 年	
	净利润 （亿元）	占总利润比例 （%）	净利润 （亿元）	占总利润比例 （%）	净利润 （亿元）	占总利润比例 （%）
药品事业部			4.12	35.61	4.69	44.85
药品事业部 （含透皮部）	9.87	62.72	3.31	28.60	0.91	8.70

资料来源：根据 2010～2012 年云南白药集团公司年报整理。

附录5 大事记——云南白药成长之路

1902年，民间郎中曲焕章创制"曲焕章百宝丹"。

1916年，百宝丹通过审批，公开出售。

1938年，抗日战争中，百宝丹名声大震；创始人曲焕章因拒绝交出药方绝食而死。

1955年，曲焕章妻子缪兰瑛向政府献出百宝丹药方。

1956年，百宝丹更名为"云南白药"，由昆明制药厂批量生产，药方被列为国家保密处方。

1971年，周恩来亲自批示成立云南白药厂，云南白药转由云南白药厂生产。

1984年，云南白药配方、工艺被列为国家绝密。

1993年，改制为云南白药实业股份有限公司，并成功在深圳证券交易所上市，成为云南省第一家上市企业。

1995年，云南白药（散剂）、云南白药胶囊被列为国家一级中药保护品种，保护期为20年。

1996年，控股大理、文山、丽江三家制药厂，组建云南白药集团股份有限公司。

2000年，通过国家GMP认证，成功注册"云南白药""云白药""云白"三个商标，组建云南白药集团医药电子商务有限公司，成立云南白药集团天然药物研究院。

2001年，成立云南白药集团上海透皮技术研究有限责任公司，负责创可贴、药膏的研发、销售。

2002年，"云南白药"（中药）商标被国家工商行政管理总局商标局认定为中国驰名商标。

2003年，开设"云南白药大药房"。

2005年，实施"稳中央、突两翼"发展战略。

2007年，组建事业部，成功完成并购，集团规模进一步扩大。

2010 年，建成"云南白药物流中心"，营业收入突破百亿大关。

2011 年，云南白药喜迁新址呈贡新厂区，实施"新白药、大健康"战略。

2012 年，云南白药入选美国《巴伦周刊》评选的中国十大消费品牌榜单，入选由《投资者报》评选的"最受尊敬上市公司"榜单。

2013 年，"低纬高原地区天然药物资源野外调查与研究开发"项目荣获 2012 年度国家科学技术进步奖一等奖。

2015 年，云南白药喜获中国商标金奖（运用奖），获世界知识产权组织认可（"中国商标金奖"是中国商标领域的最高荣誉，分为"商标创新奖""商标运用奖"和"商标保护奖"）。

2015 年，胡润研究院发布"2015 胡润品牌榜"，云南白药品牌价值达 185 亿元，居中国医药行业首位。

2016 年，云南白药实施混合所有制改革，吸收了新华都和江苏鱼跃等企业 200 多亿元民营资本。

2019 年，通过吸收合并，云南白药实现整体上市。美国哈佛大学商学院深入白药调研，将其白药模式写成 MBA 教学案例。

Yunnan Baiyao Group's
Diversified Expansion Dilemma

Abstract: Yunnan Baiyao Group, an old and famous enterprise with centuries of history, with "trauma panacea" historical reputation, has long been focused on the development of traditional Chinese medicine products and achieved good market performance in the industry. With the rapid growth of the corporation, looking for new Blue Ocean and new profit growth point is always the focus of attention of Wang Minghui. In early 2005, Wang Minghui proposed the "stability of the central, sudden wings" growth strategy to achieve the development from the central product of the "thriving" to transdermal and health products "multi-point support". In 2011, Wang Minghui proposed the "new baiyao, big health" as the company's future development strategy. Along with the unrelated diversified business fast development of Yunnan Baiyao Group, its negative news of main business hit the newspapers from time to time. Continuing to diversification expansion or should moderate to refocus the main business, and explore international development strategy is a test of Wang Minghui's strategic wisdom; this will be about the health and sustainable development of the century-old enterprise in the future.

Key words: Yunnan Baiyao; Core Competence; Diversification Strategy; Sustainable Innovation

云南白药集团多元化扩张迷局

一、教学目的与用途

1. 本案例主要适用于 MBA、EMBA、EDP 以及专业类研究生的"战略管理""品牌管理"与"创新与变革管理"等课程的教学和管理培训。本案例所提供的线索为学生提供一个真实的百年品牌企业多元化战略选择的演化历程，一个企业在与环境互动关系中的演变过程，以及企业未来发展战略中路径选择的智慧。

2. 本案例的教学目的之一是通过一个著名百年老字号企业的多元化发展历程来更深入、更全面地理解多元化战略，加深理解公司多元化战略的具体形式，使学生了解公司多元化经营需要具备的条件，多元化的时机和产业选择，理解多元化经营的动机，总结多元化经营的成效。

本案例的教学目的之二是试图从云南白药多元化发展过程及成败得失讨论企业核心竞争力与企业多元化发展战略的关系，以及研究新进入行业对企业核心竞争力的新要求，培育所需的新竞争优势和核心竞争力。

二、启发思考题

1. 你认为云南白药集团以往成功的关键要素是什么？云南白药集团与国内外竞争对手相比其优势和劣势何在？面临哪些机遇与挑战？

2. 你认为云南白药集团的核心竞争力是什么？企业多元化经营与核心竞争力之间是什么关系？企业多元化有哪些类型？你如何看待多元化战略？

3. 你认为企业多元化的动机是什么？如何看待云南白药集团"稳中央、突两翼"的相关多元化战略，以及后来的"新白药、大健康"的非相关多元化战略？

4. 如果你是王明辉，面临当前市场局面，综合其机遇和挑战，结合 BCG 矩阵分析，你觉得云南白药集团是应该继续进行多元化扩张还是应适度"归核化"？

三、分析思路

云南白药集团根据市场需要和变化，在改革自身弊病及与竞争对手的较量过程中摸索前进。而后，其凭借对市场良好的嗅觉和对自身优劣势的清晰认识，以及独特的资源和差异化产品，通过持续创新逐步地确立起自身的竞争优势，实现了从核心竞争力到动态能力的提升，走出了一条具有特色的云南白药发展战略之路。

多元化发展对企业经营有利有弊，关键在于企业自身如何实施多元化发展战略，如多元化经营应具备的条件、进入的时机、适度水平的把握等。有效的战略定位是企业发展战略的关键，有效的战略定位应该做充满热情、所擅长的并且对社会和顾客有贡献的事情。实施多元化战略应根据公司所涉足产业的发展阶段、成熟度及发展前景、竞争态势等因素处理好不同产业之间的发展关系，在主营业务和新进入的产业之间寻求一个平衡点，从而有效降低和分散市场风险，确保企业平稳、健康发展，实现企业价值最大化。企业是否多元化或归核化取决于企业家的战略定位和企业的资源能力，无论采取何种战略决策，都必须进行持续创新，牢牢把握标准、平台和人才三个要素，才能持续发展。

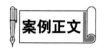
案例正文

化解出行痛点：
滴滴的动态竞争与成长之路①

摘　要：互联网经济的迅猛发展，再一次改变了人们的生活方式，"互联网+出行"的模式席卷全球。打车软件是近年的活跃话题，作为打车APP软件的领导者滴滴自然成为了话题的主角。滴滴以解决人们的出行"痛点"为出发点，将传统打车方式与移动互联网技术相结合创新出行商业模式，在发展中审时度势、乘势前进。本案例以滴滴的发展历程为主线，描述了在"互联网+"背景下，滴滴如何抓住市场机会、制定公司战略，通过不断的自我创新、定位并抢占市场，通过与快的、Uber中国的激烈竞争进而合并对方成为市场的王者。本案例旨在为新兴企业在"互联网+"时代下有效制定企业竞争战略、商业模式创新，以及企业动态竞争分析、电子商务O2O运营模式提供良好的借鉴。

关键词：滴滴出行；"互联网+"；商业模式创新；动态竞争；合法性

引　　言

对于经常打车的上班族来说，滴滴打车（简称"滴滴"，腾讯集团旗下）

---

①　本案例由上海对外经贸大学工商管理学院谢佩洪教授、澳大利亚昆士兰大学商学院朱云霞副教授和天津大学管理与经济学部宋瑶博士撰写，作者拥有著作权中的署名权、修改权、改编权。未经允许，本案例的所有部分都不能以任何方式与手段擅自复制或传播。案例来源于中国工商管理国际案例库，案例编号STR-17-494，并经该案例库同意授权引用。由于企业保密的要求，在本案例中对有关名称、数据等做了必要的掩饰性处理。本案例只供课堂讨论之用，并无意暗示或说明某种管理行为是否有效。

并不陌生。为对战快的打车（简称"快的"，阿里巴巴集团旗下）而掀起的补贴大战，更是把移动出行软件带上风口浪尖。2015年2月14日的情人节一如既往的浪漫，但对中国移动互联网来说则是不同寻常的一天。上午十点，滴滴打车CEO程维通过新浪微博发布宣言"打则惊天动地，合则恩爱到底"。随后，滴滴和快的联合发布声明，正式宣告两家实现战略合并，成立滴滴快的。国内最大的两家APP打车软件公司"订婚"的消息竟成为情人节当天最热门的话题。合并后，滴滴快的在中国在线出租车市场份额超过99%，在专车市场的份额高达82%。这意味着，合并后的新公司将成为全球最大的一站式移动出行平台。

从融资到补贴，两家公司鏖战多时，忽然在情人节宣布喜结连理，这桩"婚事"留给业界和使用者太多的意外和疑问。从诞生开始，滴滴打车试图撬动传统出行市场格局，面对残酷竞争、严厉监管、资本博弈，迎接一波又一波的媒体曝光。很多人都担心这个公司明天还会不会存在，它却一次又一次让世界震惊。2016年8月1日，Uber中国和滴滴出行宣布达成了合并协议，最终滴滴出行以10亿美元和17.7%的股权终结了这场旷日持久的补贴大战，使得公司的市值达到约350亿美元。这场突如其来的合并再次刷新了人们的眼球，在互联网上形成了刷屏效果，作为没有一台自主车辆的网约租车平台，滴滴出行充分彰显了共享经济在中国当前的无限魅力！

1　打车APP软件横空出世①

2008年，在法国参加LeWeb峰会的特拉维斯·卡兰尼克（Travis Kalanick）和格瑞特·坎普在寒冷的巴黎冬夜里等了许久，竟没有打到一辆出租车。当时焦急万分却又无奈的卡兰尼克便萌生了一个想法，要是能在手机上一键呼叫出租车，那出行将会变得多么方便啊！于是，一个基于互联网平台打车系统的创意油然而生。② 在传统出租车行业饱受诟病的情况下，Uber于2009年3月顺势而生，最初名为"UberCab"，总部位于美国加利福尼亚州旧金山市。它就是全球打车软件APP的鼻祖，简称"Uber"，在英语中Uber有"最好的，超级的"之义。2010年7月，Uber在旧金山正式推出APP服务，

---

① APP是"application software"的缩写，通常是指能够在智能手机等移动设备上安装运行、由设备制造商或第三方设计提供、可供用户收发各类实用信息的计算机程序。

② 曹磊. Uber：开启共享经济时代［M］. 北京：机械工业出版社，2015：14-15.

用户可通过 iOS 和 Android 系统的智能手机"一键叫车"。Uber 主张"化繁为简"的用户体验,它对自己的定位是,不仅仅在做一款打车软件或是一个平台,更是一种生活方式,是"为乘客提供一种高端和更私人的出行方案"以及"一个联系用户与车辆的平台"。Uber 凭借技术创新和商业模式创新,迅速完成多轮融资,并将业务拓展至海外(见附录1)。截至 2016 年 8 月,Uber 已覆盖全球 68 个国家,进入了 444 个城市,其市值已经攀升到 625 亿美元。

移动互联网的高速发展,正在加速改变着中国的"衣、食、住、行"。在出行领域,直到 2012 年,滴滴打车和快的打车的相继成立,才有了实质性的改变。2012 年 6 月,阿里巴巴老员工程维创立北京小桔科技有限公司,专注开发网络智能叫车系统——滴滴打车(2015 年 9 月 9 日,"滴滴打车"正式更名为"滴滴出行"并启用新 Logo——一个扭转的橘色大写字母 D)。2012 年 8 月,杭州快智科技有限公司在杭州推出"快的打车"。打车 APP 软件运用优越的算法技术(如自动匹配算法)帮助乘客与司机快速完成"供需双方"对接。2015 年 1 月 29 日《中国新闻周刊》评选的"影响中国 2014 年度新经济人物"颁奖词中这样评价滴滴打车 CEO 程维:他是 2014 年度互联网改变实体消费的翘楚,精准抓住了城市上班族打车难的"痛点"。他是科技改变生活的鲜活例证,告诉无数创业者,创新的步伐,永远要跟随消费者的脉动。

Uber 把一个传统行业,改造为基于数据和算法的智能商业。用手机打车 APP 软件预约出租车、乘坐专车成为很多市民出行的选择。APP 极大地弥合了驾乘双方的信息鸿沟,极大地解决了传统出租车市场的信息不对称问题,由以往的"街头偶遇"转变为当下的"智能匹配",节省了司机盲目空驶、乘客徒劳等待的无谓成本,其"按需服务"的崭新商业模式颠覆了传统的出租车行业,进而加深了市场竞争并提高了整体运行效率。滴滴打车和快的打车作为中国打车 APP 市场的两大公司,激活了城市道路资源,用户数量迅速增长。打车 APP 软件手机应用界面简洁明了,整个搭乘的流程也比较简单:第一步用户叫车,创造需求;第二步动态匹配司机,司机接单(或拒单);第三步用户追踪出租车并驾乘;第四步乘客支付,评价司机。于是"互联网+出行"从抽象的概念真正变成了每个人触手可及的生活体验。

2 打车 APP 行业竞争格局

2.1 出行 O2O 移动应用

目前 O2O（Online To Offline）商业模式正处于高速发展期，越来越多的传统行业开展 O2O，资源、用户、数据等都在影响着 O2O 的发展。到 2015 年 6 月，在用户方面，移动 O2O 行业用户规模达到 7.5 亿，超过 6 成的用户使用过移动 O2O 的服务。出行类 O2O 移动应用分为打车、租车、代驾、拼车等不同类型，各自不同的功能为用户提供多种方便快捷的出行模式（见表 1）。

表 1　出行 O2O 典型应用分析

细分类型	典型应用	主要功能
打车类	滴滴打车　快的打车	以滴滴打车与快的打车为代表的打车类应用，为用户提供手机端发布打车订单、与司机直接交谈、手机端支付车费等全程打车服务，提高用户与司机的打车及接单效率
租车类	神州租车　宝驾租车	以神州租车、宝驾租车等为代表的租车类应用，用户可在手机端查询距离自己位置较近的租车点、车型、价格等信息，手机端租车下单，同时提供代驾、导航等相关服务
代驾类	e代驾	以 e 代驾为代表的代驾类 App 可为用户寻找距离较近的兼职司机，通过手机端下单方便快捷
拼车类	爱拼车　哈哈拼车	以爱拼车、哈哈拼车等为代表的拼车类应用，为车主与拼车客提供了交流平台，智能匹配线路，推荐拼友，为用户提供全新的经济且高效的出行方式

出行 O2O 移动应用排行如图 1 所示，滴滴打车与快的打车用户覆盖率最高，租车类用户覆盖率也比较高，拼车类处于起步阶段，专车类应用在 2015 年异军突起，Uber、一号专车、滴滴专车展开激烈竞争。

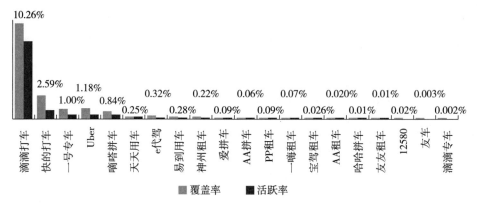

图1　2015年5月出行类O2O应用排行

2.2　政策环境与竞争状况

2015年6月24日，国务院总理李克强主持召开国务院常务会议，通过《"互联网+"行动指导意见》，部署推进"互联网+"行动，促进形成经济发展新动能。随着Uber等以智能手机应用软件APP为技术支撑的新型出租车业态的出现以及对传统出租车市场份额的逐步侵占，全球很多地方都爆发了围绕出租车市场竞争政策的舆论热议、关于私家车涉足传统出租车业务合法性的争讼。专车市场在中国一直处于监管的灰色地带，政府虽然认可专车模式，但是严禁私家车接入。2015年10月8日，上海市交通委正式向滴滴快的专车平台颁发"网络约租车平台经营资格许可"，这是国内第一张专车平台资质许可，也就是俗称的专车牌照，标志着上海成为全国首个落地试点专车运营管理模式的城市。[①]上海和滴滴携手迈出的这一步，是地方性专车法规迈出的破冰第一步，上海通过拥抱共享经济，尝试将专车合法化。

2016年7月28日，中国交通运输部等7部委正式发布了《网络预约出租汽车经营服务管理暂行办法》（简称"专车新政"），这是国家层面第一次站在顶层为网约车重新设计了一套较为宽松的方案，当时四大专车平台第一时间发出贺电，纷纷表态拥护新政出台。网络预约出租汽车经营服务，是指以互联网技术为依托构建服务平台，整合供需信息，使用符合条件的车辆和驾

---

①　交通委颁牌照 上海首试专车合法化［EB/OL］. 人民网—人民日报，2015-10-09，http：//yuqing. people. com. cn/n/2015/1009/c210117-27675474. html.

驶员，提供非巡游的预约出租汽车服务的经营活动。网络预约出租汽车经营者，是指构建网络服务平台，从事网约车经营服务的企业法人。① 这意味着网约车正式取得合法身份，这是行业从 0 到 1 的突破，中国也成为全球范围内首个对网约车实施合法化的国家。

2016 年 10 月 7 日，美国联邦第七巡回上诉法院在一个判决书中宣称，Uber 和 Lyft 等平台不需要接受类似出租车的价格监管，而司机也不需要获得出租车经营牌照。② 本案的主审法官理查德·波斯纳在判决书中写道："当新技术或新商业模式诞生时，通常的结果是老一代技术或商业模式的式微甚至消失。如果老一代技术或商业模式获得宪法赋予的权利，将新生事物排除在自己的市场之外，那么经济发展将可能停滞。我们可能就不会有出租车，而只有马车；不会有电话，而只有电报；不会有计算机，而只有计算尺。"

2015 年 7 月 17 日，中国国际金融有限公司发布了《出行新秩序——中国专车行业分析报告》。该报告认为，专车可能会对出租车行业进行颠覆，中国潜在的专车市场规模达 4205 亿元。③ 与出租车相比，专车的竞争优势在于，等待时间短、服务体验好。同时，专车也填补了出租车和公共交通未能覆盖的短途出行需求空白。尽管 Uber 是打车 APP 软件的鼻祖，但难以阻挡它在进入中国前遭到"复制"的命运。中国专车市场竞争异常激烈，中国专车市场活跃着滴滴快的、易到用车、神州专车等本土企业专车服务平台。

2.3 主要竞争对手

易到用车

易到用车隶属于北京东方车云信息技术有限公司，为了改变传统租车公司低效率的运转模式，由周航于 2010 年 5 月创立，总部设立于中国北京。易到用车是最具创新商业价值的汽车共享互联网预约车服务平台，它的目标消费群体是高端商务人士，是中国第一家专业提供专乘约租车服务的公司。目前，易到用车将近一半的用户为企业用户，这些用户的共同点就是重视服务，

---

① 网络预约出租汽车经营服务管理暂行办法（全文）[EB/OL]. 新华网，2016-07-28，http://news. xinhuanet. com/politics/2016-07/28/c_129186192. html.

② 美国联邦法院对 Uber 的判决，对我们有什么启示 [EB/OL]. 财新网，2016-10-14，http://www. cnfazhi. net/fzjt/2016/1014/58984. html.

③ 中国专车行业分析报告：专车或颠覆出租车行业 [EB/OL]. 界面，2015-07-20，http://www. askci. com/news/chanye/2015/07/20/951u335. shtml.

不看重价格。作为国内最早提供商务专车服务的先驱，易到用车将商务租车作为切入点，采用"没有一辆车，没有一个司机"的轻资产模式。易到用车要追求的是汽车共享（Car Sharing）理念，在各专车平台为了抢占市场而疯狂进行"烧钱大战"之时，易到用车却坚守着"随时随地，私人专享"的初心，一直坚持着高端用车服务的定位。

2015年1月18日，易到用车与海尔产业金融联合宣布成立合资公司"海易出行"，易到方面表示将联合海尔推出汽车租赁业务。2015年2月3日，易到用车、奇瑞汽车和博泰集团在北京宣布合资成立"易奇"公司，计划在未来两年内推出其首款合作产品"互联网智能共享电动汽车"——易奇汽车 by iVokaOS。2015年10月20日，易到用车获得乐视7亿美元战略投资，完成D轮融资。在周航看来，未来的出行并不仅仅是专车，还会包括"智能""共享""新能源""无人驾驶""车联网"等关键词。易到建造的"汽车共享平台"的出行生态更具想象空间，易到正在一步步从专车行业的创立者走向未来出行的构建者。[①]

神州专车

神州租车（CAR Inc.）成立于2007年9月，总部位于中国北京。作为中国汽车租赁行业的领跑者，一直秉持"Any One、Any Time、Any Car、Any Where"的服务理念。为了盘活手中的汽车资源、寻求上市后的业务转型，并看到了专车市场的发展前景，神州租车联合第三方公司优车科技于2015年1月28日正式推出互联网出行品牌"神州专车"，旨在为客户提供"随时随地，专人专车"的优质服务。与滴滴快的、易到用车不同，神州专车采用"专业车辆，专业司机"的B2C运营模式，车辆均为来自神州租车的正规租赁车辆，并和专业的驾驶员服务公司合作。也就是说，神州专车与司机的关系是一种控制力较强的雇佣关系，对服务质量和安全问题有更好的标准。

神州专车定位于中高端群体，主打中高端商务用车服务市场。2015年6月，神州专车邀请吴秀波、海清出任代言人，重磅推出"五星安全计划"，从司机保障、健康保障、技术保障、隐私保障和先赔保障五大方面保障乘车人的安全，全面推动专车市场的安全标准升级。易观国际的数据显示，成立仅半年的神州专车以10.7%的专车服务活跃用户覆盖率稳居国内专车市场前三

---

① 接入乐视，易到用车出行生态更具想象空间［EB/OL］. 赛迪网，2015-10-22，http：//www.ccidnet.com/2015/1022/10040583.shtml.

甲，用户留存率达 66.7%，高居行业首位，备受中高端客户青睐。[①] 2015 年 7 月和 9 月，神州专车完成了 A、B 两轮共 8 亿美元融资，创造了国内互联网公司前两轮融资额的最高纪录。2015 年 10 月神州专车与 e 代驾举行战略合作发布会。与滴滴快的不谋而合，神州专车亦在建设城市交通 O2O 生态体系。

Uber 中国

进入中国之前，Uber 总部吸取了此前所有互联网巨头曾经的教训。Uber 公司采取的一个对策就是，把 Uber 全球和 Uber 中国拆开，它们做得非常彻底，这是史无前例的。2013 年 8 月，Uber 进入上海试运营，将这个外国人聚集、开放程度高和经济发达的城市作为进入中国的第一站。为了抢占巨大的中国市场，Uber 取汉化名为"优步"，这是 Uber 在全球范围内首次名称本土化，旨在拉近与中国乘客的距离。[②] 2014 年 3 月 12 日，Uber 在上海召开官方发布会，宣布正式进入中国大陆市场，确定中文名"优步"。

在中国，Uber 打破惯例采取不同的"入乡随俗"的做法，因地制宜地注册成独立的公司，积极解决司机合法性的问题。2015 年 6 月，Uber 创始人、全球 CEO 卡兰尼克在接受中国媒体采访时确认，将破例为中国业务设立单独实体、单独管理机制和单独总部。"这是我们在全球各地唯一一次做这样的事情，中国和世界其他地方太不一样了。"他当时说。[③] 2015 年 10 月 8 日，Uber 宣布正式入驻中国（上海）自贸区，成立上海雾博信息技术有限公司。这是 Uber 首次在中国成立了独立的运营实体，目的是成为一家真正的中国公司。

3 滴滴与快的动态竞争

3.1 第一回合：融资之战

滴滴打车与快的打车的对战是从融资开始的，两家公司融资情况对比如表 2

[①] 易观：滴滴专车二季度市场份额 82% 构建完整交通 O2O 生态 ［EB/OL］. 中国新闻网，2015-08-14，http：//www. cankaoxiaoxi. com/science/20150814/904787. shtml.

[②] Uber 创始人卡兰尼克称："在其他任何国家，你都不可能找到超过 80 座人口大于 500 万的城市。中国市场的巨大机会是其他市场所无法比拟的。"

[③] Uber 为中国市场破例：终于成为"中国本土"公司 ［EB/OL］. 澎湃新闻网（上海），2015-08-13，http：//money. 163. com/15/0813/10/B0T266VD00253G87. html.

所示。2012 年 12 月，滴滴打车获得了金沙江创投 300 万美元的融资。2013 年
4 月，快的打车投入阿里的怀抱，获得阿里巴巴、经纬创投 1000 万美元融资，
远远超过滴滴打车的 A 轮融资。滴滴打车不甘示弱，紧随其后获得腾讯 1500
万美元的融资，腾讯的加入让这场战役变得势均力敌。2014 年 1 月 6 日，滴
滴打车获得中信产业基金 6000 万美元，腾讯 3000 万美元，其他机构 1000 万
美元的融资。2014 年 4 月和 10 月，快的打车从阿里巴巴、老虎基金、一嗨租
车、经纬创投等投资方获得 1 亿多美元融资。2014 年 12 月 9 日，滴滴打车获
得由淡马锡、DST、腾讯主导的超过 7 亿美元融资。2015 年 1 月，阿里巴巴、
软银、老虎基金投入快的打车 6 亿美元。前后两年时间，滴滴打车先后获得 4
轮投资，总额超 8.18 亿美元；快的打车获得 5 轮投资，总额近 8 亿美元。

　　滴滴打车与快的打车的融资速度和额度远超团购大战，融资数目与规模
可谓"神同步"。这场融资战如此之激烈，与大量国际风投涌入中国、互联网
巨头 BAT 较量息息相关。

表 2　滴滴打车和快的打车融资情况梳理

	滴滴融资			快的融资		
	时间	金额	投资方	时间	金额	投资方
天使轮	2012 年 7 月 1 日	70 万元 人民币	天使投资人 王刚	2012 年 12 月 1 日	16 万美元	天使投资人 李治国
A 轮	2012 年 12 月 1 日	300 万美元	金沙江创投	2013 年 4 月 1 日	1000 万美元	阿里巴巴、 经纬创投
B 轮	2013 年 4 月 1 日	1500 万美元	腾讯	2014 年 4 月 21 日	2500 万美元	一嗨租车
C 轮	2014 年 1 月 6 日	1 亿美元	中信产业 基金、腾讯等	2014 年 10 月 18 日	8000 万美元	阿里巴巴、经纬 创投、老虎基金
D 轮	2014 年 12 月 9 日	7 亿美元	淡马锡、 DST、腾讯	2015 年 1 月 15 日	6 亿美元	阿里巴巴、软银 中国、老虎基金

3.2　第二回合：支付之战

　　在互联网巨头的支持下，滴滴打车和快的打车做好准备以迅雷不及掩耳
之势席卷全国。2013 年 8 月，快的打车接入支付宝，成为全国唯一一家可以

通过支付宝在线支付全部打车费用的打车软件。2013 年 9 月，微信 5.0 改版，滴滴接入微信支付，打车服务用户群体与移动支付用户重合。腾讯利用具有大量用户基础的微信打破阿里巴巴对移动支付的垄断，实现了自己连接线上线下的梦想。2013 年末，打车行业报告显示，滴滴打车市场占有率位居第一，达到 59.4%，超过了其他所有打车软件占有率之和。与此同时，快的声称在上海、广州两个一线城市的市场份额超过 80%，全国市场份额超过 50%。

打车软件支付功能的建立是双方利用红包补贴抢夺市场的开端，这场对战大有"山雨欲来风满楼"之势。

3.3 第三回合：补贴之战

2014 年 1 月，随着滴滴打车 C 轮融资资金的到位，也为了推广和腾讯微信支付的合作，滴滴打车发起补贴大战，快的打车迅速迎战，大战历程如表 3 所示。滴滴打车首先宣布，在 2014 年 1 月 10 日至 2 月 10 日期间，用户和司机使用微信支付打车费用时，司机将获得 10 元奖励，乘客可减免 10 元打车费，同时每天还提供 1 万个乘客免单的机会。面对滴滴的强劲攻势，与阿里结盟的快的打车毫不示弱，宣布为使用支付宝付费的订单提供奖励：每个订单司机可获得 10 元奖励，乘客获得 10 元奖励。2 月 17 日，滴滴打车将优惠调整为 10~15 元随机补贴，快的打车立即回应：补贴优惠调高至 11 元。2 月 18 日，滴滴打车将优惠提高到 12~20 元，快的打车同步上调优惠到 13 元。3 月 5 日，快的打车补贴降至 5 元，滴滴打车补贴紧随脚步，下调优惠至 6~15 元。3 月 23 日，滴滴打车继续下调车补至 3~5 元。补贴政策几经沉浮，最后逐渐缩水，直到 2014 年 5 月 17 日，乘客端补贴归零。截至 8 月 10 日，司机端补贴也归零。

表 3　滴滴打车和快的打车补贴政策变化①

时间	滴滴打车	快的打车
2014 年 1 月 10 日	乘客车费立减 10 元，司机立奖 10 元	
2014 年 1 月 20 日		乘客车费返现 10 元，司机奖励 10 元
2014 年 2 月 17 日	乘客返现 10~15 元，新司机首单立奖 50 元	乘客返现 11 元，司机返 5~11 元

---

① 滴滴快的补贴大战熄火　被指烧 24 亿元仍无盈利模式 [EB/OL]. 中国新闻网，2014-08-12，http：//finance. chinanews. com/it/2014/08-12/6482121. shtml.

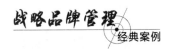

续表

时间	滴滴打车	快的打车
2014 年 2 月 18 日	乘客返现 12~20 元	乘客返现 13 元
2014 年 3 月 4 日		乘客返现 10 元/单，司机端补贴不变
2014 年 3 月 5 日	乘客每单随机减免 6~15 元	乘客端补贴金额变为 5 元
2014 年 3 月 22 日		乘客返现 3~5 元
2014 年 3 月 23 日	乘客返现 3~5 元	
2014 年 5 月 17 日	乘客端补贴"归零"	乘客端补贴"归零"
2014 年 7 月 9 日	司机端补贴降为 2 元/单	司机端补贴降为 2 元/单
2014 年 8 月 10 日	司机端补贴"归零"	司机端补贴"归零"

注：截至 2014 年 5 月 17 日，滴滴、快的共补贴超过 24 亿元，其中滴滴补贴超过 14 亿元，快的补贴超过 10 亿元。

补贴活动的推出，进一步提升了滴滴打车和快的打车在全国的市场占有率以及美誉度。2014 年 1 月 10 日，滴滴打车在 32 个城市日均交易 35 万元订单，2 月 24 日达到 120 个城市日均交易 316 万元，到了 3 月 28 日，滴滴打车在 178 个城市日均交易 521.83 万元。从年初发动大战到 3 月底，滴滴打车用户从 2200 万元增长到 1 亿元，堪称名副其实的互联网速度。

补贴取消后，滴滴打车订单量仍达到每天百万以上。从 2012 年下半年到 2013 年上半年，打车软件市场曾出现过数十家公司混战的局面。2014 年这场补贴大战持续了几个月，无力投入补贴的打车软件公司举步维艰，大多被市场淘汰。滴滴打车和快的打车凭借各自身后强大的"金主"支持，迅速占领市场。这场战役让滴滴和快的彻底拉开了与竞争对手的差距。

3.4　第四回合：专车之战

第一回合的融资战不仅为补贴战打下基础，也为两公司扩展新的服务领域——专车服务提供了充足的资金准备。随着人们生活水平的提高，对服务的要求随之增加，专车应运而生，满足了市民出行方式的高品质、多样化、差异性需求。同时，各大城市的出租车保有量与城市居民数量严重不匹配，高峰时间容易出现出租车司机挑活、拒载等情况。

2014 年 7 月 8 日，快的推出"一号专车"。8 月 19 日，滴滴打车推出"滴滴专车"。这种引入私家车的专车机制，一定程度上缓解了城市出行问题，但也为日后的"监管危机"埋下伏笔。快的打车十分看重专车市场，"一号专车"主攻商务约租车领域。"双 12"活动中快的打车与支付宝一起自掏腰包发红包，为"一号专车"积累用户。对于滴滴打车来说，从大用户量的出租车市场切入中高端专车租赁细分市场、一举抢占小公司的市场份额手到擒来。

为了在专车领域站稳脚跟，两家公司不遗余力地推出专车保险。2015 年1 月 9 日，"一号专车"宣布，将率先成立 1 亿元的乘客"先行赔付"基金，同中国平安保险公司共同达成责任人责任险合作框架。对使用专车服务的乘客在营运过程中发生的保险事故，由该基金先行赔偿，以提高乘客的安全保障。滴滴专车建立保险赔付体系，发生事故后，如果是车辆责任，由租赁车公司来赔付；如果是驾驶员责任，则由劳务公司来赔付；如果超出赔付范围和金额，则由平台完成余下赔付。

3.5 滴滴快的喜结连理

2014 年 12 月，Uber 中国与百度建立战略合作伙伴关系。2015 年初，Uber 从高盛集团筹集 16 亿美元资金用于亚太地区扩张。滴滴打车和快的打车都意识到大规模持续烧钱的竞争不是长久之计，面对 Uber 在中国市场的快速发展，两公司合并是双方所有投资人共同的强烈期望。2015 年情人节的上午，滴滴打车和快的打车就共同发表声明，与大家一起分享合并这一好消息。为了抢占市场，赢得顾客，滴滴与快的进行了一轮又一轮的"烧钱"大战，正当大家以为它们会继续争斗，必要分个你死我活的时候，突然他们宣布合并了，让社会各界大跌眼镜。滴滴与快的喜结连理，虽是意料之外，亦为情理之中。

滴滴和快的合并后，不仅让激烈交战的打车市场得到整合，也产生一家拥有网络效应的绝对领军公司。滴滴快的聚拢和整合现有的资源，强化网络效应优势，为用户提供更高效的服务，并拉开与其他竞争者的距离，成为毋庸置疑的市场领导者。快的打车 CEO 吕传伟表示，双方合并后，将集中两家公司的优势技术、产品人才，不断推出更为完美的出行服务产品，进一步加速市场拓展速度，产生更多的携同效应，提升整体竞争力，更积极有效地推动整个移动出行行业的发展。新公司滴滴快的将实施 Co-CEO 制度，程维及快的打车 CEO 吕传伟同时担任联合 CEO，由柳青担任新公司总裁（参见附录2）。两家公司在人员架构上保持不变，业务继续平行发展，并将保留各自的品牌和业务独立性。

4 滴滴快的与优步中国的"联姻"

4.1 优步深入本土化,"扎根"中国

Uber 这个旨在优化"信息、人和资源"的创新平台正在颠覆传统的出行市场。Uber 将目光投向潜力巨大的中国市场,进入中国市场以来,优步的发展十分迅速。易观千帆数据显示,截至 2016 年第一季度,滴滴专车、Uber 和神州专车分别以 85.6%、15.4% 和 10.7% 的比例占据中国专车服务活跃用户覆盖率的前三名。① 《华尔街邮报》于 2015 年 7 月 27 日刊文分析了 Uber 在中国可以获得成功的三大"绝招":满足本地需求、与本土巨头联姻、遵守本地政府规则。② 中国 BAT 三大巨头,每个巨头都有它的核心优势,市场正在高度集中化。③ 60% 的中国手机用户的时间都花费在这几家巨头提供的 APP 软件上。Uber 在上海试运营期间绑定的是信用卡支付的交易方式以及接入 Google 地图总显得"水土不服"。2014 年 12 月,优步与百度签订战略合作协议,获得了百度地图端口和技术支持。后来,优步又跟支付宝、高德地图合作更是迈出了本土化重要的步伐。为了规避政府管制,Uber 在中国选择和出租车公司合作,为其租车业务提供一个平台。Uber CEO 卡兰尼克认为,在中国优步最需要的是要能够跟政府、跟监管者互动,要能够引导我们变得"更中国"。

为了在中国专车市场占据更大份额,优步不断地深入本土化进行多元化产品创新,逐渐形成完整丰富的产品体系。2014 年 10 月,为了抢占更大的市场份额,优步宣布将拼车服务人民优步(People's Uber)在国内六城市(深圳、上海、广州、成都、杭州和武汉)推出,价格比其他专车服务和出租车都要便宜。2015 年 9 月,Uber 宣布在中国市场全球首发面向司机端的创新功能——"优步同行"(UberCommute)。这为更多车主提供在上下班的路上与

---

① 2016 年第 1 季度中国专车服务市场数据分析 [EB/OL]. 中商情报网,2016-06-05,http://www.askci.com/news/hlw/20160605/17424225283.shtml.

② 优步在中国"逆袭"的三大绝招 [EB/OL]. 财经网,2015-07-30,http://money.163.com/15/0730/10/AVP0MLL100253B0H.html#from=keyscan.

③ BAT 是中国互联网公司百度公司(Baidu)、阿里巴巴集团(Alibaba)、腾讯公司(Tencent)三大互联网公司首字母缩写。百度的优势在于搜索引擎数据,阿里巴巴在于电子商务数据、信用与支付数据,腾讯拥有社交数据。

顺路乘客快捷拼车的方便选择，这是 Uber 首次选择在美国以外的地区发布新功能，同时也是 Uber 历史上程度最深的一次本土化创新和定制性开发。① 优步中国战略负责人柳甄表示，"优步同行"致力于以本地创新的方式贴近满足中国车主和用户的需求，体现了 Uber 对于中国市场的高度重视，具有里程碑意义。此外，优步团队还可以根据当地城市的需求进行产品的创新，比如乘客可在杭州通过 Uber 一键叫摇橹船，在青岛一键叫帆船，各有特点。

4.2 迎战平台之争，面临重重挑战

叱咤欧美市场的 Uber 在高速拓展中国市场的过程中并非一帆风顺，其中国之旅必然面临与其他专车竞争者的频频过招。中国本土的在位者怎么会甘心将市场拱手让给 Uber 这个"外来和尚"呢？Uber 创始人卡兰尼克更是"明知山有虎，偏向虎山行"。他不但不愿意放弃中国 14 亿人口的巨大市场，而且还表示对中国市场是志在必得。但是，Uber 在继续深入本土化的过程中面临着重重挑战：补贴的泛滥弱化了 Uber 原有用户的优越感，急剧增加的刷单现象和日益大众化的用户群体大大降低了用户的线下体验，用户与平台之间的沟通变得困难，融资一度难以摆脱困境……②友友租车创始人余健这样说道："从最根本来说，国外的很多模式直接复制到中国是不太合适的。毕竟相比本土企业，外商并不那么了解中国的国情和制度。"

相较于竞争对手，优步司机的补贴水平最高。很多 Uber 中国司机表示，补贴收入占到月收入的 50%～70%，最高时可高达乘客所付车费的 3 倍。无疑，这种不计代价的补贴大战可以带来用户的增加，能够粉饰各专车平台的业绩数据。但是，高额补贴也给各平台带来了巨大的资金压力，使平台长期无法摆脱亏损状态。Uber 创始人卡兰尼克于 2016 年 3 月接受采访时说道，2015 年在中国亏损 10 亿美元，预计 2018 年才能实现盈亏平衡。由于"烧钱补贴"模式以及中国政府对私家车作为专车提供服务的政策限制，Uber 中国从 2015 年 6 月 22 日开展融资以来，进展并不顺利（见表 4）。作为 Uber 在中国的强劲对手，滴滴快的在合并 5 个月之后，仅耗时两周便完成了 20 亿美元的"最大规模单笔融资"，投资机构包括腾讯、阿里巴巴、软银等（见表 5）。滴滴总裁柳青一面在内部邮件中描述全球 20 家顶级基金排队送钱的盛况，一

---

① Uber 在华首发"优步同行"减轻交通和环境压力 [EB/OL]. 环球网，2015-09-23，http：//world. huanqiu. com/hot/2015-09/7554852. html.

② 滴滴和 Uber 的生死时速 [EB/OL]. 百度百家，2015-07-11，http：//lihao. baijia. baidu. com/article/105396.

面又适时地宣布了几宗之最：有史以来融到最多钱的互联网公司，世界历史上最快最大规模的融资。

表4 优步中国的融资情况

时间	轮次	金额	投资方
2015年10月9日	A轮	超1亿美元	海航资本、百度
2016年1月14日	B轮	20亿美元	海航资本、太平洋保险、广汽集团、中信证券、万科集团、民生银行（民银国际）、宽带资本CBC、双湖投资

表5 合并后滴滴出行的融资情况

时间	轮次	金额	投资方
2015年5月27日	E轮	1.42亿美元	新浪微博（新浪微创投）
2015年9月9日	F轮	30亿美元	中投、中国平安（平安创新投）、阿里巴巴、腾讯、淡马锡、Coatue Management、高瓴资本（Hillhouse Capital Management）
2016年2月24日	F轮	10亿美元	北汽产业投资基金、中投、中金甲子、中信资本、赛领资本、鼎晖投资、春华资本Primavera及民航股权投资基金
2016年6月16日	F轮	45亿美元	中国人寿、苹果公司、蚂蚁金服、阿里巴巴、腾讯、招商银行、软银中国

　　各打车平台为进一步争夺市场，大幅烧钱补贴已经司空见惯。对于Uber中国来说，补贴大战带来的最大困扰莫过于"刷单"问题。所谓的刷单，就是司机没有实际完成乘客要求的路线，通过各种方法，以求获得除车资以外利益的行为。无论是和乘客私下协定，伪造行驶路线，还是请亲戚朋友下单，但实则接单后并未出车，只要是通过虚假订单，骗取打车软件公司补贴奖励的都被称为"刷单"。[①] 让优步始料未及的是，本是以激励形式旨在扩大空车供应量的奖励竟成了司机们发财的捷径。刷单司机可以单独干，这时他需要和乘客私下约好，将路程拆分成多段，每走完一段，司机便可拿一次补贴；还可与"职业刷单人"配合，即司机接下并不存在的"订单"，骗取补贴。

---

① Uber刷单风云：抢占中国市场并非用钱可解决［EB/OL］.国际金融报，2015-07-06，http：//news.xinhuanet.com/finance/2015-07/06/c_127989270.htm.

淘宝网上甚至出现了专门帮助司机骗取 Uber 补贴的业务。① 众多司机组建微信等社交群，凭借相互刷单获取奖励，更有甚者专职做刷单。在中国从刷单工具到刷单人员，刷单已经形成完整的上下游产业链。有关数据称，Uber 在中国至少有 20 万个虚假的司机账号被用于刷单，因此，Uber 面临的刷单问题尤为严重。据统计，优步在中国每日订单中有 30%～40% 是刷单，每天 Uber 在中国光被刷走的金额都超过千万元。② Uber 为此加强了反欺诈系统并调整了补贴政策，卡兰尼克说道：中国市场真的很特殊，优步技术部也在不断识别刷单账号进行反刷单。

Uber 在中国坚持"五不规则"：第一，不做抢单，因为首先抢到单的司机未必是离用户最近的司机；第二，不设目的地，这样避免了从 A 点到 B 点距离很短而用户打不到车；第三，不做预订，避免了预定状态下司机只能接一两单，而且如果一辆车能在三五分钟出现在用户面前时，用户也无须预定；第四，不显示所有车辆，因为 Uber 采用的是派单模式；第五，不做现金支付，目的在于高效实现从 A 点到 B 点。③ 与滴滴快的司机"抢单"模式不同，Uber 采用的是向司机就近派单的模式。Uber 的做法虽然创新，但在很大程度上并不符合被已有的打车软件所培养出的司机和用户习惯。

4.3　滴滴与优步合并：相逢一笑泯恩仇

滴滴和 Uber 作为中国出行市场的领导者，盘子越来越大，随着融资的不断推进，二者开始拥有越来越多的共有投资方。2016 年 8 月 1 日，滴滴出行宣布与 Uber 全球达成战略协议，滴滴出行将收购优步中国的品牌、业务、数据等全部资产在中国大陆运营。这一里程碑式的交易标志着中国共享出行行业进入崭新的发展阶段。滴滴出行创始人兼 CEO 程维表示，在过去的两年多时间，滴滴出行和 Uber 在中国这片创新的赛场上不断过招比拼，相互学习、砥砺前行。作为植根中国的科技领袖，滴滴出行希望不断推进科技创新，改变人类出行的未来。与 Uber 的合作，将让整个移动出行行业走向更健康有序、更高层次的发展阶段。此次合作后，滴滴出行将继续与监管者、广大用

---

① Uber 5 岁了，一次性告诉你它的商业之道［EB/OL］. 中国新闻周刊，2015-07-23，http：//www.vccoo.com/v/f7c231？link=prev.

② Uber 中国刷单灰色产业链的背后［EB/OL］. 中国经营网，2015-07-03，http：//www.cb.com.cn/companies/2015_0703/1141885.html.

③ 陈威如，龚焱. 路阻且长的 Uber 中国之路［EB/OL］. 爱微帮，2016-08-04，http：//www.aiweibang.com/yuedu/138064359.html.

户和各界伙伴一起不懈努力，为解决城市的交通、环保和就业挑战贡献力量。

未来，优步中国将保持品牌和运营的独立性，司机和乘客继续获得稳定服务。滴滴出行将整合双方团队在管理和技术上的经验与专长，在用户资源、线上线下运营和营销推广等层面共享资源、协同发展。滴滴出行总裁柳青表示，超过 1500 万司机和 3 亿注册用户已经加入滴滴社群，共同搭建将人、车、交通和生活方式互联互通、开放共享的生态圈。优步中国人才和经验的加入，将能更好地服务中国人的需求。滴滴也将继续积极拓展国际化战略。

5　滴滴出行未来之路

5.1　涉嫌垄断

滴滴与快的宣布合并后不久，易到用车正式向商务部和发改委举报滴滴和快的严重违反中国《垄断法》，请求立案调查并禁止两家公司合并。滴滴快的官方回应称，由于两边企业均未达到有关的申报门槛，因此不需要进行经营者集中申报，但已经向有关部门汇报和沟通情况。易观国际发布的数据显示，截至 2014 年 12 月，中国打车 APP 累计账户规模达到 1.7 亿元。滴滴与快的分别以 56.5%、43.3% 的比例占据中国打车 APP 市场累计账户份额领先位置。如此算来，滴滴与快的合并后，新公司在中国打车 APP 市场份额中将占比超过 90%。业内不少人士质疑，滴滴快的合并将在打车市场占据垄断地位。[①] 滴滴打车总裁柳青明确表示："滴滴快的的面向出行行业，出行领域主要公司还包括去哪儿、神州租车、Uber、携程等，我们不涉及垄断。"

滴滴收购优步中国后，关于其涉嫌垄断的声音就不绝于耳。国家发改委价格监督和反垄断局有关人士表示，滴滴并购成功后将具有很强的市场力量，会不会涉及价格垄断行为，发改委将持续关注并做进一步研判。对于涉嫌利用市场垄断地位涨价的问题，滴滴方面回应称，滴滴顺风车在部分城市的价格确实进行了上调，但这是为了实现成本的合理分摊，鼓励用户共享出行。[②]

---

① 滴滴快的合并市场份额超过 90% 引发垄断质疑 [EB/OL]. 中国新闻网, 2015-02-15, http://finance.chinanews.com/it/2015/02-15/7064780.shtml.
② 滴滴连续涨价是垄断"惹的祸" [EB/OL]. 新华网, 2016-09-08, http://news.xinhuanet.com/yuqing/2016-09/08/c_129274232.htm.

消费者对滴滴与优步的合并表示担忧：滴滴和 Uber 合并已经不再只是资本的事儿了，它跟我们每一个用户都息息相关，而且对我们打车用户来说并不是好事，滴滴 Uber 基本垄断了中国的出行市场，那么补贴势必不会存在了，最终我们用户被牢牢套死在这棵大树上，平台想怎么圈我们钱就怎么圈钱。①

5.2　多元拓展

滴滴出行是全球领先的一站式多元化出行平台，被认为是 BAT 之外最大体量的中国互联网公司。滴滴在中国 400 余座城市为近 3 亿用户提供出租车召车、专车、快车、顺风车、代驾、试驾、巴士和企业级等全面出行服务。2015 年 10 月 22 日，旨在打造全球出行平台的滴滴"开具发票"的功能实现全新升级，以满足用户各类开票的需求。2015 年，滴滴平台共完成 14.3 亿个订单，成为全球仅次于淘宝的第二大在线交易平台。多个第三方数据显示，滴滴拥有 87% 以上的中国专车市场份额，99% 以上的网约出租车市场份额。目前该平台提供了超过 1300 万个灵活就业机会，直接充分就业超过 100 万人，日服务乘客达 1600 万人次。② 罗兰贝格报告称，至 2020 年中国网约车市场规模将达到 5000 亿元，其潜在市场需求达到 1.1 万亿元。

2015 年，滴滴入选达沃斯全球成长型公司。对滴滴出行来说，更重要的意义在于经过数据挖掘和精准营销，降低司机空驶率，提高出行效率，改善用户出行体验。公司致力于以共享经济实践响应中国互联网创新战略，与不同社群及行业伙伴协作互补，运用大数据驱动的深度学习技术，解决中国的出行和环保挑战，提升用户体验，创造社会价值，建设高效、可持续的移动出行新生态。滴滴总裁柳青在访谈中提到，除了出行业务本身外，保险、金融、整车、维修等关联衍生业务，也将陆续进入滴滴的业务体系中，滴滴慢慢会成为一个生态圈，涵盖上下游、中间环节，最终把各方力量整合进来，通过全平台构筑竞争优势。

5.3　未来疑云

2016 年 11 月 1 日国家正式实施的《网络预约出租汽车经营管理暂行办法》（简称网约车新政）将给滴滴出行的未来发展带来不可预知的影响。以北

---

① 赢的是资本、坑的是消费者! 滴滴优步确认合并 [EB/OL]. 资讯站，2016-08-01，http://news. 91. com/it/s579ef68e0196. html.

② 这个朋友圈玩大了：滴滴收购优步中国 [EB/OL]. 爱微帮，2016-08-04，http://www. ai-weibang. com/yuedu/137956933. html.

上广深为首,各大城市纷纷发布了网约车新政。这枚重磅炸弹,将影响所有人的出行,并改变数万网约车司机的命运。北京、上海、深圳等地网约车新政均对运营司机户籍和车辆提出严格要求,以京沪争议最大。滴滴在北京营运车辆中符合要求的仅为1/5;在上海运营的41万司机中,拥有上海户籍的只有1万多人。也就是说,滴滴如果严格按照新政执行的话,滴滴在京沪的车辆供给将达不到平时的1/10。滴滴对市场过早的统治地位,在某种程度上促成了新政的诞生。一个处在高度竞争状态下的网约车市场,也许更容易获得相对宽松的政策。此次网约车新政的推出有利有弊,有利之处在于网约车环境将得到规范化,缺陷在于更多的非京沪户籍的司机将面临失业,此外针对新政实行市场调节价的要求,滴滴打车在价格上有所改变,实行分时计费,这些都是新政落实后的负面影响,那么如何解决这些弊端,这关乎滴滴未来的生存与发展。

附录 1　Uber 发展及融资历程

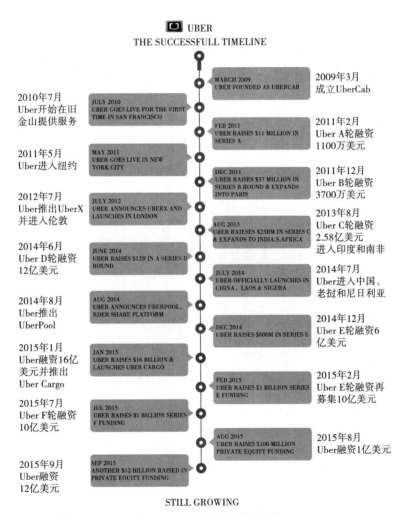

UBER
THE SUCCESSFULL TIMELINE

MARCH 2009
UBER FOUNDED AS UBERCAB

2009年3月
成立UberCab

2010年7月
Uber开始在旧
金山提供服务

JULY 2010
UBER GOES LIVE FOR THE FIRST
TIME IN SAN FRANCISCO

FEB 2011
UBER RAISES $11 MILLION IN
SERIES A

2011年2月
Uber A轮融资
1100万美元

2011年5月
Uber进入纽约

MAY 2011
UBER GOES LIVE IN NEW
YORK CITY

DEC 2011
UBER RAISES $37 MILLION IN
SERIES B ROUND & EXPANDS
INTO PARIS

2011年12月
Uber B轮融资
3700万美元

2012年7月
Uber推出UberX
并进入伦敦

JULY 2012
UBER ANNOUNCES UBERX AND
LAUNCHES IN LONDON

AUG 2013
UBER RAIESES $25BM IN SERIES C
& EXPANDS TO INDIA.S.AFRICA

2013年8月
Uber C轮融资
2.58亿美元
进入印度和南非

2014年6月
Uber D轮融资
12亿美元

JUNE 2014
UBER RAISES $12B IN A SERIES D
ROUND

JULY 2014
UBER OFFICIALLY LAUNCHES IN
CHINA, LAOS & NIGERA

2014年7月
Uber进入中国、
老挝和尼日利亚

2014年8月
Uber推出
UberPool

AUG 2014
UBER ANNOUNCES UBERPOOL,
RDER SHARE PLATFORM

DEC 2014
UBER RAISES $600M IN SERIES E

2014年12月
Uber E轮融资6
亿美元

2015年1月
Uber融资16亿
美元并推出
Uber Cargo

JAN 2015
UBER RAISES $16 BILLION &
LAUNCHES UBER CARGO

FEB 2015
UBER RAISES $1 BILLION SERIES
E FUNDING

2015年2月
Uber E轮融资再
募集10亿美元

2015年7月
Uber F轮融资
10亿美元

JUL 2015
UBER RAISES $1 BILLION SERIES
F FUNDING

AUG 2015
UBER RAISES $100 MILLION
PRIVATE EQUITY FUNDING

2015年8月
Uber融资1亿美元

2015年9月
Uber融资
12亿美元

SEP 2015
ANOTHER $12 BILLION RAISED IN
PRIVATE EQUITY FUNDING

STILL GROWING

附图 1　Uber 发展及融资历程

资料来源：揭秘：Uber 颠覆行业的背后，发生了什么？［EB/OL］. 雷锋网，2015-09-30. http：//
www. leiphone. com/news/201509/u5Z6ZUECyebzxzuZ. html.

附录 2 滴滴与快的合并后的新公司架构

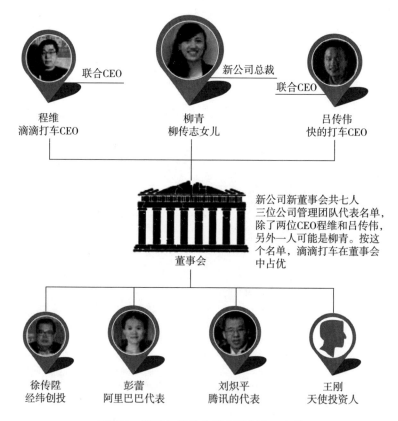

附图 2 滴滴与快的合并后的新公司架构

资料来源：一张图看懂快的滴滴合并：新公司谁做主？［EB/OL］. 新浪科技，2015 - 02 - 15. ht-tp：//tech. sina. com. cn/i/2015-02-15/doc-ichmifpx8080862. shtml.

附录3 滴滴出行发展历程

2012年6月6日，北京小桔科技有限公司成立，经过3个月的准备与司机端的推广，9月9日在北京上线。

2012年10月28日，版本1.1，跟随IOS推出新版本，更完美的支持苹果新系统，增加了出租车到达的即时信息推送，增加了一键重复发送功能，简化了注册流程。

2013年10月，艾瑞集团发布打车软件唯一一份行业报告：滴滴打车市场份额59.4%，超过其他打车软件市场份额之和。

2013年12月，滴滴打车入选中国区"App Store 2013年度精选"。

2014年1月4日，版本2.6，滴滴打车正式与微信达成战略合作，开启微信支付打车费"补贴"营销活动。

2014年5月，"嘀嘀打车"正式更名为"滴滴打车"，寓意"滴水之恩，涌泉相报"。

2014年8月，滴滴专车上线，进军商务用车领域。

2014年11月，CNNIC发布的《2013-2014年中国移动互联网调查研究报告》显示，过去半年滴滴打车的用户使用率高达74.1%，持续行业领跑。

2015年2月14日，滴滴打车与快的打车宣布进行战略合并为滴滴快的。

2015年9月9日，"滴滴打车"更名为"滴滴出行"并启用新Logo——一个扭转的橘色大写字母D，表达了"滴滴一下，美好出行"的企业理念。

2015年9月，与宇通合作，打造互联网巴士生态。

2015年10月8日，上海市交通委正式宣布向滴滴快的专车平台办法网络约租车平台经营资格许可。这是国内第一张专车平台的资质许可，滴滴快的也成为第一家获得网络约车租车平台资质的公司。

2016年1月26日，滴滴出行与招商银行联合宣布双方达成战略合作，双方将在资本、支付结算、金融、服务和市场营销等方面展开全方位合作。

2016年6月13日，滴滴出行获中国人寿6亿美元投资，将在"互联网+金融"展开合作。

2016 年 8 月 1 日，滴滴出行宣布与 Uber 全球达成战略协议，滴滴出行将收购优步中国的品牌、业务、数据等在中国大陆运营的全部资产。这一里程碑式的交易标志着中国共享出行行业进入崭新的发展阶段。

2016 年 9 月 26 日，滴滴出行对外宣布数千万美元战略投资共享单车平台 ofo，双方在城市出行领域展开全方位合作。

Didi's Solution To Travel Pain Point: Dynamic Competition and Growth

Abstract: The rapid development of the internet economy changes the way people live again and as a result the "Internet + travel" mode is becoming increasingly popular around the world. Taxi APP software is one of the most frequently topics of conversation in recent years. Didi, as the taxi software leader, naturally becomes the sole protagonist of this new topic area. To minimise travellers' hassles as the starting point, Didi innovatively develops a new business model of combining the traditional taxi service and mobile Internet technology. Specifically, Didi constantly makes strategic adjustments to adapt to market changes and finally has growth from strength and strength in the "Internet + travel" mode. This case depicts the entire development path of Didi Company from positioning and seizing the market opportunities, the formulation of corporate strategy, and continuous self-innovation. Didi becomes the king of the market through fierce competition among Kuaidi and Uber, and then forming alliances with each of them. This case intends to provide a good reference to understanding the development of emerging companies about how to: (1) formulate competitive strategy, (2) innovatively develop business models, and (3) conduct dynamic competition analysis and (4) understand O2O e-business model in the "Internet +" era.

Key words: Didi Chuxing; "Internet+"; Business Model Innovation; Dynamic Competition; Legitimacy

化解出行痛点：
滴滴的动态竞争与成长之路

一、教学目的与用途

1. 适用课程及对象：本案例主要适用于 EMBA、MBA、EDP 及高年级本科生、研究生"创新与创业管理""企业战略管理""企业、政府与社会"或"企业的非市场环境与非市场战略"等课程的教学，讨论点包括平台商业模式或平台战略、商业模式创新及其路径、企业动态竞争、企业非市场战略和创业合法性获取等。如果学生有过创业经验，或计划创业，或从事互联网相关行业的工作，授课效果会更佳。

2. 教学目的：通过讲述滴滴基于行业痛点出发，从创立、成长到快速扩张的发展历程，以及与快的和优步中国的动态竞争，本案例旨在培养学生发散创新性思维以及将理论与实际相结合的能力，锻炼学生提升观察环境的水平、提炼知识的技巧和总结经验的能力。具体而言，本案例的教学目标在于帮助学员：

（1）引导学生了解企业洞察顾客需求进行商业模式创新的过程，总结其独到的平台商业模式，归纳企业进行商业模式创新的关键要素。

（2）帮助学生深入认识和了解行业真实的动态竞争行为，对企业之间的竞争与对抗有更加清晰的认知。

（3）启发学生对"互联网+"趋势下新兴企业的经营策略思考，提升学生对战略环境的分析能力，以及创业企业合法性获取的策略。

二、启发思考题

1. 结合滴滴创立之初所处的市场环境，分析滴滴是如何洞察发现都市上班族打车难的出行"痛点"进而开拓 O2O 出行这一蓝海市场的？

2. 你认为企业商业模式的主要构成要素有哪些？请结合本案例及其相关资料，描述滴滴出行的商业模式画布。

3. 企业商业模式创新路径有哪些，滴滴是如何创新的，未来还可以如何创新？你认为驱动滴滴商业模式创新的关键要素是什么？

4. 请重点分析滴滴与快的（或滴滴快的与优步中国）动态竞争过程，这两家公司为什么会发起并能够持续进行竞争性对抗？

5. 滴滴与快的以及滴滴快的与 Uber 中国为什么会从对抗走向合并？分析公司合并可能会给行业和消费者带来什么样的影响？

6. 讨论在"互联网+"背景下新兴产业的特点和对战略选择的启示，以及作为一个新创企业应采取何种策略去获取组织合法性？

三、分析思路

教师可以根据自己的教学目标（目的）来灵活使用本案例。这里提出本案例的分析思路，仅供参考。

建议老师们根据不同的课程就启发思考题进行有选择有重点的课堂讨论：
"创新与创业管理"课程（可以侧重研讨思考题 1、2、3、6）；
"企业战略管理"课程（可以侧重研讨思考题 1、3、4、5）；
"企业、政府与社会"课程（可以侧重研讨思考题 1、2、5、6）。

本案例以滴滴的萌芽创立、艰难起步、市场争夺到快速扩张的发展历程为主线，引出 O2O 模式下移动智能出行服务的商业模式创新。本案例有一暗一明两条线索，暗线为滴滴平台商业模式（平台战略）的构建和调整过程，明线为滴滴和快的以及优步中国的竞争性对抗过程。在移动互联网蓬勃发展的时代，滴滴打车家喻户晓，切实解决了困扰人们出行难的痛点问题。回顾滴滴的发展历程，从 80 万元人民币起家的创业公司到估值 350 亿美元的"独角兽"企业的蜕变，该企业对顾客需求的洞察，对平台创新战略和动态竞争策略的选择，都非常值得我们深入学习和研究。

本案例以滴滴的萌芽创立、艰难起步、市场争夺到快速扩张的发展历程为主线，引出 O2O 模式下移动智能出行服务的商业模式创新。本案例有一暗一明两条线索，暗线为滴滴平台商业模式（平台战略）的构建和调整过程，明线为滴滴和快的以及优步中国的竞争性对抗过程。本案例通过讲述滴滴从都市上班族的出行痛点出发，以滴滴创立、成长到快速扩张的发展历程为切入点，对动态竞争、O2O 出行模式及商业模式创新路径进行内外透视，有助于学员运用平台战略、商业模式创新、动态竞争的知识对企业行为进行判断。本案例应引导学生用商业模式画布对滴滴 O2O 出行商业模式进行解析，对 O2O 模式的价值创造和收益获取方式提出自己的看法和观点，在此基础上深入分析商业模式创新路径。此外，本案例还帮助学生深入认识和了解行业真实的动态竞争行为，对企业之间的竞争与对抗有更加清晰的认知。启发学生对"互联网+"趋势下新兴企业的经营策略思考，提升学员对战略环境的分析能力，以及创业企业合法性获取的策略。

课前建议阅读资料：

[1]［瑞士］亚历山大·奥斯特瓦德，［比利时］伊夫·皮尼厄. 商业模式新生代［M］. 北京：机械工业出版社，2011.

[2] 陈威如，余卓轩. 平台战略：正在席卷全球的商业模式革命［M］. 北京：中信出版社，2013.

[3] 蔡曙涛. 企业的非市场环境与非市场战略［M］. 北京：北京大学出版社，2013.

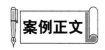

栉风沐雨：彩虹律师的从 0 到 1①

摘　要：2014 年是"互联网+法律"元年，业内知名企业数量全年环比增长 175%，但该数值在 2016 年则断崖跌至-61%。本案例介绍了中国第一家 100%的企业法律事务在线平台（彩虹律师）自 2013 年创业伊始，所面临资金链断裂、2C 或 2B 艰难抉择、商业模式多次迭代的过程，启发学生思考"传统行业+互联网"转型的关键环节、商业模式创新的驱动因素以及 SaaS 模式的关键要素等问题。

关键词："互联网+法律"；SaaS 模式；商业模式创新

引　言

2014 年，"互联网+法律"行业内全年新增知名企业环比增长 175%，业界人士大多认为行业"春天"即将到来，但该数字在不到一年内便骤减至 33%。资金链断裂、市场定位不清晰、商业模式盈利困难等诸多问题，如狂风暴雨般席卷着业内的众多公司，企业家们不得不思考如何度过"寒冬"。

2015 年冬天，天气比以往更冷些，寒风夹杂着雨水不停地拍打着玻璃窗。

① 本案例是由上海大学霍伟伟副教授、上海对外经贸大学谢佩洪教授、北京师范大学焦豪教授、上海大学吴海宁博士以及严瑾一共同编写，本案例作者拥有著作权中的署名权、修改权、改编权。案例素材搜集过程中，彩虹律师创始人黄俊源先生接受了多次访谈并提供了重要资料，在此表示感谢。案例来源于本案例英文版收录在毅伟商学院案例库 "CaiHong：Combining Legal Services and the Internet"（No. 9B20D004），并获得授权使用中文版。由于企业保密的要求，在本案例中对有关名称、数据等做了必要的掩饰性处理。本案例只供课堂讨论之用，并无意暗示或说明某种管理行为是否有效。

彩虹律师创始人黄俊源站在窗边，望着远处如水般车流，再回看公司账面上仅剩的 188.31 元，思绪不由地被拉回到创业之初（彩虹律师介绍见附录 1）。

1 小试牛刀：2C 端的尝试

2013 年 9 月，真格基金投资了绿狗网络，这是第一家复制美国"互联网+法律"模式的中国公司（绿狗网介绍见附录 2）。也正是在同一天，黄俊源在上海大学延长校区校园里开始了创业之路。

在创立彩虹律师之前，他是一个地地道道的互联网人，曾任久游网的管理层。从小法律世家出身的他认为："针对个人用户的'互联网+法律'模式既然在美国可以走通，在中国应该也会有市场。"

彩虹律师的第一代产品定位是"365 天，一天一元"的个人法律顾问。创业之初，他们通过发传单、扫楼进行宣传，一直坚持到 2014 年底。虽然用户量增长较快，但是陷入了一个"客户只喜欢免费午餐的魔咒"。

黄俊源开始困惑：为什么现在如此低的定价（一天一元），个人用户仍不愿买单？2014 年冬天，彩虹律师陷入了资金链断裂的"死亡之谷"。损失了辛苦工作积攒的 50 万元，黄俊源陷入了深深的焦虑。

2 左右徘徊：2B 端的一线曙光

2015 年 6 月，上海的夏天异常闷热，39℃的高温让人觉得透不过气。一位投资界的好友约黄俊源喝酒，酒意正酣之际提到："北京的企业服务风口起来了，向 2B（To Business）转型或许是个选择。"

7 月，天气更加炎热，彩虹律师几乎所有的员工都在做"互联网+法律"2B 端的市场调查。令他们兴奋的是，美国 2700 万家中小企业，其中 70% 拥有独立的法律部门或法律顾问，而中国 2200 万家中小企业中，仅有 1% 的公司有法律部门或法律顾问。调查结果给了彩虹律师一剂强心针，他们迅速开始设计并测试第一款针对企业的产品。为寻求彩虹律师在创服市场的第一个测试点，黄俊源找到飞马旅 CEO 袁月，并对她说："现在上海的第一批创业服务市场刚刚萌芽，如进军社保的'金佣网'、进军财税的'松财税'，而彩虹律师的定位则是中小企业的法务部"，在与袁月达成共识并完成第一个测试点后，紧接着，黄俊源开放了 300 个名额给企业客户，给予他们半年免费试用期。彩虹律师借此进行了市场接受度、需求量和频率的测试，他们发现，企业客户的付费用户转化率非常高，大部分企业成为了彩虹的第一批铁粉。

随后，彩虹律师以微信平台渠道和 3600 元包年的服务形式收费，开始与上海各大园区合作，成为第一家为园区企业提供在线法务服务的企业，短短半年就签约了 270 多家创业孵化器；同时也在园区进行活动推广，免费邀请知名大律师、合作商等开展线下企业法律课堂，如"创业过程中的法律风险规避""股权期权法律课堂"等。

虽然企业客户规模不断扩大，但是彩虹律师的商业模式仍不被大部分投资者看好。黄俊源团队走到了战略定位的关键时刻：到底是重回 2C（To Customer）市场，还是坚守 2B 市场？

3 步步惊心：商业模式的不断迭代

2015 年夏天开始，黄俊源就辗转于创投圈，然而知音甚少。尽管中国企业级服务是一个万亿级的蓝海，但是业内创业者众多，能否找到可持续的商业模式，仍是决定成败的关键。

3.1 现金流断裂的生死边缘

2016 年初，一家知名投资机构和蛮子基金决定合投彩虹律师。然而，就在三家准备签订协议时，这家投资机构毁约，其负责人认为"彩虹律师的成长和利润空间非常有限"，刚看到一丝希望的黄俊源再次被打击。

尽管合投机构撤销了投资协议，但是蛮子基金的投资人薛蛮子仍坚持了他最初的决定。在正式签约前，他提出两个问题："你是律师还是互联网人？为什么你说彩虹将来可以盈利？"

"我们有互联网思维，这与传统的律师有很大不同。传统的法律服务有三个痛点：价格贵、速度慢、服务落后。普通律师草拟一份商务合同需要 3~5 天，但在充满竞争的环境中往往需要快速决策。尽管在业内已有一些律师创业者，但是他们只是简单地将线下的法律服务放在互联网上，其作为一个连接律师和用户的中介平台，从中抽取中介费。而这其中显而易见的问题是平台粘性不够。"黄俊源坚定地回答。薛蛮子点点头，继续问道："那你们有何不同？"

"我们不是把法律服务'淘宝化'，不是简单地把线上店铺中的'锅、碗、瓢、盆'变成不同品类的法律服务，而是将企业法务中可以标准化、高频的服务内容剥离出来，找到大规模的应用场景进而降低价格。同时，使用互联网在线服务工具，通过线上解决的方式提高运营速度和效率，通过搭建自营服务团队的方式提高客户粘性。"黄俊源风趣地说："我是彩虹律师的CEO，也是公司的一号产品经理，每天都在一线测试产品，听消费者反馈。"

3.2 突破"死亡谷底"

拿到融资的当天，黄俊源并没有庆祝，而是看着手中的行业分析报告，写下"九死一生"四个字。报告显示，2016年4月，壹法务、易法务等8家业内知名机构停止服务，占比高达10.1%。

怎样才能突破互联网创业的"死亡谷底"呢？黄俊源脑海里不断闪现着彩虹律师的对标企业。美国第二代法律服务企业DocuSign，通过建立数字交易管理平台和电子签名的解决方案，其用户已覆盖了188个国家的30万家企业用户和2亿个人用户，客户可以通过互联网发送、管理和签署合同文件[①]；而自称"中国版DocuSign"的"上上签"，也已经获得了DCM领投、经纬跟投的2930万元A轮融资。"上上签公司"将合同草拟、律师咨询等业务作为产品在网上进行售卖，通过自营或者签约律师入驻该平台。黄俊源认为，尽管这种模式看似能帮助企业在短期内实现盈利，但是仍然面临诸多问题。例如，由于顾客低转换成本而导致的低客户黏性和高流失率，同时这些"互联网+法律"创业公司的品牌附加值非常低，需要不断降低价格来吸引顾客流量。

在经历了多次调整之后，彩虹律师于2016年6月推出了基于SaaS（Software-as-a-Service）平台的法务模式，成为国内第一家"吃螃蟹"的公司（SaaS模式介绍见附录3）。产品包括30天、1年和3年的服务套餐，价格分别为99元、3600元、9800元（产品套餐详见附表2）。在SaaS平台中包括了各类基于云端的法务服务和合同模板，核心功能是通过实现公司核心业务和法务服务之间的协同效应来提高服务效率。彩虹律师自营业务团队的工作则是负责平台的日常管理和维护。此外，他们也与外部律师达成协议以满足客户对诉讼服务等定制服务的需求。

2017年5月，彩虹律师获得晟初资本800万元融资，拥有超过150个创业空间的服务授权，企业用户达到20000家并以每月300家的速度增加。9月，彩虹律师进行了第三轮产品优化，即将更多的法务服务通过SaaS平台实

---

① 参见 https：//www.docusign.com/company。

现，包括合同起草、合同审核、咨询、合同管理、合同的模板库、智能合同起草以及第三方会议系统。①

黄俊源曾在公司高层会议中坦言："SaaS 模式的优势在于扩展客户生命周期价值、提高用户粘性以走出现金流槽。"公司内部统计显示：自 SaaS 上线到 2017 年底，彩虹律师仅损失过 1 个企业客户，客户流失率不到千分之一；将外部签约律师和自营团队服务相结合，扩大在线法务合同模板至 1000 份，提供如三方会议、驻场法务服务等高附加值产品，都有效提高了用户粘性。

4   破茧重生之后的困惑

2017 年夏天，黄俊源发现：像上海和北京这样的大城市，孵化器或众创空间仅有 500 个，其他城市平均仅有 100 个，创业企业服务市场体量小且竞争激烈；彩虹律师的目标客户或许可以转向那些拥有稳定现金流和业务、营业超过 5 年，抑或是已经收到投资的创业公司。以上海的写字楼为例，如果在每一个写字楼里有 100 家企业，那么彩虹将会拥有 100 万潜在企业客户。②

当年下半年开始，黄俊源开始将"主战场"转为写字楼里的企业客户。尽管营销团队仍然在上海的一些创业园区进行市场推广和广告活动，但是黄俊源并没有给其设定明确的收入目标，其目的是将业内的竞争对手引入创业服务的红海市场。对彩虹律师来说，市场推广的主要途径是电话销售中心的"盲打"和销售团队的"扫楼"。

2018 年 2 月，"法律+AI"的新模式开始在美国出现。法律 AI 平台 Law Geex 与斯坦福等大学进行的合作研究显示：面对 4 小时审查 5 项保密协议的法律任务，人类律师平均准确率为 85%，用时 92 分钟，而法律 AI 的准确率达到了 95%且在 26 秒内完成。

2018 年底，彩虹律师在企业服务市场已击败了一些业内老牌企业，平均每 100 个"盲打"电话能带来 3~4 个签约顾客。

---

① 彩虹律师获晟初基金 800 万元融资，曾被蛮子上海基金投资 [EB/OL]. [2017-05-09]. http://baijiahao.baidu.com/s? id=1566927227270230&wfr=spider&for=pc.

② 2016 年上海甲级写字楼市场年度报告出炉 [EB/OL]. [2017-05-01]. http://news. officese. com/2017-5-1/153226. html.

又是一年冬天，冬日暖阳照进黄俊源新迁的办公室，他端着咖啡望向正对面；电话营销部的员工同事们正忙碌着通过"盲打"提升签约客户量，市场部的办公区域内几乎空无一人，销售人员都在外与顾客谈业务。如何破茧成蝶？黄俊源在办公室的白板上写下一串关键词：融资 2000 万元、快速市场扩张、覆盖长三角 30 万家中小企业、员工流失、"AI+法律"……

附录 1　彩虹律师介绍

彩虹律师网（上海九加信息科技有限公司）是全国首家 100% 企业级在线法务平台，定位为中小企业的法务部，依托对行业的深入理解及业界领先的"云+SaaS"模式，为企业提供法律咨询、合同审核、合同起草、企业法律诊断等全方位在线法律非诉服务，还有商标、专利等增值业务。企业使命：用互联网使企业的法律事务变得很简单。企业愿景：让每一家中小企业都能拥有法务部。服务理念：100%在线，无纸化法律服务，通过标准化的在线专业产品，以及规则化的服务体系，为企业保驾护航，创造价值。

附录 2　绿狗网介绍

绿狗网成立于 2012 年 6 月，隶属于一家互联网公司，该公司以"让人人请得起好律师"为企业使命，公司注册、知识产权、财税社保和法律服务是其旗下四大核心业务。

附表 1　绿狗网相关服务内容及价格

服务内容	服务价格
法律顾问一月试用（A 版）	3600 元
法律顾问一月试用（B 版）	10000 元
知名股权律师刘辉初创公司专项股权服务	50000 元/次
知名股权律师刘辉初创公司专项股权服务	60000 元/次
百人企业法律顾问	18000 元
证据托管（半年）	80000 元
证据托管（一年）	150000 元
同志遗嘱见证	5000 元/次
同志财产见证	5000 元/次
合同代写	599 元/次起
合同审核	599 元/次起
股权协议	899 元/次起
高新企业认证	15000 元/次起
公司注册	580 元/次起
商标注册	600 元/次起
绿狗创业企业商业计划书	1000 元/次起
股权激励方案	30000 元/次起
商业计划书代写	30000 元/次起

附录 3　SaaS 模式介绍

　　艾媒咨询报告显示，2016 年市场规模将超过 300 亿元。在 SaaS 行业，通常都是"赢家通吃"的游戏。尽快扩大市场份额、确保自己是所在领域的佼佼者就显得尤为重要。SaaS 公司必须完成两次销售：一是获取客户，二是留住客户，让客户的 LTV（生命周期价值）最大化。SaaS 公司在发展早期，通常要在市场和销售等方面投入大量资源和资金，这样才能获取客户，之后需要很长一段时间才能慢慢看到投资回报。因此，公司早期扩张越快，亏损就越严重。不过，公司最终能从客户那里获取足够多的营收来抵消获取客户的成本，进而走出现金流槽（见附图 1）。当从现有客户那里获得的新增营收大于在流失客户那里流失的收入时，就实现了负流失率。SaaS 服务需要一个可追踪、规模化的销售机制。与过去软件销售模式的"一个销售人员搞定几百万大单"的销售模式相比，SaaS 卖的是服务，并且每单价格较低。

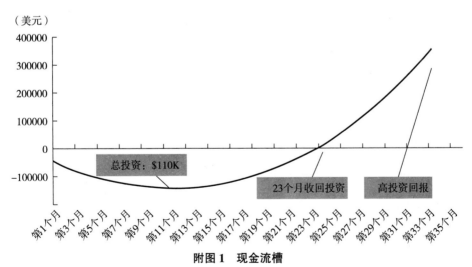

附图 1　现金流槽

　　资料来源：根据经纬创投合伙人 David Skok 的相关资料整理，参见 http://36kr.com/p/5073155.html。

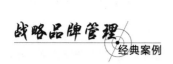

附录4 彩虹律师服务

附表2 彩虹律师服务套餐

服务内容	彩虹律师99元套餐 （原价999元）	彩虹律师3600元套餐 （原价36000元）	彩虹律师9800元套餐 （原价10万元）
服务时长	30天	1年	3年
全年法律顾问 （在线法务部）	√	√	√
1V1专属法务	√	√	√
专属律师	×	√	√
股权期权大礼包	√	√	√
法律咨询	不限次	不限次	不限次
合同起草	2份	不限次	不限次
合同审核	2份	不限次	不限次
文书加急起草/审核	500元/份	免费	免费
签发法务函/催款函	免费1份	免费3份	律师函1份×3
律师现场问诊 （指定区域）	1次/月（预约）	1次/月（预约）	2次/月（预约）
律师上门服务 （VIP专享）	1200元/次 （2小时起）	1000元/次 （2小时起）	1000元/次 （2小时起）
创业企业法律课堂	1次/月（预约）	2次/月（预约）	2次/月（预约）
企业法律培训 （定向邀请）	1000元/次	赠送1次	√
劳动类仲裁诉讼 （律师免费）	×	2万元标的以下， 免费2次（价值1万元）	√
诉讼（打官司）	律师费9折	律师费8.5折	律师费8.5折

服务内容	彩虹律师 99 元套餐 （原价 999 元）	彩虹律师 3600 元套餐 （原价 36000 元）	彩虹律师 9800 元套餐 （原价 10 万元）
商务陪同 （法律事务）	1200 元/次 （2 小时起）	1000 元/次 （2 小时起）	1000 元/次 （2 小时起）
商标注册 （合作商提供）	0 元起，免服务费	0 元起，免服务费	0 元起，免服务费
专利注册 （合作商提供）	上海地区免费上门	上海地区免费上门	上海地区免费上门

资料来源：彩虹律师产品手册。

栉风沐雨：彩虹律师的从 0 到 1

一、教学目的与用途

1. 通过案例正文的阅读与讨论，使学生了解"互联网+传统行业"变革转型过程中的关键要素和环节。针对"互联网+法律"这一商业热点问题，掌握痛点分析及商业模式分析工具的使用方法，启发学生对 SaaS 这一新型服务模式特点进行分析，激发他们对于该模式成功要素的讨论。教学目标在于帮助学生：

（1）掌握痛点分析工具"共情图"以及商业模式要素模型的应用方法。

（2）理解"互联网+传统行业"变革转型成败的关键要素。

（3）掌握"互联网+"商业模式持续创新的一般规律和驱动因素。

（4）掌握 SaaS 服务模式的核心原则。

2. 本案例适用于 MBA、EMBA 的"创业管理"与"商业模式创新"等课程，或者商业模式相关的创业培训课程，具体而言：

（1）本案例适用于"创业管理"课程的如下环节：创业企业的用户痛点分析、互联网商业模式的本质分析、传统行业的互联网转型分析。

（2）本案例适用于"商业模式创新"课程的如下环节：商业模式创新的驱动因素、SaaS 服务模式的要素分析。

二、启发思考题

1. 如果你是黄俊源，会将彩虹律师完全从 2C 转到 2B 市场吗，为什么？

2. 与传统律师事务服务相比，彩虹律师解决了用户哪些痛点？为什么定位于中小企业的法务部？

3. 彩虹律师转向 2B 市场后，如何从第一代产品和创业服务市场迭代到

SaaS 模式？实现商业模式创新迭代的内外部驱动力是什么？

4. 彩虹律师未来面临的主要挑战是什么？如何解决？

三、分析思路

案例分析过程以彩虹律师商业模式不断变化和创新为主线（见图 1 和图 2）。首先，从痛点分析的视角，总结彩虹律师从 2C 转向 2B 商业模式的原因。其次，从精益创业的理论出发，分析彩虹律师商业模式不断创新和改变的内在及外在驱动因素。最后，思考彩虹律师所采用的新兴 SaaS 模式成败的关键要素，以及彩虹律师未来面临的机遇与挑战。

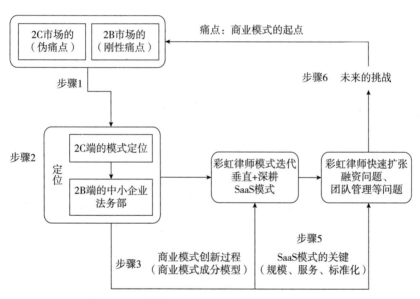

图 1 案例分析思路

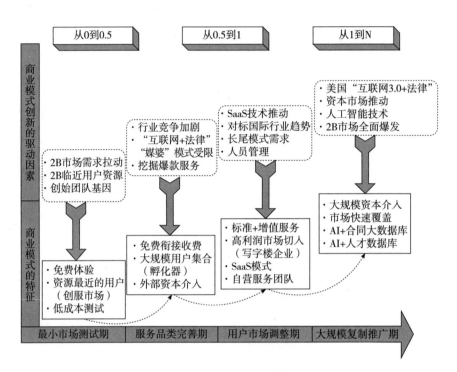

图2 彩虹律师商业模式的迭代

课前建议阅读资料:

[1] Aspara J., Lamberg J. A., Laukia A., et al. Corporate Business Model Transformation and Inter-Organizational Cognition: The Case of Nokia [J]. Long Range Planning, 2013, 46 (6): 459-474.

[2] Goode S., Lin C., Tsai J. C., et al. Rethinking the Role of Security in Client Satisfaction with Software-as-a-Service (SaaS) Providers [J]. Decision Support Systems, 2015, 70 (C): 73-85.

[3] Osterwalder A., Pigneur Y. Business Model Generation: A Handbook for Visionaries, Game Changers, and Challengers [M]. Hoboken: John Wiley and Sons, 2010.

案例正文

黄酒之源"会稽山"的市场战略选择①

摘 要：黄酒，是世界三大发酵古酒中唯一起源于中国的酒种，距今已有三千多年的历史。在经历过 20 世纪的萧条之后，黄酒行业终于在 21 世纪初迎来了春天。尽管如此，相比于白酒、啤酒和葡萄酒而言，黄酒仍处于劣势地位。黄酒市场地位低、利润薄、区域性严重、生产厂家众多等一系列问题深深困扰着各大黄酒企业，"会稽山"也毫不例外。绍兴黄酒，闻名天下。在绍兴黄酒的故乡绍兴，人们更爱喝"会稽山"。会稽山绍兴酒股份有限公司是一家有着 260 多年历史的中华老字号企业，也是最早在国际上为绍兴黄酒获得金奖的企业。面临着"古越龙山"和上海金枫酒业越来越激烈的竞争，"会稽山"在做深江浙沪核心区域市场还是做大全国市场之间难以抉择。本案例记录了 2012 年前后"会稽山"管理团队面对新的竞争环境，在深入挖掘现有核心市场与开拓新的蓝海市场之间进行战略选择的艰难过程。

关键词：黄酒；会稽山公司；品牌定位；市场战略

① 本案例由上海对外经贸大学工商管理学院谢佩洪教授、奚红妹教授和魏农建教授撰写，本案例作者拥有著作权中的署名权、修改权、改编权。未经允许，本案例的所有部分都不能以任何方式与手段擅自复制或传播。案例来源于中国管理案例共享中心案例库，案例编号 MKT-0206，荣获第四届全国百优管理案例奖，在华东师范大学举办的"首届中国管理案例精英赛"中被选为总决赛案例之一，并经该案例库同意授权引用。由于企业保密的要求，在本案例中对有关名称、数据等做了必要的掩饰性处理，但案例本身具有真实性。本案例只供课堂讨论之用，并无意暗示或说明某种管理行为是否有效。

引　言

2012 年元旦后上班的第一天，会稽山绍兴酒股份有限公司总经理傅祖康就早早地来到了会议室。他来"会稽山"已经有 10 多个年头了，回想这 10 多年，"会稽山"在自己的带领下一点点地壮大起来。2006 年底，"会稽山"成为全国产能第一的黄酒品牌（"古越龙山"品牌影响力全国第一，"石库门"品牌利润全国第一）；2009 年起，公司连续 3 年都保持 20%的销售增长率，2011 年更是历史性地突破了 10 亿元大关。这一系列的事实似乎都在预示着会稽山迎来了它的春天。

各部门经理陆续地来到会议室，傅祖康看所有经理都到齐了，简单开场白后便直入会议主题："今天的会议，一是想总结一下我们从 2005 年开始实行的先打周边（江苏、浙江），再攻主峰（上海）的市场战略；二是想规划一下未来 3~5 年里'会稽山'的市场战略，我们是继续打周边、攻主峰市场，还是拓展面向全国市场？我们都知道目前江浙沪的黄酒市场已接近饱和，尤其是作为全国市场制高点的上海，'石库门'与'和酒'的霸主市场地位基本上难以撼动。上海市场'石库门'与'和酒'合计有 7 亿~8 亿元的销售额，而品牌影响力第一的'古越龙山'目前在上海也只有 1.3 亿元的销售额。浙江一大经销商曾代理某黄酒品牌，以 2000 万元资金铺路强攻上海市场，结果铩羽而归。如果我们将重心继续放在江浙沪，公司就必须不断创新，才能吸引更多的消费者。暂且不说众多小厂家低价策略对市场的蚕食会对'会稽山'市场份额的保持带来不小的压力，'古越龙山'、金枫酒业这些大品牌厂家的存在也始终是'会稽山'发展道路上的拦路虎。如果我们将重心转移到全国市场，旨在从一个区域品牌蜕变成全国知名品牌，就意味着大量的资金投入。对于我们这样一个年销售额只有 10 亿元，年净利润只有 1 亿多元的企业来说，能否负担起在央视打一次广告就动辄上千万元的费用还是一个未知数。此外，我们能不能熬过漫长的市场培育阶段？市场培育的成果又究竟能有多少使我们自己受益？"

1 会稽山绍兴酒股份有限公司背景

1.1 会稽山公司简介

创始于 1743 年的"会稽山"前身为云集酒坊（意为名师云集之意），是一家有着 260 多年悠久历史的百年老字号企业。1915 年，云集酒坊第五代传人，毕业于北京大学生物系的周清，将祖上的一坛"百年陈酿"和自己精心酿制的四坛"小京庄酒"，送往美国旧金山参加"巴拿马太平洋万国博览会"，为绍兴黄酒赢得了第一枚国际金奖，从此奠定了"会稽山"在中国黄酒业的历史地位。"会稽山"拥有 260 多年酿制绍兴黄酒的技术与经验，并在中国黄酒业中创造了 260 多年连续生产、260 多年连续盈利、260 多年专注酿酒三大奇迹。2010 年，"会稽山"入选中国最有价值品牌 500 强，以 42.98 亿元品牌价值位居黄酒行业第二。

目前，"会稽山"是中国黄酒业中唯一集行政认定的中国驰名商标、中国名牌产品、中华老字号、国家地理标志（原产地域）保护产品、中国绿色食品、"绍兴黄酒酿制技艺"国家非物质文化遗产传承保护基地等多项国家级荣誉于一身的企业。公司已先后通过 ISO9002、HACCP、ISO14001、QS、GMP 等质量、安全、环境管理体系认证和浙江省清洁生产验收，获得了"浙江省质量管理奖"，是黄酒、绍兴酒国家标准起草单位之一。会稽山绍兴酒股份有限公司是国家大型一级企业，拥有柯桥本部和嘉善黄酒两大基地，年黄酒生产能力达 12 万千升，是世界较大的黄酒生产、出口基地之一。公司产品不但畅销国内市场，而且还远销日本、新加坡、港澳及欧美等 30 多个国家和地区。

1.2 "会稽山"产品系列及目标市场

天下黄酒源绍兴，黄酒之源会稽山。会稽山绍兴黄酒传承千年历史，延续百年工艺，以精白糯米、麦曲、鉴湖水为主要原料精心酿制而成。2009 年，会稽山成为"绍兴黄酒酿制技艺"① 国家非物质文化遗产项目传承基地。绍兴黄酒界泰斗、黄酒国家评委王阿牛成为该项目的唯一传承人代表。会稽山绍兴酒，酒度适中、柔和爽口、营养丰富，含有丰富的小分子氨基酸、活性多肽、低聚糖、有机酸、多酚以及 γ-氨基丁酸。因此，会稽山绍兴酒是一种符合现代消费理念，具有较高鉴赏品位，适合世界潮流的低度营养酒。"会稽山"凭借独特的个性化基因和独具一格的品质，在绍兴市场占据了 70% 以上的市场份额，并赢得了当地民众良好的口碑效应。目前，"会稽山"拥有 12 万吨的黄酒年生产能力，在收购嘉善黄酒厂后，产能规模居国内首位，力争实现"打造黄酒世界名牌"的愿景。

从云集酒坊开始到今天，"会稽山"无愧于黄酒之源的称号，世世代代酿造品质超群的绍兴酒，而生活在这里的绍兴人也世世代代传承着喝"会稽山"的习惯。绍兴黄酒，闻名天下。在绍兴黄酒的故乡绍兴，人们更爱喝"会稽山"。"会稽山"始于 1743 年，绍兴人爱喝的绍兴黄酒。近年来"会稽山"积极实施品牌营销战略，品牌的知名度和美誉度快速上升，市场份额不断扩大，围绕"会稽山，始于 1743 年，绍兴人爱喝的绍兴黄酒"这一新的品牌战略定位，积极开拓消费群体，在深耕核心市场的同时积极开拓潜力市场。在继承和发扬的基础上，"会稽山"集中优势全面进军中高端消费市场。2012 年，"会稽山"营业收入为 9.75 亿元，净利润为 1.27 亿元，分别增长 10.68% 和 14.34%。近年来，"会稽山"的销售业绩以每年 30% 的平均速度稳步增长，综合经济效益位列行业三甲。

会稽山公司正发扬光大"绍兴黄酒酿制技艺"这一国家非物质文化遗产，积极倡导健康、高雅的饮酒方式。目前，已形成以"会稽山"为主品牌，国宴、精品、珍品、御品、五十年、百年花雕等传统经典，以及水香国色、帝聚堂、流金岁月、稽山清、稽山醇等新颖营养黄酒，面向各阶层的中高档政务、商务用酒，口感迎合目标消费群，包装精美尊贵，受到众多文化人士的青睐。公司旗下共有国宴、纯正、国标、礼盒、清爽、特型、水香国色、特殊、珍藏、外贸十个系列的黄酒。其中，国宴系列是人民大会堂国宴专用黄酒；外贸系列黄酒主要为出口产品，出口品牌包括"会稽山""翠亭""兰亭""东风"等。

---

① 发源于春秋，形成于北宋，兴盛于明清的绍兴黄酒酿制技艺，是越地先民基于丰富实践经验转化而成的一种酿酒技巧和技能。经过千年的演变、改进和提高，成为传世绝技。绍兴酒一般在农历七月制酒药，九月制麦曲，十月制淋饭（酒娘）。大雪前后正式开始酿酒，到次年立春结束，发酵期长达 80 多天。绍兴酒的酿造工艺为：原料糯米经过筛、浸米、蒸饭、摊冷、落作（加麦曲、淋饭、鉴湖水）、主发酵、开耙、灌坛后酵、榨酒、澄清、勾兑、煎酒、灌坛陈酵（3 年以上），即为成品酒。

国标系列。该系列黄酒以精白糯米、优质小麦和鉴湖源头活水为主要原料，经传统工艺精心酿制而成。产品经多年陈酿，酒性柔和，酒色橙黄清亮，酒香馥郁优雅，酒味醇厚鲜爽，为绍兴酒标准鉴赏级酒品。该系列黄酒共分三种，分别为"会稽山国标八年""会稽山国标十二年""会稽山国标十八年"，所针对的目标是高端人群，其目的是通过高端人群消费来带动市场，这在最近几年中起到了相当好的市场效果。

纯正系列。该系列绍兴酒系根据新的品牌战略定位而推出。产品传承云集酒坊传统精酿工艺，经多年陈酿，香气馥郁，酒味醇爽。该系列黄酒也分为三种，分别是"会稽山纯正三年""会稽山纯正五年""会稽山纯正八年"。纯正系列价格相对较低，市场定位为普通大众。企业希望把"纯正"的概念传播推广出去，让更多的消费者了解、喜爱其产品。

水香国色系列。该系列黄酒采用鉴湖上游至醇之水，是汇古法新技精酿而成的新一代养身黄酒。产品传承绍酒醇和甘润的特质，酒精含量低，口感温和，不易上头，市场定位为城市年轻一代的时尚黄酒。酒体富含多种氨基酸及维生素等成分，清爽健康，为新一代黄酒之上品。该系列黄酒分为三种，分别是"金国色""银国色"和"红国色"。

2　中国黄酒行业状况

黄酒是世界上古老的饮料酒之一，是中华民族的国粹和珍贵遗产。黄酒是唯一起源于中国的酿造酒，与法国葡萄酒、德国啤酒并列为世界三大最古老的发酵酒种。作为黄酒杰出代表的绍兴酒有着悠久的历史，千百年来长盛不衰、美名远扬、声誉斐然。改革开放的总设计师邓小平生前非常喜爱绍兴酒①，他不但自己爱喝，而且还用来款待客人、馈赠友人。1985年9月，邓小平在接待美国前总统尼克松时，请他品尝绍兴酒，尼克松对绍兴酒赞不绝口。餐后，邓小平将4瓶精装加饭酒送给了尼克松。

绍兴黄酒是中国酿造酒的代表，它酿酒历史悠久、酒色澄澈、酒香馥郁、酒味甘鲜。中国预防医学科学院营养与卫生研究所编定的最新版"食物成分表"显示，绍兴酒富含20多种氨基酸，总含量每升高达6770.9毫克，且8

---

①　1993年，邓小平同志的女儿邓榕在香港参加《我的父亲邓小平》首发式，在接受记者采访时，她说，父亲已在他85岁那年遵从医嘱戒了烟，现在每天喝一杯绍兴酒健身。此言一出，迅速在香港掀起了一股"绍兴黄酒热"，同时拉动了绍兴酒在香港的市场销售。

种人体必需的氨基酸含量达 2550 毫克，是啤酒的 11 倍、葡萄酒的 12 倍；每升绍兴酒的蛋白质含量为 16 克，是啤酒的 4 倍；含丰富的维生素 B、维生素 C、维生素 E，能有效清除体内自由基；富含丰富的无机盐（包括锌、硒等微量元素）以及功能性低聚糖，能够改善肠道的微生态环境。

江泽民对绍兴黄酒更是特别关爱。1995 年 5 月，江泽民在浙江考察时，专程考察了绍兴黄酒。他在详细了解绍兴黄酒的历史文化、酿造工艺、营养价值、获奖情况及陈列产品，并品尝了绍兴黄酒之后，曾意味深长地嘱咐："中国黄酒天下一绝，这种酿造技术是前辈留下来的宝贵财富，要好好保护，防止被窃取仿制。"

2.1 黄酒发展历程

黄酒①在中国有数千年的历史，有正式文字记载的最早可以追溯到越王勾践时代，越王曾用这种被称为"醪"的酒犒劳他的胜利之师，这便是历史上有名的"箪醪劳师"。在春秋战国时期，中国人就独创了酒曲复式发酵法开始大量酿制黄酒。至唐宋时期，黄酒得到了全面发展，宋代窦革曾在《酒谱》中盛赞黄酒："天有酒星，酒之作也，其与天地并矣。"至清朝初期，黄酒的行销范围已经遍及全国各地。从清朝末期至中华人民共和国成立前，由于连年的战乱，黄酒行业发展受到严重影响，一度沉于低谷（见图 1）。

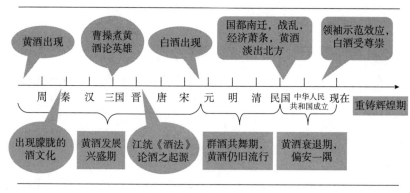

图 1 黄酒的发展历史回顾

---

① 国家标准中规定：黄酒是指以稻米、黍米、玉米、小米、小麦等为主要原料，经蒸煮、加曲、糖化、发酵、压榨、过滤、煎煮、贮存、勾兑而成的酿造酒。按酒中所含总的糖分（葡萄糖汁）的多少，黄酒可以分为干型、半干型、半甜型和甜型四大类。根据黄酒酿造工艺的不同，可分为传统工艺黄酒和机械化新工艺黄酒两种。

直到中华人民共和国成立后，党和政府高度重视黄酒的发展，并出台多项鼓励政策和措施，在良好的政策环境和经济环境下黄酒行业重新走上了发展壮大的道路。截至2012年，全国共有各类黄酒生产企业700多家，行业集中度较低。2011年，全国黄酒产量突破300万千升，占饮料酒总产量比重的5%左右。目前，黄酒行业仍处于成长期。根据黄酒历史发展的演变轨迹，大致可以把中国黄酒行业发展划分为三个阶段。

第一阶段：从古时的风靡到近现代的衰落。黄酒源于中国。从商周开始，一直到宋代末期，是黄酒逐步发展直至兴盛的阶段；宋末到民国阶段，随着白酒等其他酒种的出现，黄酒不再是一枝独秀，尽管如此，黄酒依然是市面上的主流；民国之后，中国陷入了常年战乱，黄酒在这个阶段逐渐淡出北方，产量大幅下降，白酒逐步成为社会主流饮用酒。到2000年，黄酒全国产量仅为145万吨（白酒产量为650万吨）。

第二阶段：黄酒产业开始回暖，但收入增速较缓。从2000年开始，随着国家积极发展黄酒产业政策的引导，以及"十五"计划等的提出，黄酒消费税负减轻，古老的黄酒业重新焕发出勃勃生机，黄酒消费开始呈现出增长较快的局面，但由于消费地域狭隘、产品同质化程度严重、行业进入壁垒较低等，行业收入增长始终停留在5%以下，个别年份甚至出现了负增长。

第三阶段：黄酒行业销量进入快速增长期，消费向全国范围扩展。近年来，随着经济的高速增长、人们消费观念的改变和对黄酒营养功能的进一步认识，以及黄酒企业对产品口味的不断改进，黄酒的消费量有了很大的增长，黄酒的消费量从2003年的160万千升增长到2007年的250万千升，每年将近增加25万千升。2003～2007年，黄酒行业快速发展，销售收入从35.29亿元增加到73.10亿元，增长107.14%；利润总额从2.69亿元增加到6.29亿元，增长133.83%。尤其是2005年，这是黄酒从区域销售到全国扩张的转折点，成为黄酒行业新的起点。2005年，全国黄酒总产量突破200万千升，创下历史新高，全行业销售收入42亿元，同比增长12%，消费群体也实现了从传统区域向全国市场的拓展。2009年和2010年之后进入快速增长期。黄酒产量每年以10%左右幅度增长，销售收入每年以20%左右幅度增长，行业的主要经济指标增长率都保持在20%以上，远远高于同期GDP的增长率，目前黄酒行业的形势是有史以来的最好时期。

2.2 绍兴黄酒市场

绍兴黄酒①,简称绍兴酒,又称为绍兴老酒,是中国黄酒的典型代表,因其厚重的人文情怀、独特的风味和深厚的历史文化底蕴而在全国具有强大的影响力,因此一提到黄酒,人们就会想到绍兴酒。以"古越龙山""会稽山""塔牌"和"女儿红"为代表的浙江绍兴黄酒深受消费者的欢迎和喜爱。

2.2.1 绍兴黄酒业产量变化分析

图2是1949~2010年主要年份的绍兴黄酒产量情况。从图2中可以看出,改革开放以前绍兴黄酒行业一直处于低谷阶段。1949~1978年,绍兴黄酒产量从1.20万吨提高到1.93万吨,年均增产量微乎其微。1978年党的十一届三中全会后,改革开放的春风给绍兴黄酒业带来了蓬勃的生机,随着生产技术的进步、生产方式的改进以及生产规模的扩大,绍兴黄酒业的产量逐年上升。2000年绍兴黄酒产量增长至15.70万吨,是1978年的8倍多。2000~2010年,产量又增长了2.40倍,达到年产量53.40万吨,约占全国总产量的20%。产量的迅速增长是绍兴黄酒快速发展的重要标志之一。这说明黄酒行业正处于一个良好的发展阶段,产品的消费量在增加,同时生产能力也在提高,规模正在逐步扩大。

2.2.2 绍兴黄酒业销售额及利润率分析

随着产量的增加,绍兴黄酒的销售额和利润率也同步上升。2010年,绍兴黄酒销售额约为42亿元,占我国黄酒业总销售额的33%;利润约为3.4亿元,占我国黄酒行业总利润额的41%。从我国黄酒行业范围看,绍兴黄酒的销售形势令人欣喜,但是如果从整个饮料酒行业范围看,情况就不同了。

图3和图4是我国饮料酒行业主要酒种的主营收入和利润率的比重情况。其中,黄酒占饮料酒行业销售总额的1.75%,利润总额的2.23%。参照之前描述的绍兴黄酒在黄酒行业中的份额(总销售额的33%、总利润的41%),以此推算,绍兴黄酒只占了饮料酒行业销售总额的0.58%,利润额的0.91%,其份额还是非常小的。对比饮料酒行业中的白酒行业,差距非常明显。

---

① 国家标准中的规定:绍兴酒(ShaoXing rice wine)是指以优质糯米、小麦和在绍兴特定地域内的鉴湖水为原料,经过独特工艺发酵酿造而成的优质黄酒。

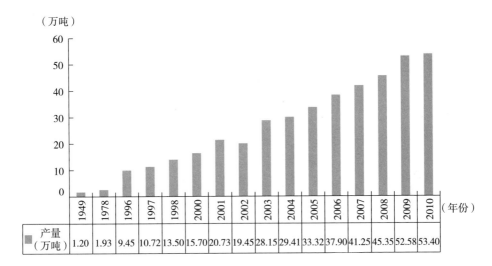

图2　1949~2010年主要年份的绍兴黄酒产量①

资料来源：何晓刚（2011）。

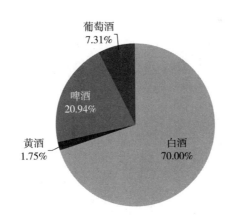

图3　2010年饮料酒行业主要酒种主营收入比重

资料来源：中国轻工业信息中心数据。

---

① 何晓刚. 对绍兴黄酒业发展的思考［J］. 绍兴文理学院学报（哲学社会科学版），2011（4）：100-106.

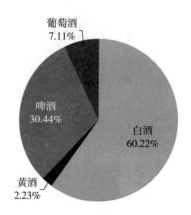

图4　2010年饮料酒行业主要酒种利润比重

资料来源：中国轻工业信息中心数据。

3　主要竞争对手

中国黄酒分布在全国20多个省份，产地较广，品种繁多，目前黄酒市场的品牌竞争也呈现出了新、旧世界相互对峙的格局。新世界是以上海"石库门"与"和酒"品牌为代表的海派黄酒，旧世界是以"古越龙山""会稽山"和"塔牌"等为代表的浙江绍兴黄酒，它们分别盘踞自身优势市场，互相渗透对方市场和争夺新市场。各地区域品牌如山东即墨老酒、福建老酒和龙岩沉缸酒、江苏丹阳封缸酒、浙江金华寿生酒、无锡惠泉酒、大连黄酒等也都在根据自身特色纷纷制定本地为王的营销策略，力图在本地市场形成竞争优势。

从竞争性品牌的角度看，"会稽山"品牌主要面临"古越龙山""石库门""和酒""塔牌""女儿红"和"西塘"等著名品牌的竞争。对于会稽山公司来说，其主要的竞争对手有两个：一是旧世界的老大即古越龙山绍兴酒股份有限公司，拥有"古越龙山""沈永和"和"鉴湖"等著名品牌；二是新世界的"黑马"即上海金枫酒业股份有限公司，拥有"石库门"和"和酒"等强势品牌。

3.1　浙江古越龙山绍兴酒股份有限公司

浙江古越龙山绍兴酒股份有限公司系由中国绍兴黄酒集团公司独家发起，

采用社会募集方式设立的股份制企业,于 1997 年 5 月 16 日在上海证券交易所挂牌上市,是中国黄酒业第一家上市公司。浙江古越龙山绍兴酒股份有限公司是国内最大的黄酒生产基地、行业龙头企业,规模实力和经济效益在全国黄酒企业中保持领先地位。公司有 25 万千升原酒储量,年产优质绍兴黄酒 14 万千升,现有总资产 26.93 亿元,拥有国家黄酒工程技术研究中心及国家黄酒评委多名,聚集 2 名中国酿酒大师和 6 名国家级评酒大师。

该公司整体品牌实力跃居中国黄酒业第一高地,旗下拥有"古越龙山""沈永和""女儿红""状元红"和"鉴湖"等黄酒知名品牌。目前品牌群中拥有 2 个"中国驰名商标"("古越龙山"与"女儿红")、2 个"中国名牌"、4 个"中华老字号"。其中"古越龙山"是中国黄酒第一品牌,中国黄酒行业标志性品牌,钓鱼台国宾馆国宴专用黄酒,是"亚洲品牌 500 强"中唯一入选的黄酒品牌。在 2012 年公布的中国最有价值品牌 500 强名单中,"古越龙山"以 50.81 亿元的品牌价值位列第 261,是黄酒行业唯一进入该榜单的企业。2012 年,"古越龙山"占据行业 13%的市场份额,其年报显示年营业收入达到 14.22 亿元,比上年同比增长 14.15%。

公司进一步明确市场细分,已在高中低消费档次上形成有层次的品牌体系,并聘请著名影视明星作为公司产品的形象代言人。"古越龙山"和"沈永和"等传统品牌仍是传统黄酒市场的主力军,而"状元红"则主打营养功能,突出保健概念,产品定位时尚、新颖以吸引青年消费者。"古越龙山"将逐步向高端品牌发展,"女儿红"和"鉴湖"等则定位为面向中低端消费者的品牌。公司产品畅销全国各大城市,远销日本、香港、东南亚、欧美等 40 多个国家和地区,并进驻法国干邑世家卡慕(CAMUS)全球 3000 多家免税店的"中华国酒"专区,享有"国粹黄酒"的美誉。

3.2 上海金枫酒业股份有限公司

上海金枫酒业股份有限公司前身系上海市第一食品股份有限公司,于 1992 年向社会公开募集股份并在上海证券交易所上市,是一家以黄酒为主业的上市公司。公司拥有上海金枫酿酒有限公司、上海华光酿酒药业有限公司两家全资子公司,"石库门"与"和酒"两个中国名牌,二十几种产品系列,六十多种产品,单品的销售收入、利润等指标均为行业第一名。2012 年,金枫酒业占据行业 9%的市场份额,其年报显示年营业收入为 9.51 亿元,较上年同比下降了 8.75%。

2000 年,公司管理层调整后,新的领导班子在大量调研的基础上,制定了产品和品牌创新的营销战略，决定开发"石库门"系列上海老酒。在口味上，"石库门"系列调整了传统配方，增加了酒的甜度，迎合了年轻消费者的偏好；在品牌上，启用了"石库门"这一极富老上海传统特征的品牌；在包装上，运用了富有现代气息流线型的玻璃瓶；在定价上，一改传统黄酒的低档形象，采用差别定价法，拉开产品定价档次，树立了中高档黄酒的形象。

4 市场战略选择面临的问题：如何往前走？

4.1 消费者对黄酒的态度认知

负责苏州地区的张经理明确表明尝试全国市场是一个很冒险的举措，他认为："近些年来，虽说黄酒在全国的市场规模开始不断扩大，并且基本上每年的增速都在20%左右，但是由于基数过小，2011年销售额才突破百亿大关，而且销售额绝大部分集中于长三角地区。在大多数人们的印象中，黄酒是一种低档酒，而且具有区域性，不登大雅之堂。在江浙沪以外的地区，人们对黄酒的认可度就更低了，甚至把黄酒和料酒等同起来。在白酒称霸的北方区域，黄酒几乎没有立足之地。虽说近年来一些企业试图'走出去'，但是收效甚微，消费者或许在观念上可以接受黄酒这样一个对他们来说很陌生的品类，但是当北方消费者在购买和消费饮料酒时，他们的第一选择仍旧是白酒，而黄酒很少甚至根本不会被列进考虑的范围。这种情形使得相当一部分先前企图开发全国市场的企业又收回触角，之前所做的一切努力也都随之付诸东流……"

然而负责安徽地区的李经理却不这么认为："在我负责销售的安徽地区，经过近三年的推广，黄酒已经基本可以得到大多数消费者的认可，尤其是那些在上海、长三角等地务工的人员，他们已经有了意识去主动购买黄酒，并且把黄酒推荐给他们的朋友、家人。不可否认，我们的黄酒推广尝试在安徽取得了意想不到的成功，并且随着近年来物流的迅猛发展，我们的扩张之路也变得更为便利。虽说现在安徽的销售额还不及长三角地区的1/10，但是仅仅通过三年的培育就可以取得这样不错的成绩，实在是大大出乎了我们的意料，这正意味着我们大力开拓其他市场的时机已经悄然到来。"

见大家对此争执不下，傅祖康便对华东地区主管销售的王经理说："你如何看待这个问题？"王经理略微思考后说道："'会稽山'是一个有着269年历史的中华老字号,从最初的云集酒坊到如今的会稽山绍兴酒股份有限公司,我们闯过了一轮又一轮的难关并逐渐发展壮大。但今时不同往日,现在处于一个交换更替十分迅速的时代,我们若不有所进步,甚至是停滞不前,就会迅速被市场所淘汰,所以尽快做出市场战略的选择是十分必要的,这样我们才能有针对性进行战略规划,以求在未来的竞争中获得先机。如果其他企业抢占了先机,我们将会错失良机。"

4.2 做深区域市场还是做大全国市场?

傅祖康看了看公司 2011 年度的财务报表,欣慰地说:"销售额首破 10 亿元确实是令人振奋,但是相比于张裕葡萄酒 60 亿元的年销售额,'会稽山'的销售额还仍显得过于'寒酸',现在若想让企业有一个长足的发展,必须尽快做出抉择——是继续留守江浙沪核心地区和其他黄酒企业正面交锋,还是尝试开拓新的蓝海去长三角以外的区域碰碰运气?如果走出去的话,该如何突围呢?"

负责绍兴地区的销售经理小赵抢先发言:"我觉得我们应该突围,若选择继续留守,则这就要与无数家或大或小的黄酒企业产生正面碰撞。在上海,以'和酒'和'石库门'为代表的海派改良黄酒占据着大量的市场份额,我们无法与之抗衡;在浙江,只有在绍兴,我们拥有绝对的市场优势,其余地区都是'古越龙山'的天下,我们若想销售额有所突破,必须要打破这些企业多年所建立起来的壁垒。"苏州地区销售经理王经理说:"不可否认的是,'会稽山'近年来开发的'水香国色'系列就迅速打开了苏州市场,并且占据了绝对的优势,只要我们开发出新的品类,完全可以实现'弯道超车'。"

小赵继续说道:"在江浙沪地区,我们正面临着前有狼后有虎的境地。首先是其他黄酒企业的竞争。中高端市场,'石库门''古越龙山'等一直不断投入人、财、物大力发展;而在低端市场,一些中小企业无不尽力压低价格,虽然品质无法和我们的产品相比,但是他们三四元一瓶的价格几乎是我们的成本。此外,在江浙沪地区,白酒、葡萄酒也在伺机瓜分市场。"王经理仍然坚持自己的观点:"若将重心扩展到全国市场,我们公司就必须要投入大量的资金和花费几年甚至是十几年的时间来获得顾客的认可。2005 年我们曾在央视投放过高达 7000 万元的广告费,虽然这一举措使我们在全国的认知度显著提升,但是这只是迈出了走向全国市场的第一步,消费者仅仅是对我们有了一个认知,知道了我们的存在,但是在他们消费时,我们仍然不是他们的选择对象。可想而知,我们的市场开拓之路仍然任重而道远。还有一个我们不得不面对的问题，我们应从何处获得如此庞大的资金支持呢？上市融资这似乎是一个比较普遍可行的方法，但谁又能保证我们尽快顺利上市呢？"

4.3　推广品牌还是宣传品类？

休息过后，傅祖康说道："刚刚大家讲了那么多，现在我来问个问题。你们之前一直在争论是否要走出去的问题，假如我们选择走出去的话，全国市场这么大，我们应从何地作为我们的切入点呢，而且我们推广的时候是应该突出共性还是强调个性？"

王经理想了想，说："其实我们可以从各地区的黄酒产量为着手点，纵观2011 年全国黄酒产量，排在前十名的地区分别是浙江省、安徽省、江苏省、上海市、河南省、湖南省、山东省、福建省、海南省、内蒙古自治区。安徽省紧邻浙江省，有一定的地理优势，并且安徽省也可以归为南方地区，对黄酒不会有很大的排斥，较容易接受。河南省是一个人口大省，潜在消费者较多，但是目前它的白酒市场已经非常成熟，想要从中分一杯羹实属不易，而考虑到河南会有很多人外出务工，很大一部分会到江浙沪地区，这样就会对黄酒或多或少有一定了解，因此会对黄酒在河南的推广和普及有一定的积极作用。"

傅祖康听了王经理的想法之后，继续问道："那对于第二个问题，谁来发表一下意见？"绍兴地区的销售主管小李迫不及待地站了起来说道："由于黄酒一直以来都被认为是一个区域性的酒种，许多国人对黄酒的理解和认识，或者说是对黄酒的定位还比较模糊，不够清晰。而绍兴酒几乎是黄酒的代名词，那么在把黄酒推向全国的时候，我们就应突出共性——推绍兴酒。如果强调个性，那么我们所推的品牌就会过于单薄，绍兴是黄酒的发源地，'会稽山'是正宗的绍兴黄酒这一优势就很可能会被忽视。"

傅祖康见王经理边笑边摇头，问他是不是有更好的建议。王经理说道："我觉得我们还是应该强调个性——推'会稽山'。如果仅仅突出共性，那么'会稽山'的品牌就会被稀释，茅台酒现在可以雄踞白酒业老大的位置，有很大的一部分原因就是它只能在茅台镇生产。"小李又补充道："当然我们现在也完全可以仿照茅台酒的发展策略来壮大自己，但是现在黄酒并没有白酒那样的市场覆盖率和知名度，'会稽山'不能仅仅只强调自己的品牌，提高黄酒在公众心中的知名度也是十分关键的，在消费者对黄酒是什么还不清楚的时候，你就直接推广自己的品牌，不觉得太为时过早了么？"

5 "会稽山"的自身优势

要开展面向全国的市场拓展战略，尽管存在巨大的挑战，但是会稽山绍兴酒股份有限公司也具有一定的自身优势。

首先，会稽山绍兴酒股份有限公司经过多年的经营和发展，已经积累了一定的市场资源，具有一定的品牌知名度和美誉度。早在1915年"云集"酒就为绍兴酒赢得了第一枚国际金奖，迄今已15次荣获国内外金奖，产品一直被国际友人誉为"东方红宝石""东方名酒之冠"。1997年10月22日，公司在全国黄酒同行业中首家通过ISO9002国际质量标准认证，其被称为"中国黄酒第一证"。1998年，"会稽山"牌绍兴酒被北京人民大会堂指定为唯一国宴专用黄酒。1999年，"会稽山"商标被列为首批国家重点保护商标。2000年4月，公司被国家质量技术监督局批准为首批国家地理标志保护企业。2001年，公司通过ISO14001环境管理体系认证，并被认定为"中国绿色食品"。2004年，公司通过HACCP认证。2005年6月，"会稽山"被评为"中国驰名商标"，同年又被授予"国家免检产品"称号。2006年，"会稽山"被商务部评定为第一批中华老字号。2007年，"会稽山"黄酒获"中国名牌"产品称号。

其次，"会稽山"相对于其他的黄酒也具有一定的原料、工艺和技术上的优势。在原料上，众所周知水质对酒的品质影响甚大，会稽山公司就坐落在素有"水乡""桥乡""酒乡"之称的绍兴柯桥，地处绍兴鉴湖水系中上游，水质清澈；在工艺上，260多年来"会稽山"一直沿用古法制酒，酿制技艺已经成为国家非物质文化遗产保护项目；在技术上，"会稽山"集聚了周佳木、周清、陈德意、徐金宝、王阿牛、鲁吉生等一大批绍兴顶尖的酿酒高手。在激烈的市场竞争中，公司不断加快技术创新和新产品开发力度，近年来相继成功开发了"八年陈酿""十年陈酿""二十年陈酿""五十年陈酿"等精品珍藏系列加饭（花雕）酒，以及"帝聚堂""稽山清""水香国色"和"灵芝精雕酒"等具有营养保健功能的新型黄酒，为公司的持续发展打下了坚实的基础。

再次，"会稽山"具有深厚的历史文化内涵。"会稽山"是绍兴本土现存黄酒企业中历史最为悠久的企业品牌。自1743年"会稽山"创始以来的260多年间，"会稽山"发扬"诚实做人，用心酿酒，追求卓越"的企业精神，恪守"诚信、敬业、合作、创新"的价值观。2009年，通过深度挖掘"会稽山"品牌的历史文化内涵，举办"会稽山"与绍兴酒研讨会，出版《黄酒生产200问》《绍兴黄酒酿制技艺》《绍兴酒鉴赏》《黄酒之源会稽山》和《养身酒方》等多部酒文化研究专著，进一步提升了"会稽山"的品牌价值。同时，企业还借助央视等强势媒体挖掘文化力，除在国内投资拍摄第一部高清纪录电影《水客》，参拍央视《人物》，与旅游卫视合拍《会稽山下的黄酒传奇》等专题片外，还联手央视拍摄了《冬酿春榨》宣传片，让更多的人认识黄酒，认识绍兴，认识"会稽山"。

最后，"会稽山"由民营企业中国精功集团控股，运行机制灵活，经营思路贴近市场。不仅如此，"会稽山"还善于创新，团队成员年轻，营销模式先进，在业内具有不可替代的优势。2005年，公司正式启动全国市场战略，11月18日，在北京梅地亚中心以7000万元竞得央视黄金时段标的，奠定了品牌升级的基础。通过斥巨资在央视投放"黄酒之源——会稽山"的形象广告，"会稽山"的品牌知名度迅速飙升，"会稽山"的品牌价值进一步凸显。2006年，"会稽山"再次与央视结成战略联盟，同时牵手凤凰卫视，通过实施名牌创新战略，积极涉足体育赛事，营造广阔的市场运作空间，全面树立"会稽山"绿色健康的品牌形象。2007年9月29日，会稽山公司完成了股权分置改革和引进战略投资者的工作，正式启动股份制进程。通过持续不断的创新，促进了产品更新和升级换代，培育了新的市场增长点，企业的品牌竞争力不断提升。

6　战略抉择

各地区经理对"会稽山"的战略选择各抒己见，展开了激烈的争论。对此，傅祖康将权衡各种利弊做出正确的抉择。在做出决策之前，傅祖康必须综合考虑"会稽山"的处境。目前，会稽山绍兴酒股份有限公司面临的机遇有两个方面。

（1）黄酒行业是有着民族特色的健康产业。近些年，健康和时尚饮酒的概念逐步被国内民众所接受。随着人们消费观念的改变，人们更愿意尝试新鲜事物，于是黄酒企业纷纷推出围绕保健养生功能定位的产品，这些产品越来越受到年轻消费者的青睐，"会稽山""水乡国色"系列的成功正好印证了这一点。

（2）2012年12月21日，中央军委下发通知印发《中央军委加强自身作风建设十项规定》，其中要求在政府接待中不安排豪华宴请、不喝酒，这对白酒行业尤其是高端白酒行业形成了巨大冲击。目前黄酒的消费群体主要集中在江浙沪一带，全国还有大片的空白市场有待开发，白酒市场的动荡为黄酒企业提供了"上位"的机会。

然而，傅祖康也深知"会稽山"同时也面临诸多严峻的挑战。

（1）市场竞争的压力越来越大，一方面在中高端市场上，受到"古越龙山""金枫酒业"的挤压；另一方面在低端市场上又受到国内地方黄酒企业的冲击，两面夹击的困境使得企业必须尽快寻求突破。

（2）"会稽山"的影响力目前还主要集中于江浙沪一带，全国其他区域开发较少，尽管投资巨额在央视投放广告引起了一定的关注，但是由于缺少后续强有力的促销举措而并未在全国市场形成热销局面。

（3）随着消费者的保健意识增强，国内葡萄酒发展势头强劲，除了国外知名葡萄酒积极抢占市场外，中国一些白酒集团准备尝试或已经涉足葡萄酒行业（比如茅台葡萄酒），这将对黄酒行业的发展产生一定的不利影响。

对于"会稽山"来说，深度开发已有市场是一个较为稳妥的选择，长三角年产值约占全国 GDP 的 1/5，而且本地消费者对黄酒的接受度很高，可以省去大量的宣传推广费用。然而目前江浙沪地区黄酒企业数量过多，近年来已渐有饱和的趋势，而其中又不乏"古越龙山""金枫酒业"这样的大企业。"会稽山"若与它们正面竞争，势必不会有太大的优势。开发全国其他空白市场看似是一个比较有风险的举措，但是相比于竞争日益激烈的长三角市场和几乎无人竞争的全国其他市场来看，也未尝不是一个提高市场份额的良好机遇。对"会稽山"来说，这是一次机遇也是一次挑战，如何让广大的消费者产生对黄酒的认同感，进而适时推广"会稽山"品牌呢？在白酒主导了数十年的市场中开拓黄酒的难度可想而知。傅祖康知道他需要在公司战略选择问题上进行深入的思考，任何的迟疑都会使得竞争对手占领更多的先机，因此他必须尽快做出抉择，采取行动。无论做出何种抉择，"会稽山"的未来之路都势必布满荆棘，机遇与挑战并存！

附录 "会稽山"相关荣誉及认可

荣誉见证——"会稽山"黄酒成长之路

1915年，荣获巴拿马太平洋万国博览会金奖。

1985年，荣获西班牙马德里第四届国际酒及饮料博览会金奖。

1986年，荣获法国巴黎第十二届国际食品博览会金奖。

1992年，荣获日本第四届国际酒类饮品博览会金奖。

1994年，荣获巴拿马国际食品博览会金奖。

1996年，荣获"中国酒行业明星企业"称号，全国食品行业国家金质奖。

1997年，公司在中国黄酒业中首家通过ISO9002国际质量体系认证。

1998年，被北京人民大会堂指定为唯一国宴专用黄酒。

1999年，"会稽山"商标被国家工商行政管理局列为首批国家重点保护商标。

2000 年，成为我国首批获得地理标志（原产地域）产品保护单位。

2001 年，通过 ISO14001 环境管理体系认证，被认定为"中国绿色食品"。

2005 年，"会稽山"商标被国家工商行政管理总局认定为"中国驰名商标"。

2006 年，"会稽山"被商务部认定为首批中华老字号。

2007 年，被国家质量监督检验检疫总局评定为"中国名牌产品"。

2009 年，成为"绍兴黄酒酿制技艺"国家非物质文化遗产项目传承基地。

国家非物质文化遗产项目传承基地与传承人

2009 年，"会稽山"成为"绍兴黄酒酿制技艺"国家非物质文化遗产项目传承基地。绍兴黄酒界泰斗、中国首批"黄酒博士"、黄酒国家评委、"会稽山"原书记、"活酒仙"王阿牛成为国家非物质文化遗产"绍兴黄酒酿制技艺"项目唯一传承人代表。如今，会稽山公司酿酒高手云集，很多昔日王阿牛的徒弟已成为"会稽山"新一代酿酒技术中坚，他们为"会稽山"黄酒的品质奠定了坚实的基础，使"会稽山"成为中国黄酒业中唯一集"中国驰名商标""中国名牌产品""国家免检产品""中华老字号""国家地理标志保护产品"五大国家级荣誉于一身的企业。"会稽山"通过了 GMP 认证，用生产药品的标准来生产黄酒，这是国内唯一的一家，这便是"会稽山"定位为"绍兴人爱喝的绍兴黄酒"最好的注脚。

绍兴酒与国家地理标志（原产地域）保护产品

2000 年 1 月 20 日，国家质量技术监督局正式发布 GB 17946—2000《绍兴酒（绍兴黄酒）》国家标准，自 2000 年 4 月 1 日起正式实施。为保护绍兴酒这一具有巨大无形资产的中华民族"国之瑰宝"，国家质量监督检验检疫总局根据《原产地域产品保护规定》，于 2000 年发布了公告，批准自 2000 年 1 月 31 日起，国家正式对绍兴酒实施原产地域保护制度。绍兴酒是我国第一个受到保护的地理标志（原产地域）保护产品，成为绍兴酒史发展过程中一个新的里程碑。

当时，具有 2400 多年历史的绍兴黄酒正深受假冒之苦。大量的非绍兴地区的黄酒纷纷冠以"绍兴酒"之名冲击市场，甚至出口。绍兴酒国际市场2/3的份额竟被产自日本、中国台湾等地的"绍兴酒"所挤占。绍兴酒实行地理标志（原产地域）产品保护以后，在日本市场，中国台湾产的绍兴酒份额从保护前的80%迅速下降到25%左右。

The Market Strategy Choice for Kuaijishan, the Source of Rice Wine

Abstract: Rice wine, with a history of more than 3000 years, is the only one wine species who originated from China in the world's three ancient fermented wine. Experienced the Depression of the 20th century, the rice wine industry finally ushered in the spring in the early 21st century. Nevertheless, compared to white spirit, beer and grape wine, rice wine is still at a disadvantage. So many rice wine enterprises are plagued by a series of problems deeply such as low status, low profit margins, severe regional, and too many manufacturers. Kuaijishan is no exception. Shaoxing rice wine is famous in the world, and people prefer the rice wine of "Kuaijishan" in their hometown. Kuaijishan Shaoxing Wine Co., Ltd., is not only the company of Chinese time-honored brand with a history of more than 260 years, but also the first company that gained an international gold medal for Shaoxing rice wine. Facing the increasingly fierce competition from GuYueLongshan and Shanghai Jinfeng Wine Co., Kuaijishan was in a dilemma whether to develop the core regional markets (Jiangsu-Zhejiang-Shanghai area) further or expand the national market. This case records that facing the new competitive environment, Kuaijishan management team made the strategic choice between digging existing core markets and explore new blue ocean market around 2012.

Key words: Chinese Rice Wine; Kuaijishan Company; Brand Cosition; Marketing Strategy

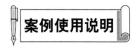
案例使用说明

黄酒之源"会稽山"的市场战略选择

一、教学目的与用途

1. 本案例主要适用于 MBA、EMBA 以及专业类硕士研究生的"市场营销""战略管理"和"品牌管理"等课程的教学和管理培训。

2. 本案例的教学目的是帮助学生掌握在不确定环境条件下进行战略决策的技能,学会根据企业内部的资源状况以及外部的市场机会与风险,制定市场发展战略,并根据该战略(市场渗透或市场拓展)具体设计营销策划方案。

二、启发思考题

1. "会稽山"黄酒目前的市场定位、产品定位和品牌定位分别是什么?对此,你有何不同看法?会稽山公司与国内竞争对手相比,其优势和劣势何在?面临哪些机遇与挑战?

2. 从总体发展战略上看,"会稽山"应当采取什么样的市场战略?是应该采取激进的方式,在全国范围开拓新的蓝海市场,还是采取保守的方式,继续深化江浙沪核心区域市场?是推广品类还是推广品牌?

3. 目前,中国的酒类消费市场仍以白酒为主,特别在北方市场,消费者还不是很接受黄酒。请设计一个营销策划方案,塑造"会稽山"的品牌形象,并引导消费者在社交或居家场合饮用"会稽山"黄酒。

4. 如果你是总经理傅祖康,面临当前市场局面,综合其机遇和挑战,必须在哪些方面做出明确的决策?

三、分析思路

会稽山公司究竟采取什么样的市场战略,关键是对不同的市场战略投入、收益和风险进行估计和评价。因此，我们可以利用波特五力模型和SWOT分析框架，对"会稽山"的"优势—劣势—机会—威胁"进行总结（见表1），并结合它的STP策略，然后在内外部客观条件的基础上选择具体的市场战略。传统黄酒口味单一，包装简单，品牌缺乏吸引力，很难与其他酒类形成竞争优势，而公司对不同地区、不同年龄、不同收入层次消费群体的市场细分和研究也不够充分。因此，应从消费者认知、态度、行为改变方面，设计营销策划方案。

结合"会稽山"面临的机遇和挑战，傅祖康必须首先确定企业未来的发展方向，是在江浙沪市场采取市场渗透战略，还是对国内其他地区采取市场拓展战略，以及下一步是推广品类还是推广品牌以改变消费者认知，这些他都必须做出明确的决策。

表1　黄酒品类的竞争环境

品类	消费者特征	消费者需求	满足需求优势	满足需求劣势	黄酒替代可能性	替代黄酒可能性
黄酒	两种人群：一是部分区域年长者，二是部分注重保健者	习惯性消费，适当饮用，营养健康	富含20多种氨基酸，维生素B、维生素C、维生素E以及锌、硒等微量元素，满足需求状况良好	味道过于浓重，喝的时候需要加入话梅、姜丝等进行调味，酒色也不够清澈	—	—
保健酒	不想饮用白酒者，有保健需求者，习惯性消费者	习惯性消费，需要滋补调节，注重保健	满足需求状况一般	口味、聚饮气氛不理想	可能性较大	一般
葡萄酒	注重健康饮酒，保健意识较强，部分属于时尚群体	适当饮用，营养、健康	满足需求状况良好	有一定营养，但并无其他滋补调节功能	在口味和饮用方式上改进，可能性较大	可能性较大

品类	消费者特征	消费者需求	满足需求优势	满足需求劣势	黄酒替代可能性	替代黄酒可能性
啤酒	大部分为随意饮酒者,部分属于时尚消费群体	适当饮用,轻松、时尚、青春活力、随意	满足需求状况良好	啤酒基本无健康饮用基础	可能性一般	可能性较小
白酒	部分饮用者身体负担较重,由饮酒带来的身体状况欠佳者较多	少饮或不饮,或者在某些场合以其他饮品替代	白酒基本不能解决健康饮酒问题	对于长期饮酒者和不善饮酒者造成较大压力	可能性较大,而且有一定的扩大趋势	将黄酒饮用者转化为白酒饮用者困难

第三篇

品牌定位

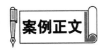

先锋书店如何转型成为"网红书店"？
——先锋书店的文化 IP 模式创新之道①

摘　要：本案例描述了先锋书店的诞生、成长和转型发展之路，着重分析了其如何在面临行业寒冬和红海竞争的情形下构建新的蓝海，从而在竞争中实现突围，成为"网红书店"的过程。先锋书店基于对内外部环境的分析与审视，通过突破行业界线，开辟了一条以"图书＋咖啡＋文创产品＋文艺沙龙＋乡村游学"的新型文化 IP 之路，以"产品＋服务"的商业模式为读者打造了一个共享的精神文化空间和心灵的守望家园。本案例根据第一手的调研和实地访谈资料，系统分析了先锋书店为何要转型以及如何实现转型的全过程。该案例对于企业如何应对不同的商业环境实现战略转型，提高战略分析、战略选择和品牌管理能力具有较好的借鉴意义。

关键词：先锋书店；战略转型；文化 IP；蓝海战略；战略品牌管理

引　言

在这个充满喧嚣和浮躁的社会中，先锋书店的存在或许就是个奇迹。作为图书销售的主体，实体书店曾是人们选购书籍的第一选择。然而，随着数

---

① 本案例由上海对外经贸大学工商管理学院教授谢佩洪、硕士研究生朱一和陈怡霏，上海财经大学商学院博士研究生陈昌东共同撰写，作者拥有著作权中的署名权、修改权、改编权。案例来源于中国管理案例共享中心案例库，案例编号 STR-1259，荣获第十一届全国百篇优秀管理案例奖，并经该案例库同意授权引用。由于企业保密的要求，在本案例中对有关名称、数据等做了必要的掩饰性处理。本案例只供课堂讨论之用，并无意暗示或说明某种管理行为是否有效。

字化时代的来临，网络书店、数字化阅读等新型阅读模式如雨后春笋般涌现，不断改变着我们的生活方式。近年来，能静下心来读书的人越来越少，加之电子书对传统书业的挑战，网络书店的强烈冲击，微信与微博等社交媒体快餐式、碎片化阅读的流行，使得实体书店遭遇到前所未有的冲击，同时来自国有书店的制约，也使得民营书店的生存越来越艰难。处于零售终端的众多中小书店，有的已改行卖文具，有的搬到学校附近做教辅，有的已经彻底退出了市场。

在如此不利的环境下，南京先锋书店却犹如实体书店行业的"异类"，不仅没有陷入经营困境，反而越做越好、越做越有特色，在这个网络化时代还被赋予了"网红书店"的称号（见图1）。2006年，先锋书店被评为代表南京城市的12张名片之一，并获得了中国民营书业"文化贡献奖"，这是20多年来全国唯一一家获此殊荣的书业企业。在创始人钱小华眼里，书店的历史可以反映城市的历史。一座城市不仅要有鳞次栉比的高楼，更重要的要有雕塑、歌剧院、教堂……还有在昏暗角落当中一个人在温暖的灯光下看书的身影，这带给一个城市生命的气味。书店应该是人心灵的港湾，如果一个城市没有一家好的书店，那么这个城市是不及格的。书店体现了一个城市的高度，它是一个城市精神的象征，也是人们灵魂的庇护所。

图1　先锋书店五台山总店

先锋书店创立 24 年来，迄今已有 16 家门店坐落在各处，其中有城市，有乡村，有悬崖边，也有"云端上"，一样的精神，却是不同的模样。它的各家门店先后获得过诸多的赞誉和荣誉：被南京大学的学生亲切地称为"南大第二图书馆"，2013 年和 2015 年分别被美国 CNN 赞为"中国最美的书店"和"全球最酷书店"之一，2014 年又被英国 BBC 评为"全球十大最美书店"之一……先锋书店到底是怎样神奇的一个书店？它是如何在以书本销售为主要盈利来源的传统书店中另辟蹊径地独特运营的？它又是怎样将自身优势融入时代发展，在与电子图书、网上书店进行竞争的同时，保持其竞争优势与经营本质的？先锋书店转型发展的文化 IP 模式能否为其提供持续的造血功能？钱小华描绘的乡野蓝图和文化旅游到底又能走多远？

1 先锋书店：身体和灵魂都在路上

1.1 大地上的异乡者——钱小华

一个从农村来南京上大学的青年，毕业后留在省级机关工作，谁曾想他竟毅然辞去这份"铁饭碗"，下海做茶叶、纺织品生意，最终却因走投无路而惨淡收场。于是他循着自己的热爱白手起家开起了书店，从 1996 年最初的 17 平方米，到五台山总店的 3680 平方米，以及至今遍布江苏、浙江和安徽的 16 家门店。他把书店开成了南京这座城市的文化名片，赢得了不少读书人与游客的驻足，甚至还被国内外知名媒体评为中国最美书店。这个青年，名叫钱小华。这家书店，名叫先锋书店。

钱小华曾说："书店是我落魄在异乡的避难所，反过来说也是我生与死的一场抉择。我一个乡下人漂泊在异乡，从机关下海，在茫茫的生意场上失意，无家可归时流浪在大街，头撞在电线杆上都不知道。绝望中诞生了一个想法，在我一个人独自面对严寒的时候，书给了我存活下去的希望，我将要与书相依为命。"因此，他选择了奥地利诗人特拉克尔的诗句"大地上的异乡者"来作为先锋书店的阐释。他觉得来到先锋书店的读者、知识分子、异国他乡的旅客，甚至书店里那些书的作者，也都是异乡人，每本书都汇集了世界各地人的灵魂，每本书的扉页上都能看到世界各地各个角落生气勃勃的足迹。

钱小华是个爱读书的人，也是有着理想主义情怀的人。他说选择开书店重要的是兜售价值的幸福，而不是做贩卖金钱的奴隶。也正是因为他的这份诗人情怀与理想主义，即使在世俗利益的压力下，先锋书店还是放弃了卖门票、挂横幅这许许多多物质的诱惑，始终保持着自我内心的纯洁，多年来坚持深耕阅读，坚持"好书总在先锋书店"的读书理念，做人文、社科、艺术类最强的图书。对于品质的追求，不仅仅体现在书上，钱小华所雇佣的员工也基本都是大学生。他认为在这个以大吃小、以快吃慢、价值共赢、利润分享的新时代，不学习就要被淘汰。他认为核心的竞争是人才的竞争，一直坚守"人比利润更重要"的经营理念。

1.2　先锋书店的"前世今生"

1.2.1　从新生到夭折（1996~2004年）

从钱小华创立先锋书店至今，先锋书店的发展并不是一帆风顺，而是跌宕起伏、经受诸多历练和考验。1996年12月，先锋书店诞生于南京市太平南路圣保罗教堂斜对面，面积只有17平方米。当时南京城已有的几家书店如耕耘、新知、国学、三联等在南京读书人中已根基牢固。要想异军突起，先锋书店只有另辟蹊径，于是钱小华把经营特色定位在出版社的库存图书上。短短三个月时间，先锋书店几乎将北大、广西漓江、上海译文、上海古籍等出版社中与人文社科相关的库存好书网罗尽净。书店也成了读书人聚会的中心和人文学者首先拜访的地方，声名鹊起的先锋书店逐渐成为南京读书人瞩目的中心。

2003年，先锋书店开始了拓展之路，先后开办了夫子庙和新街口两家书店。钱小华抓住南京市秦淮区"文化立区，提档升级"的机遇，在夫子庙地下室设计了长160米、宽12米的先锋大道阅读广场，是当时中国最长的书店（见图2）。夫子庙店倾注了钱小华大量的心血，装修设计着力体现"大地、异乡、精神"的主题。钱小华将夫子庙店作为自己理想主义的一次尝试，在图书经营方式和经营品种上进行突破创新，一改其固定的文化市场，把目标投向社会各个文化阶层的消费者，可惜只坚持两年最终败走麦城。夫子庙店的失败并非偶然，由于夫子庙缺少相应的书店人文环境，多年积蓄起来的市井文化和陈腐落后的文化观念，导致夫子庙店曲高和寡，遭到冷遇。虽然这两家店的失败曾令钱小华肝肠寸断，但是这也为先锋书店日后更加健康的发展提供了宝贵的经验教训。

1.2.2　败走麦城后重新出发（2004~2008年）

2004年，钱小华又开始了自己的第二次创业历程。2004年9月18日，先锋书店五台山旗舰店开业。五台山店经营面积近3680平方米，经营品种7万

图 2　先锋书店夫子庙店

多种，并设立了 1000 平方米的物流配送中心。据报道，开张当天的客流高达上万人，实际销售图书额近 10 万元。五台山总店坐落于五台山体育馆之下，它利用南京大学、南京师范大学、东南大学等知名高校所具有的天然文化背景和学术条件，将自己的主要服务对象定位为具有中等以上文化的知识分子和都市白领。书店注重与各大高校之间的联系，以学术性图书为领，人文社科类图书为主来经营，享有"南大第二图书馆"的美誉。先锋书店五台山店是除南京书城以外南京最大的民营书店。除了书店以外，还有咖啡屋等休闲场所。这种新型的书业商业模式，为先锋书店的发展注入了一股新鲜的活水，让其日后的创新和转型发展焕发出强劲的生命力。

1.2.3　打造读书人的灵魂栖息地（2008 年至今）

有知名作家曾说："好读书的人，都是些'在路上'的人，他们的灵魂四处漂泊着。在漂泊的过程中，先锋书店为他们提供了一处暂时的、舒适的栖居地。"钱小华认为人的精神永远都在觅求一个无所在的故乡，好的书店应该成为读书人的精神归所。先锋书店，就是要打造读者心中这样一所精神家园。

如今，先锋书店已经开了 16 家分店，有的被包裹在灯火霓虹的繁华都市中，有的隐匿于静谧的乡野聆听大自然的声音。每一家店的风格都相差甚远，但它们却有共同点，那就是将先锋书店成功地融入当地的文化特色中。在城市里，先锋书店已开拓南京总统府文史书店、总统府民国书院、美龄宫文史书店等，先锋书店以自己独特的人文精神来渲染这些地区的底蕴、历史文化街区和旅游景区的优势，开发、生产、制作、推广相关的文化创意产品，扩大文化创意产品和旅游产品的销售，以此推动书店结构转型升级，同时也增强了盈利能力。

钱小华曾说：先锋书店致力于塑造的是人文世界的理想，力图给世界馈赠一种精神场所，尤其注重对公共空间、公共精神和公共关怀的营造。因此，先锋书店在选址上避免过多商业化倾向，更多选择具有历史底蕴且饱含故事的地方扎根，先锋书店要向大众讲述的是先锋故事、南京故事和中国故事，让每个来书店的人都不虚此行，并且感受到一个地方文化的根、历史的魂，这才是最重要的。"我的兴趣不在商业，我的兴趣在人文，我试图和这个社会共同构建一个生命的图景，这是延续我生命的一个意义所在。"也许正是钱小华这种理想主义者追梦的情怀，让先锋书店在社会风向骤变、人心浮躁的今天仍然能顽强地走下去。

2 业态巨变：穷途末路还是峰回路转？

2.1 用户消费渠道的冲击

随着互联网与电子商务的兴起，网络书店应运而生。凭借着价格便宜、选择多样、购买方便等优势，网络书店给实体书店带来了巨大冲击。2018 年中国图书市场销售码洋（指图书产品的定价乘以数量所得出的总金额）规模达 894 亿元，相比 2017 年同比增长 11.3 %。尽管图书整体销售上涨，但是网络书店和实体书店存在显著差异。2018 年线上电商图书销售码洋规模达573 亿元，增长速度为 24.7%。2018 年实体书店图书销售码洋规模为 321 亿元，较 2017 年减少了 6.69%，且码洋规模跌至近七年最低。电商的竞争优势显而易见，图书种类齐全，打折促销力度大。单从买书的性价比来说，实体书店几乎无法与电商竞争。

由于网络书店先天性的优势以及各大网络平台推出的促销策略，实体书店逐渐沦为精致的样品间，消费者"只看不买"成为实体书店的常态化现象。持续上涨的房租、高额的人力成本、短缺的发展资金等因素造成实体书店高额的经营成本，这成为阻碍实体书店发展的关键因素。网络书店价格低，促销方式多样，图书因其商品属性、折扣力度、较低单价成为电商促销引流的首选商品之一。其中，大众图书由于其广泛的需求量和强大的引流效果成为线上零售品类的主力军，在亚马逊、京东、当当等电商的图书分区常常占据推荐栏首位，占据线上图书零售市场超过70%的份额（见附图1）。

2.2 用户阅读方式的冲击

随着科技的不断发展，人们的阅读方式更加多样，数字化阅读市场迅速崛起。由中国新闻出版研究院组织实施的第十六次全国国民阅读调查结果显示，2018 年我国成年国民包括书报刊和数字出版物在内的各种媒介的综合阅读率为 80.8%，数字化阅读方式（网络在线阅读、手机阅读、电子阅读器阅读、Pad 阅读等）的接触率为 76.2%，较 2017 年上升了 3.2 个百分点。中国新闻出版研究院院长魏玉山说："数字化阅读的发展，提升了国民综合阅读率和数字化阅读方式接触率，整体阅读人群持续增加，但同时也带来了纸质阅读率增长放缓的新趋势。"过去十年，数字化阅读方式接触率从 24.5%增长到 76.2%，增长明显。

2.3 实体书店夹缝生存

按照书店规模和经营品类不同来划分，实体书店的经营形态具体可分为大型连锁书店、独立书店以及专业书店。面对这样的业态巨变，实体书店都在积极寻求转型。

（1）连锁书店。国内外大型连锁书店（如日本的茑屋书店、中国台湾的诚品书店、凤凰 Mall 等）面对传统市场空间和盈利空间的挤压，开始寻求转型，探索以多种活动方式丰富书店文化内涵的经营模式，努力打造"文化Mall"的品牌特色（见附表1）。大型连锁书店以往凭借多品类的图书产品、舒适的购书氛围、先进的现代化管理系统在图书零售市场上常年维持较高占比，但近年来由于受到互联网文化的冲击，其优势正在逐渐减弱。

（2）独立书店。独立书店最终目标是发展成为一座城市乃至一个地区或国家的精神文明象征，深度挖掘该地区的文化内涵，刻上自身文化的烙印。国内外比较知名的独立书店有中国上海的钟书阁、日本的森冈书店、美国旧金山的城市之光书店、法国巴黎的莎翁书屋等，这些书店不依附于某个组织或机构，具有更强的人文性，凭借独一无二的体验、情调以及历史传承下来的文化底蕴，成为各自所在城市的"文化地标"，吸引全国乃至全世界爱书人和游客慕名拜访（见附表2）。

（3）专业书店。专业书店，即专注于某一垂直领域的书店，它们积累了某一垂直行业大量的知识资源和顾客资源。专业书店要想保持盈利增长，不局限于文化产业过于单一的困境，注重文化增值服务是其转型发展的必然选择。

3　先锋书店转型：着力打造文化 IP，成为"网红书店"

3.1　剑走偏锋，转型文化 IP

在电子图书大行其道、网上书店大打价格战的双重挤压下，被市场普遍认为是夕阳产业的实体书店单纯为读者提供图书，已经难以承受高额的经营成本，一时间众多实体书店纷纷关门。那么，面对这样的业态巨变，实体书店未来的生存和发展之路应该何去何从？究竟是穷途末路还是峰回路转呢？面对在夹缝中生存的行业竞争，究竟是选择另辟蹊径还是固守阵地呢？

自 2008 年 5 月开始，先锋书店就已经走向了转型之路，开始文化创意产业的尝试与探索，并于 2010 年注册了"独立先锋"作为其文化创意作品的专属商标。2011 年，先锋书店设立了午夜艺术设计公司。至此，先锋书店实现了文化创意产品设计、生产、销售的一体化，适应了不断发展的市场需求。

先锋书店以一种特立独行的方式开辟了一条以"图书+咖啡+文创产品+文艺沙龙+乡村游学"商业模式创新的新型文化 IP 之路，为读者提供多元的文化产品及服务，增加书店的盈利点和抗风险能力。消费者和读者是实体书店唯一的利润源泉，先锋书店通过提供多样化活动和服务，增加消费者体验，提高附加价值。通过提供多样化的活动给消费者创造体验，在阅读环境的体验中提供其他附加服务，通过这些服务争取盈利机会。

先锋书店迄今已经开发了具有先锋风格的"独立先锋"系列文化创意产品 5000 多种，如与图书相关的笔记本，放图书、杂志或报纸用的藤篮，秉烛夜读的香烛、咖啡杯、艺术相框、纸质书架、雨伞、个性文化衫、手工玻璃，以及红色经典系列布包等。先锋书店的文化创意产品，就像是为钱小华在这个实体书业没落的洪潮中开辟的一条新路（见图 3）。如今，先锋文化创意产品的销售已经占到了书店总销售额的 40%，利润则达到书店总利润的 50%。

图 3　先锋书店五台山总店内文创区域

先锋书店显然是想打造中国文艺青年的文化 IP。因为 IP 是文化产业流量收割的保证，IP 成为内容生产、舆论发酵、资本落地等环节的助推器，而内容产业疯长的背后 IP 却成为快销品，生命力逐渐流失。在网络视听产业如此发达的今天，打造线下实体文化 IP 似乎是一件蕴含着巨大潜力的产业。

3.2　深耕细作——专注打造文艺青年和阅读者的精神天堂

先锋书店塑造的不仅是一家书店，更是一种精神。久居现代化城市的人们大多对童年的记忆残剩无几，在工业社会之后，人们的生活空间变成了一个个由钢筋混凝土制造的"方盒子"，周遭充斥着孤独和焦虑。因此，当一座城市有了一家好的书店时，不仅能让人们寻回年少，还可以让更多的人理解书店带来的美好，拓宽精神的维度。此时的先锋书店已经不再是纯粹贩售式的传统书店，而是读者们共享的文化空间和精神场所。许多读者慕名来此不单单是为了阅读和选购，更是为了体验先锋书店独特的文化氛围。

先锋书店一系列的公共活动也成为了其独特的文化名片。每年各地的先锋书店共要举办 400 余场活动，为大众提供包含诗歌、文学、艺术等各个层面的高质量免费讲座和分享会，北岛、章诒和、苏童等文化名人都站上过先锋书店的讲台。正如钱小华所言，先锋书店的文化活动在于带动更多年轻人的知识分享，激发年轻人的观念解放，通过知识获得解放，成为推动社会进步的阶梯和力量。

有人说先锋书店是钱小华为读书人打造的精神天堂，但其实他想把先锋书店做成艺术青年、文化青年的大本营，而不仅仅是文艺青年的根据地，同时让先锋书店成为人们情感生活的避风港，与书有关的一切精神需求都汇集到先锋书店。

3.3　内涵表达——独特的阅读体验和极致的情怀共鸣

迈进先锋书店五台山店，门口罗丹的《思想者》雕塑别具匠心，犹如一位精神的引领者。大厅的斜坡两边阶梯式的放书平台上，摆放着店家精心挑选的书籍，每隔一段距离便有一盏橙色台灯点缀其上。罗丹的雕塑，柔和的壁灯，干净的白墙水泥，裸露的消防管道和通风管……书店每一处细节，每一样搭配都让无数到访者拍案叫绝。

先锋书店的店面设计在某种程度上开创了南京个性化书店的新纪元。钱小华认为，作为书店要带给这个城市的读者一种品质。这种品质不仅体现在书上，而且在书店的装修上也要保持一定的品质。它的设计现代、简约，书店挂满了大师们的彩色图片，甚至地面的设计、书架的造型，跟别的书店相比都有很多独到之处，比如店徽标志的设计就别具一格。先锋书店的店徽标志是著名青年设计家欧宁先生设计的，上面是一个倾斜繁体的"书"字，黄黑两色，像一位行在大地的旅者。此外，书店中还增设了先锋艺术咖啡馆、独立先锋创意馆、先锋剧场，另有阅读大道、二手书店等多个特色鲜明的区域，这些无不体现出先锋书店在店铺设计上的别具一格、独具匠心。

来这读书的人不仅可以读书，还有机会欣赏好的电影与音乐，甚至可以与同道中人共同分享。先锋书店为读者营造了独具人文个性和精神特性的阅读空间，吸引了各界读书人的聚集。店中环形设置了休闲沙发和组合桌椅，使得先锋书店一直强调的"休闲阅读"主题风格得到了充分体现，让爱书人、买书人能够静下心来细细品味书香。徜徉于先锋书店，一股浓烈的文化气息扑面而来。百米艺术画廊上，世界名人画像无声地诠释着历史；天花板上，凡·高、毕加索等大师的画像直触心灵；柱子上波德莱尔、马拉美等诗人的经典名句犹在耳畔……"找一个角落，在文脉书香中度过浮生半日，实在是一种享受"，消费者如此评价先锋。伴随着舒缓的音乐，这里的一切，都将引起消费者的情怀共鸣。

3.4 滋养粉丝——培育先锋的品牌社群

在先锋书店，很多年轻人从书架上随意拿起一本书，在书桌上翻阅起来，没有人会上前打扰，没有人提醒，只要你愿意，想来就来，无论什么书，只要你喜欢可以看上一整天。"我这里就是向市民推广文化的，虽然教辅类书籍很赚钱，但是我不喜欢。我只喜欢人文、社科类书籍，这里的每一本书都是我亲手挑选的。"也许和自己的阅读兴趣有关，钱小华选的书籍也始终专一，别的书店是什么赚钱就卖什么书，而他始终坚持人文，始终坚持好书总在先锋。

好多人到先锋书店，也不完全是冲着书来的。因为这也是一个集艺术展览、人文讲座、咖啡文化、文化创意馆等多元化的阅读体验空间，不定期举办作家见面会、民谣音乐会、微电影和纪录片的放映等多元化活动。读者来到这里，可以体验到丰富的人文气息与参与感。除了名人大咖，有的专业社会团体如科学松鼠会、南京各高校的学生团体也会自发来到先锋书店举办他们的分享会、读书会。除了丰富多样的沙龙活动之外，书店里的艺术长廊也从不空着，曾经举办过老南京图片展、民国南京图片展、南京大屠杀图片展，还有国画大师尤无曲的百年诞辰画展。

"文化的传播源，心灵的栖息地"使得先锋书店有别于其他大多数书店，从而让它成功摆脱了目前图书市场竞争激烈的红海，开辟了一片属于自己的蓝海。从先锋书店创立至今，如此饱含人文气息又别具一格的文化活动，已为其培育了一批忠实的粉丝群体。因此，每当先锋开新店、举办新的活动，他们总是第一时间来为先锋捧场的人。

正是在这样着力打造的文化 IP 之下，也让先锋书店逐渐成为了这个网络化时代人们津津乐道的"网红书店"，不少网友慕名前来打卡。而在先锋人看来，网红这个词并不是"骤然升起又悄然掉落"的贬义词，先锋的网红并不仅仅只是因为"高颜值"让读者走进这家书店拍照、打卡，而是每一位来到先锋书店的读者都能感受到先锋独特的阅读体验和极致的情怀共鸣。来到先锋书店的每一个人，不仅能读到好书，更犹如置身于文化能量聚集的磁场。正是先锋书店具备了这些好的网红特质，才成就了先锋书店成为今天的"网红书店"。

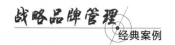

4 摒弃繁华：文化 IP 描绘乡野蓝图

4.1 创新乡土：以文化 IP 反哺乡村

不同于西西弗、言几又等书店不断在城市大型商场里开标准式分店的道路，2013 年开始，先锋书店把目光投向了乡村，接连开出了安徽黟县碧山、浙江桐庐戴家山、浙江松阳陈家铺、云南大理沙溪四家乡村书局。这是钱小华式的标新立异，在乡间，他的理想主义情怀找到一个更适合的容器，无论讲故事还是商业可持续，都有一个更顺当的入口。当问及为什么先锋书店的未来坚持在农村，钱小华说："先锋未来的选择在农村，关注乡土就是关注中国，中国文化的根基在农村，复兴中国文化首先要复兴农村。现在农村的年轻人都走到了城市，留下的都是老人和孩子，有些地方成了空心村。我们将通过在乡村建实体书店、建图书馆，打造体验式的美好空间，让更多人来感受，让更多的人来参与乡村实践，让文化反哺乡村，让城市的年轻人回到家乡来建造家园。"

2014 年 5 月，先锋书店碧山书局开业，这是先锋首家乡村书店。先锋书店碧山书局坐落在安徽黟县县城西北一座极具徽州风格的古祠堂中，书籍以乡村文化、历史建筑为主。乡村书店，农民阅读，在钱小华的眼里，这种当下文化阅读的短板有着一片广阔的发展天地。碧山书局上下近 600 平方米，有 2 万余册书。无论是当地的村民，还是前来游览的旅客，将自己置身于几百年历史的古宅，翻阅一本本白纸黑字的书，都是一番新鲜的体验（见图 4）。钱小华还专门从安徽各旧书摊上淘来关于徽州文化、乡村建设、古建筑保护等书籍。"远离城市喧嚣，来这儿沉下心去，看看古村落，读本好书，无比舒畅。"一位从南京专程过来的大学生这样说，他已经是第三次来碧山书局了。

钱小华在《人民日报》的采访中介绍道："碧山书局是转型探索的一部分。传统实体书店受电子书、电商冲击，都在走下坡路。摒弃急功近利的心理，让文化和知识回归乡村平民教育是我发展书店的动力。"钱小华的乡村书局也得到了当地政府的支持，先锋书店在碧山的古祠堂书局与当地政府签订了免 50 年租金的合同；浙江桐庐的莪山畲族乡戴家山原本是名不见经传的小村落，因为先锋云夕图书馆的坐落，一时间带动了当地的旅游产业，短短两

图 4　先锋书店碧山书局

三年时间一个村子里竟已经有了七家民宿。乡野中的先锋书店不仅没有破坏古建筑原貌，反倒是很好地承袭了当地的文化气息。这种极富有特色的一体化建设，使先锋书店在这个互联网的时代，成为了一种文化符号。

4.2　乡村游学：跟着先锋去旅行

近几年，钱小华将先锋书店的扩张步伐开始逐步转移，致力于乡村书店的发展。碧山书局叩开乡村的大门，云夕图书馆寄出大山里的明信片，陈家铺平民书局在悬崖上盛开，每一次都让人们看见另一个先锋。乡村书局给了很多读者回到乡村的理由，先锋书店也利用其乡村书店的特点不断拓展业务范围，基于其忠实的读者粉丝群体，开辟了一种乡村游学的文化旅游新模式。

先锋书店的游学活动一般为两三天，地点以这三家乡村书局为中心，再加上周围极具人文特色的旅游景点。当人们跟随先锋书店的游学团来到碧山书局时，不仅能欣赏到碧山的乡间春色，还能感受一把当地人的生活。日出而起，闻着朝露和泥土的芳香，体验先锋书店为其定制的晨跑活动。吃的是极具特色的徽州农家菜，看的是历史悠久的黄梅戏表演，还有先锋专门准备的老徽州的历史风貌和文化特点讲解环节，以及围坐在山野的静谧星空下一同参与诗歌朗诵分享会。如果仅仅是这样，那可能还不够先锋，在每次游学活动中，先锋书店都会邀请一位或几位名人作家一同前往，有诗人北岛、余秀华，歌手钟立风、周云蓬等，与游客们一同来一次诗情乐意的诗歌或音乐分享会，全方位为年轻读者提供人文知识的熏陶。曾经有游客离开时借用李白的诗给碧山书局写下了这样的留言："问余何意栖碧山，笑而不答心自闲。桃花流水窅然去，别有天地非人间。"

走进被评为"年度最美书店"的浙江松阳的陈家铺平民书局，不仅能欣赏到这座建立在悬崖峭壁古村的壮美奇观，还可以走进大木山的茶园，亲自品味一把悠香茶韵。来过松阳的先锋读者这样说："伴着山间徐徐而来的微风，听着竹林里悠扬的鸟鸣，一呼一吸皆是来自自然的力量，不紧不慢地翻着书，这里为到处漂泊的灵魂们，提供了一个暂时、尚且舒适的地方。"与碧山和云夕不同，钱小华对陈家铺有着更大的谋划，诗人博物馆、美术馆都在计划中。书店到乡下去，除了打造一个公共空间，建设公共理想和秩序之外，钱小华认为，最为重要的还是要启蒙人的心智。

5 网红书店：究竟是昙花一现，还是历久弥新？

先锋书店已不再是一家简单的书店，它卖的已不仅仅是书，而是文化，是精神追求，一种文化的"第三空间"。它充分融入创意和文化元素，增加了读者的感知价值，给读者提供了接近完美的阅读体验，从而提高了书店的附加价值，这无疑增强了其核心竞争力。先锋书店要打造成中国文艺青年文化 IP，凭借的是能为消费者提供灵魂的体验，让消费者的身体和灵魂都在路上。

钱小华曾多次表达过自己的观点，他认为传统意义上的书店肯定是要消亡的。书店必须要转型，要用跨界实验来颠覆传统。做好一家书店，要有革新和长远的眼光，现在书店面临着非常大的挑战，人们对书店的期待也不仅仅只是个买书的地方了。对钟书阁、方所、言几又等国内新兴书店的不断探索，不断地增强读者的体验感和沉浸感，似乎也印证了实体书店的创新改革已经是大势所趋。正如钱小华所言，他认为未来的书店，要为年轻人打造，围绕生活时尚及创意美学，塑造时代的精神状态，这是未来书店的根本性变化。另外，也要进行多元文化实验，也就是说不仅要有书店，还要有咖啡馆、文创馆、电影院、照相馆、花店等这些跟书店相关联的产业链，才可能构建一家书店的完整生态圈。

实体书店，作为承接文化使命与兼具商业功能的载体，多年来在评价语境中总是"让人欢喜让人忧"。海量信息加之获取信息的渠道层出不穷，使纸质书籍已退而成为万千渠道中的一种而已。企业界许多叱咤风云的人物不再是学富五车，而多了捕捉信息瞬息万变的能力。"读者"的概念在今天也不再被经常提及，取而代之的是"用户"和"消费者"。先锋书店这样的中小型民营企业，在这个以大吃小、以强吃弱、以快吃慢的时代，其着力转型发展打造的文化 IP 模式在这个快速更迭的网络时代，是会历久弥新还是如同诸多网红产品一样昙花一现呢？这考验着钱小华的经营智慧！

6 先锋模式未来能走多远？

我国文化消费者的鉴赏能力和需求正在不断提高，但高质量文化娱乐产品的供给却略显滞后。一方面，只有高质量的文化 IP 产品才能破解喧嚣中的困境。在网络视听文化产业如此发达的今天，实体文化 IP 凭借其能为消费者提供身体和精神的体验，应该说是充满潜力和希望的朝阳产业，这无疑是给目前着力转型文化 IP 的先锋书店带来了巨大的机会。另一方面，文化创意产业也需要大量资金投入和时间发酵，钱小华表示，2010 年至 2017 年，中央与地方政府总共给先锋书店近 600 万元的补贴，"但比起上海的钟书阁，还有其他省份的同行，还是要少"。

先锋书店未来造血能力和盈利能力如何？如果城市门店的大部分顾客只是为了"网红书店"的名头，将先锋作为景点，把逛书店当作一次一站式的打卡，去过、拍过照、发过朋友圈就算结束，如果先锋变成了一个只是供人们比"耶"拍照而非读书学习的地方，那么书店是否能持久经营下去呢？如何将高流量转化为购买率，也许是先锋书店下一步需要考虑的战略问题。像先锋书店这样的中小民营企业，受到资源和资金制约，这样的模式何时才能有收益？能够支撑到开花结果的时候吗？钱小华做出了这样的答复：

"乡村书局根本不可能有什么大的回报，支撑着我们前行的，不是商业，不是利润，而是书店的实践之路。"

"是为了民生，为了启蒙，为了乡村文化复兴，这是作为文化人的使命担当。我们要保持一颗平常心，在寂寞中探索真理的力量。"

"乡村书局建设道路艰难坎坷、任重道远。它将屹立于中国农村广阔的山区，为少数民族提供力所能及的服务。我们仰望星空，脚踏大地前行。"

钱小华目前倾力打造的乡野蓝图，究竟是个人农村情结的释放和归所，还是冲动之下制造或顺应中产阶层趣味并植入乡村的一厢情愿，是借助文化旅游拉动当地经济的现实举措，还是以个人感召力和书店品牌为空心的田园山谷注入新的脉息？乡村由此获得了什么？在与政府的合作过程中，到底又能走多远呢？

How Avant-Garde Transform Itself into a "Web Celebrity Bookstore"?
—The Way of Cultural IP Mode Innovation of Avant-Garde Bookstore

Abstract: This case describes the birth, growth and transformation of Nanjing Avant-Garde Bookstore, focusing on how it constructs a new blue sea in the face of industry winter and red sea competition, so as to achieve breakthrough in the competition process. Based on the analysis and review of the internal and external environment, Avant-Garde bookstore has opened up a new cultural IP road of "books + coffee + cultural and creative products + art salons + rural study Tours" by breaking through the boundaries of the industry, and created a Shared cultural space and spiritual place for readers with the mode of "product + service". Based on first-hand investigation and on-the-spot interview data, this case systematically analyses the whole process of why and how Avant-Garde bookstore transformed itself. This case is of outstanding reference significance for enterprises to achieve strategic transformation in response to different business environments and improve the ability of strategic analysis, strategic choice, and strategic brand management.

Key words: Avant-Garde Bookstore; Strategic Transformation; Cultural IP; Blue Ocean Strategy; Strategic Brand Management

213

附录 1 先锋书店所获荣誉

1999 年，荣获中国最具影响力十大民营书店。

2003 年，中国书刊发行行业"双优单位"。

2002~2003 年，江苏省"双优诚信书店"。

2006 年，南京市"十佳诚信书店"。

2006 年，南京市"十佳个性书店"。

2006 年，被《金陵晚报》评选为南京十二张城市文化名片之一。

2006 年，获得中国民营书业"文化贡献奖"（20 年来全国唯一一家获此殊荣的书业企业）。

2009 年，获得中国民营书业"年度最美的书店"奖。

2011 年，《新周刊》中国娇子新锐榜——"优化生活特别贡献奖"。

2012 年，"2012 读书盛典"——年度影响力实体书店之一。

2013 年，荣获"第三届中国出版政府奖"。

2013 年 10 月 7 日，美国 CNN 以"中国最美书店"为题，对先锋书店做了专题报道，被其称为"中国最美的书店"。

2014 年 3 月 27 日，先锋书店被英国 BBC 评为"全球十佳最美书店"之一。

2015 年 6 月 19 日，被《英国卫报》评为全球十二家最美书店。

2015 年 8 月，美国 CNN 选出 17 家"全球最酷书店"，先锋书店名列其中。

2016 年 3 月，美国《国家地理》评选出全球十大书店，南京先锋书店入选，系亚洲唯一入选书店。

2016 年 10 月，被德国《明镜周刊》评为全球最好书店之一。

2019 年 1 月，陈家铺平民书局被"新时代杯"2018 时代出版·中国书店年度致敬活动评选为"年度最美书店"。

附录 2　先锋书店大事记

1996 年 11 月，先锋书店诞生于南京太平南路圣保罗教堂对面，面积约 17 平方米。

1999 年 7 月，先锋书店搬迁至南京广州路 79 号儿童医院旁，面积约 97 平方米。

2001 年 9 月，先锋书店搬迁至南京广州路 12 号二楼，面积约 600 平方米。

2002 年 11 月 20 日，先锋书店东方商城店开业，经营面积 300 平方米，在新街口地铁出口，是南京第一家地铁书店。

2003 年 4 月，先锋书店夫子庙店开业，经营面积 2000 平方米。

2004 年 9 月 18 日，先锋书店五台山旗舰店开业，经营面积近 3680 平方米，经营品种 7 万多种，并设立了 1000 平方米的物流配送中心。据不完全统计，开张当天的客流高达上万人，实际销售图书码洋近 10 万元。这是学术书店的一个奇迹，也是中国民营书业发展史上一个重大的里程碑。

2006 年 1 月 26 日，先锋书店新城市广场龙江店开业，是先锋书店的第一家社区店，经营面积 600 平方米，品种约 3 万个。

2013 年 4 月 21 日，先锋书店无锡惠山古镇店正式开门揖客，占地面积近 800 平方米。

2013 年 11 月 6 日，由先锋书店精心打造的具有民国风情南京范的新生活书局在南京博物院正式开张。新生活书局坐落在南京博物院内，位于民国馆地下二层民国街上，依托南京博物院建筑、历史和人文之特点，开创了一家具有完全民国风情和民国味道的书店。书店整体布局以纸质化民国时期专题图书和民国时期复古创意文化产品为特色，呈现了民国时期书业出版和发行的景况。

2014 年 5 月，先锋书店碧山书局开业，这是先锋首家乡村书店。

2014 年 9 月 11 日，经过中山陵景区策划、南京先锋书店精心打造，先锋书店在永丰社开张营业，成为中国唯一以诗舍命名的书店——永丰诗舍。

2015 年 5 月 3 日，南京再添新的人文地标，南京先锋书店分店入驻颐和路。走进颐和路先锋书店，可以看到"顶天立地"的大书架上设立了民国专题图书区，同时书店还开设了南京作家专柜，陈列本地作家的作品签名本。

2015 年 7 月 26 日，先锋书店碧山书局暨牛圈咖啡馆开业。

附录 3　先锋书店现有门店

江苏南京：
（1）五台山总店
地址：南京市鼓楼区广州路 173 号（古南都饭店对面）
（2）永丰诗舍
地址：南京市玄武区中山陵 3 号永丰社
（3）总统府文史书店
地址：南京市玄武区长江路 292 号总统府院内
（4）总统府民国书院
地址：南京市玄武区长江路 292 号总统府夕佳楼
（5）新生活书局
地址：南京市玄武区中山东路 321 号南京博物院民国馆
（6）颐和书馆
地址：南京市鼓楼区江苏路 39 号
（7）骏惠书屋
地址：南京市秦淮区老门东历史文化街区边营 2 号
（8）老钱工作室
地址：南京市鼓楼区广州路 189 号民防大厦 1005 室
（9）先锋虫子书店
地址：南京市玄武区玄武湖梁洲览胜楼
（10）先锋诗歌书店
地址：南京市玄武区玄武湖梁洲友谊厅

江苏无锡：
惠山书局
地址：无锡市梁溪区惠山古镇绣嶂街 34 号

安徽黟县：
碧山书局/牛圈咖啡馆

地址：安徽省黄山市黟县碧阳镇碧山村启泰堂

浙江桐庐：

云夕图书馆

地址：浙江省桐庐县莪山畲族乡戴家山 7 号

浙江松阳：

陈家铺平民书局

地址：浙江省丽水市松阳县四都乡陈家铺村陈家铺平民书局

云南大理：

沙溪白族书局

地址：云南省大理白族自治州剑川县沙溪镇北龙村粮库

附录 4　相关图表

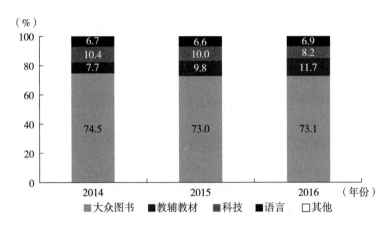

附图 1　线上图书零售市场结构（按品类划分）

资料来源：观研天下整理。

附表 1　国内外大型连锁书店对比

项目	国外	国内	
	日本的茑屋书店	中国台湾的诚品书店	凤凰 Mall
经营模式	"文化+生活方式"的文化mall	新文化的休闲场所	一站式文化消费的大型零售卖场
书店特色	数据分析推动新产品迭代	陈设风格因地制宜	注重个性阅读和阅读体验
目标客户	50~60 岁悠闲的中产阶级	各地书籍爱好者	注重阅读体验的人群
环境状况	集书籍、电影、音乐、创意产品、星巴克咖啡和休闲空间为一体的文化休闲空间	复合式文化场域，兼容艺术书店、专业画廊、艺文空间、人文咖啡、设计商品	大型"城市阅读厅"，室内装修根据年龄订制书架高低、墙壁、灯光效果

附表2　国内外独立书店对比

项目	国外	国内	
	日本的森冈书店	日本的BOOKOFF	北京的万圣书园
经营模式	单一产品销售模式	二手书连锁经营	书和咖啡的互动模式
书店特色	一室一册：一周只卖一种	二手翻新书：以二手书的价格卖新书	特有的学术气息；卖书的同时兼顾文化和思想
目标客户	喜欢淘书、特立独行的年轻人，有文化、喜欢小众书	普通阶级、学生阶级的图书爱好者，淘旧书的收藏家	喜欢阅读的所有人群
环境状况	几平方米，浓郁的艺术氛围	内部光鲜亮丽，书架整齐，颠覆二手书店的传统形象	紧邻咖啡店，环境优美

附表3　国内外专业书店对比

项目	国外	国内	
	英国的厨师书店	剑桥大学出版社书店	外文书店
经营模式	专营美食类书籍	美国的学术书店	专营外文书刊的国营企业
书店特色	提供"检验厨房"和"烹饪工作坊"两项增值服务	提供英国青少年从普通中等教育证书到A-Level考试的所有书籍	提供国内最全、最新的外文书刊资料、外语教材和磁带
目标客户	餐饮从业人员或热爱美食的人	主要面向英国青少年，包括考证人群、英语爱好者、学术爱好者	广大英文爱好者和来华旅游、工作的外国朋友
环境状况	"全球味道最好书店"，环境优美、陈设个性	建设学习，配有剑桥大学出版社的电子学习产品	邻咖啡店，装修复古、有格调

案例使用说明

先锋书店如何转型成为"网红书店"？
——先锋书店的文化 IP 模式创新之道

一、教学目的与用途

1. 本案例主要适用于 MBA、EMBA、EDP 以及全日制研究生和高年级本科生的"战略管理""商业模式创新""战略品牌管理"等课程的教学和管理培训。

2. 本案例描述了南京先锋书店的诞生、成长和转型发展之路，通过分析南京先锋书店在面临行业寒冬和红海竞争的情形下构建新蓝海的过程，引导学生思考身处一个业态巨变、行业寒冬的环境中，如何应对不同的商业决策，提高学生的战略分析、战略选择、战略执行和战略品牌管理能力。具体目标分为以下三个方面：

（1）通过行业竞争分析的相关理论知识和分析框架，分析先锋书店所处的业态环境，剖析其面临的机会和挑战。

（2）基于所处的行业环境，了解和学习先锋书店打造文化 IP 模式和品牌定位的战略决策过程。

（3）深入理解构建蓝海的过程和"图书+咖啡+文创产品+文艺沙龙+乡村游学"商业模式的创新实践，掌握如何通过行业边界的融合、差异化的定位和高溢价的品牌来引领全新的业态发展。

二、启发思考题

1. 钱小华创立先锋书店的初衷是什么？先锋的目标市场和品牌定位分别是什么？

2. 先锋书店是如何突破传统书店的行业界限构建新的蓝海的？

3. 先锋书店的商业模式是什么，又是如何实现的？

4. 先锋书店能够成功转型文化 IP 的主要驱动力量是什么？

5. 钱小华和先锋书店未来可能面临哪些主要挑战？

三、分析思路

以"战略管理"或"创业管理"课程为例，案例分析思路仅供参考使用（见图 1）。

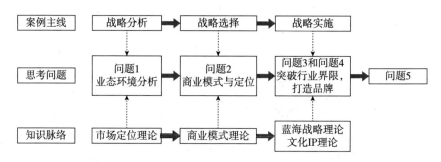

图 1 案例分析思路

资料来源：笔者绘制。

首先，从当下书店行业的业态竞争环境分析，阐述先锋书店的目标市场与品牌定位以及驱使先锋转型的原因。其次，阐述先锋书店是基于怎样的产业环境制定出现有商业模式的。再次，根据蓝海战略分析先锋书店如何突破传统书业的行业界限。最后，从开放式和思辨学习的视角，思考先锋书店能够实现文化 IP 转型的主要驱动力量，并讨论其未来可能面临的主要挑战。

课前建议阅读资料：

［1］陈琼. 文化 IP：在无形资产中创造价值［M］. 北京：中国电影出版社，2017.

［2］W. 钱·金，勒妮·莫博涅. 蓝海战略 2：蓝海转型［M］. 杭州：浙江大学出版社，2018.

［3］凯文·莱恩·凯勒. 战略品牌管理［M］. 北京：中国人民大学出版社，2014.

［4］谢佩洪. 先锋书店，心灵的守望家园［J］. 清华管理评论，2017（7）：101-108.

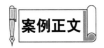

可儿玩具的困惑与出路①

摘 要：国内首个拥有自主知识产权的"可儿"被誉为"中国女童玩具第一品牌"，在国内外玩具市场具有一定的市场地位。可儿公司是一家集玩具等儿童产品研发、设计、生产、营销服务于一体的实力型玩具企业，是国内首批通过3C认证的企业之一，产品工艺处于国际领先地位。然而，近年来内外部环境发生了重要变化：一是2008年全球金融经济危机的发生使得可儿公司的欧美市场销售严重下滑，可儿公司必须在深度挖掘国内本土市场还是到新的海外市场去寻找机会做出战略决策；二是国内外市场的竞争压力越来越大，受到高端市场如美泰、孩子宝等国际玩具巨头和国内中小型玩具制造商的两面夹击，以及全球玩具行业向科技性、互动性、益智性发展的趋势影响，竞争态势的本质性转变促使可儿公司决策层将品牌战略的制定放到了前所未有的高度上。本案例记录了2009年前后可儿公司管理团队面对环境变化进行自我评估和制定新的盈利模式的过程。

关键词：玩具市场；可儿公司；品牌定位；战略决策

———————

① 本案例由上海对外经贸大学工商管理学院谢佩洪教授和魏农建教授撰写，本案例作者拥有著作权中的署名权、修改权、改编权。未经允许，本案例的所有部分都不能以任何方式与手段擅自复制或传播。案例来源于中国管理案例共享中心案例库，案例编号STR-0111，荣获第二届全国百篇优秀管理案例奖，并经该案例库同意授权引用。由于企业保密的要求，在本案例中对有关名称、数据等做了必要的掩饰性处理。本案例只供课堂讨论之用，并无意暗示或说明某种管理行为是否有效。

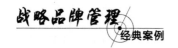

引　言

佛山可儿玩具有限公司（简称"可儿公司"）总经理项睿早早地来到会议室，时间还早，偌大的会议室只有他一个人，他喜欢这样的环境，安静可以使他彻底冷静地思考问题。金融危机后，可儿公司的业绩一直不理想，这半年来更是不断恶化，想到这儿他不由得长长地叹了口气，顿了顿指间的烟，不由自主地望向窗外，陷入了沉思。他一直在思考公司的战略发展与未来出路，有两个问题一直困扰着他：是深度挖掘国内本土市场还是到新的海外市场去寻找机会？如何创新企业盈利模式和提升品牌形象来提高公司在玩具市场中的地位？他深知必须尽快对这些问题做出决定，否则公司将陷入危机之中。

各部门经理陆陆续续地来到会议室，桌上整齐摆放的一叠文件是可儿公司上半年的销售数据，经理们打开看后，无不显出忧虑之色，大家都意识到了事态的严重性。这份由销售部经理王亮亲自整理的数据资料显示，金融危机导致公司出口量直线下降。

项睿简单开场白后便直入会议主题："文件中的数据大家都看了吧，2008年公司业绩很不乐观，不过这不仅仅是销售的问题，现在全球市场静态玩偶的市场份额在下降，连美泰那样的国际玩具巨头的销售额也在滑落，而像孩子宝这样开发益智类玩具的公司发展势头却很好，今天这个会主要讨论公司的品牌定位和发展战略问题。"

1　可儿公司的发展及现状

1.1　公司简介

项睿是可儿公司的创始人，他毕业于广东某大学工业设计专业，在一家国际著名玩具生产企业有二十多年的工作经验，他从技术员做到厂长，对玩具行业有着非常深刻的认识。在担任厂长的那些年，他逐渐意识到玩具加工利润单薄，如果没有品牌做后盾，玩具 OEM（Original Entrusted Manufacture）毫无发展前途。这些年来，他对中国玩具市场没有自主品牌抱有遗憾，一直想创造中国自己的玩具品牌。他久居广东佛山，对这一带相当熟悉，廉价劳动力的优势使广东成为实现他梦想最好的舞台。

经过长期的观察与准备，项睿终于创立了可儿公司，这是一家集玩具等儿童产品研发、设计、生产、营销服务于一体的实力型玩具企业，是国内首批通过 3C 认证的企业之一，产品工艺处于国际领先地位。可儿公司的企业管理团队拥有近 20 年丰富而专业的产品研发、生产和企业运营经验，因此自"可儿"诞生之日起，拥有打造中国自主玩具品牌理想的项睿便坚定地选择走品牌发展之路。可儿公司于 2004 年缔造了国内首个自主知识产权的女童品牌玩具——可儿娃娃。可儿娃娃是中国首个由本土企业独立研发、生产和销售的玩具娃娃品牌，已获得外观、技术等各项专利，并通过了 3C 认证和 EN71 测试。本土玩具品牌的创立获得了业界以及政府的大力支持。2011 年 3 月 4 日，"可儿"凭借其良好声誉被广东佛山南海政府授予了"广东省著名商标"。

对玩具行业的热爱与坚持，造就了可儿玩具的高品质产品、可儿人的专业精神和可儿玩具的持续成长。为适应市场需求，可儿公司不断扩大生产规模。截至 2009 年 12 月，可儿公司旗下产品包括主打品牌"可儿"及附属品牌"小多"，开发并出品了中国特色类、时尚生活类、梦幻类三大系列和 20 多个小系列，总数达 700 余款的可儿娃娃、小多娃娃及周边产品，产品线得到不断的丰富和延伸。目前公司拥有员工 2500 余人，厂房面积 50000 平方米，各种类型设备 800 多套，年生产能力达到 1500 万套（只）。

"可儿人"本着对玩具行业的热爱和"一份责任、一份快乐"的理念，始终坚持为顾客创造快乐并乐在其中，缔造了中国女童第一玩具品牌——可儿娃娃。面向未来，可儿公司将秉承"信誉、质量、品牌、创新"的发展理念和"做好民族品牌，让我们的下一代玩出快乐、玩出健康！"的发展使命，继续致力于本土儿童玩具品牌的建设和推广。

1.2 可儿产品及目标市场

主品牌"可儿"

可儿娃娃是拥有自主知识产权、具有中国文化与形象特色的时装人偶玩具，而且可儿娃娃还拥有自己的档案①。定位于走中国特色路线的可儿娃

---

① 可儿娃娃（中国娃娃）小档案：中文名——可儿；英文名——Kurhn；出生地——中国；生日——8 月 7 日；年龄——13 岁；星座——狮子座；外貌——大脑袋、娃娃头、大眼睛、小嘴巴；身份——学生；性格——活泼、有主见、爱幻想、喜欢出风头；爱好——看漫画书、画画、跳舞；神秘伙伴——精灵小多；最喜欢的人——爸爸、妈妈；父亲职业——旅行摄影家；母亲职业——作家；最不喜欢的人——见面不打招呼的人；最开心的事——旅行；梦想——成为一名艺术家、环游世界。

娃，以将中国文化与国际时尚表现相结合为特点，以年轻、可爱、时尚的东方少女为品牌主形象（黄皮肤、黑头发、晶莹剔透的大眼睛、微笑的樱桃小嘴、活泼可爱的神情），表现了富有中国古典文化神韵又兼具现代气息的东方女孩优雅的气质和丰富的内涵。可儿娃娃自2004年8月上市以来，受到了消费者的广泛喜爱，并已在国内外玩具市场上奠定了一定的市场地位。

可儿娃娃最具个性特征的是中国民族风类产品。具有经典中国人物形象和浓厚中国文化内涵的可儿娃娃，是可儿公司"中国风特色"的集中体现。这一类产品以中国博大精深的传统文化为设计依据，多为中高端收藏版产品，题材涵盖中国古典著名人物、古代神话、民族故事等，造型经典，工艺考究而精湛，极具中国特色，代表性产品有唐朝新娘、月圆仙子、民族小公主等。可儿公司梦幻类产品以经典童话故事为主题，以消费者偏爱的公主、仙子、天使形象为表现重点，题材飘逸梦幻、造型清新脱俗、意境神秘、工艺考究，是把玩、欣赏、收藏的佳品。可儿公司时尚生活类产品广泛选取贴近消费者日常生活、梦想相关的题材，倾向于人性化的文化内涵，丰富女孩们的梦想，启发和培养女孩们自信、自立、亲善的意识与能力，造型甜美可爱。通过与主题相关的配件搭配，"可儿"从功能上提高了产品的娱乐性，进一步提升了产品的附加价值。

可儿娃娃民族风类、梦幻类、时尚生活类系列产品具有鲜明的文化内涵，有利于树立品牌的核心价值。"可儿"以中高端市场为目标，价格定位在168～888元。高端的代表产品有深受外国游客喜爱的典藏精华系列中的唐朝新娘（忆长安之杨贵妃）、明朝新娘，经典中国风系列中的嫦娥仙子（神话传说之嫦娥奔月）等。中端产品"可儿十二花仙"系列凭借新颖有趣的魔法特性而销路火爆。"可儿"中高端产品主要在大百货公司和玩具专营店销售，与国际大品牌同台竞技并取得了不菲的业绩，显示出其产品具有较强的市场竞争力。

次品牌"小多"

小多娃娃是可儿玩具的次品牌，形象上更时尚，紧跟流行潮流，偏向Q版、逗趣的风格，形象多变。2006年11月，首次上市节日小多，市场好评如潮。先后共设计开发出节日小多（3款）、12星座小多（12款）、怪趣农庄小多（5款）、12生肖小多（12款）、京剧小多（6款）、婚庆小多（2款）、功夫小多（6款，2008年7月上市）7个主题。

其中婚庆小多将中国古典婚礼进行Q版演绎，增加几分俏皮和逗趣，成为婚庆佳节和情人节玩偶馈赠、收藏的新宠。国粹京剧以其特有的表现形式传承了中国的悠久历史与传统文化——生旦净末丑①，独具个性的花脸、英俊清秀的小生、满腹经纶的状元、功夫高超的武生、声情并茂的青衣……扮相栩栩如生。京剧小多以 Q 版形式传承中国的悠久历史与传统文化。

次品牌"小多"多为中低端产品，市场范围更广，不只面向儿童，也以大学生、年轻白领为销售目标。中端产品价格定位在 98~158 元，备受市场喜爱的婚庆小多、京剧小多系列属于中端产品；低端产品价格定位在 38 元以上，代表性产品有生肖小多、星座小多等。中低端产品主要在超市出售，兼营批发和网购。凭借价廉物美的优势，中低端产品也取得了较好的销售业绩。

2　行业背景

2.1　玩具产品

玩具到底是什么？对于这个问题，玩具生产商、儿童、家长和收藏者的理解或许是不同的。总体来说，玩具具有益智、娱乐、礼品、收藏、精神寄托和消磨时光等特征。对于家长来说，玩具的益智性是最重要的。对于孩子来讲，娱乐是最重要的。此外，玩具还可以用来作为礼品、收藏。玩具必定被赋予了某些精神寄托，并可以消磨时光，这样才能引发孩子的兴趣。无论是在遥远的古代还是在科技发达的现代，无论是在物资匮乏的过去还是在生活丰富的今天，孩子们童年的大部分时光都是在玩具的陪伴下度过的。因此，玩具在实质上是以满足人们（尤其是孩子）情感、休闲和益智等精神需求为表征的一种精神类产品。

20 世纪 50 年代，以美泰公司为核心代表的一批专业玩具生产商的出现，标志着玩具产业的最终形成。最初的玩具生产商由于技术的限制，其主要产品均是以玩偶娃娃为代表的静态玩具产品，而美泰公司生产的 Barbie 芭比娃

---

　　① 生行简称"生"，分为须生（老生）、红生、小生、武生、娃娃生等，为京剧中的重要行当之一。旦行简称"旦"，分青衣、花旦、武旦、刀马旦、贴旦、闺旦等角色，旦角全为女性。净行简称"净"，亦叫花脸，净角指脸画彩图的花脸角色，看来并不干净，故反其意为"净"。末行简称"末"，该行当多为中年以上的男性，实际末行专引戏职能，如打头出场者，反其义而称"末"。丑行简称"丑"，属于京剧中喜剧的角色行当，又叫"小花脸"，分文丑、武丑等。

娃就是这类静态娃娃玩具的佼佼者。近年来，随着电子智能科技的发展以及材料科学的巨大进步，以芭比娃娃为代表的简单的、静态的、木偶式的娃娃类玩具正在受到高科技、互动性、益智类玩具的冲击。

全球玩具行业总体上出现了科技化、互动性、动态性、电子化、人性化、益智性的六大发展趋势，即玩具产品在结构上向科技化、电子化、人性化发展，在功能上向益智性、互动性发展，在形态上则从静态性向动态性发展转变。因此，在玩具产业内部，以电动玩具、组装玩具、桌面游戏、益智谜题类游戏为代表的动态互动型玩具兴起了一场巨大的革命，玩偶玩具越来越难以满足追求动感、互动、体验、智力挑战的玩家的需求。

玩具行业向科技性、互动性、益智性发展的趋势，导致娃娃类静态玩具的市场份额在逐年下降。2004~2005年，娃娃类玩具在全部玩具中的市场份额由13.9%下降到12.6%。2006~2007年，这个数据由12.6%下降到12.5%。十多年来，芭比娃娃的销售额已经萎缩了一半（由14000万美元下降到7000万美元），这与全球玩具市场增长的态势形成强烈对比，这说明纯粹静态式的、木偶式的玩具面临着严峻的市场考验，必须着手进行变革。

实际上，近年来玩偶玩具产业内部也产生了诸多变革。首先，玩偶玩具不断尝试和其他类型的玩具相结合，以增强其互动性，比如芭比娃娃就推出了会说话的芭比，而日本的 Bandai 公司和兽屋公司更是推出了全身可替换、拆卸的手办，将组装玩具的精髓融入玩偶中；其次，玩具生产商更加重视利用网络、电视等新媒体推销其产品，日本的手办业则与动漫产业相结合，取代电器业成为日本排名前三的出口产业。

2.2　玩具市场

自 2004 年以来，全球玩具行业的总体市场规模发展基本平稳。2004 年，全球玩具行业的市场规模为 607.55 亿美元。到 2007 年，这个数字就迅速增长到 786.66 亿美元。2008 年，全球玩具行业的市场规模略低于 2007 年，为 780.91 亿美元。可以发现，近年来全球玩具行业整体规模徘徊，但总体而言已经十分庞大了（见图 1）。

全球玩具市场虽然有略微下降趋势，但是基本稳定。欧美市场都略有下降，但中国市场则异军突起且发展前景广阔，潜力巨大，十分引人注目。就儿童玩具而言，《中国统计年鉴》的数据显示，自 2002 年以来，中国的儿童玩具年销售额快速增长，由 2002 年的 25.3 亿元人民币攀升到 2009 年的 84.5 亿元人民币，年均增长率约为 20%（见图 2）。

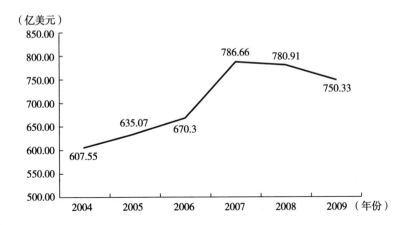

图1 2004~2009年全球玩具市场的总体规模

资料来源：美国 NPD Group 公司。

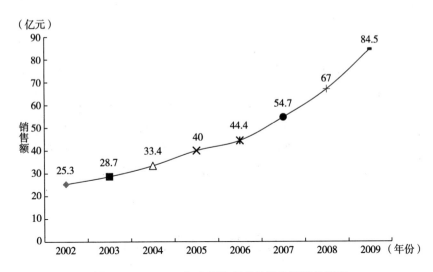

图2 2002~2009年中国儿童玩具销售额增长趋势

资料来源：历年《中国统计年鉴》。

　　2008年，中国整个玩具行业的市场规模是45.27亿美元。中国的玩具市场迅速超越了英国和法国，由2007年的全球第五名跃升为2008年的第三名。这种迅猛发展势头充分说明了中国的玩具行业是一个高速发展的行业，形势喜人（见图3）。

　　2008年，美国人均儿童年玩具消费额为281美元，日本为286美元。与

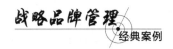

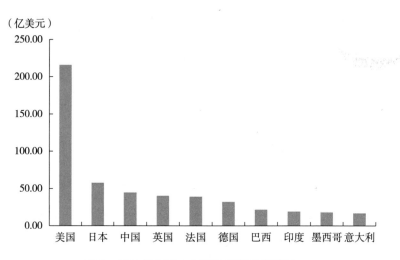

图 3　2008 年全球十大玩具消费市场状况

资料来源：美国 NPD Group 公司。

此形成鲜明对比的是，中国的年人均儿童玩具消费额仅为 17 美元，农村儿童年人均玩具消费还不足 6 美元，远低于亚洲儿童年人均玩具消费 23 美元和全球儿童年人均玩具消费 34 美元的水平。2000 年中国第五次人口普查资料显示，14 岁以下少年儿童及婴幼儿有 2.89 亿，全国 0~12 岁的孩子每月消费总额超过 35 亿元。随着中国经济的继续发展和人民生活水平的不断提高，中国人均儿童每年在玩具上的消费额也将保持强劲增长。因此，中国儿童玩具市场的潜力十分庞大。如果中国玩具消费达到亚洲平均水平，那么市场规模预计将突破 300 亿元。

3　中国玩具市场发展历程

中国的玩具行业起步较晚，但发展非常迅速。中国玩具行业经历了从无到有，从外商"一枝独秀"到国内品牌"与狼共舞"，再到"大浪淘沙"重新洗牌的过程。根据玩具行业发展的时间轨迹，我们可以把中国玩具行业发展分为四个阶段。

第一阶段：外商开拓

20 世纪 80 年代，随着我国经济水平的提高，人均收入快速增长，以美泰公司为首的国外玩具生产商认识到中国市场的巨大商机，纷纷进入中国市场。

到80年代末，中国各大城市百货公司的货架上都已能找到芭比娃娃和变形金刚了，然而这些玩具的价格却让一般家庭的父母望而却步。的确，改革开放后的近20年间，中国商场出售的玩具品牌几乎全是从国外直接进口的，由于受入关时加收的各种税收以及长途运费的影响，这些商品只能被摆在高档消费品的货架上。在很长的一段时间里，拥有一个属于自己的芭比娃娃或者变形金刚是很多中国女孩和男孩的梦想。拥有这些外国进口玩具品牌的孩子，甚至把这些玩具作为他们炫耀家境的资本。

第二阶段：贴牌生产

随着2001年中国加入世界贸易组织（World Trade Organization，WTO），大量的外国资本流入中国。具有各种税收优惠政策的这些外来资金与当地廉价的劳动力相结合，催生了大量的中小型制造企业，短短几年间，中国成为世界工厂。这一变化也在改变着中国玩具市场，国外玩具经销商纷纷进入中国市场，衍生出一批进行贴牌生产（OEM）的玩具生产企业，这些企业按照进口商提供的样品和图纸严格进行生产，各个国家的玩具也被印上了"Made in China"的标记。20世纪90年代至今，大量国外玩具品牌由中国的小型制造商加工制造而成，这些制造商集中在浙江、江苏、广东等沿海地区，依靠低廉的劳动力和原材料为世界各地提供了大量造型精美的玩具，也降低了玩具品牌的国际价格。

第三阶段：自创品牌

作为世界第一大玩具出口国，我国有6000多家玩具生产企业，玩具出口金额约占全球的30%，出口数量约占全球的70%。然而，中国玩具业长期停留在劳动密集型的产业状态，70%以上的玩具生产企业都属于来料加工或来样加工，绝大多数中国玩具制造商都在为国外玩具品牌打工，没有属于自己的品牌。在这种情况下，有些企业甚至需要靠厂房入股，企业只能靠廉价劳动力赚取一点可怜的加工费。更为雪上加霜的是，近年来中国制造商生产的玩具产品在国际市场上频频遭遇召回危机，而召回事件大多是由于国外玩具企业提供的产品设计方面的缺陷造成的，并非中国制造商的问题，但国外媒体往往借这些召回事件夸大其词，丑化中国制造，使中国玩具制造商蒙上不白之冤。

美泰公司在2008年9月21日向中方致歉中就承认所召回玩具的质量问题是他们自身设计缺陷所致，并非中国制造商的问题。微薄的利润加上国外市场发展的不如意，中国玩具制造商开始意识到构建自主品牌和自主销售渠道的重要性。品牌意识的觉醒是这一阶段中国玩具市场最主要的特点。经历近

10 年的贴牌生产，中国的小型玩具生产加工企业获得了很多的经验，并积累了一定的生产加工技术。因此，近年来，越来越多的贴牌生产商开始考虑走自主品牌的发展道路，"可儿"这一中国玩具自主品牌正是在这样的背景下应运而生。

第四阶段：大浪淘沙

随着 2000 年国际金融市场大牛市的退去，各种投资热潮逐渐冷却，制造业的资金流入也在不断变缓，玩具业也不例外。中国玩具产业发展经历了不平凡的时期。以 2008 年 8 月美国开始召回我国生产的玩具事件为导火线，到因"次贷危机"引发的以玩具加工巨头广东合俊集团旗下玩具加工厂的倒闭为代表，我国繁荣的玩具产业发生了"多米诺骨牌效应"。

这场百年难遇的金融海啸给玩具产业带来巨大损失的同时，更是将玩偶制造商逼到了绝境，许多制造商破产倒闭，更多玩偶厂商在寻找一切可能的办法以求绝处逢生。近年来快速发展起来的中国玩偶制造业更是希望绝地反击，打开新的市场以求生存。因此，这是一个大浪淘沙的时代，玩具行业正将经历着一场重新洗牌，"适者生存"的市场游戏规则又一次发挥了它应有的魔力。

4　面临的问题

在 2008 年之前，可儿公司的销售业绩一直很好。瞄准了外国人热衷于购买具有中国特色的玩具产品，可儿娃娃以其特有的中国古代经典系列及其创新系列产品"小多"取得了上佳的销售业绩。然而，如今的玩具娃娃市场的确不容乐观，虽然经过几年的发展，可儿公司凭借其"中国风"的民族娃娃在海外市场占据了一席之地，但是突然降临的金融危机使得可儿公司在欧美市场上的发展受到了严重阻碍。实际上，在 2008 年金融危机的冲击之下，整个玩具市场都陷入了低迷状态，玩具这种非生活必需品总是被人们最先放弃，这使得可儿公司面临着一场前所未有的巨大考验和挑战。

项睿看着公司 2008 年度财务报表，销售额的大幅下降让他发愁不已。最初选择开拓欧美市场，尽管知道会有来自其他同类产品的竞争，但是可儿的"中国特色"还是为它赢得了不错的市场地位。金融危机的到来，让外国人开始节衣缩食，尤其是节省了大部分用于买玩具的开销。他必须想办法挽回销售业绩下滑的局面。

项睿一直想将"可儿"打造成"中国女童玩具第一品牌"。想想创业初期的艰辛，从只有几个人的团队拼搏到如今已具有一定影响力的可儿公司，目前算是小有成就，他可谓是"看着可儿长大"的。然而，由于金融危机导致了海外市场的销售额以30%的速度急剧下滑且没有丝毫减缓的迹象，如何拯救可儿成了项睿最为关注的问题，他一直在思考公司的出路和发展战略问题。自从创立可儿玩具以来，他还从没有感受过如此巨大的市场压力。他强迫自己冷静下来，仔细地分析眼前严峻的市场。目前这一窘境逼迫他不得不考虑两个复杂的发展战略问题：是深度挖掘本土市场还是到新的海外市场去寻找机会？如何改进产品销售策略以提升品牌形象？项睿感到，如果不及时解决企业的品牌定位与发展战略问题，公司将陷入危机。

可儿公司一直将产品主要定位于中端市场，同时也推出部分面向高端市场的限量版娃娃。在目前的形势下，急需调整市场战略的可儿公司陷入了两难的困境，一方面是来自国际高端厂商的冲击，另一方面是来自国内低端生产者的竞争压力。实际上，为了抢占市场份额，美泰公司等国际大型玩具生产商正在不断开发简单而廉价的产品，并努力将这种中端产品推向市场。为了在竞争激烈的市场中生存，国内很多小型玩具生产商依靠廉价的劳动力成本优势而纷纷降低原本就已经很低的产品价格，虽然质量和外形都无法和可儿产品相比，但是他们仍期望在国内玩偶市场上分一杯羹。低端市场上10～20元的产品几乎是可儿娃娃的制造成本，所以要公司降低价格去与它们抗衡几乎是不可能的。因此，"可儿"正遭受来自于国际高端玩具厂商和国内低端生产商的两面夹击。

对"可儿"来说，如果重心继续放在欧美市场，公司就必须拥有能够抵御金融危机巨大冲击的能力来熬过这个寒冬，暂且不论是否能维持公司过去80%以上来自海外的销售额，是否能够坚持到市场回暖仍是个未知数；如果重心转移到深度挖掘国内市场，成为中国玩具强势品牌，就意味着必须应对众多中小型生产商的冲击。此外，可儿在国内市场的影响力仅限于珠江三角洲这一块地区，而对于年产值占全国GDP 1/5的长江三角洲地区而言，"可儿"还是个陌生的品牌，要想成为中国的芭比娃娃，"可儿"的品牌之路还很艰巨。

5 竞争对手

在海外，"可儿"80%的收入来自中高端市场。公司重心要转移到国内市场，"可儿"将要面临的会是来自低端市场和高端市场的双重夹击。销售部门经理小李说："在海外市场，价格并不是我们制胜的主要原因。我们的优势在于产品蕴含的中国特色的文化内涵，但是现在回到国内，似乎这一优势就不再具有很大的竞争力了，国内消费者更在意产品价格的实惠或是其品牌效应。"

首先，高端市场上，静态玩具主要有美泰公司等国际玩具巨头的竞争，互动益智类玩具受到孩子宝公司的压力，可儿公司可以说是没有一点喘息的地方。美泰公司的芭比娃娃市场地位不容动摇，50年来芭比娃娃畅销全球，销量已超过了10亿件。按照美泰公司的统计，11岁的美国女孩平均拥有8个芭比娃娃，同龄的法国女孩人均5个，中国香港女孩人均3个。它的知名度以及品牌形象已经在消费者心中奠定了很强大的基础，可以说它是高端市场的主宰者，过去其在销售领域的业绩也是同行所望尘莫及的。"可儿"要拿什么与其一决高下呢？

其次，来自低端市场的冲击在现在的情势下似乎显得更为致命，销售助理小高提到："低端市场现在被很多杂牌企业所占领，尤其是在浙江、广东一带集中了很多小型的玩具生产厂家，它们的产品多为仿造和山寨，它们以低廉的售价吸引着消费者。由于其生产用料多是便宜货甚至是不合格的材料，而且管理和人员的成本也相对低很多，还有很多是'零成本'的地摊式销售，因此，销售范围的广泛性也造就了数量上的优势。这种来自于低端市场的竞争，会在很大程度上冲击我们的销售数量。"

如何既能打造品牌的知名度又能吸引低端市场的消费者拥有一个可儿娃娃？项睿需要在多种盈利模式中权衡利弊，做出正确的决策。

6 战略计划

可儿公司在成立之初，业务重点面向国外，主要是为了出口。近年来，可儿公司一方面尝到巨大出口销售量的甜头，另一方面也因为国际市场的不稳定感到"消化不良"。可儿公司在国内只占有珠江这一壁江山，对于是否要把重心转到国内市场一直犹豫不决。金融危机导致公司的销售额大幅下降，坚定了可儿公司要立足于国内市场，打造"中国女童玩具第一品牌"的决心。可儿娃娃要成为中国的芭比娃娃，可儿公司要成为中国的美泰公司。

目前"可儿"夹在中间的日子真不好过，同时遭受来自高端市场的挤压和低端市场的冲击。关于如何创新企业盈利模式，在国内市场增加销售额以改变目前的困境，进而实现"中国女童玩具第一品牌"的愿景，可儿公司内部展开了激烈的争论。

网络营销模式

随着科技的进步，运用互联网进行推广和销售能大幅降低经营成本，又较少受时间、地点的限制，加之近些年网络社区的热潮逐年上升，"可儿"尝试借由网络来推广自己应该是个不错的选择。然而，目前可儿的知名度不高，如何通过网络营销在互联网上推广可儿娃娃，进而提升可儿公司的总体形象呢？可儿娃娃面向的是 5～14 岁的消费群体，如何让孩子能逗留在"可儿"的网络世界而家长又不反对成了网络营销需要攻克的最大难题。

针对这个难题，营销部经理对如何有效实施网络营销提出了自己的建议："我们可以建立一个专门与顾客互动的网站，网站上有时下流行的'种菜'、'浇花'或'养可儿娃娃'的游戏，也可以设立'资源下载共享区'，让孩子们把自己的照片甚至是自己的小作品上传到网上，形成一个网络交流平台。购买正版可儿娃娃的顾客，可以用防伪注册码获得 VIP 用户资格，享受更多的优惠和游戏机会。这样，比起一般玩具，可儿娃娃凭借网络上的附加服务更能吸引顾客，而且孩子们在玩游戏的同时也记住了可儿。我们还可以通过在网络上发布的信息及时和顾客保持联系，了解他们的需求。一方面可以向他们宣传展示可儿玩具的最新产品，另一方面通过增加网络这一营销渠道，一定程度上也能促进销售量的增加。这样一来，家长不会反对，而可儿也能在孩子们中推广并且取得寓教于乐的作用，很快可儿就能被大家所接受并喜爱。"

多元化产品销售模式

如果说以前的直营店只是单纯地卖可儿娃娃，那么现在可儿公司要寻找的则是能够吸引顾客驻足的亮点，因为只依靠产品，吸引力有限，而且现在的顾客一般先被店面琳琅满目的摆设或是新奇的销售方式吸引，然后再去关注产品。因此，多元化销售是一个不错的选择。除了可儿娃娃的销售之外，一些新奇有趣的活动，满意周到的服务，甚至是由品牌延伸出的周边产品都可以放在门店中一并推广，使得"可儿"不仅只面向小女孩，还可以满足其他各种年龄层次的需求。公司的小沈提出，现在什么都流行"温暖牌""DIY"，如果公司能在直营店中分出一些区域，创设诸如"角色扮演区""图鸭填色区""动手实践区"等，让孩子们能自己装扮成公主玩游戏，让消费者能亲手制作可儿娃娃的衣服配件，创造出属于他们的独一无二的娃娃，这将是一个吸引顾客的好方法。

然而，多元化产品所存在的危机让决策团队不得不多深思熟虑一番。多元化的门店尽管是一个诱人的选择，但是寻找新的多元化方向并使其成功推广又是一项艰巨的任务。在可儿娃娃这一品牌产品尚未走向成熟之前，多元化的销售有可能会把顾客的注意力过多地转移到可儿娃娃的附属产品上而并非"可儿"本身，这样做反而会本末倒置，使得"打造中国最好娃娃"的目标渐行渐远。

与动漫产业相结合

公司市场推广部经理建议："美泰公司旗下的芭比产品，拥有自己的品牌动画片，而一部《喜羊羊和灰太狼》更是让地摊上出现了很多相关形象的毛绒玩具。那么，我们是不是也可以适当地和一些动漫、电视剧合作，借由它们的影响来推广自己的产品。孩子们都热衷于泡在电视前，一部好的动漫不仅能增加销售量，而且可以衍生出一系列附属产品。如果'可儿'能化身动漫形象，一定可以打开更多的销售市场，而且能够增强'可儿'的品牌知名度和美誉度。"

创意设计部经理则指出这个销售模式的一个致命弱点：成本过高。国内动漫每分钟的制作费用都在 12000 元以上，而 3D 动画每分钟的成本在 4 万元以上，一集制作精美的动漫费用少则百万元、多则千万元以上。况且，即使高成本地创作出"可儿"的动画片，"可儿"是否真的能被大众所喜爱也不是很有把握，所以还需要从长计议。

将产品形象融入网游

网络游戏风靡全球，而受众又多是年轻一代，如果"可儿"能够推广几款小的网络游戏，其形象就能更加深入人心，而一些益智类的小游戏更是可以解决网购不能在孩子中推广的问题。同时，在"可儿"的主网站中设立益智游戏栏目，增强娱乐性和知识性，留住孩子们的脚步，同时也不会遭到家长的反对。当"可儿"拥有了一定的知名度后，相信可儿娃娃也将成为孩子们最好的伙伴。

然而，问题同样存在。如何创作游戏是一个难题，若游戏只注重知识和太过注重"可儿"的推广，可能对孩子的吸引力会大幅减少。若真的向游戏靠近，增强了对孩子的吸引力，但同时肯定会遭到家长们的阻挠和反对。如何在与小朋友们互动的同时让"可儿"深入人心，甚至让家长也接受可儿、愿意给孩子们买可儿娃娃，是决策者们面临的重大挑战。

7 战略决策

各部门经理对可儿公司的营销模式、品牌定位和发展战略各抒己见，展开了激烈的争论。对此，项睿将权衡各种利弊做出正确的抉择。在做出决策之前，项睿必须综合考虑"可儿"的处境。目前，可儿公司面临的机遇有三个方面：

（1）虽然国际市场上静态玩具销售额呈现下降趋势，但是国内玩具销售额逐年增长，发展势头强劲，而且国内儿童玩具人均消费水平远低于亚洲国家和发达国家儿童玩具消费的平均水平，发展空间很大。

（2）可儿公司通过这几年的艰苦努力，已在广东以及珠江三角洲的玩具市场站稳了脚跟，在中高端市场具有较高的市场占有率，因"中国娃娃好伙伴"的成功定位成为深受儿童喜爱的玩具知名品牌。

（3）公司的"可儿"与"小多"玩偶特色鲜明，可爱、有趣、独特的形象是一大卖点，与电视剧《家有外星人》的合作已经引起"十二花仙"系列产品的热销，这必然会进一步促进"可儿"在国内销售额的增长和品牌知名度的提升。

然而，项睿也深知公司同时也面临诸多严峻的挑战：

（1）国内外市场竞争的压力越来越大：一方面在高端市场上，受到美泰、孩子宝公司等国际玩具巨头的挤压；另一方面在中低端市场上又受到国内小型玩具制造商的冲击，两面夹击的困境使得公司必须尽快寻求突破。

（2）可儿公司的影响力目前仅局限于珠江三角洲，对长江三角洲和环渤海湾地区开发较少，尤其是还没有真正进入上海这一高端市场，公司打造"中国女童玩具第一品牌"的目标任重道远。

（3）从全球趋势来看，静态类玩偶的销售量逐年下降，而益智互动类玩具似乎更符合当今这个时代的要求。是继续做静态玩偶还是尝试向益智类玩具发展？可儿公司自成立以来一直从事静态玩具的生产、销售，公司在静态玩具的设计、生产、销售方面有丰富经验，如何开拓自己没有经验的新领域，对公司来说也是一项巨大的挑战。

任何的迟疑都会使得"可儿"的竞争对手将占领更多的先机和市场份额。机遇与挑战并存，项睿知道他需要在公司的战略发展问题上进行深入的思考，但是他也意识到自己所剩的决策时间并不多了，必须尽快做出抉择，采取行动。

附录 荣誉见证——可儿娃娃成长之路

可儿娃娃获得的认可和荣誉：

2005 年，中国优质产品。

2006 年，最佳女孩玩具。

2006 年，最佳特色玩具。

2006 年，年度少儿家庭最喜爱十佳品牌。

2007 年，玩具创星设计大赛——女孩玩具金奖。

2007 年，玩具创星设计大赛——女孩玩具银奖。

2008 年，自主创新优秀企业。

2008 年，玩具创星设计大赛——女孩玩具银奖。

2008 年，玩具创星设计大赛——女孩玩具金奖。

2009 年，玩具创星大赛——女孩玩具金奖、银奖、入围奖。

2009 年，玩具创星大赛——男孩玩具入围奖。

The Kurhn Toys's Puzzles and Solutions

Abstract: Kurhn is doll brand of the first independent intellectual property rights in China and is known as "the first brand of Chinese girls' toys" and has a certain market position in the domestic and foreign toy markets. Kurhn Company is engaged in children toys' design, R&D, production, marketing business. It is one of the domestic enterprises which have firstly passed 3C certificate, and product process has leading position in the world. However, two important changes took place in the internal and external environment in recent years. The first was that the financial crisis in 2008 exerted negative impact on the Kurhn Company's business, the sales from European and American market were severe decline. The Kurhn Company had to make a strategic trade-off between deeply develop the domestic indigenous market and open up the overseas markets. The second was that it's main competitors, Mattel, Hasbro toy giants and other small and medium sized toy manufacturers in domestic markets, given increasing pressure. As well as the global toy industry is facing the trend of technological, interactive and intelligent development. The essential change of competitive situation urged the decision makers in Kurhn to put unprecedented emphases on making brand strategy. This case records the process that Kurhn management team made its self-assessment and formulated its new business models around 2009.

Key words: Toy Market; Kurhn Corporation; Brand Position; Strategic Decision-making

案例使用说明

可儿玩具的困惑与出路

一、教学目的与用途

1. 本案例主要适用于 MBA、EMBA 以及本科生的"品牌管理""战略管理"课程，也适用于"市场营销"的课程教学和管理培训。

2. 本案例的教学目的是帮助学生掌握在不确定环境条件下进行战略决策的技能，以及面临强劲竞争对手时制定品牌战略的思路。通过本案例的分析与讨论，培养学生运用所学理论知识思考、分析实际问题的能力。

二、启发思考题

1. 面对国际金融危机的冲击，可儿公司有哪几种选择？每种选择的优势和劣势又是什么？

2. 如果是经营重心转向国内的话，可儿公司应如何全面提升整体品牌形象，进而实现其"中国玩具娃娃第一品牌"的愿景？

3. 可儿公司与国内外竞争对手相比其优势和劣势何在？

4. 你建议可儿公司应采取什么策略（四种盈利模式）渡过当前难关，同时又能为企业未来发展打下基础？

5. 如果你是项睿，面临这个局面，综合其机遇和挑战，必须在哪些方面做出明确的决策？

三、分析思路

从战略的角度看，可儿公司有三种选择：固守海外欧美市场、深度挖掘国内本土市场、积极开拓新的海外市场。

首先可以考虑宏观 PEST 影响分析，从政治法律因素、经济因素、社会文化因素、技术（行业）发展因素来分析国际环境和国内环境的状况，然后思考这三种选择的各自利弊，权衡决定。对每一种选择做出评价时，可以从三个维度进行，即盈利空间、长远利益和执行难度。

如果固守欧美市场，可儿公司是否能够承受目前销量大幅下滑的困境，欧美市场何时能走出金融危机的阴影，金融危机是呈"V"形还是呈"W"形，这些都很难预测。如果深度挖掘国内本土市场，可儿公司面临的挑战是如何突破仅局限于珠江三角洲的影响，进一步把品牌拓展到长江三角洲和环渤海湾地区，可儿公司面临着提高品牌知名度和建立渠道的问题。

应结合 STP 分析框架和品牌管理理论，进一步明确"可儿"的品牌形象和品牌个性，让其像《喜羊羊和灰太狼》的角色一样能够深入人（孩子）心。喜羊羊、美羊羊、懒羊羊以及灰太狼等都有鲜明的个性特征，引导学生思考"可儿"的品牌性格和品牌定位。

可儿公司可以开展一系列活动来提高其品牌知名度：①积极开展公益活动，在西部地区可以给贫困儿童免费赠送玩具，进而实现这些孩子们拥有自己玩具的梦想，通过 CSR 活动和媒体报道来提高公司的美誉度和知名度；②与网络营销相结合，开发"可儿"系列虚拟产品，可以作为微信表情等，这样"可儿"的形象更易扩散和深入人心；③可以开发关于"可儿"和"小多"产品系列的漫画书、童话书等赠品，以故事的形式介绍给孩子，更能获得孩子的喜爱；④采取一些赞助活动，比如赞助少儿智力大赛、少儿演讲比赛、少儿英语比赛等，还可以在少儿频道做适当广告，从而迅速提高其在全国的知名度。

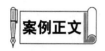

祥瑞内销，路在何方？①

摘　要：祥瑞公司成立于1998年，是一家经营节日礼品和饰品的出口贸易公司，欧美市场占其出口额的95%。近两年来受欧美债务危机、人民币对美元和欧元升值、国内生产成本上升以及欧美市场贸易保护主义的影响，祥瑞公司销售额增长缓慢，甚至出现了负增长。而与此同时，国内节日礼品和饰品市场增长迅猛。为了公司未来发展，祥瑞公司经理张瑞嘉考虑开发国内市场。他必须就目标市场选择、产品定位、品牌建立等方面做出决策。本案例描述了中小型企业在战略转型过程中所面临的困境。

关键词：贸易公司；节日礼品；市场细分；市场定位

引　言

2011年4月27日，是广交会轻工日用消费品类展览的最后一天。祥瑞公司展厅的会客室内，公司经理张瑞嘉先生仍在为圣诞节的订单价格与老客户布莱克先生努力洽谈。自2002年起，每年的春季广交会，祥瑞公司都会由张瑞嘉携一批优秀的员工参加展览。往年的广交会上，祥瑞公司的展厅始终门庭若市。一方面有许多老客户的捧场，另一方面也总有络绎不绝的新客户前

---

① 本案例由上海对外经贸大学工商管理学院奚红妹教授、谢佩洪教授、陈斐撰写，本案例作者拥有著作权中的署名权、修改权、改编权。未经允许，本案例的所有部分都不能以任何方式与手段擅自复制或传播。案例来源于中国管理案例共享中心案例库，案例编号MKT-0201，荣获第四届全国百篇优秀管理案例奖，并经该案例库同意授权引用。由于企业保密的要求，在本案例中对有关名称、数据等做了必要的掩饰性处理。本案例只供课堂讨论之用，并无意暗示或说明某种管理行为是否有效。

来咨询。2002~2006 年，公司的年销售额始终保持 20% 的增幅，这让张瑞嘉对于公司在欧美市场的发展甚是看好。然而，2008 年金融危机之后，欧美市场的需求量开始逐年递减，外商订单呈"量价齐跌"的态势。2009 年公司销售额比 2008 年减少了 32%。尽管公司采取各种措施，但是业绩始终没有突破历史最好水平。

中午 12 时，张瑞嘉终于与布莱克完成了 2011 年圣诞节订单的洽谈。布莱克是祥瑞公司的大客户之一—欧尚集团中国区域采购经理。金融危机爆发后的 2009 年，欧尚集团的订单数量较 2006 年下降了 32%，订单金额更是减少了 40%。2010 年经济回暖，欧尚集团的订单总金额勉强回到了 2006 年的水平，但是由于原材料及人工成本上涨，祥瑞公司的利润却只减不增。相比于 2010 年，2011 年欧尚集团订单量不仅减少了 10%，而且还要求订单价格下降 5%。张瑞嘉历时 2 小时的谈判，价格降幅才勉强谈到了 3%。2011 年的广交会上，像欧尚集团这样"量价齐跌"的老客户不在少数。在美国经济复苏乏力、欧债危机持续蔓延等外贸背景下，2011 年广交会上欧美消费市场所表现的低迷态势，令张瑞嘉忧心忡忡。欧美市场业务占祥瑞公司业务总量的 95%，如果欧美市场订单持续减少必将严重威胁到公司的生存。此时，张瑞嘉的手机响起，公司业务员小王告诉他，刚出口到德国的一批货物被检出油漆涂料中铅含量超标，客户要求退货。张瑞嘉经理未等展会结束，就赶回上海，处理迫在眉睫的问题。

1 祥瑞公司背景

1.1 祥瑞公司简介

祥瑞公司成立于 1998 年，坐落在上海浦东开发新区，是一家经营节日礼品和饰品出口业务的贸易公司。公司创始人张瑞嘉先生 20 世纪 90 年代初从对外经济贸易大学毕业后就在上海一家国有进出口公司工作，他从业务员做到销售经理，积累了丰富的进出口贸易经验，对海外市场的需求有深刻的认识。国有企业工作稳定，但张瑞嘉生性喜欢挑战，他想在自己精力充沛之时创建一番自己的事业，于是 1998 年他离开了原先的工作单位，成立了自己的公司——祥瑞公司，主要从事节日礼品和饰品的出口贸易。

祥瑞公司现有 20 名员工，设六大职能部门：产品设计、销售与采购、质量控制、物流、财务、人力资源。张瑞嘉任经理，设计部由经验丰富的设计师担任，通过从国外考察、参加会展、客户反馈等方面得到的信息对产品进行设计，每年总有新产品推出，深受客户喜爱。质量控制部门人员经常出差到浙江、江苏、福建等主要货源地，检查产品质量，发现问题后立即解决。销售与采购部门是公司的中坚力量，他们不仅要维持老客户，还要开发新客户、新市场。这一部门的业务员外语好、业务强、市场竞争意识敏锐。在公司"正直、团结、创新、卓越"的企业文化宣扬下，公司员工立意进取，外贸业务做得有声有色，在节日礼品和饰品出口贸易领域享有一定声誉。

1.2　祥瑞公司产品

祥瑞公司经营的产品主要是满足西方消费者过节日时所需要的礼品、家居装饰品、花园装饰品和儿童玩具等。因此，产品系列分为复活节系列、圣诞节系列、新年系列、情人节系列、万圣节系列。以圣诞节系列为例，产品包括圣诞老人、圣诞帽、圣诞袜、圣诞树、圣诞球、圣诞灯、圣诞树挂件等。根据产品所用材料，可分为木制品、铁艺制品、藤条制品、陶瓷树脂制品、玻璃制品、塑料制品、布艺制品、尼龙制品等。

公司主营产品种类多、款式新颖、设计精良，以圣诞节礼品及饰品为公司的主推产品，其占公司销售额的50%以上。祥瑞公司的客户主要是国外零售商，产品需求品种繁多，大到家具、小到圣诞树的挂件，祥瑞公司接到外商订单后，在全国范围内组织货源，货源地覆盖辽宁、吉林、天津、河北、山东、陕西、山西、江苏、安徽、湖南、浙江、福建、广东、广西等地区。这些产品供应商以中小企业为主，擅长做手工制品，它们没有自己的品牌，99%的产品都出口海外市场。祥瑞公司每年订货量大，经过十多年的经营，在这些地区已经积累了一批较为优质的供应商资源。出口产品的设计部分由外商提供，部分由供应商自己设计。祥瑞公司的设计师出国考察或参加展会了解国外流行趋势，自己设计一些产品，让供货商生产，产品销路很好。

1.3　祥瑞公司目标客户

公司成立之初主要为两大客户服务，一个是欧尚集团，另一个是 Redcats 集团。欧尚集团是世界著名大型超市经营者之一，在世界上 14 个国家拥有 241 家大型超市，超市 548 家，600 家门店，员工超过 135000 人，是目前法国主要的大型跨国商业集团之一，也是世界 500 强企业之一。Redcats 集团是全球领先的邮购零售商，经营时尚产品和家居用品，旗下有 17 个品牌，都具有相当的知名度，并在各自的市场占据领先地位。Redcats 集团通过发行目录、网络销售和专卖店的形式活跃在 28 个国家。Redcats 集团的目标是成为世界上首屈一指的网上时装和家居用品零售商。所有 Redcats 集团品牌的网上营业额在 2009 年一直处于上升趋势，网上销售额平均占总销售额的 50%。

经过多年的经营，祥瑞公司已经累积了一些稳定的客户资源。公司的客户以国外的零售商为主，主要是欧洲大型的连锁超市。与其长期合作的国外客户除了欧尚和 Redcats 集团以外，还有德国大型连锁超市 Netto、美国大型百货连锁店 JCPenney、德国 DIY 家具店 OBI、欧洲家居集团 XXXLutz、荷兰百货商店集团 HEMA、英国礼品进口商 Premier、中国香港利丰贸易集团等。欧尚集团 1999 年进入中国，目前因为国内外产品需求的差异，祥瑞公司与其合作关系仅限于外销市场，并未成为其国内超市的供货商。祥瑞公司交货稳定、产品质量可靠，在欧美客户中口碑很好。目前公司的年出口金额已达到 470 万美元，其中对欧美市场的出口占 95%。

2 节日礼品和饰品行业

2.1 中国节日礼品和饰品行业发展

节日礼品和饰品行业从属工艺品行业，属于劳动力密集型产业，是我国轻工业产品出口量较大的行业之一。中国节日礼品和饰品行业的发展兴起于改革开放，与世界相比起步较晚，但发展速度惊人，主要依托于国外市场的拉动。如今，我国节日礼品和饰品总产量已占世界总产量的 70%，成为全球竞争力较强的节日礼品和饰品生产国之一。

中国节日礼品和饰品以外销为主，外销市场主要集中在欧美国家。节日礼品和装饰品按种类可分为圣诞用品、复活节用品、鬼节（万圣节）用品、春节用品、婚庆用品、贺卡、烟花鞭炮、面具、其他节庆用品等。中国是全球节日礼品，特别是圣诞用品的重要出口基地。自 2000 年起，中国节日礼品和饰品的年出口总额已近 10 亿美元，2009 年出口额达到 21.75 亿美元（见附图 1）。中国节日礼品和饰品主要出口到以美国和德国为主的欧美国家，主要出口国家和地区如附图 2 所示。圣诞用品、万圣节用品的出口占到节日礼品和饰品出口总额的 80% 以上。产品销售季节性特征十分明显，每年的 7~10 月为产品出口高峰期。2008 年，我国节日礼品和饰品出口前五位的国家分别是美国、德国、英国、荷兰、意大利，出口增长率前五位的国家分别是巴西、俄罗斯、巴拿马、澳大利亚、荷兰。中国礼品和饰品生产全行业年均增长速度达12%以上。全国礼品生产企业总数已超过1万家，大多数是民营企业，80%以上礼品生产企业集中在广东、浙江、福建、上海、江苏等沿海经济发达地区，义乌、苍南等一些有形市场已成为礼品的交易中心。目前企业规模在不断扩大，出现一批大型礼品生产企业，一些企业年产值已达亿元。

欧美国家是节日礼品和饰品进口大国。美国2003年的节日礼品和饰品进口额为27.01亿美元，2007年的进口额为32.76亿美元，年增幅在5%左右，90%的产品从中国进口，小部分产品从印度、泰国等国家进口。德国在2003年的进口额为1.83亿美元，2007年的进口额为2.52亿美元，年增幅在8%左右，70%的产品从中国进口，其他产品从荷兰、波兰等国家进口。英国、荷兰等从中国进口的节日礼品和饰品也占到其该类产品进口额的70%~80%。

2.2 行业竞争

节日礼品及饰品生产附加值低，生产企业议价能力弱，行业准入门槛低，产品同质化程度高，出口企业之间竞争十分激烈。从国际上的竞争格局来看，亚洲一些发展中国家也都纷纷涉足礼品的生产，对中国的产品出口产生了潜在的影响。这些发展中国家，如印度尼西亚、越南、菲律宾拥有大量比中国更廉价的劳动力。同等条件下，越南的生产成本比中国低15%~30%；同等劳动强度下，中国工人比印度工人每年多挣500美元。不可否认，这些拥有更低廉劳动力成本的发展中国家有着一定成本优势，对中国节日礼品及饰品行业构成了竞争，但是总体来说中国供应商的信誉度更高、供货稳定、产品质量有保障，因此中国仍然是全球礼品市场的主要出口国。

从中国国内的竞争格局来看，节日礼品及饰品的出口竞争主要集中在一些中低端产品，生产此类产品的中小企业以及出口此类产品的外贸公司主要靠价格优势获胜。当然，产品质量、商家信誉、交货保障、融资支持等也是重要的竞争优势。节日礼品及饰品生产厂家的竞争主要集中在广东、浙江、福建、上海、江苏等沿海经济发达地区，厂家之间竞争的关键点主要在于产品的性价比以及交货保障等。经营节日礼品及饰品的外贸公司主要集中在上海以及江浙地带，其中大部分是10人以下的小规模贸易公司，贸易公司之间凭借外语能力、专业知识、信誉度、集成能力等关键因素形成竞争态势。总的来说，外贸公司依赖其自身优势能平衡于厂家及客户之间，但是近年来许多生产厂家走上了自营出口的道路，对外贸公司构成了一定的威胁。

低端节日礼品和饰品的生产技术含量比较低，前期固定资产投入少，信息化程度要求低，行业准入门槛不高，只要几台机器，几个工人的小作坊就可以加工生产。中小企业的优势在于生产成本低，一般生产最基本、最普通的款式，增加了市场上大部分产品的压力，给行业产品提价增加难度。我国生产的节日礼品和饰品以塑料制品为主，技术含量偏低，新设计较少，以简单模仿为主。制造节日礼品和饰品的塑料、油漆、铁丝、白胶、金银粉、金属等原材料价格在 2010 年都有不同程度的上涨，平均原料成本涨幅约为15%。节日礼品和饰品行业销售季节性较强，订单以短单居多，由于销售旺季大批涌现的小作坊企业对原料的哄抢竞争，产品原料价格被哄抬，原料供应商议价能力强于节日礼品和饰品制造商。

2008 年金融危机爆发后，欧美家庭开始削减消费开支，包括减少采购圣诞用品或用廉价产品替代，导致 2009 年我国节日礼品及饰品行业的出口出现负增长。2010 年，随着全球经济回暖，节日礼品及饰品行业出口又有较高的增长，这是因为经济回暖后国外市场消费能力提升，对节日用品尤其是中低端消费品的需求快速增长，同时由于 2009 年外国采购商下单较少，国外很多节日礼品和饰品库存已消耗殆尽，消费市场逐步回暖后，大量国外零售商急于补货。因此，2010 年的出口行情向好，主要是因为出口形势是恢复性行情，并不完全是繁荣的表现，而是 2009 年一些积压的订单在 2010 年集中释放，出口增速恢复平稳。由于 2010 年节日礼品及饰品行业企业的生产成本显著增加，推动节日礼品和饰品价格上扬，促进了出口额的增长。另外，由于 2009 年节日礼品和饰品出口较少、基数较小，2010 年节日礼品和饰品行业的出口实现了同比快速增长。然而，节日礼品和饰品产品订单的增长并没有给节日礼品和饰品行业的企业带来利润的增长，反而出现利润的摊薄，这主要是由于 2010 年节日礼品和饰品的原材料价格大幅上涨、人工成本增加、人民币升值、贸易壁垒等众多因素的影响。

中国节日礼品和饰品的海外买家 90% 以上是欧美国家的大型卖场或是欧美国家的外贸进口商（欧美外贸公司的最终客户也大多是大型卖场），而欧美国家的大卖场在采购过程中价格一般都不会有大的变动，这对于成本增加的中国供货商来说很难去分摊增加的成本。节日礼品和饰品行业产品同质化严重、选择性大、替代性强，行业内无序竞争和低价竞争比较严重。部分对产品质量要求不高的采购商转而去价格更低的东南亚国家采购，拒绝中国供货商的提价，因此节日礼品生产者以及外贸公司面临着提价就会将客户推向竞争对手而失去现有市场的困境，多数只能选择自行消化大部分成本。

3   面临的问题

祥瑞公司在1998~2001年的成立初期，外贸出口业务仅限于作为两个进口商的代理商，年销售额仅在120万美元左右。2002年，祥瑞公司进行了业务的拓展，迎来了2002~2006年的快速发展时期，公司年销售额的增长率达20%左右，2008年销售额达到470万美元。然而2009年销售额出现了负增长，首先，主要是欧美市场受债务危机的影响，消费者信心指数下降，进口减少；其次，人民币汇率以每年3%~5%的速度稳定升值，使中国出口到欧美国家的产品价格竞争力下降；最后，出口贸易壁垒渐高，增加了企业出口难度。以圣诞玩具类产品为例，欧盟REACH法规和美国《玩具安全认证程序》已正式启用，《欧盟新玩具安全指令》于2013年7月20日正式实施。目前我国只有较少厂商的产品能够完全达到REACH法规和《欧盟新玩具安全指令》的标准，检测费用和新材料替换对中国玩具企业而言是一大考验。此类标准在提高对产品要求的同时，标准的检测费用和新材料替换也将大大提高国内玩具生产成本，给行业快速发展带来不利影响。

祥瑞公司的一些德国和法国客户受经济危机冲击进入破产保护，或被收购兼并，这使得祥瑞公司的外销业务停滞不前。2009年祥瑞公司的年销售额较2008年下降了32%左右，仅为320万美元。公司历年销售额和净收入如附图3所示。为了扭转下滑的业务状况，张瑞嘉积极拓展业务渠道，公司于2010年4月成立电子商务团队，利用网络平台开展外销业务。同时，公司还积极参与各种展会活动，除了广交会、华交会以外，还到德国、英国参加国际礼品、装饰品展览会。公司也加大了新产品开发的投入，2009年以来，自主创新业务占比提高到了15%。这些措施产生了一些积极的效果，2010年公司的年销售额重回历史最高峰。然而2011年开始，欧美大客户订单与上年同期相比减少10%以上，而公司采购成本的上升又使得价格优势荡然无存。

张瑞嘉处理完德国客户的退货问题后，来到办公室，思考着企业的未来发展。创业这么多年，欧美市场业务一帆风顺，没想到近年来业绩增长这么缓慢，看来仅依靠欧美市场发展壮大企业是不可能了，是否该把业务重点转向国内市场？如果转向国内市场，谁是目标消费群体？公司的产品该如何定位？一连串的问题让张瑞嘉陷入沉思。

4 中国国内礼品市场需求

2008 年金融危机爆发后,欧美国家相继出现主权债务危机,而中国却仍保持着较平稳的增长。2010 年,中国 GDP 达 58786 亿美元,成为全球第二大经济体。根据 2010 年的数据,粤、苏、浙、沪主要城市的人均可支配收入均已达 3 万元左右。从礼品行业来看,截至 2010 年底,全国礼品市场的年销售额约为 1.3 万亿元(不含港澳台地区),以 20%以上的速度增长。伴随着消费观念的改变,教育水平的提高,国内消费者对家居装饰、礼品的需求也在不断增加。欧美及日本等国家由于经济的衰退对礼品的需求大幅下滑,而中国有望承接欧美的市场需求,成为全球最大的礼品消费国,中国礼品企业也势必会将更多的精力转向国内市场。

中国礼品市场由集团市场和消费者市场构成。集团市场采购者最看重品牌、质量和设计,选购产品时考虑的因素是品牌知名度高、质量可靠、概念新颖、时尚潮流、包装精美,并且非常重视礼品所承载的文化内涵与企业文化的匹配程度。50%以上的集团市场采购者会在国内礼品展上寻找货源,洽谈价格、采购量、产品规格等。而在消费者市场上,购买者注重品牌和创新,价格是重要的考虑因素。产品销售渠道为百货商店中的专柜、书店、超市等,网上消费也占据越来越大的比重。消费者的品牌偏好往往会引导集团市场采购者的品牌选择。目前国内大部分礼品企业均面向集团市场和消费者市场。

中国礼品及饰品市场正处在成长阶段,众多企业以网上销售和零售实体店等形式抢占市场。2008 年全球经济危机爆发影响了传统礼品市场的发展,一批传统礼品企业开始寻找集约型经营模式,进军电子商务领域。据权威机构统计,2009 年,中国出现了近 4000 家垂直的 B2C 网站,2010 年有上万家电子商务新生力量加入。优优祝福礼品网作为 B2C 新锐礼品网站整装待发,主推高档礼品。目前,优优祝福和百度等多家客户达成合作。礼品电子商务市场并非仅有优优祝福礼品网,比其资格老的芭莎礼品网成立于 2005 年,2009 年销售额约 2000 万元,近年来创立的礼意久久、下订单等个人礼品网站,规模也近千万。

中国礼品及饰品竞争企业的产品系列丰富,产品更新换代速度快,材质齐全。从竞争者地域来看,销售同类产品的商家集中于以义乌为首的浙江及福建、广东三省。从销售渠道来看,大型的生产商在阿里巴巴网、义乌小商品市场以批发形式出售,淘宝店家从批发商或厂商处进货后提价在淘宝网等网络销售平台进行销售。淘宝商城数据显示，在销售圣诞类商品的近 3000 家淘宝商城企业中，有 70% 是外贸转内销企业，它们规模不大，主要集中在江苏、浙江、上海、广东、福建等沿海地区，它们从传统的外贸模式中走出，进行网上内销，做品质、重需求，摸索制造适合商城网购消费人群的礼品。实体店也是一种终端销售模式，80% 以上的实体零售店规模较小、没有连锁店铺，零售店出售产品的种类比较繁杂，一般不限于节日礼品及饰品。大型超级市场及进口超市也出售此类商品。有一定规模的实体零售店铺如特力屋经营种类齐全的家居用品，包括各种礼品和饰品。特力屋是一家超大型的家居生活馆，是特力集团正式宣布进入大陆的第一个零售卖场。2004 年，特力屋首次登陆上海，自在上海百联西郊购物中心建立第一家营业面积达 6000 平方米的卖场以来，已在北京、上海、深圳、成都、大连、杭州、宁波、无锡、昆山等地开设了 27 家门店。特力屋出售的商品种类包括卧房寝具、厨房用具、布置摆设、收纳家具、节日礼品等。

5 目标市场选择

2010 年祥瑞公司曾在上海外籍人士举办集市的地点展销过一些库存产品，结果好得出乎意料，外籍人士对于祥瑞的产品非常喜爱甚至询问以后在什么地方可以购买到这些产品。据相关数据统计，《财富》世界 500 强企业中已有 78 家在沪设立地区总部，有近 60 家跨国公司在沪设立亚太区总部或亚洲区总部，还有大批境外企业的研发机构入驻上海。伴随外资企业的入驻，上海外籍人士数量明显增加。上海市统计局 2010 年 12 月公布的第六次全国人口普查数据显示，2010 年居住在上海市并接受普查登记的境外人员共有 20.83 万人。其中，外籍人员为 14.32 万人，占 68.75%；港澳台居民为 6.51 万人，占 31.25%。上海已逐渐成为全国境外人员较集聚的地区之一，境外人员总数仅次于广东省，居全国第二位，占全国的 20.4%。居住在上海的外籍人数居全国第一位，港澳台居民人数居全国第二位。居住在上海的境外人员家庭为 11.22 万户，其中港澳台家庭为 3.73 万户。境外人员的平均年龄仅为 33.33 岁，比上海市常住人口年轻 5.70 岁，年龄结构以 15～59 岁青壮年人群为主、0～14 岁青少年为辅，老年人较少。因就业而来沪的境外人员达 5.68 万人，比重 27.27%；其次为商务，人数为 4.75 万人，比重为 22.80%；两者合计共 10.43 万人，比重高达 50.07%。境外人员在沪平均居住时间为 20 个月。外籍人员主要来自日本、美国、韩国、法国、德国、加拿大、新加坡、澳大利亚、英国及马来西亚，上述前 10 位国家的人数共 11.40 万人，占来沪外籍人员总数的 79.61%。除此之外，上海涉外婚姻人数逐年增长，2010 年上海市登记的涉外婚姻达 2231 对，10 年累计达 29587 对。

居住在上海的外籍人士每逢复活节、感恩节、圣诞节等节日会购买应景的产品来庆祝其传统的节日。在选择购买节日礼品及家具饰品的地点时，70% 以上的外籍人士不会进入中国传统市场购物，而是选择大型跨国超市和一些进口商品专营超市，并且由于在华外籍人士语言方面的差异，他们也很少会选择网上购物。关于价格，60% 以上的外籍人士在购买进口产品和带有家乡特色商品的时候对于价格并不敏感。

受西方文化的影响，越来越多的上海市中青年消费者也接受了西方节日文化。这些中青年消费者中，有的从海外学成归来，有的在外资企业工作。他们讲究生活品位，喜欢在西方传统节日里购买相应的产品装点家居，感受西方文化的魅力，体验具有异国情调的节日气氛，也喜欢购买礼品馈赠亲朋好友。

祥瑞公司一直从事外销业务，对国内市场不太熟悉，为了降低经营风险，首先针对上海外籍人士市场，然后再开发其他市场，这或许是不错的选择，这样可以减少产品研发成本，以及消费者教育成本。

6 开发国内市场的挑战

国内节日礼品和饰品市场目前仍处在无序竞争状态，还未有强势品牌抢占市场，最先成功进入中国节日礼品和饰品市场的公司有可能获得先行者优势。在华外籍人士市场对于祥瑞这样的外贸公司来说或许是迈入国内市场的一个很好的突破口，祥瑞公司现有的产品符合欧美外籍人士的审美观以及需求。对于国人来说，祥瑞公司许多系列的产品都十分新颖，随着圣诞节等西方节日在中国被不断熟知，祥瑞公司现有的产品系列也能受到许多国人的青睐。国内这个拥有上万亿元潜力的市场对于祥瑞这样年销售额在 500 万美元的外贸企业来说，无疑是寻求发展的机遇。祥瑞公司有自己的设计团队，他们每年都去往欧洲市场，捕捉时尚元素，产品设计中糅合了东西方文化要素，符合大众审美情趣。在产品品质方面，祥瑞公司强调无毒环保，以出口到欧洲的产品为基本要求，从材料上确保产品的环保无毒，从设计上确保产品的安全使用，凸显"时尚"和"环保无毒"的产品特色。

然而，祥瑞公司开发国内市场仍面临着一系列的挑战。首先业务模式不一样。外销业务流程始于客户下订单，祥瑞公司再负责联系厂家生产，订单量大，而内销产品种类多，每一种产品订单量少，还要配足产品库存。其次，产品销售渠道不熟悉，物流和付款都与公司现有的外销业务不同。做出口业务时，祥瑞公司先收到客户预付款，然后再组织货源出口，资金周转快，使用效率高；而内销需要和零售商合作，零售商拿到产品 90 天后再和供应商结款，祥瑞公司资金并不宽裕，难以忍受资金被挤占。如果自家建实体店更承受不了租金年年上涨的压力。再次，公司现有的产品线都是以欧美消费者的偏好设计的，现有的供应商也都是以出口业务为主，因此原有的基于欧美消费者需求的产品未必适合国内市场。最后，营销人才的缺乏。祥瑞公司虽然在外销业务上经验丰富，但是没有任何内销经验，内销市场对其是一个全新的市场，一切都要从零开始。一旦做内销，必须创建品牌，通过一系列营销活动，建立品牌知名度和品牌形象，这些都需要引进人才。张瑞嘉时常感叹找到个人发展规划与企业发展要求相一致的人才确实不容易。

7　抉择

国内市场看上去很大，但是针对祥瑞公司现有的产品，市场究竟有多大，张瑞嘉心里没有底。目前欧美市场虽然不景气，但是东盟、俄罗斯、南美、南非等新兴市场迅速发展。南美、南非等新兴市场采购商对节日礼品质量要求较欧美采购商低，《欧盟新玩具安全指令》和 REACH 法规的施行迫使大部分中小生产厂家转向开发新兴市场。海关数据显示，2010 年 1～11 月，我国圣诞用品对俄罗斯的出口金额增长 57.2%；其他节日用品对俄罗斯的出口金额增长 92.9%，对印度出口金额增长 105.3%，对巴西出口金额增长 100.2%，对墨西哥出口金额增长 96.3%（出口量增长超过 200%）；圣诞树用成套灯具对俄罗斯出口金额增长 110.5%。

就眼前利益而言，祥瑞公司做海外市场驾轻就熟，业务简单。从企业发展角度而言，应该依托国内市场，开拓新的领域，把企业做大做强，建立自己的品牌。然而进军内销市场谈何容易，无论是以代理商、零售商、批发商还是以品牌商的身份进入都面临许多严峻的考验。细分市场的选择、产品系列开发、定价、销售渠道都是棘手的问题，都是为寻求公司未来的发展，张瑞嘉必须做出抉择。他为此发出感叹：内销啊内销，到底路在何方？

附录 1　2004~2009 年我国节日 礼品和饰品历年出口额

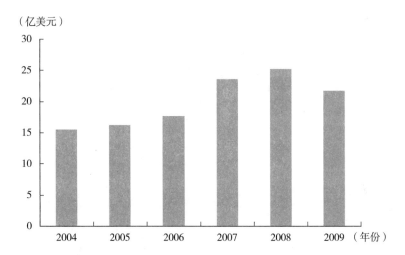

附图 1　2004~2009 年我国节日礼品和饰品历年出口额

资料来源：海关统计。

附录2　我国节日礼品和饰品主要出口国家和地区

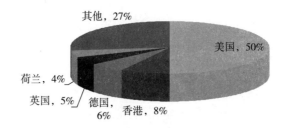

附图2　我国节日礼品和饰品主要出口国家和地区

资料来源：阿里巴巴行业分析报告。

附录3 1999~2010年祥瑞公司销售额和净收入

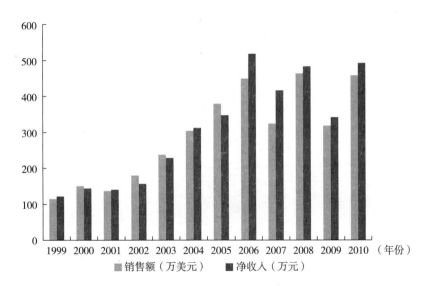

附图3 1999~2010年祥瑞公司销售额和净收入

资料来源：祥瑞公司内部资料。

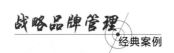

What Can Xiangrui Do To Develop the Domestic Market?

Abstract: Founded in 1998, Xiangrui Company is an export trading company dealing in holiday gifts and ornaments. Its European and American markets account for 95% of its sales. Facing the debt crisis in the appreciation of RMB, the rising production cost domestically, as well as trade protection barriers raised by the EU and US, Xiangrui's sales have grown slowly and even experienced negative growth. Ruijia Zhang, the manager of Xiangrui, was considering growing its domestic sales, as he felt that the domestic demand could drive the future development of his company.

Key words: Trading Company; Holiday Gifts; Market Segmentation; Market Positioning

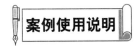

案例使用说明

祥瑞内销，路在何方？

一、教学目的与用途

1. 本案例适用于 MBA 及本科生"市场营销"的课程教学和管理培训。

2. 本案例的教学目的是帮助学生理解企业外部环境变化如何影响企业经营活动，以及企业在不断变化的市场环境中，如何做出市场战略选择。通过本案例的分析和讨论，培养学生运用所学理论知识思考问题和分析问题的能力，以及做出营销决策的能力。

二、启发思考题

1. 对出口贸易公司而言，市场风险主要来自哪些方面？企业可以采取哪些措施降低市场风险？

2. 运用波特五力模型分析祥瑞公司所面临的竞争环境。

3. 如果你是张瑞嘉，你是否应该调整市场战略？

4. 如果祥瑞公司开发国内市场，目标市场是谁？如何进行市场定位？

三、分析思路

企业的战略选择关系到企业可以做什么、能够做什么以及想做什么，这就涉及宏观环境分析、行业分析、企业自身优势和劣势分析，运用到的分析工具包括 PEST 分析、波特五力模型分析以及 SWOT 模型中的优势和劣势分析。通过上述分析，了解市场环境中的机会和威胁、自身的资源和能力，从而认清祥瑞公司实施战略转型所面临的困境，以及应该采取的措施。

结合 STP 分析框架，分析祥瑞公司如何进行市场细分、选择目标市场，并进行市场定位。阐述市场定位的步骤，理解市场定位与营销组合之间的关系。

案例正文

波司登品牌再定位下的华丽变身①

　　摘　要：波司登 2018/2019 财年营业收入破百亿元，主品牌羽绒服业务营收占比高达 73.75%，成为集团收入增长的最大推动力。而这些营收的逆势增长则归功于波司登品牌再定位下的形象重塑。本案例以波司登的品牌战略为主线，结合时间脉络梳理了波司登再定位之前的品牌发展史，以探求品牌再定位的动因。之后讲述了波司登品牌再定位的形成逻辑以及如何通过 4P 组合策略实施再定位，并借助市场反应评估品牌再定位的效果。

　　关键词：品牌再定位；波司登；品牌战略；4P 组合策略

引　　言

　　2019 年 2 月 25 日晚间，在港股上市的波司登发布了最新营运公告，截至当日，波司登 2018/2019 财年营业收入已达 103.84 亿元，较上年同期上涨 16.9%；毛利 55.14 亿元，同比上升 33.9%。其中，波司登主品牌羽绒服业务是集团营收增长的最大推动力，营收占比高达 73.75%（见附表 1 和附表 2）。看着公告上的财务表现，CEO 高德康脸上露出了久违的笑容，他知道在过去的两年里，尽管在君智咨询的助力下波司登集团实施了品牌再定位，并如同凤凰涅槃般华丽大变身，但是这一过程却异常艰辛。在高德康看来，品牌再

　　① 本案例由上海对外经贸大学工商管理学院桑辉副教授、李思婧共同撰写，本案例作者拥有著作权中的署名权、修改权、改编权。案例来源于中国管理案例共享中心案例库，案例编号 MKT-0853，并经该案例库同意授权引用。本案例根据公开信息资料进行编写，只供课堂讨论之用，并无意暗示或说明某种管理行为是否有效。

定位如同二次创业，它"不是一个人的征程，而是一群人的奋斗"，它"不是一个人的梦想，而是一群人的愿景"，需要企业上上下下、各个部门的齐心变革。现在，企业取得了阶段性的成功，但高德康并未轻松下来，优秀企业家身上的那种使命感让他一直思考着：一个历史品牌如何通过再定位与时俱进，实现宝刀不老呢？

1 企业品牌发展史

1.1 企业生产加工与许可品牌雏形期（1992年之前）

1992年之前，高德康并没有创建自己的服装品牌，多以来料加工和贴牌生产的方式经营自己的服装厂。1976年创业时的环境异常艰苦，但之后高德康赶上了中国改革开放的好时候。1978年，他带领白茆人民公社二大队缝纫组依托上海市场谋生存，通过为上海工厂做中西式棉袄、罩衣等产品先后将缝纫组壮大成山泾服装厂、常熟白茆羽绒服厂、常熟市康博工艺时装厂，这些都为高德康日后的企业经营打下夯实的经验基础。[1]

1987年，服装厂为一个叫"秀士登"的羽绒服做加工生产，高德康发现这笔生意每年要支付近15万元的高昂品牌使用费，而靠来料加工和贴牌生产的服装厂原本就收入平平，如此下去并不是长久之计。除此之外，高德康意识到仅仅是一个品牌许可便让"秀士登"每年获得数额不菲的品牌使用收入[2]，那么主营羽绒服的销售业务一定更加收益可观。于是高德康凭借对商业敏锐的"嗅觉"，产生了创立自有羽绒服品牌的想法，希望可以像"秀士登"那样靠品牌创收，并在羽绒服行业占有一席之地。

1.2 企业品牌创立期（1992~1994年）

1992年，高德康受邓小平南方讲话内容的启发坚定了创立品牌的决心。邓小平同志的那句"我们应该有自己的拳头产品，创造出中国自己的名牌，否则就要受人欺负"让高德康意识到品牌之于企业的重要意义，于是将创立

---

① 朱军. 攀登服装业"珠峰"的企业家——全国劳动模范、江苏康博集团总裁高德康 [J]. 乡镇企业研究, 2000（5）：36-41.

② 熊辛. 高德康：小裁缝剪出的大富豪 [J]. 中国民营科技与经济, 2008（1）：3-4.

品牌的想法付诸行动。第一步便是起名，高德康觉得品牌名称要像曾经的贴牌 "秀士登" 那样听起来 "洋气"，而且也要像 "秀士登" 那样发音简单、容易记忆。高德康知道 "秀士登" 之名取自美国休斯敦城市的谐音，于是他想到了美国马萨诸塞州的首府 "波士顿"，他说："波士顿地处美国东北部，天气寒冷，与我们的产品相契合。" 于是在 "波士顿" 和 "秀士登" 的融合下，"波司登" 这个品牌名诞生了。

1992 年 11 月，高德康成功注册 "波司登" 商标参与市场竞争。一切看似十分顺利，然而就在自创品牌的第 3 年，企业惨遇危机。当年生产的 23 万件羽绒服，由于缺乏对市场的了解，只卖出 8 万件，库存积压严重。而且高德康发现在已卖出的 8 万件羽绒服中，7 万件是联营或有品牌知名度的，自己的品牌只卖出 1 万件。惨淡的销售让他更加认识到品牌的重要性，同样是一家工厂生产出来的产品，因贴的标签不同，价格和销量迥异。高德康认真反思、总结经验，重新以树立品牌为目标，完成企业改制，并确立了科学管理的主导地位。在进行充分的市场调研后，高德康开始对产品全面升级，不仅从面料、款式、颜色、工艺等方面进行创新，而且在将含绒量提升至 70% 的同时引入时装要素，使原本 "厚、重、肿" 的防寒服向 "轻、薄、美" 转化，从而形成波司登羽绒服自己的品牌特色。1995 年秋，波司登生产新一代羽绒服 68 万件，销售 62 万件，同比增长近 8 倍，居全国销量首位，引领了行业内的第一次时尚化革命。[①]

1.3 企业多品牌经营期（1995～2007 年）

1995 年以后，波司登更加重视品牌建设，企业也在高德康的带领下快速发展，多次荣获国际奖项，并赞助中国登山队成功登顶珠穆朗玛峰。1999 年，波司登被国家工商局认定为中国驰名商标，并被国务院新闻办指定参加 "99 巴黎中国文化周中国服饰展演" 活动，成为中国第一个进入瑞士市场的品牌（见附表 3）。[②] 2001 年，波司登率先进行质量创新，选用高含绒量的优质鹅绒和高科技绿色面料，推出 90% 绿色环保高鹅绒服，带动了中国羽绒行业的第二次革命。2003 年，波司登与上海极鼎生物科技有限公司联手合作研发出

---

① 朱军. 攀登服装业 "珠峰" 的企业家——全国劳动模范、江苏康博集团总裁高德康 [J]. 乡镇企业研究，2000（5）：36-41.
② 参见波司登集团官网。

"生态抑菌绒",率先将高科技融入羽绒服制造。① 就这样,波司登在产品持续创新和品牌经营中,实现了品牌第一与品质第一的完美结合,奠定了其在羽绒服行业的领导地位。

为了更加广泛地覆盖消费群体,波司登自 1999 年开始在羽绒服品类中陆续推出雪中飞(1999 年)、冰洁(1999 年)、康博(2001 年)、冰飞(2004年)、上羽(2006 年)、双羽(2006 年)等二线品牌,以实施多品牌战略。②在这些品牌中,波司登主品牌定位在中高端,主打轻盈、修身时尚款式,目标客户为消费力较强及追求潮流的时尚人士,广告语为"世界品牌,民族骄傲";"雪中飞"锁定 20~35 岁人群,定位于富有活力的年轻顾客,品牌个性凸显动感有活力,广告语为"千岭冰风寒,万里雪中飞";"冰洁"则追求年轻、时尚,以都市时尚女性为主,聚焦 18~35 岁快节奏、爱自由、爱扮酷的年轻人,广告语为"今冬流行穿冰洁";"康博"追求健康、博爱,以男性羽绒服为主,用品质与服务忠于经典,保持企业原有的基本款和经典款产品,广告语为"寒冬风采,尽在康博"③。

多品牌中的另外三个品牌也各具特色。"上羽"和"双羽"都是上海经典老品牌,2006 年被波司登收入麾下,其中,"上羽"定位为海派羽绒服,倡导"泛时尚"概念,将国际流行元素与海派羽绒服的大气、考究融为一体,时尚、优雅,广告语为"时尚贴合大众,大众享受时尚";"双羽"主要为职业登山运动员设计羽绒登山服,定位为"高档运动羽绒服"④;而"冰飞"则倾情打造亮丽的快乐"冰飞"品牌,广告语为"时尚更温暖"⑤(见图1)。

中华全国商业信息中心发布的 2004 年统计资料显示,波司登与旗下雪中飞、康博、冰洁、冰飞等品牌共占中国羽绒服市场近 50% 的销售份额,其中销量排名行业前两位的分别是"波司登"和"雪中飞"。另外,2004 年波司登实现销售收入 38.81 亿元,利税 3 亿元。⑥

---

① 吴群. 科技引导健康生活——波司登、雪中飞新产品带来健康着装新观念 [J]. 瞭望新闻周刊,2003(41):42-43.

② 李睿奇. 波司登多品牌造梦 [J]. 中国经济和信息化,2013(12):63-65.

③ 吴昕潞. 看康博如何转身 [J]. 纺织服装周刊,2012(39):89-89.

④ 上羽和双羽!波司登旗下羽绒服发力 [EB/OL]. [2011-07-23]. http://www.chinasspp.com/news/Detail/2011-7-23/102819.htm.

⑤ 参见 https://www.china-10.com/brand/27069.html。

⑥ 张鸿雁,丁建新. 自主品牌根深枝壮,多元发展硕果累累——波司登展示"世界品牌、民族骄傲"的超凡风采 [J]. 瞭望新闻周刊,2005(14):80.

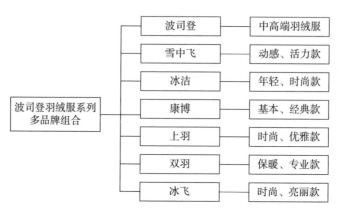

图1　波司登羽绒服系列多品牌组合

1.4　企业"3+1"品牌战略经营期（2007~2013 年）

2007 年 9 月，波司登羽绒服获得"中国世界名牌产品"称号（见附表3），市场占比高达 39.9%（见附图 1），同年 10 月波司登在香港交易所上市，出色的销售业绩证明了企业品牌已成为人们心中"羽绒服"的代名词。然而，2008 年金融危机爆发，中国国内自然灾害侵袭，总体经济形势不容乐观，高德康感到危机重重。对波司登而言，尽管其羽绒服板块在国内羽绒服市场占据着不错的市场份额，但是本土其他羽绒服品牌如鸭鸭、坦博尔、杰奥、雪伦、雅鹿等上升势头迅猛，而且随着海澜之家、柒牌等国内新兴四季品牌以及众多运动品牌对于冬季市场的加入，国内羽绒服行业竞争日趋白炽化，导致波司登羽绒服市场占比从 2007 年开始逐年下跌，2009 年的市场占比仅为38%①（见附图 1）。为了降低单季产品所带来的经营风险，高德康力推波司登发展非羽绒服业务，并在 2009 年 3 月全面确立"3+1"品牌战略，即"四季化、多品牌化、国际化以及以羽绒服为核心，做强做大羽绒服业务"。② 在"3+1"的品牌战略中，四季化和国际化战略是重中之重。四季化战略突出打造非羽绒服系列产品，以实现产品多元、四季的目标。2009 年 5 月，波司登通过全资收购盈辉国际投资有限公司大力发展波司登男装业务③，这是向四季化品牌战略转型的重要一步。

---

①　李睿奇. 波司登多品牌造梦 [J]. 中国经济和信息化, 2013 (12): 63-65.
②　徐洁. 波司登: 转型之路远未止步 [J]. 中国品牌, 2015 (12): 92-94.
③　张倩. 波司登, 从羽绒服到男装布局全球 [J]. 纺织服装周刊, 2010 (32): 17.

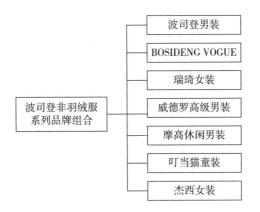

图2　波司登非羽绒服系列品牌组合

2010年3月，波司登又推出都市时尚风格品牌"BOSIDENG VOGUE"，目标消费者锁定30岁左右、对时尚敏锐、有一定的认知阅历，并且讲究生活质量、追求生活品位的都市上班族和部分中产阶级①。同年11月，波司登推出"瑞琦"女装，目标客户群定位于中高端时尚女性。2011年初，波司登在男装现有团队的基础上强势出击，推出了更加高端的"威德罗"国际男装品牌，又以增资扩股的方式持有"摩高"品牌56%的股份，继而推出摩高休闲男装以及上海兰博星儿童用品51%的股权，拓展"叮当猫"童装业务。同年年底，波司登斥资8.925亿元收购国内女装品牌"杰西"的七成股权，进军时尚女装市场（见图2）。高德康说，"波司登从一品多牌发展到现在的一牌多品，是企业发展的必然，我们不仅要有男装，而且也要有女装、童装，我们正在把产品系列逐渐做出来，把波司登打造成为一个真正的国际化大品牌。"②

在国际化方面，随着中国加入WTO，波司登拓展和进军国际市场的条件日渐成熟。高德康认为："国际化不仅仅指出口服装，更是代表国际化经营理念、吸引国际人才和品牌展示。"③因此，波司登先后进入美国、法国等欧美中高端市场，希望开辟属于波司登品牌国际化的道路。2009年7月15日，波司登男装携手品牌代言人王力宏在北京鸟巢举行战略发布会，宣告加快国际化步伐。在战略实施层面，波司登男装聘请海外当地的设计、运营团队帮助产品因地制宜，并且严格按照国际化标准进行产品开发。2012年，波司登以

①　孟杨.波司登时尚领域再拓展BOSIDENG VOGUE成功亮相［J］.纺织服装周刊，2010（14）：73.

②　余勇.品牌观察：波司登的多元化发展之路［J］.中国纤检，2009（11）：46-48.

③　石荣华.波司登：布局"四季化"战略［EB/OL］.中国产业经济信息网，http：//www.cinic.org.cn/site951/qiye/pinpai/2012-07-06/573686.shtml，2012-07-06.

"中国品牌、本土设计、全球采购、当地化营销"的经营模式助力男装伦敦旗舰店开业运营,探索中国服装品牌迈向国际化新路。[①]

在此期间,针对羽绒服系列下的多品牌战略,波司登重新进行了规划,相继终止了"上羽""冰飞"等规模较小的羽绒服品牌运营,其原因在于这些品牌已不能迎合人们收入水平提高所带来的消费偏好变化,而且并购后的它们经过几年的运营,与波司登现有的中低端羽绒服产品出现定位上的交叉、融合。正如波司登兼设计总监朱琳所言,"我们一开始也做了风格区划,可后来做着做着就做到同一路线上去了"[②],这些影响了品牌的后续发展能力。而对于有一定规模的二线品牌"雪中飞"和"康博",波司登决定自 2013 年开始采用独立品牌运作方式,各自独立完善产品设计与开发、供应链与营销渠道、市场推广与宣传等运作体系。

1.5 企业品牌衰弱期(2014~2017 年)

在波司登实施"3+1"品牌战略的同时,更多国内四季化品牌涌现市场,既有森马、七匹狼等新兴品牌,也有安踏、361 度等运动型品牌,这些四季品牌,以电商销售为主,成本节约,价格相对低廉,渐渐地与波司登的四季化产品形成抗衡。

除了"内忧",还有"外患"。许多国际四季化品牌以其快速更新、款式多样在中国市场上快速扩张,它们凭借产品设计优势和国外品牌的新鲜感,不仅主打四季服装,还陆续推出羽绒服产品,吸引了大量年轻一代和追求时尚风格的中年客户群体,同时这些品牌也凭借背后强大的资金力量,形成了一线城市多地联合的营销区域,开辟不可胜数的实体营销渠道,对波司登在中国乃至世界上的市场份额构成威胁。再看波司登企业自身,尽管 2011 年一度拥有波司登男装、BOSIDENG VOGUE、威德罗、瑞琦、摩高、叮当猫、杰西等数个新品牌,但是一年之后波司登就转让了童装品牌兰博星的股权。运营中,"瑞琦"女装与收购的"杰西"女装出现品牌定位重合,"威德罗"高级男装则与波司登男装高端产品产生了正面交锋,再加上整个男装行业同质化严重,到了 2013 财年波司登男装及杰西女装便陆续开始计提商誉减值;2014 财年波司登进入四季化产品调整期,在陆续终止多个盈利能力不济的服装品牌后,截至 2016 年 3 月 31 日,其四季化产品只留下波司登男装、杰西女

---

① 孟杨. 波司登时尚领域再拓展 BOSIDENG VOGUE 成功亮相 [J]. 纺织服装周刊, 2010 (14): 73.

② 刘畅. 波司登瘦身 砍掉女装品牌"瑞琦" [EB/OL]. 搜狐, https://www.sohu.com/a/333172_100578, 2014-09-22.

装和摩高休闲男装，而同年财报显示，波司登男装及摩高休闲男装的销售额分别下降了32.5%和25.7%，仅杰西女装维持了4%的增长。①

在多品牌战略方面，2013年开始实施的独立品牌运营虽然有助于各自品牌的形象塑造以及最大限度地占有市场，但是销售渠道的拆分直接导致波司登门店数量激增至13009个，涨幅55.9%，渠道存货也随店铺增多而上涨41%，由2012年的13.98亿元增至19.7亿元，相应地，人力成本由上一年的5.54亿元大幅增加至7.57亿元，高库存、高租金、高人力以及多品牌战略的产品宽度和营销压力都让波司登举步维艰。② 更重要的是，每一独立品牌的运营除了人力、财力保障以外，还需要时间让市场去了解、辨别品牌间差异。业内专家认为，波司登旗下多个品牌看似做了细分，但是运营团队、产品风格、管理模式实际上没有太大的差别。波司登2015/2016财报显示，除波司登主品牌实现2.8%的收入增长之外，雪中飞、冰洁和康博三个羽绒服品牌均出现销售萎缩，其中"冰洁"和"康博"的销售跌幅高达28.2%和47.2%，最终"康博"也因设计风格偏传统而黯然退出市场。③

而此时波司登的国际化战略也处于瓶颈期，其热极一时的伦敦旗舰店在2017年3月18日宣布暂停营业。④ 在开店的一年里，这间欧洲的首家旗舰店并未盈利，店内人员表示，后台的管理费用，养一个设计师团队的费用，整个营销团队的费用等大大抵消了表面还不错的销售业绩。伦敦旗舰店的暂停营业也让高德康意识到，影响力有限且海外运营经验不足的中国品牌想要真正国际化并非容易之事。

2 波司登的品牌再定位

2.1 波司登的困境探源

2014~2016财年，波司登营业收入遭遇"滑铁卢"。尽管2012/2013财年波司登集团收入依旧保持高涨，年营业收入约为93.25亿元，但是此后企业经营业绩一路下滑。2013/2014财年营业收入为82.38亿元，同比下跌11.7%；

---

① 参见波司登2015/2016年度业绩公告。
② 波司登多元化"失速"，参见 http://field.10jqka.com.cn/20130709/c536021848.sht.
③ 王彩霞. 波司登转型那些痛你不懂 [J]. 中国连锁, 2016 (8)：58-61.
④ 刘一博，郑娜. 波司登：快速扩张致消化不良 [J]. 商业文化, 2017 (6)：54-57.

2014/2015 财年营业收入为 62.93 亿元，同比下跌 23.6%；到了 2015/2016 财年，波司登营业收入仅为 57.87 亿元（见附表 2）。面对惨淡的经营绩效，高德康心里清楚，虽然 2013~2016 年服装行业"供过于求"的大环境导致服装行业销售总体不景气，但是数额如此巨大的收入暴跌也给企业管理高层敲响了警钟，"是不是企业经营自身出现了问题？"带着这样的疑问高德康于 2017 年 9 月找到君智咨询"把脉问诊"①，在咨询公司的分析下，高德康发现目前市场上主流消费人群已经发生很大改变，即随着居民可支配收入水平的提高（见附图 2）以及代际结构的变迁，上层中产与富裕阶层、新世代人群已然成为新的消费主力。据统计，上层中产（家庭可支配月收入为 12500~24000 元）及富裕阶层（家庭可支配月收入在 24000 元以上）目前已达到 1.14 亿人，其消费额以 17% 的速度增长，能为中国城镇消费贡献 1.5 万亿美元的增量，是中国消费浪潮中的中坚力量。而由"80 后""90 后""00 后"构成的新世代消费群在中国城镇 15~70 岁人口中占比为 46%（2020 年），消费占比约为 53%，消费能力强劲。与其他消费群体相比，新世代、上层中产及富裕阶层主导的消费人群在消费行为上有很大转变，他们有能力也更有意愿去提升个人的消费水平，并且在消费升级中追求个性、品质与精致。目前，上层中产和富裕阶层率先进入高端品牌的消费，年轻消费者则表现出更强的品牌意识，他们对品牌的平均认知数为 20 个，远远超过上一代的 7 个品牌。②

波司登企业内部也发现了消费人群改变的事实。有一次，一位企业高管将波司登新款羽绒服作为礼物送给有业务往来的合作伙伴，但意想不到的是，年轻的合作伙伴收到羽绒服后说："我要把羽绒服拿回去给妈妈穿。"这位企业高管解释道："这可是新款啊。"然而对方坚持认为"波司登是爸爸妈妈辈儿穿的羽绒服"。后来，这位高管了解到年轻人更喜欢风格时尚的羽绒服，除了可以保暖，还要能展现身材、突出个性，在色彩上也更偏爱亮丽的色块拼接，而非单一的颜色。

除了发现消费人群的改变，君智咨询董事长谢伟山还指出波司登在品牌经营中出现了问题，那就是产品系列中的多品牌在市场细分上存在着交叉和重合，导致了品牌定位不清晰。无论是在羽绒服产品系列还是在四季化非羽绒服产品系列上，众多的品牌单品与国内外知名服装品牌展开竞争，特色、优势均不明显。尤其是在四季化产品的业务扩展上，由于渠道和营销沟通欠

---

① 君智竞争战略咨询——波司登华丽转型背后的专家 [EB/OL]. 搜狐，https://m.sohu.com/a/307195419_120021437, 2019-04-11.

② 中国消费趋势报告，参见 https://www.useit.com.cn/thread-10973-1-1.html。

缺良好的规划和长远的构想，导致波司登营销资源被分散，进一步造成消费者认知混乱，甚至出现了"好久没有见过波司登"的客户评价，这样的局面最终削弱了波司登主业（羽绒服）的品牌基础。与此同时，作为一个在服装业挺立数十年的民族企业，品牌老化也成为一个不争的事实，随着与消费主流群体的渐行渐远，波司登销售渠道重心也由国内高端市场被迫挤压到底线市场。

2.2　波司登的"解困良方"——品牌再定位

面对竞争日益激烈的市场环境，君智咨询认为，波司登需要重新梳理企业自身的竞争优势，找到一个相对于竞争对手的差异化价值点，以调整消费人群对波司登的品牌认知，实现品牌再定位，从而赢得主流消费人群的青睐。经过对行业发展、竞争态势、顾客认知等方面的分析，咨询公司将波司登的竞争优势归结为品牌知名度高、企业历史长、创新精神佳且拥有一定的海外销售渠道。波司登是 20 世纪 90 年代初羽绒服品类的代名词，一提到波司登，大众消费者就能够联想到羽绒服。同时，企业历史长达数十年，始终专注于羽绒服的研发、设计、制作，质量过硬，引领三次行业革命，也创下畅销 23 年的辉煌成绩，在羽绒服领域可谓"业内专家"。几十年的服装出口经历以及 2009 年实施的国际化战略，也让波司登拥有了庞大的海外销售体系，产品出口多达 72 个国家。在挖掘波司登这些竞争优势之后，君智咨询将波司登区别于竞争对手的差异化价值点聚焦到了其在羽绒服领域的积淀和出口优势上，从而确立了"全球热销的羽绒服专家，畅销 72 国"的传播诉求，相应地，也对品牌标志进行了修改。

2012 年之前，波司登的品牌设计源于高德康的创业故事，创始人用梦想翅膀托起了波司登品牌，而天使的翅膀象征着守护，也寓意着波司登羽绒服用温暖守护着世界。2012 年之后，随着国际化战略的加快实施，波司登更新了品牌标志，并在伦敦旗舰店推出了展翅飞翔的 Logo，寓意波司登飞向世界各国，开启新征程。而在这一次品牌再定位下，因为定位宣传语的改变，2018 年品牌进行了其标志调整，它呈现了波司登作为民族品牌且要把"中国创造"带到全世界的期许和信心！因此，为了呈现品牌来源国信息，新的品牌标志采用中文字标的形式，"波"的左偏旁和"登"的上半部分依稀可见半展开的翅膀，整体寓意"展翅飞翔的力量，态势向上升腾"（见图 3）。①

①　服装界的一股清流！波司登为何换上中文 Logo？［EB/OL］. 搜狐，https：//www.sohu.com/a/243301840_395766，2018-07-25.

2012年之前　　　　　2012~2018年　　　　　2018年至今

图3　波司登品牌标识随时间变化图

3　品牌再定位下的 4P 组合策略

品牌再定位，不是局部的改变，而是公司战略的转型，它需要有人统帅、有人负责，清晰地指明企业前进的方向，并且确保企业里的每一个人都关注到再定位战略，统一企业与消费者各个接触点的信息传递与描述。然而，能为企业设定目标、设定任务优先级的便是 CEO。为此，波司登董事局主席兼总裁高德康在战略转型启动会上郑重宣布："我们要打一场硬仗。波司登就如同我的生命一样，我会全力支持。只有这样，品牌才能涅槃重生。"① 与此同时，为了加强企业团队对战略转型的理解，在君智咨询的支持与帮助下，波司登先后启动了 6 次战略宣讲大会，上至总部下至基层，以人员全覆盖的方式全面落实品牌再定位下的营销组合实施策略。

3.1　产品升级策略

为了匹配"羽绒服专家"形象，波司登决定以持续创新驱动产品全面发展。围绕产品质量水平的提升，波司登在公司内部成立了品质升级委员会，对研发、技术、销售和售后服务等多个环节进行管控，并在现有高品质产品的基础上，全面提升面料、绒、毛、辅料的品质和工艺水平。在产品功能的拓展上，波司登将年均销售额的 3%~7%用于研发和创新，不仅设立了国内首个羽绒服行业国家级实验室，而且引进高端生产设备推出具有特定功能的羽绒服装，如极寒系列以及升级版的高端户外系列。其中，高端户外采用全球顶级户外装备首选面料 GORE-TEX，既持久防水防风，又高度透气。服装内里采用欧洲 800+高蓬松度 5A 级羽绒以 90%含绒量填充，最大程度提升羽绒

---

① 君智竞争战略咨询——波司登华丽转型背后的专家 ［EB/OL］. 搜狐，2019－04－11. https：//m. sohu. com/a/307195419_120021437.

服的舒适度和保暖性，同时采用德国防绒针和缝制技术提高锁绒率。该功能羽绒服系列一经推出便博得好评，也助力波司登荣获被誉为"户外界奥斯卡"的 Outside 年度装备大奖①。

此外，波司登还对产品的款式与风格全面升级，根据不同消费群体对流行趋势的偏好与需求，结合公司品牌战略，通过加强部门间交流与合作开展产品款式的研发，确保产品研发方向与消费者喜好、公司品牌战略相一致，从而实现产品时尚设计上的升级。例如，针对精致都市女孩设计了城市户外系列，赢得小红书时尚博主们在日常约会穿搭方面的推荐；针对新世代消费群体，携手国际三大设计师 Tim Coppens、Ennio Capasa、Antonin Tron 联名设计，推出星战系列、漫威系列、泡芙系列以及迪士尼系列等时装产品。同时，积极与知名 IP 合作，与 KENZO 创始人高田贤三合作设计，不仅将 KENZO JUNGLE 的理念与羽绒服产品结合，采用鲜艳大胆的热带丛林色彩及特殊材质的配件，而且将高田贤三的 KENZO PARIS 风格融入设计元素，所形成的简约大气风格深受偏好波司登经典款、基本款的顾客喜爱。

3.2 价格调整策略

波司登除了对产品全面升级之外，还通过价格调整策略塑造全新的品牌形象。波司登曾在 2018 年中期业绩发布会上表示，根据公司 10 年的发展战略，首 3 年其品牌羽绒服每年均会提价，而且会逐渐提高高端产品的占比，1500~2000 元价位的产品将会成为主力产品。

据统计，2018 年波司登羽绒服平均提价了 20%~30%，其中高端产品提价了 30%以上，远超 2018 年我国羽绒服行业平均价格 6.3%的增速②（见图4）。从价格段上看，2018 年波司登羽绒服 1800 元以上的产品占比由 2017 年的 4.8%提升至 24%；1000~1800 元的产品占比由 2017 年的 47.6%提升至 63.8%；1000 元以下产品占比则由 2017 年的 47.5%下降至 2018 年的 12.5%（见图 5）。③ 2019 年，波司登羽绒服继续提价 30%~40%，产品价格段占比延续 2018 年的分布趋势，"双 11"期间，1800 元以上的产品占比已超 40%，远高于 2018 年的 24%。

---

① 参见波司登集团官网。

② 中国产业信息.2018 年中国羽绒服行业市场规模、竞争格局及羽绒服行业市场平均价格走势预测［EB/OL］.产业信息网，2020-01-21. http://www.chyxx.com/industry/202001/831256.html.

③ 参见 http://www.chyxx.com/news/2019/1108/802949.html。

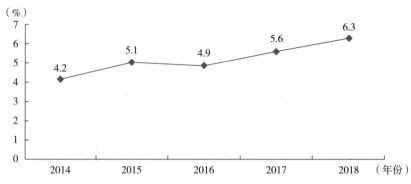

图4　2014~2018年羽绒服行业平均价格增速

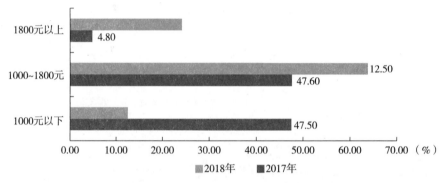

图5　2017年、2018年波司登产品价格段占比

　　就单品而言,通过设计师联名、时装周走秀、明星站台等方式推出的时尚化系列产品和功能性、专业性强的系列产品(如高端户外系列、极寒系列)的平均价格较高(见表1)。而通过合作知名IP的方式推出的星战系列、迪士尼系列服装价格相对较低且价格差距较大,如迪士尼联名系列最低价格是600元左右(迪士尼联名米奇系列女士短款羽绒服),最高价格达到2629元(迪士尼联名雷神系列男士长款羽绒服)[①]。

表1　波司登主要产品系列及价格区间

功能产品系列	价格区间	时尚产品系列	价格区间
高端户外系列	3699~4999元	设计师系列	1499~2599元
极寒系列	1699~3199元	漫威系列	1699~2999元
登峰系列	5800~11800元	泡芙轻暖系列	1499~1999元

① 参见波司登天猫旗舰店。

3.3　渠道升级策略

波司登此次的品牌再定位也非常注重渠道升级策略，分别从优化渠道结构、提升渠道终端形象和线上线下渠道融合三个方面加以落实。

3.3.1　优化渠道结构

波司登首先根据品牌再定位的需要，围绕主流消费人群的渠道偏好进行结构优化，它打破原来的批发业务模式，扩大自主直营店铺的运营，同时减少代理商在渠道中的占比，逐步向零售模式转型，以加强企业对于波司登品牌的控制和管理。为此，2018年，波司登主品牌关闭低效店铺近700家，新增常规店铺800多家，新装修店铺1200多家，更换门头店铺1400多家。① 与2017年相比，波司登直营网点的零售渠道增长率约为20%，比重反超加盟商。截至2019年3月，波司登羽绒服业务的零售网点共计4628家；自营零售网点净增加至1628家（占比52%）；第三方经销商经营的零售网点占比48%，净减少43家（见图6）。

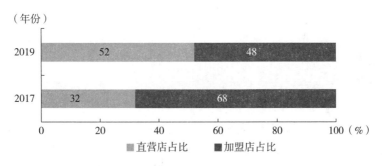

图 6　波司登优化渠道结构

3.3.2　提升渠道终端形象

随着营销渠道的不断优化及门店数量的增多，波司登也有所侧重地提升渠道终端形象，以吸引更多年轻消费群体的关注。为此，波司登与万达、银泰、印力、凯德等核心商业体开展合作，加大品牌主流渠道的资源投入，并与法国顶尖设计师 Thomas Clement 联手重新设计零售终端形象。截至2018年底，上海南京东路、北京西单、杭州大厦、成都春熙路、天津滨江道等全国地标商圈均可见波司登的高端旗舰店。

---

① 参见界面新消费论坛。

其中，成都春熙路北段的旗舰店更像一家大型品牌体验店，店内既有纽约时装周的羽绒服产品和迪士尼联名款，也有包括极寒体验仓在内的互动装置以及非常完整的茶歇休息区。此外，为了简化消费者购买流程，波司登还加强了对门店导购的培训，以便在顾客选择、搭配羽绒服时能够给予更专业的指导建议。

与此同时，为了进一步提升渠道终端形象，波司登还在一线城市的许多商圈开设了快闪店与品牌体验店。2018年国庆节，波司登与国际著名设计师法比奥、山本耀司合作设计服装，将快闪店设置在河北石家庄新百广场中，并铺设红毯邀请模特走秀；同年1月，"波司登为你而变Change For You"的快闪店空降杭州，波司登带着全新的设计理念亮相武林银泰，以冬日首款御寒力max极寒系列带给消费者全新体验。[①]

3.3.3 线上线下渠道融合

波司登除了在线下渠道进行变革之外，还针对年轻一族的生活方式进行互联网思维创新，积极探索线上营销渠道，以期实现线上线下融合发展。波司登关闭了一部分线下零售终端而转移至线上销售，继而开设多家网上旗舰店，通过大数据挖掘出消费者经常浏览的爆款羽绒服，放置网店首页，并在店内推广亲子、情侣系列的服装，还增设明星同款专区，吸引年轻消费者的注意和购买。同时，开设了会员制，注册会员可获得购物优惠券等额外利益。为促进线上线下融合，波司登与阿里巴巴在2016年达成战略合作[②]，依托阿里巴巴的互联网架构技术搭建波司登新零售管理云平台，以整合门店销售、库存、工厂、线上零售等多方数据，做到线上与线下渠道的会员通、零售通和库存通。

3.4 沟通升级策略

对于品牌再定位下的营销沟通，波司登凭借日渐成熟的公共关系积极开展品牌价值的传播。2018年，波司登成功入选"CCTV国家品牌计划"，并在水立方举办战略发布会，对外公布了全新的品牌标识、广告以及升级后的终端店铺形象，同时携手国际知名设计师发布全新产品，以羽绒服走秀表演激活广大消费者对其"羽绒服专家"的认知。在此期间，波司登借助央视平台大力宣传企业创业故事，将品牌历史与产品价值传递给消费者。同年9月针

---

① 参见波司登集团官网。

② 桂益龙.零售云平台、波司登向互联网"迁徙"[J].企业管理，2017（11）：100-103.

对城市主流人群，波司登又联合分众传媒展开"激活品牌，引爆主流"亿元级战略合作，继而完成其在国内两大主流媒体的布局。乘公关的加速升级之势，波司登还参与了全球性高平台展会和高势能活动，如2018年9月12日波司登登上纽约时装周的舞台，2019年9月19日波司登惊艳亮相米兰时装周，发布"星空""极寒""地表"三大产品系列①。

为进一步提升品牌沟通效果，2019年10月波司登签约影视明星杨幂正式成为设计师系列代言人，邀请漫威电影宇宙核心影视明星等为产品拍摄宣传片。此外，波司登也利用新媒体的崛起进行品牌价值传播。不少好莱坞明星，身穿波司登羽绒服街拍的照片被传到了抖音、微博等社交媒体上，引起年轻人的追逐热潮，波司登顺势拉近了与消费者的距离。

4 品牌再定位的市场反应

波司登实施品牌再定位与4P营销组合策略后，成功调整了消费者对其品牌的认知，引起市场热烈反响。根据全球知名市场调研机构益普索2018年11月发布的调研报告，在被调查的人群中，波司登品牌的无提示第一提及率为66%，净推荐值（NPS）为49%，品牌美誉度是8.69，消费者品牌认知度高达97%②，这些评价指标在行业内均处于领先地位。报告同时显示，20~30岁的年轻一代购买波司登的比重有显著提升，波司登不再是年轻消费者眼中"爸爸妈妈辈儿穿的衣服"，它正以波澜壮阔之势重回主流消费者的视野。

2018年天猫"双11"期间，波司登网上官方旗舰店成为首家预售破亿元的品牌店铺，仅"双11"一天，波司登线上线下渠道的总销售额为7.4亿元；同年"双12"当日，波司登的全渠道销售额突破5.1亿元，同比增长279%，天猫旗舰店的同比增长也达到179%。2019年的"双11"，波司登天猫旗舰店仅7分钟销售额便破亿，销售额较上年增长58%，当天全网销售额突破8亿元，全渠道销售额更是突破10亿元；同年"双12"，波司登在天猫直播热度从"双11"的816万人跃升至1075万人，当天线上销售额突破4.4亿元，高单价商品销售额占比提升23%，其天猫旗舰店单店销售额继"双11"之后蝉

---

① 参见波司登集团官网。

② 波司登（03998）拟回购不超过10%已发行股份，长期发展信心凸显［EB/OL］. https：//www.zhitongcaijing.com/content/detail/262099.html，2019-12-23.

联中国服装行业第一①。

波司登的零售佳绩也带来喜人的财务表现。根据波司登披露的2018/2019财年中期业绩，截至2018年9月30日，波司登中报实现营业收入34.44亿元，同比增长16.4%；营业利润3.61亿元，同比增长51.05%。到了2019/2020的财年中期，波司登营业收入约为44.36亿元，同比增长28.8%，毛利率提升1.2个百分点至43.5%，营业利润4.86亿元，实现营收利润双增长。②根据国泰君安的研究报告，波司登销售增长的原因之一是受到了更多高端、年轻化消费人群的欢迎。其中，在年龄上，18~34岁的购买波司登人数同比提升51%。在地域上，一、二线城市消费者同比增长56%。在产品类别方面，1800元以上的商品销售额同比提升147%。③

随着主流消费人群对波司登的青睐和认可，波司登品牌价值再创新高。在2019年5月"中国品牌日"知名品牌价值排行榜中，波司登的品牌价值高达243.02亿元，并以982的品牌强度位居服装行业第一（见附表3）。同年11月15日，在由金融界主办的"'金智奖'价值评选"活动中，波司登集团斩获"2019年度中国上市公司杰出品牌"重量级奖项。④

5　居安思危

尽管波司登两年多的品牌再定位使得集团收益颇丰，但是高德康知道未来的路并不轻松。可喜的是，中国羽绒服市场前景可观，年平均增长率在10%以上⑤，预计2022年中国羽绒服市场将达到1621亿元（见附图3）。然而，令高德康深思的是，财年营业收入的增长绝大部分受益于产品提价，但羽绒服相对耐用，这种"价增、量不减"具有可持续性吗？

波司登天猫旗舰店里的新款"登峰"系列羽绒服在2019年"双11"期间，售价上万却悄然下架，引发网友关注，因为官方旗舰店该系列的羽绒服

---

① 蝉联中国服装行业第一，波司登双十二战绩出色［EB/OL］. 2019-12-16. https：//news.cfw. cn/v269423-1. htm.

②③ 参见波司登2019/2020财年中期报告。

④ 参见波司登集团官网。

⑤ 2019年中国羽绒服行业发展历程、产业链及市场现状分析［EB/OL］. 2020-02-26. 产业信息网，https：//www.chyxx.com/industry/202002/837538. html.

仅售出 3 件①。那么，高价等于高端吗？近年来，加拿大的 Canada Goose 和法国的 Moncler 凭借品牌声望、国际影响力、明星效应、高端定价等依旧是国际首屈一指的高端羽绒服品牌，深受主流消费人群的认可与青睐。2018 年底加拿大的 Canada Goose 第三财季净利润大幅增长 72%，法国 Moncler 也在亚太地区拥有近百家零售店。作为定位高端的奢侈品羽绒服品牌，加拿大的 Canada Goose 和法国的 Moncler 都推崇"不降价"策略。② 反观波司登，其官方旗舰店里价差巨大的羽绒服同店销售，冬季热销的几千元产品可能在夏季促销时以百元价格、降幅八成的低价售出，这样的定价策略对品牌再定位是把双刃剑吗？

再者，高德康深知自 1999 年开始推出的羽绒服多品牌战略以及 2009 年全面实施的四季化新品牌战略，效果并不理想。从 2007 年开始，非核心品牌羽绒服对于销售收入的贡献逐年降低，2018 年非核心品牌羽绒服收入占比仅为 12.4%，2019 年又降低至 10.5%（见附表 4）。尽管波司登调整了多品牌战略，即 2019 年冰洁品牌主推产品性价比，积极发展线上销售，并将线下渠道聚焦经济发展较好的乡镇市场，而雪中飞品牌则在 2016 年"乐享户外 Enjoy Outdoors"转型尝试后再次进行调整，打算加入更多的时尚、生活元素③，但是这些策略调整仍未带来明显的积极市场绩效。那么，在波司登的品牌再定位下，这些品牌又将何去何从？

在 2016 年仅存的四季化产品中，波司登再次规划，次年首先是出售了摩高休闲男装，然后新购"邦宝""科利亚诺"及"柯罗芭"三个女装品牌，并与之前的"杰西"品牌构成女装业务。然而，2019 年女装业务收入仅占总收入的 11.6%，除了"杰西"和"科利亚诺"同比销售有所增长以外，"邦宝"同比销售减少 3.7%，"柯罗芭"也同比下滑 5.9%（见附表 5）。从品牌定位上看，目前四个女装品牌多以中高端为主，目标人群出现了重合（见附表 6）。那么，这些与主营羽绒服关联较弱的女装品牌该如何实现多品牌的协同效应，能否受益于波司登的品牌再定位？

思索着这些问题，高德康不禁感叹，品牌再定位带来的突出财务表现仅是暂时性胜利，一个数十年的历史品牌只有实现从产品经营到品牌经营的实质转型，波司登集团才有可能持续发展，重生之再续辉煌。

---

① 股价突现半年最大跌幅，万元羽绒服下架，波司登怎么了？[EB/OL]. 2019-11-13. https://baijiahao. baidu. com/s？ id=1650043986187373940&wfr=spider&for=pc.

② 文岳. "生金蛋"的加拿大鹅［J］. 中国品牌，2019（5）：82-84.

③ 雪中飞品牌转型打造泛户外生态链，参见 http：//unn. people. com. cn/GB/n1/2016/0520/c14717. html。

附录1 2018/2019 财年波司登收益情况

附表1 2018/2019 财年波司登收益情况　　　　单位：万元

项目	截至 2019 年 3 月 31 日	
	2019 年	2018 年
收入	1038345.3	888079.2
销售成本	486993.9	476169.0
毛利	551351.4	411910.2
其他收入	9080.6	6562.2
销售及分销开支	343985.2	245150.3
行政开支	72906.8	63018.0
关于商誉及无形资产的减值	4300.0	16536.1
其他开支	2163.5	1427.0
营业利润	137076.5	92341.0

注：笔者根据波司登 2018/2019 年度报告整理。

附录 2　2012～2019 年波司登业务类型及收入情况

附表 2　2012～2019 年波司登业务类型及收入情况

时间	业务类型	收入（万元）	占比（%）
2012 年 4 月至 2013 年 3 月	羽绒服	709369.5	76.08
	贴牌加工管理	95488.0	10.24
	非羽绒服	127596.4	13.68
	合计	932453.9	100
2013 年 4 月至 2014 年 3 月	羽绒服	605666.3	73.52
	贴牌加工管理	88051.7	10.69
	非羽绒服	130071.4	15.79
	合计	823789.4（↓）	100
2014 年 4 月至 2015 年 3 月	羽绒服	407984.2	64.84
	贴牌加工管理	120180.6	19.10
	非羽绒服	101092.1	16.06
	合计	629256.9（↓）	100
2015 年 4 月至 2016 年 3 月	羽绒服	397719.7	68.72
	贴牌加工管理	98398.0	17.00
	非羽绒服	82614.4	14.28
	合计	578732.1（↓）	100
2016 年 4 月至 2017 年 3 月	羽绒服	457916.9	67.18
	贴牌加工管理	77775.9	11.41
	女装	62203.0	9.13
	多元化服装	83764.1	12.28
	合计	681659.9（↓）	100

续表

时间	业务类型	收入（万元）	占比（%）
2017 年 4 月至 2018 年 3 月	羽绒服	565102.1	63.63
	贴牌加工管理	93680.7	10.55
	女装	115350.6	12.99
	多元化服装	113945.8	12.83
	合计	888079.2（↑）	100
2018 年 4 月至 2019 年 3 月	羽绒服	765750.5	73.75
	贴牌加工管理	136822.6	13.18
	女装	120183.1	11.57
	多元化服装	15589.1	1.50
	合计	1038345.3（↑）	100

注：笔者根据波司登年报整理。

附录3 波司登品牌发展大事件

附表3 波司登品牌发展大事件

1976 年	高德康带领十余名农民艰苦创业	
1992 年	创立"波司登"品牌	
1995 年	荣获美国商品展、俄罗斯博览会金奖,把时装理念引入羽绒服	
1996 年	奥委会授予波司登"亚特兰大奥运会特许产品"称号	
1998 年	波司登赞助中国登山队成功登顶珠穆朗玛峰	
1999 年	波司登成为中国首个进入瑞士市场的服装品牌	

续表

2001 年	波司登获得法国高质量科技产品证书	
2007 年	波司登羽绒服被评为中国世界名牌产品	
2009 年	波司登获得"全球 200 强最具影响力品牌"称号,并被中国品牌研究院评为"国家名片"之一	
2011 年	波司登旗舰店在英国伦敦的牛津时尚街区开业	
2014 年	波司登进军美国,纽约曼哈顿联合广场店营业,并亮相米兰世博会	
2018 年	波司登亮相纽约时装周,发布国际设计师联名系列	

续表

| 2019 年 | 波司登荣获 2019 "Outside" 户外装备年度大奖 |  |
| | 以品牌强度 982 荣登纺织服装鞋帽行业榜首 | |

注：笔者根据官网资料整理。

附录4　2007~2011年波司登品牌羽绒服市场份额

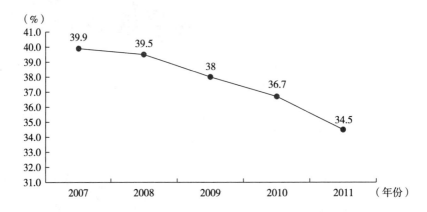

附图1　2007~2011年波司登品牌羽绒服市场份额

资料来源：根据李睿奇文献资料整理。①

---

　①　李睿奇. 波司登多品牌造梦［J］. 中国经济和信息化，2013（12）：63-65.

附录5 2013~2019年全国居民人均可支配收入

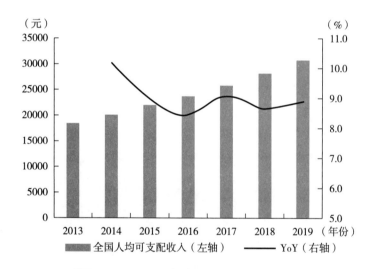

附图2 2013~2019年全国居民人均可支配收入

资料来源：信息产业网。

附录6 2016~2021年羽绒服 市场规模及增速

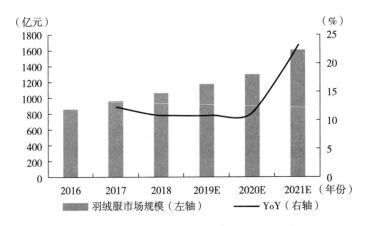

附图3 2016~2021年羽绒服市场规模及增速

资料来源：信息产业网。

附录 7　按品牌划分羽绒服业务收入

附表 4　按品牌划分羽绒服业务收入

项目	截至 2019 年 3 月 31 日			
	2019 年		2018 年	
品牌	销售收入（万元）	占比（%）	销售收入（万元）	占比（%）
波司登	684920	89.5	495370	87.6
雪中飞	36150	4.7	31550	5.6
冰洁	21340	2.8	20330	3.6
其他	23340	3.0	17850	3.2
羽绒服总收入	765750	100.0	565100	100.0

注：笔者根据波司登 2018/2019 年度报告整理。

附录8　按品牌划分女装业务收入

附表5　按品牌划分女装业务收入

项目	截至 2019 年 3 月 31 日				
	2019 年		2018 年		变动
品牌	销售收入（万元）	占比（%）	销售收入（万元）	占比（%）	
杰西	41240	34.3	38920	33.8	6.0
邦宝	36160	30.1	37530	32.5	-3.7
科利亚诺	22610	18.8	17610	15.3	28.4
柯罗芭	19350	16.1	20560	17.8	-5.9
其他	820	0.7	730	0.6	12.3
女装总收入	120180	100.0	115350	100.0	4.2

注：笔者根据波司登 2018/2019 年度报告整理。

附录9　女装业务旗下品牌简介

附表6　女装业务旗下品牌简介

品牌	品牌定位
杰西	中高端女装品牌，定位于28~45岁都市白领女性，追求"时尚而华丽，优雅而经典"，兼有职业和休闲风格
邦宝	产品定位流行、浪漫、时尚、个性
科利亚诺	中高端女装品牌，定位于20~35岁的都市女性，为职业女性设计简洁高贵、清新明朗的服装，以及具有青春气息的休闲装
柯罗芭	高档女装，定位于35~55岁知性、有品位女性，产品风格简约、大方

资料来源：时尚品牌网。

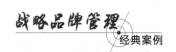

Gorgeous Transformation under
the Repositioning of Bosideng Brand

Abstract: Bosideng Group's revenue for the 2018/2019 fiscal year exceeded RMB 10 billion, with down – jacket businesses of the main brand accounting for 73. 75% of total business income, making it the largest driving force of the Group's revenue growth. The surging revenue is attributed to the overhauled brand image under Bosideng's repositioning. This case takes Bosideng's brand strategy as the main line, combined with the time context to comb the history of brand development before Bosideng's repositioning, in order to explore the motivation behind it. Then it discusses the logic of carring on Bosideng's brand repositioning and how the company implemented this through the 4P marketing portfolios and evaluate the effect by looking at the market reaction.

Key words: Brand Repositioning; Bosideng; Brand Strategy; 4P Strategy

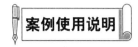

波司登品牌再定位下的华丽变身

一、教学目的与用途

1. 本案例适用于"市场营销"与"品牌管理"等课程中的品牌再定位、品牌开发战略、品牌建设等内容的学习。

2. 本案例适用于有一定工作经验和管理阅历的 MBA 及 EMBA 的学生和管理者，同时也适用于市场营销、工商管理专业本科生与硕士研究生关于以上相关内容的教学。

3. 本案例通过加深学生对品牌再定位的理解与认识，实现以下三个主要教学目标：

（1）引导学生思考波司登为什么实施品牌再定位，从而掌握品牌再定位的动因分析框架。

（2）引导学生理解品牌再定位的内涵，并结合案例材料分析、归纳波司登品牌再定位实施过程以及与营销组合策略的关系。

（3）通过了解品牌再定位的价值创造过程，引导学生客观评估波司登品牌再定位的效果以及思考未来品牌发展之路。

二、启发思考题

1. 波司登在不同的企业发展时期，分别实施了哪些品牌战略？这些品牌战略效果如何？

2. 波司登在怎样的环境中开始思考品牌再定位？

3. 波司登对品牌再定位的描述是什么？为什么会选择这样的定位描述？

4. 波司登如何实施品牌再定位？再定位与 4P 营销组合有怎样的关系？

5. 对于波司登品牌再定位，消费者是如何评价的？再定位中还有哪些潜

在的品牌管理问题？

三、分析思路

本案例可以按照波司登"为什么实施品牌再定位（Why）—品牌再定位是什么（What）—如何实施品牌再定位（How）—品牌再定位效果由谁评价（Who）"（3W1H）来构建分析思路，如图1所示。

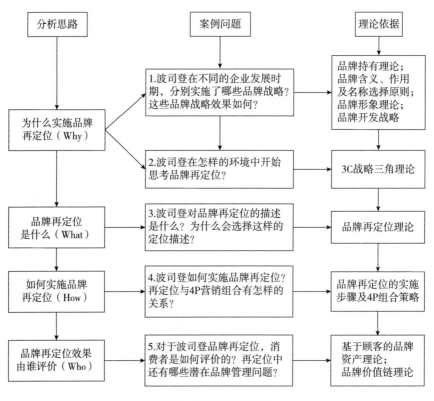

图1　案例分析思路

课前建议阅读资料：

［1］艾·里斯，杰克·特劳特．重新定位［M］．邓德龙，火华强，译．北京：机械工业出版社，2019.

［2］艾·里斯，杰克·特劳特．定位［M］．邓德龙，火华强，译．北京：机械工业出版社，2018.

[3] 凯文·莱恩·凯勒. 战略品牌管理 [M]. 吴水龙, 何云, 译. 北京: 中国人民大学出版社, 2009.

[4] 田庆立. 日本未来学家大前研一的战略管理思想 [J]. 未来与发展, 2010 (7): 106-109.

第四篇

品牌塑造

发扬中国元素的本土奢侈品牌
"夏姿·陈"（Shiatzy Chen）能否走远？[①]

摘　要：以中国元素为主题、真正地由中方独立运营的国内奢侈品牌寥寥无几。"夏姿·陈"（Shiatzy Chen）作为中国台湾进入欧洲的第一家品牌，其成功之处值得学习。本案例以奢侈品品牌的核心价值和传播途径为切入点，记录了自1978年创立以来，这个出自台湾的中国奢侈品牌"夏姿·陈"，以中国新锐设计师王陈彩霞女士为首的中国品牌管理团队深入挖掘中国文化元素、打造世界顶级中国奢侈品牌的艰难过程。

关键词：中国奢侈品牌；品牌管理；核心价值

引　言

中国奢侈品消费者的消费习惯近年来发生了一些转变，即部分消费者在体验了西方的奢侈品之后，开始逐步回归自己的文化根基，寻找更好的、有根基的生活方式。这使他们开始热衷于消费带有中国文化元素的精致产品。同时，随着中国国力的增强，世界更加关注中国，也开始关注带有中国元素的精致产品。这无疑给"夏姿·陈"带来了更大的发展空间。这个有着当代东方风格的品牌，融合了西方顶尖的工艺与东方细腻的匠心，秉承对品牌品

---

① 本案例由上海对外经贸大学工商管理学院吴志艳博士撰写，本案例作者拥有著作权中的署名权、修改权、改编权。未经允许，本案例的所有部分都不能以任何方式与手段擅自复制或传播。由于企业保密的要求，在本案例中对有关名称、数据等做了必要的掩饰性处理。本案例只供课堂讨论之用，并无意暗示或说明某种管理行为是否有效。

质的坚持，带领时尚穿梭于千年的人文经典之中。

1978 年初产生于台北的"夏姿·陈"（Shiatzy Chen），含义为"华夏新姿"，寓意是希望通过创作的转化，让历史的风采与时代的风貌制成恰到好处的剪裁轮廓，最后再将"初衷"当作目标，巧手缝在引领处。关于品牌价值观，"夏姿·陈"坚持不随波逐流的信念——时尚不仅是时尚，更是人文生活的反观，品位更足以传世不朽，让经典亘古至今。"夏姿·陈"的设计总监，即品牌灵魂人物王陈彩霞，对于服装工艺丝丝入扣，从布质的触感到光泽的呈色，再到纵横于纺织的纹样图腾都一丝不苟，从元素的研发延伸到技术的工法都力臻完美。

风鹏正举的"夏姿·陈"，顺着东风的浪潮，始终坚持着宋式深度人文美学的品牌精神，更坚守着新中国风的无尽宝藏，始终执着"九层之塔，起于累土"的踏实，在全球时尚布局的未来壮志里，更期待深掘属于东方文化的厚度。在精工巧匠传艺日益凋零的当下，保存历史遗留的生活美学与技术刻不容缓。"夏姿·陈"虽然已在国际奢侈品牌竞争的舞台上初露头角，但是如何在国际舞台上走远才是"夏姿·陈"面临的挑战。

1 "夏姿·陈"的品牌发展和王陈彩霞的梦想

1.1 "夏姿·陈"的发展历程

自 1978 年品牌创立迄今，含义为"华夏新姿"的"夏姿·陈"在每个成立的销售点，坚持以最优质的服务为准则，让"夏姿·陈"的品牌支持者拥有最愉悦的消费体验。目前"夏姿·陈"在全球拥有 60 多个销售点，其中涵盖了 19 个直营门市，31 个百货专厅。2001 年，"夏姿·陈"进驻巴黎 Rue Saint Honoé 精品街的自营门市更是开启了国际市场；2003 年，"夏姿·陈"正式进驻中国上海锦江商圈，这顺应了东方品位的主流市场价值，此后"夏姿·陈"接连在香港、北京、青岛、天津、澳门、杭州、深圳、大连等地成立直营店，谱写了诗意东方的美好篇章；2005 年上海外滩九号旗舰店开业与2007 年中国总部成立，寄予着"夏姿·陈"美好的信念与期许；2011 年，"夏姿·陈"进军马来西亚；2013 年，"夏姿·陈"成立日本分公司并开设专卖店，期望未来可以在中国台湾、中国大陆、中国香港、中国澳门以及法国巴黎之外，成立倍数成长的全球旗舰店，让现代中国风布满时尚的地图。

2007 年，"夏姿·陈"成立了中国营运总部。历经多年的运筹帷幄，为了招揽中国精湛的艺术人才，并延续百年传世的精致人文，"夏姿·陈"在上海闵行区成立了总部，占地 6600 平方米，由德国建筑师 Johannes Hartfuss 主导设计规划，取材自上海当地老砖与古朴的铜板，交错中建构既传统又时尚的东方趣味，呈现中国丝绸之美，空间的布置汇集了精致大器的建筑美学。五层挑高的总部里，包含着办公室、服装展示间、设计开发部门与厂务空间等，最大利用面积可达 10600 平方米，并可同时容纳上千名的工作同仁。整栋建筑彰显着简朴、雅致又不失时尚的创意空间，更有着老榆木的东风逸趣与当地生活美学，如此的设计理念，正如"夏姿·陈"的品牌定位，在布局国际的同时，亦深耕东方文化与特色，展现其时尚之心。

2008 年，"夏姿·陈"被正式列入巴黎时装周官方行程，发布 2009 年春夏时装秀。截至 2015 年，"夏姿·陈"已参加十三届巴黎时装周。2015 年，"夏姿·陈"与国际知名出版社 Assouline 合作，耗时两年完成的品牌书全新上市，并在台北中山旗舰店同步举办了静态回顾展，让人们更深入地了解"夏姿·陈"的世界。向来注重由内而外的人文艺术与空间环境的生活美学的"夏姿·陈"，除了发布女装、男装与配件等系列作品外，自 2003 年起开发家饰品与中式庆典系列用品；2008 年跨界"采采食茶文化"的经营，以品牌"传承、创新"的一贯坚持，诠释"礼采"与"饮食"的文化深度和生活美感，凸显精致品位、风雅生活的全方位设计经营理念。

1.2 "夏姿·陈"品牌设计总监王陈彩霞女士

对"夏姿·陈"品牌的创立者王陈彩霞女士来说，传承中国的传统手工艺是她的首要任务。出生于台南彰化县的陈彩霞在 17 岁那年因不想"窝"在家里，就来到台南清水镇的一家布店做驻店学徒。在此期间，她与裁缝家的儿子王元宏恋爱了。王元宏服役期满，两个相爱的年轻人结婚了，王陈彩霞传统地冠以夫姓。由于父亲经营失误，布店的生意一落千丈，王元宏决定到台北闯闯。在台北坚持了两年之后，生意好转，王陈彩霞便带着两个儿子也搬到台北。

此后，王陈彩霞发现市场上的服装太过西化，于是渐渐萌生了希望把中国文化元素运用到现代服装设计中的想法。1978 年，两人创办"夏姿·陈"服装品牌。在丈夫的支持下，王陈彩霞设计的第一批带有中华民族特色的服装摆上了别人店里的货架。几个月后，却一件也没有卖出去。王元宏终于忍不住了，他要求妻子在设计产品时放弃中国元素，可是王陈彩霞的态度是坚决的，不但没有减少中国元素，反而在设计中加入更多中国唐朝、宋朝等时代的服饰文化。1983年，500万元台币的损失也让整个公司的焦点都集中到了王陈彩霞的身上。她感觉到了前所未有的压力。在与丈夫沟通之后，王陈彩霞决定到欧洲的时尚之都学习。后来，在经历不断的挫折之后，"夏姿·陈"在王陈彩霞的手中逐渐成长起来。

1.3 "夏姿·陈"的产品特色

"夏姿·陈"展现的是台湾人向上的精神及同时接纳中西文化的混合文化特质，让历史的风采与时代的风貌制成恰到好处的裁剪轮，是夏姿服饰高质量、高价格的品牌定位。除此之外，"夏姿·陈"还顺应国际潮流，注入当代国际时尚流行美学元素，应用国际流行服饰语言赋予服装新的生命力，铸造了如今独特的"夏姿·陈"风格。具体而言，"夏姿·陈"的每个产品系列都有其灵感来源和系列故事（见表1）。

表1　2010~2016年"夏姿·陈"产品系列的灵感来源和故事

年份	时间	主题	介绍
2010	春夏	心画	延续结合时尚与文化艺术的坚持，以"心画"为主题，汲取古典书墨悠畅寄怀、游戏翰墨的文心画意，在笔、墨、纸、砚的咫尺间，闲居理气，化合为心
	秋冬	钰心	以"玉"为主题，使用多元的玉石造型作为服装配饰。材质上选择了丝、雪纺、毛料等多种面料，衣料普遍带有玉石般温润的光泽，有些还有石质纹理，并缀以古朴的玉石与水晶等配料。剪裁上借鉴东方美学哲理，以简洁流畅的"H"形结构轮廓强调古典雅致的女性特质。色彩以深色系为基调，呈现出浪漫、神秘、怀旧而鲜明的东方风情
2011	春夏	渲彩剪影	以中国传统皮影艺术为题，探讨"光"与"影"的巧妙结合，展现出新季节的戏剧化情感与丰富的想象空间。本系列的创作精神，则回溯于20世纪20年代，一个具有革命性、象征现代化与自由解放的年代；设计本身显著受到此时期Art Deco装置艺术设计风格的影响，再现此系列渐进的时代感、独特鲜明的女性特质以及兼具艺术气质与异国风情的神秘优雅
	秋冬	锦繁	以中国传统饰品"锦繁"作为启发，透过温暖、饱和的色调，充满民族色彩的毛皮与面料，华丽的刺绣与装饰，融合少数民族传统服饰元素，传达出遥远东方国度的神秘情调，并象征着对深厚富饶、源源不绝的中华文化遗产的无限向往与礼赞

发扬中国元素的本土奢侈品牌"夏姿·陈"（Shiatzy Chen）能否走远？

年份	时间	主题	介绍
2012	春夏	锁云	以鼻烟壶为灵感，通过纷繁的面料，饱满的色彩和典雅的多重刺绣，把鼻烟壶所承载的精美手工艺展示在服装上，追忆中国古代文人雅士的闲情逸趣
	秋冬	织梦	以中国少数民族苗族文化为主题，以蝴蝶、饕餮纹、芒纹等苗族风格图腾来表现此系列
2013	春夏	剪纸	借由纸上镂空、剪刻技巧，不恪守视觉及空间限制，透过层层重叠，以及比例与透视的技巧，将三度空间物象表现于同一个平面上
	秋冬	厚彩	以中国唐朝浓郁的艺术精华与服饰剪裁，交叠出细腻绵密的时尚风采。厚，为布料质感，彰显了层层扎实的功力；彩，则是传统与现代艳色系的交融。唐朝在中国历史上近 300 年的辉煌，遥遥呼应了当时西方同样璀璨的罗马帝国。"夏姿·陈"取唐朝的精髓之意，让色感与布料图纹延续
2014	春夏	画面	以"画面"为主题，集结了过去三十五年来的印象，借由毕加索和蒙德里安的线条解构重组，在每一个神情的关注里，看见品牌一路走来的轨迹。设计总监王陈彩霞将记忆中的童趣画面、色彩景象与人生历程，在此系列中娓娓道来
	秋冬	砚池	从"砚池"得到灵感，取其形，仿其材，磨其色。砚池是墨色浓淡的舞台，淡如初开玫瑰嫣然一笑的情怀，艳如牡丹绽放热力的温度，浓如深不可测的青苔。砚池华艳如骄傲贵气的黑天鹅，素雅如轻描淡写的落缨池畔，淡然如行云流水的山岚。砚池对映出人生的色彩，书写生活的精彩，浓淡自理，冷暖自知
2015	春夏	海记	海洋富含生命力能量与美丽的传说。"夏姿·陈"2015 春夏系列，从《山海经》里原始的黑白笔触开始，缓缓透视进入色彩生动鲜艳的奇幻海洋世界，串连成浪漫写意的篇章。相传秦始皇为了求长生不老之道，便令臣子徐福远渡重洋取仙丹，在航海中发现中国《山海经》里记载的"鲛人"，即是西方的美人鱼。海底世界绮丽多姿的生物和色彩，珊瑚与贝壳，加上美人鱼的眼泪——珍珠，构筑成 2015 春夏时尚风景
	秋冬	山驿	对山神的敬畏，对自然的歌颂，有雪、有花、有秋叶。王陈彩霞用柔软的面料带来中国最原始的文化，用更加时髦的旗袍、刺绣元素来传递君王的浪漫情怀。为了更好地呼应并且突出设计师的理念，"夏姿·陈"的秀场妆容用"纯净""水亮"与"淡淡的一抹粉"这三个特点来挑逗人们的心

年份	时间	主题	介绍
2016	春夏	引领	以春为始，万物苏醒，掀开了本季序幕。齐天大圣在花果山中嬉戏穿梭，克林姆画笔挥洒出的华丽色调穿越时空翩落至花果山中，为山中景致更添绚丽色彩，印记于春夏

2 "夏姿·陈"品牌的核心价值

1997 年，Walker Chip 在 *The perils of popularity* 一文中首次使用"品牌核心价值"这一概念。同时，他还指出，品牌核心价值应该是品牌导向，而不是产品导向。我们可以把品牌的核心价值定义为：能够为消费者提供高价值，同时又能给企业带来超额利润，在一定程度上决定消费者是否购买该品牌商品的品牌的价值属性。Park 等（1986）认为，品牌为消费者提供了三种利益，即功能性利益、象征性利益和体验性利益。其中，功能性利益可归入与产品有关的价值属性一类（产品价值），而后两者可归入与产品无关的价值属性一类（精神价值）。此外，依据李杰的《奢侈品品牌管理：方法与实践》[1]，我们补充了品牌的传播价值和生存价值，并从产品价值、精神价值、传播价值和生存价值四个品牌核心价值维度来归纳"夏姿·陈"品牌的核心价值。

2.1 产品价值

产品价值是由产品的功能、特性、品质、品种与式样等所产生的价值，它是顾客需要的中心内容，也是顾客选购产品的首要因素。

2.1.1 巧用中国元素

"夏姿·陈"专注于设计与生产世界顶级精品女装，经营产品包括高级女装、高级男装、高级配饰和中式庆典用品等精品。"夏姿·陈"的核心概念是对于中国文化"传承"的景仰，其中就以中国的瓷器、诗书画"三绝"、刺绣工艺和丝绸来表达。表 2 归纳了"夏姿·陈"在女装、男装和配饰产品中运用的中国元素。

---

① 李杰. 奢侈品品牌管理：方法与实践 [M]. 北京：北京大学出版社，2010.

表2 "夏姿·陈"产品中运用中国元素的归纳

产品系列	特点	中国元素
女装系列	勾勒历史的典雅，拈花于布色浅笑裁剪成云裳，不仅是衣襟，而且是摇曳在目光中的自信	①使用多元的玉石造型作为服装配饰；②华丽的刺绣、苗族风格图腾、泼墨等中国元素；③中国唐朝浓郁的艺术精华与服饰剪裁；④时髦的旗袍服饰剪裁；⑤中国山水画为背景
男装系列	气宇轩昂的书卷气度，利落托衬领袖身线，霎时文人隽秀大器，赫然成风	
配饰系列	运用细致设计，让皮件、鞋有着时尚质地与复合的中国元素，无懈地融合于服装配件中，和谐又极具独立性	以银饰、玉器、刺绣及绘画（如脸谱、山水画）等中国元素作为素材，融于配饰之中，时而配以水晶和珍珠

2.1.2 选取优质原料

"夏姿·陈"深信"好的原料就会产生好的作品"，他们以毅力加上原创设计获得国际布料大厂的认同，获得优质厂商提供的与世界流行同步的布料。早年在欧洲各国之旅中，"夏姿·陈"曾遭遇过沉重的打击。当时，在巴黎和意大利举办的服装面料展览会，很多时候，主办方不让中国人进去参展；即使允许进入，也不卖给中国人。然而，王陈彩霞是个很坚持、很执着的人，她需要买他们的面料，设计出带有中国特色的品牌服装，因此她每季都会做出目录寄给这些面料厂商，耐心地与他们解说。慢慢地，欧洲的这些面料厂商开始接触中国台湾，了解中国台湾，最后很情愿地与"夏姿·陈"合作。掌握了优质原料，无形之中也累积出"夏姿·陈"品牌的优越性，给其他竞争者设置了较高的进入壁垒。

"夏姿·陈"每一季都自行设计开发提花布料与图案，并且与意大利百年织造工厂合作。这些意大利百年织造工厂也给 Chanel、Christian Lacroix 等国际品牌生产面料。他们的面料手工与线条都非常考究精致，体现了国际品牌的工艺水平。此外，"夏姿·陈"的面料基本都是从欧洲采购。从欧洲进口面料的原因有两方面。其一，虽然国内的丝做得很好，但是将丝纺成布料的工艺有时跟欧洲相比还有一定的差距，且欧洲在奢侈品布料方面有很长的制作历史，国内的企业可能还需要一段时间才能达到要求。其二，这样能保证原材料的稀缺性。因为欧洲的合作厂商能保证提供给"夏姿·陈"的产品绝不会卖给其他人。同时，"夏姿·陈"也自己提供原材料，让欧洲的面料合作厂商生产。这些都保证了"夏姿·陈"产品的稀缺性。

总之，无论是注入中国古典而传统的元素，还是选取优质而稀缺的原材料,"夏姿·陈"无疑是想增加和体现其产品价值。

2.2 精神价值

除了外在消费价值,品牌还可以满足消费者在精神上的内在需求,这便是品牌所呈现出的精神价值。"夏姿·陈"深谙奢侈品品牌经营的长久之道就是将品牌打造成为一个兼具外在消费价值和内在精神价值的品牌。

为了将"夏姿·陈"打造成世界品牌,使东方设计在西方时尚舞台上占有一席之地,王陈彩霞制订了脚踏实地、循序渐进的缜密计划,严格而强有力地推行坚持天然与环保、惜福与惜缘、诚信与正直的企业价值。"夏姿·陈"自1978年成立以来,秉持"传承、创新"的品牌精神,除了以现代中国意象为主要设计风格外,同时亦致力于落实精品品牌经营模式,每个销售点的设立,皆以带给消费者更为优质而舒适之购物服务为依据。

此外,"夏姿·陈"展现的是台湾人向上的精神及同时接纳中西文化的混合文化特质,让历史的风采与时代的风貌制成恰到好处的裁剪轮。"夏姿·陈"的服饰由布料、设计到打版、检查、配饰都极注重细节,这也是其服饰高质量、高价格的品牌定位。高价位、高品质的订制产品满足了消费者彰显自身显赫身份和地位的心理需求。有身份的人,即使它本身并没有品位可言,但是他的自我定位却是高高在上的有品位的人。这就是品牌的核心价值所在,它暗示消费者对自己进行层次归属。"夏姿·陈"带来的身份认同感或者说优越感,使其受到中高端人群的喜爱和追捧。

2.3 传播价值

奢侈品品牌同一般品牌一样,都具有传播性价值,并且最大限度地传播。一个取代度高的品牌竞争力十分脆弱,反之,具有传播价值的强势品牌拥有高的无形资产以及变现的可能,这就是品牌的传播性赋予品牌的经济价值。对于"夏姿·陈"而言,她的传播价值不仅体现在其全球拥有59个销售门店,还在于其拥有子品牌。

"夏姿·陈"利用成立多家门店的方式使其品牌具有更高的传播价值。"夏姿·陈"目前在全球拥有59家门店(见表3)。其中,在中国台湾最多,共有27家门店;其次,在中国大陆共有23家门店。遍布全球的门店表明"夏姿·陈"具有较高的传播价值。

表3 “夏姿·陈”全球的门店数量及分布

地区	门店分布数量及城市
中国台湾	共27家，其中台北4家、桃园1家、新竹4家、台中4家、彰化1家、云林1家、嘉义2家、台南3家、高雄4家、宜兰2家和基隆1家
中国大陆	共23家，其中上海4家、北京4家、大连1家、青岛2家、天津1家、杭州1家、深圳1家、成都1家、南宁1家、沈阳1家、西安1家、南京1家、珠海1家、苏州1家、重庆1家、郑州1家
中国香港	共4家
中国澳门	共2家
马来西亚	共1家
日本	共1家
法国	共1家

同时，子品牌“采采”的诞生从另一方面表明“夏姿·陈”的高传播价值。“夏姿·陈”从最早设计和发展女装，到开辟男装与配件等系列作品这一空地，再到2003年起开发家饰品与中式庆典系列用品，又于2008年跨界“采采食茶文化”的经营，这意味着“夏姿·陈”的子品牌“采采”的诞生。一向热爱华夏文化的“夏姿·陈”服饰精品的创办人王陈彩霞女士希望以一种更易懂、更时尚的风貌来向全世界宣扬中华茶文化。于是在两年的精心筹备之后，“采采食茶文化”茶室诞生了。

“采采”二字语出《诗经》中“采采芣苡，薄言有之”，有华美繁盛之意，用以形容中华文化的丰富壮美；另外也代表“礼采”，比喻茶与礼之于汉文化密不可分的关系。大隐于市的“采采食茶文化”首间旗舰店位于台北大安路的静谧巷中，阻绝嚣嚷的车水马龙，整体设计仍以“少即是多，古典极简”的设计概念为主轴，大片的落地玻璃橱窗展示着王陈彩霞的个人古董收藏，内部运用线条与古色处理的橡木塑造沉稳温润的氛围。此外，为了点出食茶的意象，此店铺还以整面茶砖铺陈的墙作为视觉上的惊叹号，亦使得整个空间飘动着邈邈茶香。王陈彩霞在门店数量和创立子品牌上的坚持，成就了“夏姿·陈”傲人的品牌传播价值。

2.4 生存价值

在创造了有价值的品牌后，还要保证这个品牌的存活，才能被一定的消费者所接纳①，这便是所谓的品牌生存价值。"夏姿·陈"的生存价值主要源于"夏姿·陈"拥有深厚的人文文化和不变的定位。

2.4.1　深厚的人文文化

中华上下五千年的历史风韵被王陈彩霞巧妙地挑拣并用于凸显"夏姿·陈"品牌别具一格的历史底蕴，进而加入西方立体剪裁及对中国古时服饰简化的工艺；这种独特的设计理念与方式本身就具有传世的价值，而"夏姿·陈"的产品就成为了中华古今与中外文化相结合的历史见证。从品牌建立至今，即使现在多数成衣厂转变为机器车工作业方式，"夏姿·陈"仍在中国传统元素的基础上，保留中国宝贵的传统手工技艺，沿袭从布料、设计到打版、检查、配饰皆采用手工作业的传统，同时融入现代气息，将中国五大绣法之苏绣应用于品牌主轴。2012年3月6日，"夏姿·陈"在巴黎塞纳河畔的法国高等美术学院发布其2012/2013秋冬系列，将中国珍贵的文化工艺——苗绣艺术搬上了巴黎时装周的舞台，通过还原濒临消失的苗绣文化，带领观众跨越地域，来到充满民族色彩的锦绣之地。

2.4.2　不变的定位

奢侈品的成功贵在坚持，没有对个性及内涵的秉持，就不会有其延续。正如王陈彩霞在2011年接受《福布斯》采访时所说："我觉得一个品牌之所以能成功地跻身国际而成为时尚精品品牌，都是经过由内向外的拓展历程，倘若没能在国内累积实力，建立品牌特色，是很难成为百年传世的经典品牌的。"

"夏姿·陈"不走浮夸、矫情的民俗味，而是取材于西方的大胆、流行设计并融合东方的细致品位，这种结合西方轮廓与东方图纹创造出优雅中国气韵的品牌定位、深厚的文化底蕴和现代感的剪裁，让"夏姿·陈"成为台湾中高端人士各种重要场合的服饰选择。王陈彩霞表示，"夏姿·陈"定位于中式低调奢侈品牌，并非那些张扬外显的风格，而是由内而外的文人气息。她希望"夏姿·陈"是任何环境下长大的女孩想要表现超人气质时的第一选择，"选择'夏资·陈'的女人是文静内敛，外柔内刚的"。

在经济全球化的今天，市场竞争已渐渐转向品牌竞争，与之对应的是企业对品牌的重视日益增加。品牌已经成为企业的一种资源、一种资产，成为消费者购买的主体。品牌的精髓是品牌核心价值，品牌核心价值决定品牌竞争力，从而决定企业的发展前景。

---

① 李杰. 奢侈品品牌管理：方法与实践 [M]. 北京：北京大学出版社，2010.

3 "夏姿·陈"的主要传播方式

奢侈品营销需要选择一个好的传播点，恰到好处地把品牌精神传递给目标群体。相较于一般产品的品牌传播，奢侈品品牌的传播有以下形式：品牌故事传播、广告传播、公关活动、销售传播及口碑传播（见图1）。"夏姿·陈"的主要传播方式包括品牌故事、广告、公关活动、销售及口碑传播。

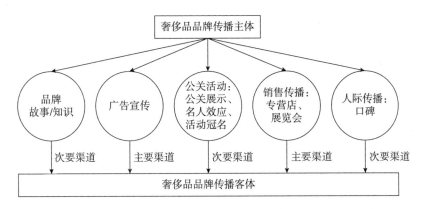

图1 奢侈品品牌传播方式的框架

3.1 品牌故事

"夏姿·陈"品牌秉持着创造"华夏新姿"的精神，融合了东方细腻的匠心与西方顶尖的立体裁剪技术。40多年来，"夏姿·陈"凭借其品牌背后那动人的品牌故事发展至今。"夏姿·陈"品牌背后最动人的品牌故事便是王陈彩霞无畏辛劳地对梦想的执着与追求。设计师王陈彩霞本着对服装的热爱和热忱务实的态度，以及对理想的坚持，逐步累积实力并摸索出独创之风格。由王元宏与王陈彩霞夫妇携手创立的"夏姿·陈"品牌成为台湾时尚产业的传奇与代表。王陈彩霞认为，东方设计若欲在西方时尚舞台占有一席之地，首要任务是凸显自身品牌的特色。因此，在每一季融入中国文化的意念与元素，便成为了"夏姿·陈"的经典风格。同时，她也坚信，除了坚持设计理念与创意之外，还要迎合国际潮流，注入当代时尚美学，赋予服装新的生命力，品牌精神方得屹立长青。

3.2 广告宣传

　　"夏姿·陈"每一系列产品都会发布相应的广告大片，聘请知名的模特和摄影师参与，这也是"夏姿·陈"传播品牌价值及内涵的主要途径之一。该品牌于 2013~2015 年度系列产品广告大片的创意理念及邀请的合作名人如表 4 所示。

表 4　2013~2015 年"夏姿·陈"系列产品的广告创意汇总

年份	巴黎时装周	系列主题	广告大片	合作者
2015	秋冬	山	"夏姿·陈"2015 秋冬系列让巴洛克时期的女公爵穿梭时空，落脚于中国四季山水画里。形象广告以皑皑白雪的意境为背景，彰显出服装本身环抱大地色彩与群山呼应的构图布局	英国摄影师 Scott Trindle
	春夏	海记	2015 年春夏海记系列广告大片是在静谧的海滨小屋渲染出扑朔迷离的神秘意境，透过光影、水痕与反射，模特儿出水芙蓉般的造型犹如刚从海中上岸的精灵	模特：李静雯、Lina Berg、Jester White 摄影师：Scott Trindle
2014	秋冬	砚池	运用砚池水墨运行的流动感为主要视觉基底，随着服装主色衬托出奇幻的影像背景，模特儿的造型与姿态仿效 20 世纪 60 年代太空复古感，对应砚池水墨运行的层次，塑造科技感的东方意境	模特：Arthur Gosse、大槻千春（Chiharu Okunugi）、Lida Fox 摄影师：Stephane Sednaoui
	春夏	画面	背景以摩登版本的"画室"作为灵感，营造光线穿透与延伸的空间感，透过技巧高超的多层次后制结构立体美学，让春夏鲜丽明快又摩登的色彩为品牌注入年轻的活力，更丰富了画面	女模：Ava Smith、游天翼 男模：Adrien Brunier 摄影师：Stephane Sednaoui
2013	秋冬	厚彩	2013 年秋冬系列广告，三位女模与一位男模在看似紧密的空间里，却是各自疏离的神情，交错出现代都市生活形态的距离感。品牌希望借此表明，"夏姿·陈"全系列融入生活用度，适合日常的造型与配件搭配，以及是实用穿搭的体现	女模：眭晓雯、Samantha Gradoville、Hana Jirickova 男模：Victor Emil Nylander 摄影师：Sebastian Kim 造型师：Melanie Huynh

3.3　公关活动

3.3.1　明星效应

《凤凰时尚》于 2015 年 2 月 19 日发布的一篇题为"李宇春为什么会选择中式礼服亮相春晚？"的文章中提到，李宇春携《蜀绣》亮相羊年春晚。为更好地契合歌曲意境，传递"家乡风"和"中国情"，李宇春特意选择深谙中国文化的中国品牌"夏姿·陈"来为此次演出量身定制中国风刺绣服饰。粉色西装立体裁剪，勾勒利落身形；数位绣娘连续数百工时刺绣，呈现中国传统工艺，在绚丽的舞美衬托下更显唯美大气！蜀绣作为中国古老的一种刺绣，其绣色细腻而工整，是中国手工艺的瑰宝。李宇春出生于四川成都，这首《蜀绣》是她为推广家乡的蜀绣文化而唱。"夏姿·陈"的设计总监王陈彩霞女士亲自带领其设计团队为李宇春量体裁衣，以"夏姿·陈"最擅长的刺绣工艺为该服装的点睛之笔，疏密有序地呼应歌曲主题。除此之外，那天身着"夏姿·陈"亮相春晚的还有演艺明星莫文蔚和关悦（服饰均为"夏姿·陈"2015 春夏系列）。

此外，各大秀场、发布会以及各类公益活动更是明星云集之所。"夏姿·陈"也通过"明星效应"来提升人气，为自己做宣传。

3.3.2　心系巴黎时装周

截至 2015 年底，"夏姿·陈"已参加 14 届巴黎时装周。"夏姿·陈"品牌在这 14 次巴黎时装周发布和展出的系列主题如表 5 所示。

表 5　"夏姿·陈"巴黎时装周展示的系列主题

次数	年份	巴黎时装周季度	主题（中国元素）
1	2009	春夏	坚瓷
2		秋冬	诗路
3	2010	春夏	心画
4		秋冬	钰心
5	2011	春夏	渲彩剪影
6		秋冬	锦繁
7	2012	春夏	锁云
8		秋冬	织梦
9	2013	春夏	剪纸
10		秋冬	厚彩

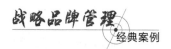

次数	年份	巴黎时装周季度	主题（中国元素）
11	2014	春夏	画面
12		秋冬	砚池
13	2015	春夏	海记
14		秋冬	山驿

3.3.3 致力于慈善事业并获得媒体的普遍赞誉

"夏姿·陈"的品牌塑造及营销的成功离不开国际媒体的诸多肯定与赞赏。台湾《商业周刊》、《天下杂志》、*Cheers* 等知名产业刊物都曾经大篇幅报道"夏姿·陈"的品牌故事。1998 年，"夏姿·陈"品牌成立满二十周年，设计总监王陈彩霞以募集妇女肿瘤研究基金的慈善活动，作为二十周年的纪念里程，邀集多位政商名媛义演并且义卖"夏姿·陈"高级订制服装，获得了各大媒体的支持与报道。1998 年，*Vogue* 杂志九月号更是以长达 14 页的专题报道，为"夏姿·陈"记录下美丽又深具意蕴的文字与影像。2003 年，《亚洲华尔街日报》评选"夏姿·陈"为最值得瞩目之品牌。2004 年 1 月，伦敦《金融时报》评选"夏姿·陈"为 2004 热门时尚品牌之一。同年，印度尼西亚最具权威的时尚杂志 *Dewi* 专文介绍来自中国台湾的"夏姿·陈"服饰，使其品牌国际化更上一层楼。

此外，"夏姿·陈"自 2008 年起陆续在多地开办了希望小学。2013 年 5 月 23 日，"夏姿·陈"受邀参加于法国举行的戛纳影展 amfAR 慈善晚宴，成为第一个参与该盛会的亚洲时尚品牌。这些善举无疑向消费者和整个世界传达着"夏姿·陈"的正能量和积极形象。

3.4 销售传播——企业形象国际化

为了让整体设计呈现均质的国际形象，"夏姿·陈"除了在法国招揽服装技术人才之外，在空间的设计方面也斥巨资与全球百大建筑大师 Jaya Ibrahim 共同合作，借助其对于东方与西方元素融合的独到见解与功力，建立了具有"夏姿·陈"独特风格与品位的概念商店。目前，"夏姿·陈"在全球有三家概念店，即台北旗舰店、上海半岛旗舰店和巴黎直营店。

坐落于国际顶尖精品品牌旗舰区的中山商圈，2003 年 8 月"夏姿·陈"台北旗舰店开幕也正式写下了台湾自创品牌的历史新页。空间由全球百大建筑大师 Jaya Ibrahim 与 Johannes Hartfuss 共同打造以"西为中用，古为今用"

为轴心，将宋代人文气质与南宋建筑之美，通过砚石、贝壳版、橡木、窗棂等意象契合，与"夏姿·陈"当代中国的服装风尚相互辉映，呈现了中西合璧从容与雅致的艺术空间。

继 2014 年 9 月初香港圆方广场全新形象店铺正式揭幕后，"夏姿·陈"上海半岛旗舰店，作为中国大陆地区首间全新形象店铺，已正式运营。概念店位于外滩半岛酒店精品廊内，总面积近 400 平方米，分为上下两层，展示包括男装、女装、鞋包配饰以及家饰系列。全新概念由品牌御用建筑大师 Johannes Hartfuss 带领团队精心设计，以崭新的视觉形象轻盈蜕变。

登上巴黎时尚舞台，对所有国际精品品牌都有着无法抗拒的吸引力。2001 年 10 月正式与世界顶尖时尚对话的"夏姿·陈"，不仅站上了第一线的国际橱窗，同时也接受更严格的质量挑战。巴黎有着全球最挑剔的目光与最顶尖的品位消费群及传媒，在百花齐放的巴黎，自在的内蕴精神与经典的现代东风，是屹立时尚之都的不二元素。在自由的巴黎，"夏姿·陈"展现了一种法式特有的东方风情，以及自信中静默着的精致人文情怀。这些概念店展现出"夏姿·陈"的国际化企业形象。

3.5 人际传播

3.5.1 注重口碑传播

"夏姿·陈"在营销手法上挥别银弹攻击，而倾注于产品创新、顾客的耳语传播。为了使品牌保持创新的能力，国际营销人员需突破语言障碍，深入研究当地的消费行为、文化素养，通过信息共享实现营销国际化、产品本土化的策略。在巴黎门市，"夏姿·陈"采取踏实且保守的作风，借由提供衣服试穿服务将品牌推介给当地的消费者，借助消费者口耳相传的力量为品牌做宣传推广。实践证明，"夏姿·陈"在这方面做得非常成功，其产品在全球华人和不少外国人中深受青睐。

3.5.2 建立和维护品牌与顾客的关系

每一季的服装发布会，"夏姿·陈"都会与客户之间建立起一种诚挚的关系。通过多元的服装时尚大秀，"夏姿·陈"将现代中国之美呈现于世界时尚舞台，因此，"夏姿·陈"的服装发布会便成为政商名流和文艺界人士必定参加的时尚飨宴，"夏姿·陈"俨然成为了现代中国时尚潮流风向标，并受到忠实顾客的一致喜爱。

"夏姿·陈"自 1978 年成立以来，除了以现代中国意象为主要设计风格外，亦致力于落实精品品牌经营模式，每个销售点的设立，皆以带给消费者更为优质而舒适之购物服务为目标，让"夏姿·陈"的品牌支持者有着最愉悦的消费经验。随着品牌知名度的提升，"夏姿·陈"注重手工、裁剪与售后服务，使得其能够跟其他品牌竞争。价格不菲的"夏姿·陈"服饰虽不打折却采取利润分享的做法，将利润实际回馈给消费者，如通过会员机制分为夏姿卡、金卡、钻石卡三种等级，消费者除了可定期收到流行信息之外，钻石卡友还能获邀参加每季别开生面的服装秀，逐渐提高顾客对品牌价值的认同度。

4 "夏姿·陈"能否走远

4.1 "夏姿·陈"的问题

"夏姿·陈"虽然在全球拥有 60 家门店，但是在大中华区（台湾、大陆、香港和澳门）的门店数量占总门店数量的 95%（见表 6）。"夏姿·陈"在大中华区以外的店面很少，目前仅在巴黎、日本、马来西亚各有一家门店。这也暗示着"夏姿·陈"成为一个知名的国际奢侈品品牌还有很远的路要走。此外，考虑到有不少中国人热衷于西方奢侈品，中国（台湾）的奢侈品品牌真能吸引注重品牌的女士们拿出 4000 美元买一条带有传统亚洲刺绣装饰的裙子吗？中国人愿意把更多钱花在国内品牌上吗？这些一直是"夏姿·陈"考虑的问题。

数年前，"夏姿·陈"品牌执行长兼总裁王子玮曾向内曼·马库斯（Neiman Marcus）、巴尼斯（Barneys）和塞克斯第五大道（Saks Fifth Avenue）等高档百货店的购物者展示旗下产品，但很多人都认为这些服饰不够性感。最后，"夏姿·陈"有八成的销售收入来自女装，来自包和鞋子的收入很少，可能只有 5%，这也是"夏姿·陈"的软肋所在。

表 6 "夏姿·陈"全球门店数量及占比

地区	中国台湾	中国大陆	中国香港	中国澳门	马来西亚	日本	法国
门店数量（家）	27	24	4	2	1	1	1
门店数量占比（%）	46	41	6.7	3.3	1.6	1.6	1.6

4.2 "夏姿·陈"管理者应对问题的方式

首先，"夏姿·陈"的所有面料都来自意大利科莫，与阿玛尼等是同一批供应商。除了工艺水平高之外，"夏姿·陈"还填补了一条重要的时尚缺口，即衣柜里已经装满了香奈儿（Chanel）套装、克里斯汀·迪奥（Christian Dior）裙装和普拉达（Prada）夹克的中国消费者（尤其是女性）正在寻找一些能反映其文化传统的新元素："那就是她们来我们店的目的，她们想要一两件亚洲风格的服饰。"

其次，店面位置也很重要。"夏姿·陈"在中国大陆的策略一直是选择与其他顶级品牌毗邻的位置。这一策略考虑到了那些愿意花 2000 美元买一件夹克、花 1 万美元买一条床单的中国消费者的心态。用王子玮的话来说："中国消费者会问的第一件事情是'这个牌子什么档次?'我们把自己的店面开在所有那些最好的国际品牌的旁边，以此解释这个问题。"迄今为止，这一策略总体效果不错。例如，北京新光天地拥有亚洲最大的古驰专卖店，那里附近就有"夏姿·陈"的门店，其 1000 平方英尺（约 93 平方米）的月租金达 6 万美元，但是该门店的生意非常不错。例如，2011 年其门店的销售额高达 400 万美元。

获取中国高档商场中顶级铺位已变成一项竞争性很强的活动。王子玮指出，"夏姿·陈"看准任何一块店址之后都愿意奋力争取。就像波士顿咨询公司大中华区董事总经理吕晃（Vincent Lui）解释道："'夏姿·陈'在最豪华商场中能够租到地盘的能力，表明该品牌日益受到认同。中国的房东们很挑剔的，他们欢迎'夏姿·陈'进驻这一事实，非常有力地证明了该公司所做的一些工作正在起到作用。"

位置因素至关重要，因此王子玮的 2011 年近一半时间都花在路上，即在亚洲各大顶级购物中心寻找潜在店址。"夏姿·陈"在吉隆坡高档购物与餐饮中心升喜廊中开设第一家在大中华区之外的门店，这正是王子玮选定的好地盘之一。该店于 2012 年 1 月开张，首月销量就达到 30 万美元，超过王子玮的预期。吉隆坡门店的初步成果，使他开始放眼东南亚其他地区，"我刚刚考察了新加坡的三个店址，还想在雅加达和曼谷开店"。同时，在寸土寸金的巴黎 Saint-Honoré，"夏姿·陈"拥有 200 多平方米的店铺，仅从面积这一点就可看出品牌的实力。"夏姿·陈"的店铺对于巴黎本地人及中国人来说，都具有标本意义，因为这是第一家进驻巴黎的中国设计师品牌店，也是巴黎人看到的第一家写着汉字的时装店铺。

　　王子玮清楚地认识到，台湾市场已经成熟。"夏姿·陈"在台湾已有 39 家店，牢牢掌握着当地头号时尚公司的位置。因此，2004 年王子玮开始进军中国大陆市场，他的使命很明确——使"夏姿·陈"成为家喻户晓的品牌，与路易·威登（Louis Vuitton）、古驰（Gucci）和爱马仕（Hermes）分庭抗礼。然而，赢得中国大陆市场的认可并不容易。"夏姿·陈"花了五年时间才扭亏为盈，如今在上海、北京、深圳、成都、大连、杭州与天津都有店铺，2012 年第一季度中国大陆市场销售额较上年同期增长了 20%，但不及该公司预期的 40%。中国经济增速放缓，但王子玮毫不怀疑人们对高档时尚产品的需求可以使公司继续蓬勃发展。"上海有 2500 万人口，而我们只有 3 家门店。"他说，"应该至少开到 10 家，台北只有 250 万人口，我们有 15 家店呢。"

　　最后，王子玮十分专注于商业运作。每天早上他都会检查前一天的销售数据，如果有所下降，他就会打电话给大陆分部询问原因，是客户少了，还是说商品种类有问题，或者是销售人员做得不够好，他还会突然造访旗下门店。这种对细节的强调起到了作用，2011 年中国大陆营收猛增 40%，目前已占到公司 7000 万美元年营收的 1/3。作为非上市公司，"夏姿·陈"并不披露财务数据，但他表示在大陆、台湾和其他拥有业务的市场都实现了盈利。

How Far Can "Shiatzy Chen" Go?

Abstract: There are very few domestic luxury brands with Chinese elements as the theme and truly independently operated by China. "Shiatzy Chen" is Taiwan's first brand to enter Europe, and its success is worth learning. This case takes the core values and communication channels of the luxury brand as the entry point, and records the Chinese luxury brand "Shiatzy Chen" from Taiwan since its establishment in 1978, that the Chinese brand management team headed by the cutting-edge Chinese designer Ms. Wang Chen Caixia deeply digs into Chinese cultural elements and the difficult process of building the world's top Chinese luxury brand.

Key words: Chinese Luxury Brands; Brand Management; Core Values

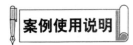
案例使用说明

发扬中国元素的本土奢侈品牌
"夏姿·陈"（Shiatzy Chen）能否走远？

一、教学目的与用途

1. 本案例主要适用于 MBA、EMBA 以及专业类硕士研究生的"市场营销""奢侈品牌管理"与"品牌管理"等课程的教学和管理培训。

2. 本案例的教学目的是帮助学生掌握在劣势环境条件下开展品牌建设的技能，学会根据企业内外部资源状况以及外部的市场机会与风险，探索品牌发展的有效途径，并根据该途径具体设计品牌塑造与管理的策划方案。

二、启发思考题

1. "夏姿·陈"目前的品牌定位、产品定位和市场定位分别是什么？对此，你有何不同看法？"夏姿·陈"品牌与国内外其他竞争对手相比其优势和劣势何在？

2. 从总体发展战略上看，"夏姿·陈"品牌塑造的有效路径是什么？"夏姿·陈"如何建立品牌的核心价值？"夏姿·陈"品牌传播的方式是什么？

3. 目前，中国的奢侈品消费市场仍以西方奢侈品牌为主，消费者还不是很接受"中国制造"的奢侈品牌。请设计一个营销策划方案，提高国内外消费者对"夏姿·陈"品牌的认知度，并引导消费者理解其品牌内涵与文化意义。

4. 如果你是王陈彩霞，面临当前市场局面，综合其机遇和挑战，必须在哪些方面做出明确的决策？

课前建议阅读资料：

［1］ Chip W. The Perils of Popularity ［J］. Marketing Tools, 1997 (6)：21-22.

［2］ Park C. W., Jaworski B. J., Maclnnis D. J. Strategic Brand Concept：Image Management ［J］. Journal of Marketing, 1986（10）：135-145.

［3］ 李杰. 奢侈品品牌管理：方法与实践 ［M］. 北京：北京大学出版社, 2010.

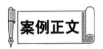案例正文

"剁手"还是品牌至爱？[①]

摘　要：从小热爱体育的仲源从大学开始接触网球运动，并将当时著名的网球明星玛蒂娜·辛吉斯视作自己的偶像，不仅希望自己能像玛蒂娜·辛吉斯那样技术高超，而且也想拥有一支玛蒂娜·辛吉斯同款的 YONEX RQS11 网球球拍。在终于买到自己梦寐以求的二手 YONEX RQS11 之后，仲源似乎再也控制不住自己的购买欲望，前前后后购买了 10 多支 YONEX 二手球拍，其中 YONEX RQS11 这一款就买了 4 支。工作后的仲源已不像学生时代那般轻松自在，购置的新房需要还贷，必备的家具、生活用品需要添置，收入紧张的仲源此时还需要再次购买网球球拍吗？这是不是一种浪费呢？本案例描述了体育运动爱好者仲源在购入多支网球球拍后面临消费决策困境的过程，以此探讨消费者市场与消费者购买行为的相关问题。

关键词：体育运动；品牌；YONEX；消费决策

引　言

这是 2017 年的一个夏日，吃好午饭的仲源回到学校办公室，和周围的同事打过招呼之后，来到自己的办公桌前坐下，乘着午休的空闲，打开熟悉的

网页链接，页面上跳出的 YONEX 球拍图片瞬间令人眼花缭乱。望着这些漂亮的"宝贝"，仲源逐渐忘却了早起工作的困倦，整个人突然精神百倍，满心希望能够再一次从中拣选出自己心仪的一款球拍。经过仔细的筛选，他看中了一支新款的 YONEX 球拍，然而正当他下单付款时，电脑屏幕上突然跳出"付款失败，卡内余额不足"的提示。适逢月末，仲源回忆起不久前自己才刚刚添置了一支新球拍，同时还为他的新房交了贷款，购置了些许家具与生活用品等，工资卡已经捉襟见肘。望着电脑屏幕上数十笔球拍的历史交易记录，想想自己家中、桌上、墙上、包中，那摆满、挂满、塞满的许多支 YONEX 球拍，刚刚还在屏幕上来回跳跃的光标突然停了下来："我还需要再购买更多的球拍吗？这是不是一种浪费呢？"仲源陷入了纠结。

1　仲源的成长故事

仲源如今 30 岁，在广州的一所中学担任体育教师，184 厘米的身高配上阳光帅气的外表，率真幽默的仲源无论在老师还是学生中都备受欢迎。

仲源出生在湖南省株洲市，家中一共有四口人，父亲、母亲以及他的双胞胎哥哥。仲源的父亲是株洲某矿厂的一名普通工人，母亲是一名教师。大概是遗传的缘故，仲源和哥哥从小就与年轻时的父母一样酷爱运动。周末有空的时候，父亲会带着兄弟俩爬山，游泳，亲近大自然，发现新事物，打打闹闹，父子三人其乐融融。相比于父亲，有着寒暑假的母亲与兄弟俩人相处、陪伴的时间更多一些，同时也会更加严格。做事认真、严谨、有毅力、有恒心是母亲对兄弟俩的基本要求。和自己外貌相似却性格迥异的哥哥不仅是仲源的家人、玩伴、竞争对手与挚友，更是其成长过程中不可或缺的一部分。有个双胞胎的哥哥究竟是一种什么样的体验？单单从外貌上看，按外人的话来说那就是"如出一辙，一模一样"，很多时候身边的老师、同学，甚至自己的父母稍不留神就会将兄弟俩混淆。随着年龄的增长，兄弟俩开始变得懂事，性格上的差异也日益明显，在行为、语言、爱好、衣着、用品等方面都有了自己的个性追求。与安静内秀的哥哥不同，从小热情活跃、争强好胜的仲源迫切地想要在他人面前展现自己的独特，仿佛想要告诉全世界："双胞胎和平常人一样，也是两个独立的个体，我有我自己的特别之处，请不要老是把我和哥哥混为一谈，我是这世界上唯一的仲源。"

与其他孩子相比，除了特殊的家庭环境外，仲源从小的游泳训练经历也是值得一提的。从 7 岁开始，继承了父母运动天赋的仲源就一直接受专业的游泳训练。训练是非常辛苦的，每天在接受完学校的文化课教育后，仲源就要背着书包去市体校练习游泳，从下午 5 点到晚上 7 点，吃饭、写作业再到休息，这中间几乎没有什么空闲时间。自小学三年级到高二，仲源就重复着这样的生活，忙忙碌碌了整整 9 年。回忆起这段不同寻常的经历，最令仲源印象深刻的，不是训练的枯燥乏味，也不是教练的严苛要求，而是每年夏天的游泳比赛，就是那些比赛，给了仲源一个施展才华的平台，并让年轻的他体验到了一次次无与伦比的巨大成就感。从湖南省的第五名到湖南省的冠军，优异的成绩使他进入了湖南省体育队，自己平日里的刻苦与执着，仿佛在站上领奖台的一瞬间都有了回报，那种自豪感是无法言语的。与此同时，似乎在别人眼中，"双胞胎"这一标记也于冥冥之中随着仲源游泳能力的提升而渐渐淡化，每当提起"游泳""冠军"等话题，亲戚朋友第一个想起的便是仲源。小时候在他人眼中看起来没有明显差异的双胞胎兄弟，已经悄然发生质变，这种独特的存在感与自豪感是仲源无法割舍的。

2   结缘网球

2.1   接触网球

2006 年，顺应父母的心愿，中断游泳训练的仲源以一名普通高三学生的身份奋力备战高考，并顺利考入了中南大学。也就是这一年，他开始接触网球这项运动。

旅游、玩耍、聚会……高考过后的暑假稍纵即逝，转眼间便到了大学入学之际。开学惯例当然少不了各大社团和组织的招新活动，与其他新生一样，带着一年级学生特有的好奇，仲源穿梭于各式各样的社团招新摊位。篮球？足球？跆拳道？看着这些社团，仲源不禁摇了摇头。由于游泳训练的经历，仲源从小就对这种对抗性、冲撞性比较强的运动有些抗拒，只因一旦受伤，为避免伤口发炎，教练便会禁止学员下水，个人的训练进度就会受到影响。出于这种考虑，仲源更加青睐可以和对手隔网相对的运动。就这样，仲源走到了排球社的摊位前，心想：要不就选排球吧！刚好自己高中时也练过排球，还算有一定的基础。就在排队准备报名排球社的时候，由于等待很无聊，仲源环顾四周，一抹绿色突然闯入了仲源的视线，仔细一瞧，原来是一只悬挂在网球社摊位前的绿色网球。带着好奇心，仲源走向了网球社，随手拿起桌上的网球杂志,本就蠢蠢欲动的他,再一次被其中漂亮的球星海报、各式各样的球拍以及那活泼跳跃的绿色圆球所吸引。当时网球还是一项非常小众的运动,据仲源所知,当时周围掌握网球这项运动的人并不多,他暗暗想:"要是我学会了这项运动,并且能像精通游泳一样掌握它,岂不是又能在朋友面前大秀一把?大家会的我都会,大家不会的我也会。"这样想着,仲源就在报名表上填下了自己的名字。

2.2 钟爱网球

相比接触了将近十年的游泳而言,仲源对于网球这项不甚熟悉的运动不由自主地倾注了更多的热情,因为有新的运动可以学习,有新的爱好可以坚持,那种新鲜感与投入感是妙不可言的。

加入网球社后,比起那些"三天打鱼,两天晒网"的新成员,仲源算是网球社的一名积极分子,除了按时出勤外,他还为自己增添了许多额外的训练内容。一旦有空余时间,仲源就会到宿舍区后的空旷场地,自己一个人对着墙壁进行练习。起初,作为一名新手菜鸟,全场乱跑,满地找球的状况频繁发生,但仲源并没有因此气馁,一边了解和熟悉那些网球高手,一边不断学习他们的挥拍动作、发球姿势和对球处理的技巧等。他督促自己要好好打,努力练习,希望自己每天都能有一点进步,期待有一天也可以成为一名高手。阳光明媚,心情大好之时,他会对着墙壁将各种网球姿势都练习数遍,去享受击球时所带来的那种扎实的力量感。而心情郁闷之时,则对着墙壁狠狠抽几下球,仿佛自己内心所有的消极情绪都会在那一次次清脆响亮的撞击声中释放出来。随着时间的积累,网球早已自然而然地由昔日的好奇、兴奋渐渐成了大学生活的一部分,深深扎根于仲源心底,填补了他生活中的空白。

不仅如此,观摩各大正规网球赛事也被纳入仲源的日常活动之中。除了电视直播外,仲源还会通过网络寻找视频,反复观看一些大型比赛,对自己欣赏的球手的动作与战术进行分析,揣摩其击球逻辑,譬如如何迅速判断球的落点、何时需要主动迎击、以怎样的方式回击等。与此同时,研究不同球手的风格特点与运动装备也成了仲源观看比赛的一大乐趣。按他的话来说,运动装备可以更好地帮助球手实施赛场上的战略战术,也有利于加强自己对球手技艺的理解,从而提升自身的网球水平,在球场上展现出更好的实力。

3 偶识玛蒂娜·辛吉斯①

3.1 初识"女神"

观摩了那么多大大小小的网球赛事，最令仲源印象深刻的还要数 2007 年的一场澳网比赛，这场比赛战况异常胶着，战局跌宕起伏，引人入胜，这也是仲源反复观看最多的一次比赛。

比赛刚刚开始，一位外国女选手一上场便引起仲源的注意。一来是因为她正值花样年华，样貌阳光靓丽，给人以朝气蓬勃之感；二来则因为她手持的那支网球球拍，拍面方方正正，形状特别，并以蓝白相间为底色，干净鲜丽。然而这位气质非凡的年轻女孩却在稍后的比赛中表现得不尽如人意。首盘，女孩被火力全开的对方选手完全压制，毫无反抗余地，对方轻而易举地取得了胜利。

首盘的失败宛如一盆凉水浇灭了仲源对女孩的期待，正当期望将要转变为失望之时，年轻女孩却给了他惊喜。在第二盘的比赛中，女孩并没有被开局的失利影响了心态，而是渐渐找回感觉，巧妙利用底线位置左右调动对手，沉着处理对方势大力沉的来球，展现出自己惊人的智慧与高超的球技，出色地扳回一盘。第二盘赢下后，女孩去更衣室换了件干净的白色球衣，再次回到场上。身着白色球衣的单马尾女孩，手握干净的方形球拍，湛蓝的天空配以绿茵茵的比赛场地，整个赛场宛如一幅精心雕琢的水彩画，亮丽夺目。随着裁判员的一声号响，决赛盘开局，"女孩究竟能否摘得桂冠？"电视机前的仲源一边在心中喃喃自问，一边紧张地握紧了手中的遥控器。女孩在决赛中的表现可以称得上是"意料之外，却又在情理之中"。自如的手法配以矫健的步伐，她挥动着手中蓝白相间的方形球拍将对方控制于掌下，通过上旋、前后场落点深浅和对场地的充分利用，迫使缺乏大赛经验的对方选手频频失误，最终以大比分赢得了胜利。在仲源眼中，女孩手中挥舞的那支蓝白相间的方

---

① 玛蒂娜·辛吉斯（Martina Hingis），瑞士网球女运动员，是网球界传奇人物。她在 2 岁时就开始打网球，4 岁便开始了她的第一场巡回赛。在 1993 年的法网公开赛中，12 岁的她成为当时最年轻的网球选手，并赢得大满贯青少年组女单冠军。1997 年玛蒂娜·辛吉斯在澳大利亚网球公开赛单打及双打中夺冠。在其 16 岁零 6 个月时，排名世界第一，成为史上最年轻的世界冠军，随后，年轻的她继续创造着各种惊人的纪录。纵观玛蒂娜·辛吉斯杰出的职业生涯，在她参与的赛事中，赢得了 43 个 WTA 冠军，5 次大满贯女子单打冠军，11 次大满贯女子双打冠军，4 次大满贯混双冠军。她亦曾在 1997 年、1999 年和 2000 年三度成为 WTA 单打年终世界排名第一位的球员。

形球拍早已由一个简单的击打工具变成了彩色画笔，自如地在水彩画上挥洒，为整幅画作带来了生机与活力。

3.2 超群的技艺

直至今日，那幅画面的每一个细节仲源都还记忆犹新，难以忘怀。除却女孩清新脱俗的非凡气质外，更令仲源印象深刻的还要数其超群的网球技艺。在查阅了各种资料后，仲源发现原来这位女孩名叫玛蒂娜·辛吉斯（Martina Hingis）。出乎他意料的是，玛蒂娜·辛吉斯不仅仅在外表上阳光靓丽，活力四射，符合自己的审美偏好，其网球球技也是精湛超群，不容小觑。她曾获得 5 次四大网球公开赛女子单打冠军，11 次大满贯女子双打冠军，人称"瑞士公主"，可以算得上是一名网球奇才。

在当时，统治女子网坛的是威廉姆斯姐妹，而这位"瑞士公主"则被视为唯一能够对抗威廉姆斯姐妹的选手。从球技上看，威廉姆斯姐妹是力量型选手，发球硬朗，有力量。与其相比，玛蒂娜·辛吉斯的发球偏软，吃亏很多。因此，究竟是什么原因弥补了她力量方面的不足，使她能够以一抵二，对抗威廉姆斯姐妹呢？仲源带着疑问继续查阅资料，然后惊喜地发现这位女孩不光漂亮而且异常聪明，属于技术流、智慧型选手，每次击球之前，她的心中都会先有一个布局，继而通过对场地、球、战术等条件的灵活控制与应用，以柔克刚，调动并牵制住对方，从中寻找机会，最终得分，达到"四两拨千斤"的效果。原来这就是她取胜的秘诀！仲源不禁为这位女孩用脑用心的球技拍手叫好，与此同时他也在思考自己如何取其长、补己短。作为一名男性，仲源不缺力量，但作为一名初学者，仲源很难控制并运用好自己的力量，如果将玛蒂娜·辛吉斯的技术用到自己的身上，一定能提高得更快！就这样，仲源几乎将自己所有的时间与精力都扑在了这位"瑞士公主"身上，不断地研究、思考、揣测，模仿、学习玛蒂娜·辛吉斯的网球技术和在场上的击球意识，努力使自己的球技向她靠齐。

4 选购球拍

4.1 货比三家

俗话说："工欲善其事，必先利其器。"在观看比赛的过程中，仲源逐渐发现，与羽毛球比赛相似，每一位网球运动员手中的球拍都风格迥异，各具特色。平时在社团练习的时候，细心的仲源也观察到，"大神"们总是会使用自己的专用球拍。平时切磋球技之余，大家会互相交流球拍的使用心得，如果有人入手了新的网球拍，还会与他人分享使用。渐渐地，仲源得出了结论：和游泳不同，原来学习网球这种对工具要求较强的运动，不单单需要技术的训练，还需要搭配合适的工具。就网球这项运动来说，球拍不仅担任了工具的角色，而且是球界精英之间必定会涉及的常规话题。

为了真正地融入网球这项运动，仲源将自己的重心不再单一地放在球技的提升上，而开始着手于网球球拍的研究。最初，仲源对球拍的要求并不严格，认为好用、实惠、适合初学者的都可以接受。抱着肯定会换第二支球拍的心态，仲源从一个社团球友那里购置了一支二手球拍，品牌为 WILSON，这也是他拥有的第一支网球球拍。WILSON 是美国的一个著名运动品牌，旗下产品十分丰富，其中以篮球与网球拍为重要品类。它是网球项目中最大众，也是使用人数最多的品牌。WILSON 球拍的产品线从低端到高端全覆盖，通常采用圆润的宽边，球拍材质较硬。在中国市场上，尤其是在业余选手中，WILSON 在普及率、折扣率、保有率等方面的实力都不容小觑。

然而随着球技的提升和对网球运动的了解，仲源渐渐发现自己的 WILSON 球拍拍面过小，只有 95 平方英寸①，无法达到自己想要的击球效果。于是，他准备购入第二支球拍。在他人的推荐下，仲源以折后 899 元的价格入手了 HEAD 品牌一款型号为 MicroGEL Extreme L3 的全新球拍。仲源认为 HEAD 是一个性价比很高的品牌，使用的人数多，球拍质量也不差。MicroGEL Extreme L3 是一款底线容错率较高的拍子，适合初学球手，力量表现不错，实用性也较强，但在避震和截击方面略有逊色。

后来，仲源从朋友那里得知 BABOLAT 球拍的避震效果比较好，这是一家法国著名的网羽运动品牌，同时也是世界上较好的两家球线和配件供应商之一。在观看比赛的过程中，仲源还发现 BABOLAT 也是许多世界顶级网球选手的供应商，其中包括中国也是亚洲第一位网球大满贯赛事冠军李娜，其球拍甜区很大，容易上手，避震效果不错。为了体验一下它的避震效果，仲源从一位师兄手中购买了一支二手 BABOLAT 球拍。然而在使用过程中仲源发现球拍挥起来偏重，击球过于吃力，便放弃使用，将其转手出售给别人了。

---

① 1 平方英寸 = 6.4516 平方厘米。

4.2 认识 YONEX

经过一段时间的训练与学习，仲源开始对球的落点、球速、攻击力等有了更多的讲究，对于球拍的要求也越发严格。慢慢地，仲源发现从前购买的球拍从性能上已无法满足自己的需求。正所谓"磨刀不误砍柴工"，仲源深知，如果想要取得更大的进步，就必须向自己的偶像玛蒂娜·辛吉斯看齐，要像她和其余网球大师一样拥有一款符合自己风格的、与自己相匹配的球拍，这对专业性的提升有着巨大的推动作用。

在一遍遍回放与研究比赛视频的过程中，玛蒂娜·辛吉斯手中那把蓝白相间的方形球拍，再次吸引住了仲源的眼球，究竟是什么样的品牌才能配得上女神高超的球技与大师级的地位呢？带着这样的疑问，仲源又投入了研究。YONEX，又称 YY，是一间总部位于东京的日本运动用品制造商，也是世界著名运动品牌之一（见附录）。在研究过程中，仲源还了解到作为小众品牌的 YONEX 除了赞助自己的偶像玛蒂娜·辛吉斯外，还赞助了斯坦·瓦林卡（Stan Wawrinka）、安立奎·科贝尔（Angelique Kerber）等一流网球运动员。YONEX 秉承日本制造的精益求精，提供高性能、高品质的产品以满足顾客的需求。与其他品牌不同，为了保证产品质量，YONEX 高端系列产品坚持由日本本土制造，不允许其他国家代工，即便可能会因此导致产品价格升高，丧失国际市场上的价格优势。如此不以盈利为主要目标的营销策略，使仲源深感敬佩，对 YONEX 的兴趣也油然而生。

4.3 偏爱 YONEX

看着玛蒂娜·辛吉斯手中那把与众不同的方形球拍，仲源越发喜欢。从小他就对方形的东西情有独钟：仲源的书包是方的，铅笔盒是方的，而最得仲源青睐的则是医院放手术用具的方形铁盒，方方正正，正派，端正，非常有框架感。仲源觉得在众多网球品牌之中，自己的偶像选择 YONEX 球拍一定有她的道理。事实上，方形的球拍在网球界并不常见，非常小众，譬如 WILSON、HEAD、PRINCE 等世界著名网球品牌基本上都是椭圆形拍面，而方形拍面则是专属于日本 YONEX 品牌的独家技术。方形的拍面在一定程度上扩大了击球的中央区域即甜区，增加了球拍的平衡性，能够帮助选手更好地回击。

就材质来看，YONEX 的漆水在所有一线品牌中也是脱颖而出的，精致亮丽，不易掉漆，即使使用多年，稍加擦拭，色泽依旧鲜丽。球拍拍柄以绿色打底，配以水晶 Logo，非常闪亮，比其他球拍的底座要好看许多。

　　独一无二的形状，专业的工艺加上高超的质量深得仲源的欢心，脑中不由自主浮现出自己挥舞着独特方形球拍在球场上跳跃的画面——夜幕降临，球场的灯光打在自己身上，手中的方形球拍闪闪发亮，人与拍合二为一、相辅相成，自己不再是茫茫人海中学习网球的一个普通人，而是从中脱颖而出，成为网球球坛上一颗冉冉升起的新星，四周的人不约而同地向自己投来惊讶、赞叹的目光，那种自豪与舒爽感是非常好的。在仲源眼中，YONEX 的球拍宛如一张通行证，只有特定的候选人才能持证通过大门，脱离平淡无奇，真正迈入精英们的网球世界。

　　不仅如此，YONEX 的球拍更好似一根线，连接起了线这头的仲源与线那头的偶像玛蒂娜·辛吉斯，使两者有机会产生共鸣。在平时的练习中，仲源努力做好每一个细节，竭力向自己的偶像靠近。从阳光的外表、开朗又坚毅的性格到敏捷的思维、迂回的战术以及高超的技艺，可以说玛蒂娜·辛吉斯在比赛场上的一举一动都潜移默化地影响着同样在球场上努力学习的仲源。为了更加贴近自己的偶像，为了配合自己打球的风格，为了更加专业地打球，更是为了自己的这股韧劲，仲源急切希望拥有一把与玛蒂娜·辛吉斯同款的网球球拍！就是那把 YONEX RQS11，那支在 2007 年澳大利亚网球公开赛中帮助玛蒂娜·辛吉斯化险为夷、赢得比赛的球拍，100 平方英寸的拍面非常接近方形，蓝白相间的漆水干净漂亮有活力。当年玛蒂娜·辛吉斯在比赛尾声高举 RQS11 自信而喜悦地迎接欢呼喝彩时的场景，依旧历历在目。仲源是多么希望自己有朝一日能像玛蒂娜·辛吉斯那样驰骋赛场啊！"还有什么能比 RQS11 更适合我的吗?" 仲源暗暗做了决定。

5　仲源与 YONEX 的故事

5.1　心头宝——YONEX RQS11

　　有了明确的目标后，仲源开始为购买新的球拍省吃俭用，心心念念在未来的某天能将 YONEX RQS11 买回家中。大学二年级的仲源，每月生活费为 600 元，除去必要开销外所剩无几，想要购买大件商品只能依靠暑假兼职。在辛苦工作了 2 个月后，仲源终于攒够了买新球拍的钱。买球拍那天，他兴奋得早早起了床，坐着地铁来到商场，一进大门便径直奔向 YONEX 的专卖店，四处寻觅那蓝白相间的方形身影。"啊！在那儿!" 仲源兴奋地脱口叫道，一把将它拿了起来,球拍握在手中感觉非常合适,仲源对其爱不释手。然而在向售货员询问价格后,仲源眼中刚刚露出的光芒瞬间黯淡了下来,他的心也凉了半截。仲源了解到 YONEX 同种系列价位相差不大,高端球拍是日本本土生产,原价一般在 2400~2700 元,折后为 1500~1800 元;低端球拍一般在中国代工,折后为 500~800 元。而 RQS11 属于质量优良的高端产品,折后依旧需要 1500 元,远远超出了仲源的预算,毕竟拿着将近 3 个月的生活费换购一把网球拍对于家境不算富裕的仲源显得过于奢侈。作为第一个到店的顾客,仲源希望店铺能够有所优惠,不料却遭到了拒绝。

仲源失落地踏出了店门,望着橱窗里那支蓝白相间的 RQS11,总感觉心里怪怪的,仿佛在店中遗失了什么。从那天以后,每每经过 YONEX 的店铺,他都会进去看一看,摸一摸那把没能买到的 YONEX RQS11。这种感觉就好像自己心爱的孩子被别人抱走放在那里,而他只能在一旁沉默地看着,无法将它带回家。执着的仲源并没有放弃,他一边刻苦练球,一边努力攒钱,时时惦记着那款 YONEX RQS11。直到大学毕业,仲源终于攒够能买一把 RQS11 的钱,当天他就迫不及待地再次来到 YONEX 专卖店,梦想着把心爱的"孩儿"给赎回来。然而在商店的货架上他东翻西找了半天,却怎么都找不到那款球拍。询问了销售人员后才得知,原来这款 RQS11 早在上一年就停产了,之前库存的那几支也被其他顾客相继买走。这对仲源来说犹如晴天霹雳,好不容易有能力购买自己朝思暮想的东西,却没有地方可以买到,他的梦想再一次破灭了。"再也不可能买到 RQS11 了吗?"仲源灰心丧气地走出专卖店。

之后仲源大学毕业并参加了工作,顺利地成为一名体育教师,每月收入 1 万元左右,生活和大学相比,也开始变得忙碌起来。尽管没有多少空余时间可以用来打球,但是他没有放弃网球这个爱好,始终怀揣着一颗热爱网球的心,同时也一直坚持着对 RQS11 的关注与寻找。回顾玛蒂娜·辛吉斯往日的比赛视频,观看四大网球公开赛,浏览 YONEX 的官方网站,这一切早已成了仲源的习惯。随着电子商务的发展,逛网店也是他找寻球拍的方式之一。

或许是时来运转,在 2012 年一次偶然的淘宝之旅中,仲源发现一家同城店铺专门售卖网球二手拍,令人惊喜的是其中正好有 YONEX RQS11 这一款。激动不已的仲源立即与商家沟通,以非常便宜的价格(将近一支全新球拍的 1/3)一口气购买了两支成色还算不错的 YONEX RQS11。直到现在,他还非常清晰地记得当时去取货的场景——30 多度的大夏天,烈日当头,他乘着地铁来到与商家约好的地方进行当面交易,一看到那两支蓝白相间的熟悉身影,便急不可待地将其从对方手里接过,紧紧抱住,不肯松手。当天下午,仲源就将球拍穿了线,约好自己的哥哥,两人各拿一支 RQS11,来了一场酣畅淋漓的网球比赛。看着手握球拍的哥哥，仲源仿佛看到了自己，又好似看到了偶像玛蒂娜·辛吉斯。此时的他，似乎真的成了网球场上的明星，每一次的击球，每一次的挥拍都是那么恰到好处，真实又真切。那一刻，仲源觉得之前所有的遗憾与等待都是值得的。

5.2　无限回购的"怪圈"

仲源之所以在那次淘宝之旅中一次性购买两支相同的 YONEX RQS11，一是心情激动，二是价格便宜，三是因为专业运动员通常都会准备两支相同的球拍作为备用，以防球场上出现断线等意外的缘故。然而没想到的是，他从此便在购买二手球拍的道路上越走越远，一发不可收拾。每当仲源打开这家二手球拍店铺网页的时候，肾上腺素就开始激增，整个人开始变得兴奋不已，曾经那种在购买 RQS11 路上所感受到的迫不及待，以及球拍到手后握在手中仿佛被球星附体的乐不可支，便会不由自主地涌上心头，当时的场景历历在目，一次又一次点燃仲源重现这种体验的冲动。"更轻、更佳的灵活性让中级选手能更好体会到快速挥拍的感觉，更快的拍球速度让你在任何位置都能拉出很强的旋转回球。强烈的旋转能满足喜欢切削打法选手的要求，在快速挥拍中也能保持很好的舒适性与稳定性。它让你的每一次挥拍都能有很强的力量来保持你落点的深度，这是一款力量与控球性结合很不错的中级选手球拍……"细细品读着屏幕上的产品介绍，仲源不禁对这款型号为 YONEX S-FIT 1 LITE 的球拍着了迷："这款球拍对于挥拍速度与力量的保证应该能够满足我现阶段的要求，可以帮助我更好地提升球技，为何不买一支试试呢？下次和朋友打球的时候可以一用。"仲源边想边输入了自己的支付密码，再次为自己的"藏宝阁"添入"珍品"一支。"咦？最近 YONEX 二手店铺又有上新，得去瞧瞧！"望着手机屏幕上跳出的淘宝提示消息，他又一次打开了店铺网页。"适合所有进攻型球员最大限度打出高轨迹及旋转击球……这款 YONEX VCORE SV 100 有助于进攻，居然还能打出高轨迹和旋转击球，我得试一试，要是练成了，下次又可以在大家面前大秀一把！"仲源喃喃自语。就这样，第二次、第三次、第四次……像是上了瘾，仲源在买球拍的沼泽中越陷越深。不知不觉，前前后后共买了近 10 支 YONEX 的网球拍，其中光是 YONEX RQS11 这个型号的拍子就买了 4 支。按他的话来说，第一，自己有了稳定的收入，相比学生时期，经济实力有所增强，买二手球拍在自己经济能力可承受的范围内；第二，与其他牌子相比，YONEX 的二手球拍性价比很强，做工不差，科技含量也高，即使使用多年，只要用布轻轻擦拭一下，依旧给人很新的感觉;第三,每每看到有新品推出,仲源就跃跃欲试,因为只有亲自尝试了不同的球拍后,自己才能真正掌握每支球拍自身的特点,看看哪个球拍的外形最符合自己的审美,看看哪个球拍最有实用价值,看看哪个球拍和自己的球风配合得最好。

5.3 YONEX 的"代言人"

自从爱上 YONEX 球拍后,仲源除了喜欢查找该品牌不同型号球拍的数据和独特的性能外,也特别关注世界职业网坛中哪些运动员的球拍赞助商是YONEX,哪些运动员又更换了球拍赞助商,并选择了 YONEX,以及他们在赛场上的表现又是怎样的。可以说,仲源对于网球的热爱在周围人中也是出了名的。许多想要接触网球运动的朋友都会向仲源请教如何选择球拍。每当这个时候,仲源都会建议朋友去购买 YONEX 的二手球拍,因为它性价比高,做工好,科技含量也不一般。有时,他还会将自己的球拍慷慨借人,看到别人拿着自己心爱的"宝贝"在球场上奋力击球的样子,就好像自己也上了场,无比自豪与骄傲,仲源仿佛成了 YONEX 二手球拍的代言人。

6 仲源的忧虑

现在的仲源,作为一名体育教师,除了日常的教学工作外,还要兼顾学校游泳队的训练,带着孩子们参加各式各样的游泳比赛。然而,每当结束一天的繁忙工作回到家中,仲源仍会习惯性地浏览一遍自己的那些宝贝网球拍,享受一下这短暂的相聚时光。空闲时,他还会随手拿起一支球拍认真擦拭一下,做几个网球的挥拍动作,即使没能打一场真实的网球,整个人却也乐在其中。至于自己的偶像,那位美丽的"瑞士公主"已经退役多年,在无聊或者心情不好的时候,仲源依旧会去寻找玛蒂娜·辛吉斯当年比赛的视频,重温她的英姿,心中的阴郁也在不知不觉中随之消散了。

然而,并不是所有人都能理解仲源对网球的痴迷和对球拍执着的购买行为,就连双胞胎哥哥也觉得自己的弟弟非常疯狂。和仲源一样,哥哥也有自己的爱好,比如喜欢"二战"时期的军事模型。尽管哥哥对各种模型型号及特点都了如指掌,但是也只是偶尔买买相关杂志,并不着魔。与之相比,仲源的花费金额不仅巨大,而且连购买行为看似也不符合常人的逻辑——不光不同型号的球拍要买好多支,就连相同型号的也要重复购买。这种行为在许多人看来非常荒谬。

这一次新款 YONEX 球拍的购买让仲源犹豫了，他呆呆地坐在电脑桌前，屏幕上的新款球拍着实吸引人，"付款失败，卡内余额不足"的提示却让跳跃的光标停了下来。满屋子的球拍，还有那四支一模一样的 YONEX RQS11 从仲源脑里闪过，哥哥的质疑声也回响于耳畔，月入 1 万元的自己，今后还要承担房贷、结婚生子以及家庭经济支出等，这一系列的问题不禁让仲源心中浮现出大大的问号："我还需要再购买更多的球拍吗？这是不是一种浪费呢？"

附录 YONEX 品牌及其网球业务介绍

　　YONEX（尤尼克斯）是世界著名的羽毛球拍品牌，其羽毛球拍牢牢占据世界第一的位置，而其网球拍也得到了许多知名球手的喜爱。

　　自 1946 年成立以来，YONEX 秉承日本制造的精益求精，提供高性能、高品质的产品以满足顾客的需求。作为专业羽毛球、网球、高尔夫用品、滑雪板、慢跑鞋、公路自行车车架等产品的制造商，YONEX 长期致力于新材料、新技术的研究和开发，并通过不断地探索将比赛推上新的高度。

　　YONEX 于 1969 年开始制造网球拍，涉足网球业务。其中铝制网球拍"T-7000"一度在欧美获得高度好评。1973 年 YONEX 将公司 Logo 变更为 yyYONEYAMA。Logo 中的"yy"分别代表 Yoneyama 及 yonth。企业颜色采用了蓝色和绿色。企业颜色中的蓝色代表天空，绿色代表大地。YONEX 开始涉足软式网球业务，生产并销售软式网球拍。一年之后，公司与商标均改为 YONEX，最后的"X"象征未来。

　　YONEX 的生产地有三个：高端球拍都在日本本土生产，中端球拍在中国台湾生产，部分低端型号在中国大陆生产。YONEX 根据销售地区和对象的不同划分了不同的版本即 CH（中国）、TW（中国台湾）、SP（新加坡）、TH（泰国）、JP（日本）和 CP/CN（YONEX 赞助给中国国家队）。CP（中国国家专业队）、CN（中国国家代表队）都是 YONEX 赞助给中国国家队的专用球拍，只有极少数通过赠送等途径流入市场。

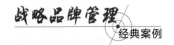

"Hands-chopping" or "Brand Love"?

Abstract: Zhong Yuan, who has loved sports since he was a child, has been exposed to tennis since college and regarded the famous tennis star Martina Hingis as his idol. He not only hoped that he could be as skilled as Martina Hingis, but also wanted to own a YONEX RQS 11 tennis racket of the same style as Martina Hingis. After finally purchasing the second-hand YONEX RQS11 that he dreamed of, Zhong Yuan seemed to be unable to control his desire to buy anymore. He bought more than 10 YONEX second-hand rackets, including 4 YONEX RQS11. After entering work, Zhongyuan is no longer as relaxed and comfortable as when he was a student. The new house he bought needs to be repaid, and the necessary furniture and daily necessities need to be purchased. Does Zhongyuan, who has a tight income, need to buy again at this time? Is this a waste? This case describes the process in which Zhong Yuan, a sports enthusiast, faces a consumption dilemma after purchasing multiple tennis rackets, in order to explore issues such as the consumer market and consumer buying behavior.

Key words: Sports; Brand; YONEX; Consumer Decision

"剁手"还是品牌至爱？

一、教学目的与用途

1. 本案例适用于"消费者行为"课程中的"消费者决策过程""自我概念"与"群体对消费者行为的影响"的教学与管理培训，也适用于"市场营销学"课程中的"消费者市场与消费者购买行为"的教学与管理培训。

2. 本案例适用于学习研究消费者行为、市场营销学的学生。

3. 教学目标：

（1）理解理性人和有限理性人的内涵差异以及在购买目标上的差别。

（2）掌握消费者的决策过程以及影响因素类型。

（3）分析体育明星作为参照群体的一种类型对于消费者购买行为的作用机理。

（4）理解自我概念、延伸自我等理论对于消费者行为的影响。

二、启发思考题

1. 仲源购买了多少支网球拍？具体是哪些型号？你认为仲源在购买中理性吗？针对购买的各款球拍，他购买的意图（或购买目标）是什么？生活中的消费者是理性人吗？

2. 仲源在购买球拍的过程中受到哪些因素的影响？玛蒂娜·辛吉斯这样的体育明星在消费决策中属于哪种影响因素？这种因素如何影响仲源购买球拍？

3. 就使用情境而言，网球拍是公开情境使用还是私下情境使用？就产品属性而言，网球拍属于奢侈品还是必需品？这些因素如何影响玛蒂娜·辛吉斯这样的体育明星在仲源消费决策中的作用？

4. 仲源是怎样的人？这种自我认知会影响仲源购买球拍的决策吗？玛蒂娜·辛吉斯的存在可以帮助仲源认识自己吗？你认为自己是怎样的人？这种自我认知会影响你的消费决策吗？你的偶像会在你消费决策中帮助你认识自己吗？

5. 仲源出于怎样的心理对 YONEX 进行重复购买？你在日常生活中有类似的消费行为吗？

三、分析思路

首先，基于案例中仲源多次购买网球拍的行为，结合经济学中的理性人假设，分析他的购买是否理性，有哪些具体购买目标影响了仲源的购买决策，继而讨论日常生活中的消费者是否是经济学中的理性人，以及在消费过程中可能追求的购买目标。其次，讨论仲源在购买球拍的过程中，如何受到外部因素的影响，尤其是如何受到偶像玛蒂娜·辛吉斯的影响，继而归纳出影响一般消费者行为的各类因素，并着重分析参照群体这一社会因素对于消费决策的作用机理。最后，讨论仲源对于自己有怎样的认识，以及偶像玛蒂娜·辛吉斯在这种自我认识建构中的作用，进一步分析这种自我认识如何影响仲源的球拍购买决策，同时再结合营销学理论，将这种个体自我认知、偶像明星的作用机理做理论上的深化、总结。

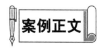

"永和豆浆" 的连锁经营之惑①

摘　要："永和豆浆" 品牌由台湾弘奇食品有限公司创立，该公司于1995 年率先在大陆注册 "永和" 及图形商标。经过数十年的发展，"永和豆浆" 已成为国内中餐连锁的知名品牌。然而在 2011 年上半年，公司陆续收到了多起加盟商、消费者的投诉事件。一是伴随 "永和" 出名后，市场上出现了不少山寨 "永和" 豆浆店，严重影响了公司的品牌声誉；二是永和豆浆的部分加盟店本身也出现了产品质量、服务水平参差不齐的现象；三是国内快餐行业的竞争压力日益增大，受到麦当劳、肯德基等国外快餐巨头和永和大王、真功夫、大娘水饺等本土中式快餐连锁品牌的双重夹击。本案例描述了2011 年前后 "永和豆浆" 企业在连锁经营中所面临的困境及出路。

关键词：永和豆浆；连锁经营；品牌扩张

引　言

2011 年 10 月一个星期一上午，林世骏——永和豆浆餐饮事业部总经理，正在自己的办公室里仔细地阅读桌上的一份报告。该报告显示，上半年餐饮部陆续收到了多起加盟商、消费者的投诉。林世骏不由得皱了皱眉，意识到事态的严重性，变得忧心忡忡起来。

① 本案例由上海对外经贸大学刘欣博士、李莅副教授、谢佩洪教授共同撰写，本案例作者拥有著作权中的署名权、修改权、改编权。未经允许，本案例的所有部分都不能以任何方式与手段擅自复制或传播。由于企业保密的要求，在本案例中对有关名称、数据等做了必要的掩饰性处理。本案例只供课堂讨论之用，并无意暗示或说明某种管理行为是否有效。

自 1999 年在上海开设首家门店以来，"永和豆浆"多年来致力于打造"健康养生"的中式餐饮理念。2010 年 11 月，"永和豆浆"还荣获了由东盟连锁加盟邦（ARFF）授予的"国际连锁卓越品牌奖"。然而如同其他许多知名品牌一样，伴随着"永和豆浆"在大陆市场品牌知名度的日益提高，商标侵权和不正当竞争的困扰接二连三地发生，加盟商、消费者的相关投诉事件接踵而来，媒体的负面报道对"永和豆浆"的品牌声誉造成了极大的影响。同时，我国快餐行业竞争加剧，受到麦当劳、肯德基等国外快餐巨头及本土中式快餐连锁企业的两面夹击，也挤占了"永和豆浆"一定的市场份额。必须想办法尽快扭转这样的不利局面，林世骏放下手中的报告，开始在房间里来回踱步，陷入了久久的沉思之中。

1 公司的发展与现状

1.1 公司简介

"永和"本是中国台湾新北市永和区的地名。20 世纪 50 年代初期，一群祖籍大陆、远离家乡的退役老兵迫于生计，聚集在台北与永和间的永和中正桥畔，搭起小棚，磨豆浆、烤烧饼、炸油条，渐渐形成了一大片供应早点的摊铺。因为这些老兵的手艺地道，磨出的豆浆新鲜、营养、香浓可口，做出的烧饼、油条色泽金黄、松软酥脆，以至于以豆浆为代表的永和地区的各种小吃店盛名远播。许多人只要路过永和都会跑来吃一顿豆浆油条，名气十分响亮。"永和豆浆"成为台湾小吃的一大特色，是台湾永和文化的象征之一。然而，由于这些传统小吃全部都是手工作坊式生产，随着老兵们的相继离去，后来的产品常常出现名不副实的现象，永和豆浆的影响已日渐式微，在人们的印象里，永和豆浆已与街头巷尾的豆浆摊贩毫无二致。

"永和豆浆"的创始人林炳生 1958 年出生于中国台湾金门，16 岁进入基隆海事专科就读，毕业后做过特种兵，从空军退役后一直做中介服务，具有超强的销售能力。当时年轻的林炳生也是从小喝着永和老兵的豆浆、吃着烧饼油条长大的，对于这些中华民族的传统美食感情深厚。1985 年，一直梦想改变命运的林炳生用东拼西凑的 60 万元台币买下一家豆浆铺，决定以"永和"为品牌来经营他的豆浆事业，重振永和豆浆的盛名，让中国的传统美食发扬光大。林炳生最早于 1985 年在中国台湾注册了"永和"商标，并成立了台湾弘奇食品有限公司，开始机械化批量生产各种浓缩的、袋装的、罐装的"永和"豆浆。逐渐由半自动化生产到全自动化生产，生产数量逐日上升。"永和豆浆"在中国台湾家喻户晓，逐渐恢复了往日的神采。

20世纪90年代中期，随着中国大陆经济的起飞，林炳生敏锐地把目光投向了大陆。台湾弘奇食品有限公司于1995年在大陆率先注册了"永和"及图形商标（注册号第730628号），注册类别为第30类食品，核定使用商品为豆浆、米浆、茶、豆花、冰淇淋。2000年9月，林炳生和林建雄兄弟成立了上海弘奇食品有限公司，作为"永和豆浆"大陆地区事业发展的总部。2009年12月，公司正式成立永和食品（中国）有限公司（以下简称"永和食品公司"）。然而，林炳生并没有停止他的追求，他把目光投向了国际市场，在随后的几年里，"永和豆浆"陆续打入日本、美国、加拿大、泰国等20余个国家和地区并广受欢迎，逐步发展成为国际品牌。林氏兄弟决心以现代化的经营方式将中华传统美食文化发扬光大，立志"让全世界有华人的地方都能喝到永和豆浆"。

1.2 公司业务及目标市场

永和食品公司主要包括餐饮和商品两大业务。1997年公司在上海设立了"永和豆浆"加盟总部，由林建雄担任总经理。1999年在上海的浦东新区开出了第一家"永和豆浆"快餐店。林氏兄弟制定了在大陆的发展策略：先开设直营店打响知名度，然后再以加盟店来快速扩张。"永和豆浆"在做了5年的直营连锁后，2004年开始采用加盟连锁方式在全国各地布点，授予特许加盟商获得品牌、管理模式、产品等权利，并且利用特许加盟商的资金经营扩张市场。目前公司主要采用的是授权加盟方式，即授权加盟商使用"永和豆浆"的品牌、对加盟商提供定期培训、购买"永和豆浆"的货物和日常督导。为了区别于其他中式餐饮品牌，"永和豆浆"决定以豆浆和米浆为主打产品，宣称要做全世界华人的"豆浆专家"。其餐厅在符合中国的传统饮食文化和台湾风味的基础上，围绕"豆浆"这一核心产品，提供一系列的豆浆类、点心类、面类、粥类、汤类、简餐类、套餐类和台湾小吃等产品。由于豆浆是大部分人饮用的食品，所以"永和豆浆"的目标顾客群主要集中于10~45岁的人群。"永和豆浆"始终是以"健康、养生、环保"为中心，一直倡导的健康与养生理念已很好地融入了"永和豆浆"的企业文化中。2010年，"永和豆浆"建立起了一个大型现代化的中央工厂，采用流水线的生产方式，进行所有连锁餐厅的半成品的加工制作，提高了中式快餐的产品标准化程度。

经过数十年的发展，"永和豆浆"已打造成为中式快餐连锁的知名品牌，其门店分布在上海、北京、天津、浙江等全国二三十个城市，覆盖华南、华北、华东、西北等主要地区。2005 年，"永和豆浆"有 100 多家门店；2009 年，"永和豆浆"的门店发展到 300 家左右，直营店与加盟店的比例在 1：6 左右。2010 年，"永和豆浆"门店数增长至 360 家，直营店与加盟店的比例达 1：8，年销售额近 12 亿元，单店平均年营业额在 400 万~500 万元，利润率约为 10%。2005 年，"永和豆浆"获得了"中国驰名商标"的称号。2004~2011 年，"永和豆浆"连续八年荣获"年度最具影响力特许品牌"荣誉。2010 年 11 月，"永和豆浆"被东盟连锁加盟邦（ARFF）授予"国际连锁卓越品牌奖"。2011 年 4 月，"永和豆浆"荣获"中国最具品牌突破力企业"称号。

为了更方便顾客，该公司自 2005 年开始，自创了永和系列商品。永和食品公司还借助餐饮店建立起来的品牌效应和渠道，来销售自有品牌的产品。永和食品公司销售的商品主要包括一些豆浆及豆制品系列产品，主要包括固态豆浆（袋装、杯装、盒装豆浆粉系列）、液态豆浆（利乐装、听装系列豆浆）以及其他豆制品（豆浆酥、休闲豆干及营养品系列）三大类。这些商品除了在连锁分店销售之外，在各大超市及卖场都有销售。永和食品公司通过提供多样化的产品品类来满足消费者不同层次的需求。永和系列产品定位于中高端市场，比较优势在于"永和"性价比高。消费者已将高品质、纯正口味、工艺精湛的豆制品与"永和"品牌有机地联系在一起，在市场上具有较高的品牌认知度和美誉度。永和商品事业部发展迅速，后来居上，赶超了餐饮部的盈利总额。2010 年"永和豆浆"的商品销售额近 6 亿元，商品的净利润率达 10%~15%。目前，永和食品公司在中国冲调类豆浆粉市场上销量排名第一。

永和食品公司采用种、产、销垂直一体化，最大限度地保证了食品安全和优良品质。公司投资了近 4 亿元在黑龙江自建有机生态园，设有一个绿色大豆种植基地，可用来生产豆浆粉、液态豆浆等便利产品。永和食品公司在生产的每个环节、工序上着力研究，严格把关、控制，提高了产品的整体合格率和安全性，并已顺利通过了 HACCP 生产工业化、标准化和 QS 质量安全认证。该公司选用优质的黑龙江三江平原地区出产的非转基因大豆为原料，经过烘干、脱皮、去芽、精细研磨、排渣、脱腥、灭酶、三效浓缩、喷雾干燥等 16 道精制工艺，把其中的嘌呤去掉，还去除引起胀气的因子，生产出纯正、营养、高品质的豆浆。被誉为"豆浆专家"的永和食品公司通过先进的生产工艺既保留了大豆中原有的天然营养成分，又解决了传统现磨豆浆中带来的高嘌呤、豆腥味、使人胀气等问题，给顾客带来全新口感。保留下来的蛋白质、不饱和脂肪酸可以高效被人体吸收。

2 行业背景

2.1 中国餐饮市场发展概况

改革开放多年来，我国餐饮业发展经历了起步阶段、数量型发展阶段、规模化发展阶段和品牌建设阶段，初步形成了投资主体多元化、经营业态多样化、经营方式连锁化、品牌建设特色化、市场需求大众化、从传统产业向现代产业转型的发展新格局。当前我国餐饮业发展正处于最好的时期，呈现出蓬勃发展的良好态势。

2.1.1 行业规模持续扩大，市场细分深化

餐饮业在国民经济各行业中保持领先地位。"十一五"期间，餐饮业年均复合增长约20%，产业规模突破2万亿元（见附图1和附图2），其中限额以上餐饮企业营业额突破3000亿元。随着人均可支配收入增长带来的外出就餐频次增加和花费上升，这将继续推动中国餐饮业高速成长（见附图3和附图4）。国家统计局提供的数据显示，2010年全国餐饮业收入达17636亿元，同比增长18.1%。随着民营资本和国际资本的不断涌入，风险投资和资本的成功运作，我国餐饮业产权形式趋于多元化。

随着餐饮业的规模持续扩大，餐饮市场细分也在不断深化。我国餐饮业主要分为传统正餐类、快餐小吃类、休闲餐饮类以及其他餐饮类（见图1）。其中，传统正餐类以经营传统饭菜为主，同时售有酒水饮料；快餐小吃类主要满足消费者日常饮食的需要；休闲餐饮类主要是集娱乐、休闲健身等于一体的餐饮形式，餐饮只是其中的一部分；剩下的餐饮形式均归为其他饮食类。此外，我国餐饮市场如果从菜肴的烹饪流派上划分，主要包括鲁菜、川菜、粤菜、苏菜、闽菜、浙菜、湘菜、徽菜八大菜系；从餐饮行业格局来看，我国餐饮市场分为中低餐饮集聚群、商务餐饮集聚群及社区餐饮集聚群。

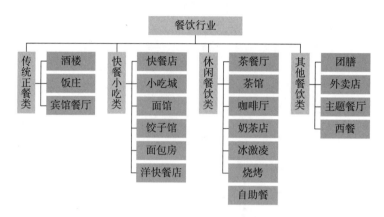

图1　中国餐饮行业市场细分示意图

资料来源：清科研究中心。

2.1.2　品牌经营效应凸显，现代化步伐加快

越来越多的餐饮企业注重品牌经营，餐饮连锁经营扩张步伐加快。2008年，我国限额以上连锁餐饮企业集团共有453家，平均拥有门店数量为28家，平均零售额为1.8亿元。全聚德、小肥羊等知名餐饮企业通过加盟、合资等方式走向海外。现代科技成果不断融入餐饮的产品加工、管理经营、产品开发等各个环节，加速了餐饮业标准化和工业化进程，促使餐饮业从传统手工生产转向现代化生产。

与此同时，我国餐饮业发展的质量和内涵也发生了重大变化。行业的经营领域和市场空间不断拓展，经营档次和企业管理水平不断提高，经营业态日趋丰富，投资主体和消费需求多元化特点更加突出，网店数量和人员队伍继续扩大；餐饮市场更加繁荣，消费的个性化和特色化趋势明显，追求健康营养和连锁规模发展成为主题。集团化、品牌化、产业化和国际化的发展步伐加快，餐饮现代化进程不断推进。

2.1.3　消费者就餐行为

随着社会经济的发展、人民生活水平的不断提高以及生活节奏的加快，人们的餐饮消费观念逐步改变，外出就餐更趋经常化和理性化，选择性增强，对消费质量要求不断提高，更加追求品牌质量、品味特色、卫生安全、营养健康等，以更好地满足自己的需求。人们在就餐过程中越来越重视用餐环境，注重科学的烹调方法、食物营养的合理搭配以及饮食的健康卫生状况。另外，如果某餐厅价格太高，即便服务很不错，口味也很好，顾客很容易转而选择其他餐厅。

2.2 中国快餐业的发展现状

2.2.1 快餐食品

如何界定快餐食品呢？方便、快捷的快餐业态是人们生活节奏不断加快的产物。快餐是可迅速准备和供应的食物总称，通常是可以徒手拿取的食物，不需要使用餐具进食，大部分可以外带或外卖。快餐在某种意义上也被视为现代文化的一种标记。西式快餐品种少，做法简单，不是煎就是炸、烤；而中式快餐品牌多，做法比较丰富，包括煮、炒、煎、烤、卤等，中国人做菜的步骤、火候都有很多的讲究。因此，将中式快餐做到标准化，并保持很好的中式传统口味，是非常不容易的。

2.2.2 快餐业的竞争态势

尽管起步较晚，但是快餐业已逐步成为我国餐饮市场的主体力量，北京、上海、江苏、浙江等经济比较发达的省份，快餐已占到餐饮市场份额的50%以上。① 面对这块诱人的大蛋糕，国外快餐巨头们自然不肯错过。2010年，麦当劳在中国的店面已经突破3000家，而且依然以平均每天增加超过1家店的速度成长。② 肯德基在中国也有3400多家餐厅，并且也在不断增加。快餐巨头赛百味所提倡和代表的健康快餐的理念在中国也大有市场。

整个快餐业当中，中式快餐的整体营业额远远超过了西式快餐。据统计，2009年，中式快餐占据了快餐行业营收70%以上的市场份额，年增长率接近30%，其余20%左右的快餐市场份额基本上是肯德基和麦当劳的天下。随着市场的成熟和国外快餐的猛烈冲击，中式快餐行业也进入了高速发展时期。不过无论是外部的品牌建设还是内部的流程化运作，中式快餐与国外快餐相比都有很大的差距。近年来，国内中式快餐品牌开始遍地开花，市场竞争激烈，其中也有一些优秀品牌脱颖而出，它们在品牌营销方面策略也各有侧重，如真功夫、大娘水饺、庆丰包子等。我国中式快餐多采用"直营+特许经营"的经营模式，但大多数都是小型、零散的连锁发展，不像麦当劳那样可以在全国发展。中式快餐品种丰富，口味多样化且价格明显低于西式快餐，直营店的发展速度远远超过特许经营加盟店的发展速度。

2010年初，中国烹饪协会发布2009年度中国快餐50强榜单显示，2009

① 中国快餐50强销售均超亿元 [EB/OL]. 2010-04-09. http：//bj. house. sina. com. cn/biz/.
② 李灿，苏慧文. 快餐争霸：中式美食崛起之道 [J]. 销售与市场（管理版），2011（7）：68.

年中国快餐50强的营业收入达到598.8亿元，门店总数达到12932个。其中，50强的前十名营业收入为471.9亿元，占50强营业总额78.8%；在50强中，营业收入3亿元以上的占58%，5亿元以上的占32%。从整体人均消费来看，50强快餐企业人均消费额度都在40元范围内。在餐饮企业已形成的低端、中端、高端梯度分布中，以中端消费占主流。50强中排名第一的是拥有肯德基、必胜客等品牌的百胜餐饮集团中国事业部，而在前五强当中，唯有"真功夫"一家中式本土快餐品牌进入榜单。中式快餐整体上呈现出"产品强、品牌弱"的状态。

3　主要竞争对手

3.1　"永和大王"

1996年2月，由另一台商林猷澳创办的上海永和豆浆大王餐饮有限公司成立（以下简称"上海永和大王公司"），挂"永和豆浆大王"牌匾。1997年，这家公司经国家商标局核准在第42类（餐饮、快餐馆）成功注册了"永和大王"商标。1998年，上海弘奇公司因认为"永和豆浆大王"与"永和豆浆"类似，向上海市工商局举报。后经过调查处理，上海永和豆浆大王餐饮有限公司变更为上海永和大王餐饮有限公司。同样使用"永和"字样的商标，同样经营豆浆油条，同样发展良好、具有较高的品牌知名度，这些使得"永和大王"和"永和豆浆"不但成为经营上的主要竞争对手，而且成为这场"永和"品牌之争的主角。

自2007年被菲律宾快乐蜂集团收购后，"永和大王"就进入了快速发展期。快乐蜂集团是菲律宾最大的餐饮企业，老板陈觉中是东南亚有钱的富豪之一，曾在菲律宾以本土化优势打败美国麦当劳。他接手"永和大王"后，亲自担任董事长，并从麦当劳中国公司挖来前副总裁陈金发担任CEO。有了雄厚的资金支持和优秀的管理团队，"永和大王"迅速铺点上海、北京等一线城市，逐步收回加盟店的经营权限，全部改为直营模式，在全国各地进行扩张，其目标是成为中式快餐连锁第一品牌①。

"永和大王"的目标顾客集中于18~45岁的白领阶层，原因是这些消费

---

① "永和豆浆"与"永和大王"：豆浆油条换人民币［J］. 海峡科技与产业，2009（1）：20.

者如其他人一样喜爱豆浆、油条，但不同的是他们对饮食店的环境也会有所要求——清洁的环境，宽敞的空间，优良的服务态度。为适应市场，"永和大王"被快乐蜂集团收购后，对门店的就餐环境进行了大力改造，餐厅环境的改变让顾客就餐的氛围更加舒适。永和大王餐厅建立了新的服务系统，让顾客从点餐到用餐等待不超过10分钟。同时，"永和大王"进一步改良了品牌Logo，并进行持续的品牌推广。"永和大王"坚持采用现磨豆浆操作，选用的东北一级非转基因大豆运送到餐厅后，各餐厅进行清洗和再筛选，然后经过泡发、清洗、磨浆、测定豆浆浓度及温度，最后进行保温和售卖。磨制、烹煮的整个过程都在各个门店内进行现场操作①。为了扩展业务，"永和大王"还聘请曾在麦当劳、肯德基工作过的专业人才负责企划，逐步推出"大王超值选"早餐5元，午餐10~11元，让更多的人消费得起"永和大王"的食品。

"永和大王"在菜品上不断推陈出新，该公司引进了快乐蜂集团的研发制度。2011年，快乐蜂全球食品研发中心落户上海，该研发中心每周都频繁举行内部测试，每道新菜要30个测试小组成员都给出80分以上评价，才能进入下一阶段的消费测试。"永和大王"的产品已经从原来的20多种发展到50多种，菜单多元化满足了人们不同时间段的就餐需要。"永和大王"还对公司产品的标准化和工业化进行提升，并对原材料从农场到半成品及整体供应链进行把关。例如，确保黄豆没有农药残留以及非转基因，确保大米符合国家一级标准等。

经过十几年的发展，2009年"永和大王"在全国拥有110家直营连锁餐厅，2010年达到180家直营店，2011年发展到近250家门店，并坚持以直营方式扩张，获得了稳定、标准、一致的发展，深受大家喜爱。2011~2012年，"永和大王"连续摘得由中国企业品牌研究中心权威发布的"C-BPI中国中式快餐连锁行业第一品牌"的桂冠，成为中式快餐连锁行业的品牌代表。"永和大王"现已形成强大的营运管理系统，以及员工、管理组发展系统，从员工到部门主管的各级培训发展课程有力地支持了快速扩张和未来的加盟体系。

"永和大王"2015年的目标是扩至700家门店。为了实现这一目标，2011年底，"永和大王"首次开放加盟申请，准备启动特许连锁模式，以加快扩张速度。"永和大王"对加盟业主申请人的条件如下：具有中国国籍，年龄在30~50岁，有大专或以上的教育水平，喜欢餐饮行业，喜欢与顾客及员工交流，有成就自己一番事业的激情及与"永和大王"一起成长的雄心壮志。同

① 王月辉，米晨. 永和大王："食品安全第一"是永远不变的原则 [N]. 国际商报，2012-11-07.

时，要求申请者需具备 3 年或以上的跨国企业工作经验，熟悉并掌握人员管理技巧、理解财务报表，其中有在海外教育或工作经验的、有在连锁快餐店任职店长以上职位经验的优先。申请人能专职致力于餐厅的日常营运管理。

加盟一家永和大王餐厅总共需要约 250 万元，包括前期固定投入的 170 万元左右（包括一家餐厅的设备、装修、招牌、装饰、消防等投资）和流动资金 80 万元左右（包括加盟费 18 万元、保证金 18 万元、员工招募、培训、薪资、宣传、房租等）。① 同时，"永和大王"已形成统一的全国采购和供应体系，确保每一家餐厅的产品随时保持统一的口味，让加盟伙伴专心于服务好顾客、经营管理好餐厅。"永和大王"实行全国统一的市场推广活动与地区推广活动相结合的模式，最大限度地协助每一个地区、每一家餐厅达到营业额和利润最优化。

3.2 "真功夫"

中式快餐知名品牌"真功夫"定位于"蒸出健康和民族品牌"，主打美味、营养的原盅蒸汤、蒸饭。"真功夫"的理念是以蒸的方式，最大限度地保留食物中的营养成分。"真功夫"传承中华饮食五千年文化并加以创新，发扬中华饮食"营养"优势，塑造"营养"为品牌核心价值。真功夫品牌的核心战略就是成为中式米饭快餐品类的领导者，同时把最为畅销的排骨饭作为招牌饭。在公众面前，"真功夫"总是以时尚健康的快餐文化代言人的身份出现，这使得它的产品深受追求健康生活理念的白领阶层的追捧。另外，以李小龙作为产品的形象代言人也为"真功夫"加分不少。在外国巨头主宰的快餐业内，"真功夫"以民族品牌的形象引发人们内心深处的民族意识，获得中国消费者认同。②

1997 年，"真功夫"自主研发电脑程控蒸汽柜，全球率先攻克中餐"标准化"难题，探索中式快餐发展的新路，实现了整个中餐业"工业化生产""无需厨师"与"千份快餐一个品质"的夙愿。20 多年来，"真功夫"创建了中式快餐三大标准运营体系，即后勤生产标准化、烹制设备标准化、餐厅操作标准化；在品质、服务、清洁三个方面，全面与国际标准接轨。2007 年，"真功夫"成功引进今日资本和联动投资两家风投，共获得 3 亿元的风险资金。2008 年末，"真功夫"通过了 ISO2000 食品安全管理体系的国际标准

---

① 参见永和大王官网。

② 李灿，苏慧文. 快餐争霸：中式美食崛起之道 [J]. 销售与市场（管理版），2011（7）：71.

认证。

2004 年 6 月 19 日，第一家"真功夫"原盅蒸饭餐厅在广州开业。凭借在"标准化"上的精耕细作，"真功夫"先后进驻广州、深圳、北京、上海、杭州、沈阳、天津、武汉、长沙等 35 个城市，成为首家全国连锁发展的中式快餐企业。2008 年底，"真功夫"宣布米饭快餐年销售量突破 5000 万份，第 300 家直营店正式开业，此举再创中式快餐行业两项新高。2010 年初，由中国烹饪协会首次发布的 2009 年度中国快餐 50 强榜单中，"真功夫"成为唯一入围前五强的中式快餐品牌（见附表 2）。2010 年，为了更好地服务顾客，"真功夫"全国餐厅启动了"45 秒点餐到手"快速服务活动，打破了国外快餐上餐速度 50 秒的最快纪录。① 截至 2011 年 6 月，"真功夫"在全国的门店数量已突破 400 家，且均为直营店。该公司未来仍然继续坚持做直营，不会考虑开放加盟申请，以确保服务品质，并准备加速增开门店，以追赶国外快餐扩张之势，计划在未来三年时间把直营门店数量增至 800~1000 家②。

4 面临的问题

在 2010 年之前，永和豆浆餐饮的销售业绩一直表现很好。然而自 2010 年后，由于相对于直营店数目，公司的加盟店的比例增长较快，市场规模迅速扩张的同时也带来了一系列的问题和困扰。

4.1 "永和"的"山寨"战争

在"永和豆浆"与"永和大王"争斗正酣之时，全国各地以"永和"和"永和豆浆"为字号的中式快餐店层出不穷，如像"盛世永和""来来永和""永和兴记""永和天下""喜年来永和新一代""永和世家"和"永和传奇"等不胜枚举。这些餐饮企业都打着"永和"的字号，且都使用红色背景和白色字体。这些餐厅经营的菜单大多也是以豆浆、油条、面点类为主的中式快餐品种，而一般的消费者往往只认"永和"二字，以为都是永和家族的成员，很容易将它们相互混淆。想到这里，林世骏不由得叹了一口气，眼睛里流露出无奈的神情。

---

① 参见真功夫官网。
② 宦艳红. 真功夫谋三年门店数翻番追赶洋快餐扩张之势 [N]. 东方早报. 2011-01-14.

一方面，当"永和豆浆"的品牌知名度打响后，市面上出现了众多形形色色的山寨版"永和"豆浆店。这些山寨"永和"店是让林世骏最感到头疼的一件事情。近年来，公司餐饮部就经常会接到各地加盟商的投诉，发现在该区域有未经授权的山寨"永和"豆浆店存在，严重干扰了加盟商的正常运营。另一方面，由于商标侵权或出现近似商标，很多消费者都会误以为这些山寨"永和"快餐店是"永和豆浆"旗下的正规门店。因此，消费者投诉中有八成以上都是反映这些山寨版"永和"餐饮店缺乏严格的产品监控和规范的经营管理，产品和服务质量低下，就餐环境和卫生情况堪忧，这些都极大地影响了"永和豆浆"的品牌声誉。例如，2011年1月发生的深圳山寨"永和"铝超标事件、4月发生的河南山寨"永和豆浆"着火事件、7月运城发生的11家山寨永和豆浆店被曝出卫生质量差……这些山寨"永和豆浆"事件一波未平一波又起，让"永和"品牌蒙受负面影响，也给消费者造成伤害和视听混淆。

"永和豆浆"从几年前开始，就致力于在全国开展了高密度的打假活动，并在政府和消费者的多方联动下，取得了一定的成效，并取缔了不少山寨门店。例如，2012年初，河南山寨永和豆浆店失火，引发"永和豆浆"微博打假，"永和豆浆"向公众揭露河南只有一家授权门店的真相，让山寨门店无处遁形。同一时期，"永和豆浆"再次借助微博的力量出奇制胜，引发海南山寨"永和"的是非之争，成功击败山寨企业。然而由于这些山寨品牌数量多、分布广，遍布中国的大江南北，在一线、二线城市中均有出现，甚至在一些三线城市都有山寨"永和豆浆"的踪影，也给"永和豆浆"的打假带来了很大的难度，短时间内难以肃清。林世骏坚持，凡是有损于品牌知名度的，公司都要出面维护。"永和豆浆"不仅不会放弃维权打假，还会进一步加大对山寨店打假的力度。此外，公司也在打假的过程中收编一些"杂牌军"，改造后变成自己的直营店。

4.2 加盟商服务水平参差不齐

林世骏手头的报告中还显示，消费者的投诉中有两成左右反映一部分"永和豆浆"本身的加盟店也存在一些问题，出现了产品质量不统一、就餐环境不达标、服务水平参差不齐的现象。由于"永和豆浆"是以特许连锁为主进行连锁经营，并且近年来加盟商的比例大幅增长，导致公司的加盟总部对其加盟商缺乏有效监管，造成了各地加盟店之间的产品质量、服务水平等方面存在一定差距。

"永和豆浆"门店的加盟条件主要包括：一是自备经营场所，商业地点150~300平方米；二是非自由店面的加盟商，承租期限至少三年；三是加盟商至少需要有1~2名专职经营者；四是加盟商至少有80万~100万元的投资资金，信誉良好，资信可靠，具备一定的管理经验和较高的整体素质。① 加盟条件中并没有对加盟商有管理经验的年限要求，一部分"永和豆浆"的加盟商之前并没有从事餐饮经营的经验，这在一定程度上影响了加盟店的经营管理和业绩表现。林世骏认为，一旦加盟店做不好的话，很有可能有损于"永和豆浆"的品牌声誉。

也有一部分想要加盟的商户抱怨"永和豆浆"的加盟费较高，现阶段，市场上涌现出一大批中低端市场的餐饮业竞争者，在特许经营方面竞争异常激烈。"永和豆浆"的加盟费第一次就要交42万元，这还不包括店面装修费、设备购买费用等。这笔费用中包括押金10万元，还包括对加盟店装修设计、人员培训等费用。相比于"永和豆浆"的加盟费，一些山寨"永和"餐饮店和其他中低端的中式快餐品牌的加盟费只要5万~8万元，门槛低很多。此外，一般加盟商认为"永和豆浆"和其他山寨版"永和"店都叫"永和"，区别不大。林世骏心里很清楚，"永和豆浆"目前在这样的特许连锁竞争中处于不太有利的地位。

4.3 快餐行业竞争加剧

随着中国各行业国际化水平进一步提升，国外快餐与本土的中式快餐企业之间的竞争日趋激烈。随着欧美经济的不景气以及快餐市场的日渐饱和，中国、印度等新兴国家成为国外快餐争相争夺的市场。麦当劳、肯德基、赛百味、汉堡王、吉野家等国外快餐连锁巨头加速在中国"跑马圈地"。与本土快餐企业相比，国外快餐在硬件、软件、管理、服务等方面优势较为明显，虽然激烈的市场竞争在所难免，但是其现代化的经营理念、规范化的管理方式将对中国餐饮企业的发展产生深远的影响。目前，麦当劳、肯德基在华的特许经营方式是转让一家已在运营中的成熟餐厅，而赛百味品牌扩张模式跟肯德基等国外快餐最大的不同就是纯加盟模式，赛百味在全球近3.7万家门店全部采用加盟模式（除去一家以市场研究为目的的直营店），这可以让公司免于扩张带来的资金压力，能借助"本地人"的势力实现高速扩张。在这样的模式下，赛百味这个后起之秀在全球的门店迅速超越肯德基、麦当劳。

---

① 参见永和豆浆官网。

与此同时，还有大量像永和大王、真功夫、大娘水饺、丽华快餐等本土中式快餐连锁品牌都想在这一市场中"分一杯羹"。在中式快餐领域，"永和大王"一直是"永和豆浆"最强有力的正面竞争对手。自 2007 年被菲律宾快乐蜂餐饮集团收购以来，"永和大王"的扩张步伐是稳扎稳打，步步为营。"永和大王"逐步收回所有加盟店的经营权限，全部改为直营模式。它通过引进麦当劳优秀的管理团队，将西式快餐的成功模式移植到中式快餐领域，使得公司的经营管理更加规范化、科学化。同时，"永和大王"对公司产品的标准化和工业化进行提升，对公司品牌形象和门店的就餐环境进行了大力改造。经过这一系列改造之后，近年来永和大王的销售业绩翻了好几倍，在消费者当中建立了较好的口碑。由于"永和大王"与"永和豆浆"的市场定位有些趋同，经营的菜品也比较类似，都是豆浆、油条、面点之类的台湾小吃，所以"永和大王"会抢占"永和豆浆"的一部分目标顾客。

"永和豆浆"受到国外快餐和本土中式快餐品牌的两面夹击。公司面临的竞争环境日趋严峻，这使得林世骏不由得眉头紧蹙，要尽快制定出公司餐饮部下一步的连锁经营战略以应对日益激烈的竞争。

5　抉择

与西式快餐麦当劳的注重口感但食物不健康和赛百味的产品健康但口味清淡相比，中式快餐所提供的产品蕴含了中华饮食文化几千年的历史传承，不仅注重营养搭配，而且注重口感和色泽，在品牌形象塑造方面具有天然的优势。作为台湾饮食文化的一张名片，"永和豆浆"品牌已在大陆市场上建立了较好的品牌知名度和认可度，并且它一直倡导的"健康、养生"的饮食文化也深入人心。林世骏顿了顿指尖的烟，继续思索着公司未来连锁经营的战略，寻求一条突破目前困境的出路迫在眉睫。在他的头脑中浮现出两种可能的方案：

第一，继续以加盟连锁为主加快品牌扩张速度，同时重视加快直营店的建设速度，逐步提高直营店与加盟店的比例。

第二，稳扎稳打，逐步放缓市场扩张速度。借鉴"永和大王"和"真功夫"的做法，逐步收回加盟店的经营权限，全部改为直营模式。等到品牌美誉度提高到一定程度后，再考虑进行特许连锁进行快速扩张。

对于加盟商，林世骏决心要进一步加大监管力度。林总目前考虑有一些策略：

第一，进一步提高加盟门槛。借鉴麦当劳、肯德基西式快餐连锁做法，对加盟商进行严格的筛选，例如从业经验、资质等，并对其进行严格的系统培训和标准化要求，加强监管力度。对顾客评价不好的加盟商予以处罚或淘汰。

第二，适度降低加盟费，与其他中低端近似商标的"永和"餐饮连锁企业开展竞争。重新对"永和豆浆"的品牌 Logo 进行设计，提高产品、服务质量的标准化程度，改善就餐环境。

第三，采取多品牌战略。考虑永和系列商品的成功经验，也可将"永和豆浆"品牌围绕一个"豆"字延伸到其他餐饮业态，开展一些进入门槛较低的加盟项目，突出"健康、营养、安全"的特色。

屋里空气有点闷，林世骏推开办公室的窗户，凉爽的空气裹着沁人的桂花香飘了进来，这使他的头脑能更冷静地思考问题。他紧蹙的眉梢慢慢地舒展开，他为自己对未来餐饮部发展的大胆设想感到兴奋。然而同时，林世骏也很清楚地意识到实施这些战略所蕴含的巨大潜在风险，可能会遇到"多元化陷阱"，可能会分散企业有限资源、大大增加管理的成本和难度，以及如何招募到合适的品牌负责人等都是摆在林世骏面前的一个个棘手问题。他快步走到办公桌前，拿起电话，通知秘书准备好下午的中层干部会议，主要围绕公司餐饮部未来的连锁经营战略进行讨论，希望能够通过集思广益，寻求一条突破困境的有效出路。

附录1 相关统计图

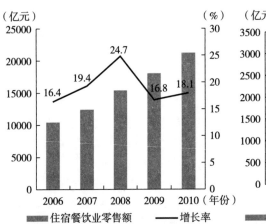

附图1 中国住宿餐饮业零售额变动

资料来源：《中国餐饮产业发展报告（2011）》，安信证券研究中心。

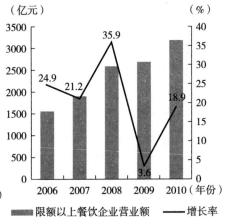

附图2 限额以上餐饮企业营业额变动

资料来源：国家统计局。

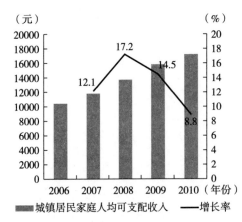

附图3 城镇居民家庭人均可支配收入

资料来源：国家统计局。

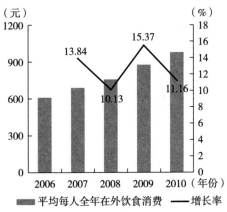

附图4 城镇居民平均每人全年在外饮食消费

资料来源：国家统计局。

附录2 我国连锁餐饮企业情况
（按业态分）

附表1 我国连锁餐饮企业情况（按业态分）

业态	门店总数（个）		营业面积（平方米）		营业额（万元）	
	2008 年	2007 年	2008 年	2007 年	2008 年	2007 年
合计	12561	10973	6518555	5794824	8069057	6447306
正餐	4898	4645	3931886	3676445	3547498	2810182
快餐	5932	4944	2003190	1642305	4042762	3245856
茶馆	19	19	5197	5197	7455	7388
咖啡店	705	522	293916	216407	192085	137126
其他餐饮	1007	843	284366	254470	279258	246755

资料来源：国家统计局。

附录3 2009 年度中国快餐 50 强企业前十名

附表 2 2009 年度中国快餐 50 强企业前十名

1	百胜餐饮集团中国事业部
2	麦当劳（中国）有限公司
3	天津顶巧餐饮服务咨询有限公司（德克士）
4	味千（中国）控股有限公司
5	真功夫餐饮管理有限公司
6	合兴餐饮集团（吉野家）
7	天津狗不理快餐有限公司
8	聚德华天控有限公司
9	江苏大娘水饺餐饮有限公司
10	河北千喜鹤饮食股份有限公司

The Puzzles of Yon Ho Soybean Milk's Chain Operation

Abstract: Yon Ho Soybean Milk brand was founded by Taiwan Hong Qi Food co., LTD. In 1995, the company took the lead to register "Yon Ho" and figure trademark in Mainland China. After decades of development, Yon Ho Soybean Milk has become a famous Chinese food chain brand in domestic market. However, the company has received several complaint events from franchisees and consumers during last six months. First, accompanied by "Yon Ho" became well know, a lot of copycatting "Yon Ho" Soybean Milk stores appeared on the market and seriously impact on the company's brand reputation. Second, the uneven problems of product quality and service level happened within franchisees. Third, the competitive pressure of domestic fast food industry is growing. Yon Ho Soybean Milk is double flanked by western food giants such as McDonald's, KFC and Chinese fast food chain brands such as Yonghe King, Kungfu and DaNiang Dumpling. This case describes the predicament of the chain operations being confronted by Yon Ho Soybean Milk and the ways out around 2011.

Key words: Yon Ho Soybean Milk; Chain Operation; Brand Expansion

"永和豆浆"的连锁经营之惑

一、教学目的与用途

1. 本案例主要适用于 MBA、本科生"连锁经营管理""市场营销学""服务营销学"及"品牌管理"的课程教学和管理培训。

2. 本案例的教学目的是帮助学生理解企业连锁经营模式的内涵、类型及适用条件,企业开展连锁经营的潜在风险评估,以及比较直营连锁和特许连锁之间的优缺点。

3. 本案例帮助学生更好地理解企业连锁经营中的品牌扩张问题。通过本案例的分析和讨论,培养学生运用所学理论知识发现问题、分析问题以及做出合理管理决策的能力。

二、启发思考题

1. "永和豆浆"在连锁经营上面临哪些问题?你认为造成这些问题的主要原因是什么?

2. 从连锁企业的视角来看,为什么"永和豆浆"会选择以特许加盟而非以直营连锁为主实现企业的规模扩张?你认为除了一般的直营店和加盟店之外,"永和豆浆"是否还有其他扩张形式可供选择?

3. 你认为中式快餐连锁经营成功的关键是什么?在连锁经营的管理方面应该注意哪些问题?

4. 假如你是林世骏,面对"永和大王"和其他众多山寨"永和"店的激烈竞争,综合其机遇和挑战,你将制定怎样的连锁经营发展战略?

5. 你认为永和食品公司未来是否应该实施多品牌策略?会获得哪些利益?面临哪些潜在风险?

三、分析思路

从连锁经营模式角度看，永和食品公司可以有三种选择，即直营连锁、特许连锁（加盟连锁）和自愿连锁。

首先可以考虑 PEST 影响分析，从政治法律因素、经济因素、社会文化因素、技术（行业）发展因素来分析永和豆浆面临的外部营销环境，然后思考直营连锁与特许连锁模式的各自利弊，再依据公司目前的资源状况、行业定位、竞争状况等因素进行抉择。对每种选择做出评价时，可以从三个维度进行考虑：盈利贡献率、投资收益和执行难度。

如果继续以特许连锁为主进行扩张，永和食品公司需考虑是否能提供成熟的支撑体系，包括有能力提供相关培训、指导和进行有效监管。若加盟店的产品质量、服务水平参差不齐，将会有损于公司的品牌声誉。从长期来看，品牌美誉度不够会反过来影响其对加盟商的吸引力。如果以直营连锁为主进行扩张，虽然产品、服务质量标准化程度较高，有利于品牌美誉度提升，但是企业需考虑占用大量资金和品牌扩张速度较慢的问题。

目前，连锁业界掀起了一股直营化浪潮。如果"永和豆浆"不能保证大多数连锁加盟商赚钱，即开一家店成一家的话，那么不仅有损于品牌美誉度，而且也会遭遇到竞争对手和山寨店的更大冲击。因此，"永和豆浆"需要平衡直营店与加盟店的比例，尤其是加大直营店建设力度，有效控制扩张的规模与速度。

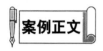
案例正文

唯众传媒：将原创进行到底①

摘　要：近年来中国电视综艺节目大量引进和复制国外模式，近乎疯狂地找模式、买模式、抄模式，却不愿为创新买单，这种急功近利的行为影响了本地传媒的原创力，且使国内的内容产业长期落后。面对国内机遇和国外挑战，唯众传媒积极倡导 TV2.0 的新思维，将创新思维作为唯众传媒的核心竞争力，致力于为日益崛起白领和中产阶层提供服务。唯众传媒利用轻资产和飞机式的创新系统，在多年的实践中逐渐形成了自己的风格和原则，成为中国传媒界原创节目数量最多，成长速度最快的民营传媒机构。

关键词：唯众传媒；综艺节目；原创

引　　言

如果你喜欢看电视综艺节目，可能会知道《开讲啦》《波士堂》《谁来一起午餐》《爱拼才会赢》《青年中国说》。然而你可能不知道的是，这些节目虽然在众多的电视台播出，但是其实都是由上海唯众传媒影视传播有限公司（以下简称"唯众传媒"）制作。唯众传媒成立至今，平均每半年推出一档新节目，全是原创作品，这是如何做到的呢？在当前中国电视综艺节目大量引进和复制国外模式的背景下，唯众传媒还能将原创进行到底吗？

---

① 本案例由上海对外经贸大学工商管理学院王朝晖教授撰写，本案例作者拥有著作权中的署名权、修改权、改编权。未经允许，本案例的所有部分都不能以任何方式与手段擅自复制或传播。由于企业保密的要求，在本案例中对有关名称、数据等做了必要的掩饰性处理。本案例只供课堂讨论之用，并无意暗示或说明某种管理行为是否有效。

1 中国电视综艺节目的引进和创新

1.1 中国电视综艺节目的"引进热"

数年前，一批引进国外模式的综艺节目《非诚勿扰》《中国达人秀》等在中国高调登场，相继成为收视热点，一些久违的网络青年因此被拉回电视荧屏，有人为此拍手叫好。又如音乐选秀节目，从 2004 年的《超级女声》开始火爆，到《中国好声音》一骑绝尘，以及《我是歌手》与《中国好歌曲》等多个类似节目也获得高度关注，这些缔造中国电视综艺节目收视率神话的幕后推手，几乎悉数来自"舶来品"。一时之间，引进版权成了"灵丹妙药"，照单全收的模式大行其道，长此以往不能不让人对中国电视产业深感担忧。

1.2 中外电视综艺节目的创作比较

相对来说，发达国家的电视产业具有比较成熟的市场游戏规则，一个好节目的出炉，需要完善的市场调研和评估，精雕细做的内容制作，以及周密的市场推广等。与此同时，中国的电视体制虽然经过多年的改革开放，但是行政化管理对市场化运营还是有很大影响的。一个节目的制作与播出，容易忽略科学的受众调查，而领导的意见、广告的压力会起关键作用，这样的原创节目往往难以满足市场需求，成功的概率很小。

1.3 中国电视综艺节目的创新尝试

当代中国电视产业的竞争越来越激烈，几千家电视台，上万个节目，能够在如此激烈的竞争中求得生存，首先要求节目制作机构有非常好的洞察力，能精准把握受众需求；其次要有极高的敏锐度，有对市场做出快速反应的能力；最后要有创新的能力，要不断超越、不断进步。敢于在这方面进行尝试和努力的电视台和机构还不多，其中唯众传媒的表现显得非常抢眼，它用 9 年 40 多档节目证明了原创一有市场、二有价值。这在如今大量引进国外模式的中国电视界难能可贵，促使人们进一步思考引进和原创在未来中国电视发展的道路上到底孰轻孰重。

2 唯众传媒的创新理论与实践

2.1 唯众传媒简介

唯众传媒成立于 2006 年，作为一家专业电视媒介机构，主要为电视频道定制标杆节目，进行电视栏目创意和制作，是目前中国传媒界原创节目数量最多，成长速度最快的创新型民营传媒机构。唯众传媒至今已研发、制作了 40 多个原创电视和网络节目。

唯众传媒凭借与多家强势媒体良好的合作关系，在整合跨媒体资源和打造传媒产业链的过程中具有独到的优势。目前唯众传媒的合作伙伴涵盖 CCTV-1、CCTV-2、东方卫视、宁夏卫视、第一财经、云南卫视、山东卫视、安徽卫视、炫动卡通卫视、深圳卫视、东南卫视、河南卫视、湖北卫视、河北卫视、第一财经等 20 多个国家级和省级卫星频道以及腾讯，优酷土豆等视频网站。

唯众传媒旗下多个节目先后获得各种奖励和荣誉，企业也因此屡获殊荣，包括 2013 年度和 2014 年度优秀节目制作机构，2012 年《综艺》年度创意力公司大奖，2010 年中国最具投资价值自主创新企业，2008 年和 2009 年中国最具投资潜力文化创意企业等（见表 1）。

表 1　唯众传媒部分节目获奖情况

节目	获奖 1	获奖 2	获奖 3	获奖 4	获奖 5
开讲啦	2014 年度全国品牌栏目 10 强	2013~2014 年度两岸四地创新广播电视社教栏目四小龙	2014 年第七届《综艺》年"年度节目"	2013 年度电视社教品牌栏目	《综艺》2012 "年度人文节目"
	2015 年第五届中国电视满意度博雅榜卫视文教类"十佳栏目"	《新周刊》"2013 中国电视榜""年度节目"和"最佳谈话节目"	在中央电视台优秀节目评选活动中获得优秀节目一等奖，《开讲啦》新年季获得特别节目一等奖	TV 地标（2012）全国电视栏目综合实力大型调研"年度上星频道新栏目十强"	《新周刊》2012 年中国电视榜"最佳人文节目"

续表

节目	获奖1	获奖2	获奖3	获奖4	获奖5
爱拼才会赢	2013～2014年度两岸四地创新广播电视真人秀栏目四小龙	2014年第七届《综艺》"年度节目"	2013年省级卫视最具创新影响力栏目十强	2013年度广播电视创新栏目20强	2012～2013中国最具品牌价值电视栏目
青年中国说	2014年度全国创新栏目10强	2015年第八届《综艺》"年度上星频道节目"	2014年广播电视创新创优栏目	—	—
大声说	2014年度全国城市台品牌栏目	2013年度城市台广播电视原创栏目20强	2013年两度获得SMG总裁奖	—	—

2.2　唯众传媒的创新思考

2.2.1　唯众传媒的蓝海战略

与其去红海里厮杀，不如打造属于自己的蓝海。唯众传媒认为自己能够在那么多民营媒体公司中脱颖而出，并且取得不错的成就，就是因为一开始做了正确的事情——坚持原创。唯众传媒的创始人杨晖将创新视为一个企业的根："做领跑者很累，但做追随者更累，因为你不知道领跑者何时停下，何时上路，而规则也由他来制定。所以，我们要抖擞精神，做一个领跑者。"

电视产业本身就是一个创意产业，创意产业的核心竞争力是原创能力和持续创新的能力。然而创新乏力是当下中国电视业最大的阻碍。急功近利的竞争环境，疯狂地找模式、买模式、抄模式，不愿为创新买单，缺乏对原创的尊重和对知识产权的保护，使国内的内容产业长期落后，竞争最激烈的往往是那些抄袭复制成风的领域。因此，杨晖将唯众传媒定义为创意公司，将创新思维作为唯众传媒的核心竞争力，相信拥有这种核心竞争力，才能成为行业的领头羊。

2.2.2　唯众传媒的创新理念

在网络时代，电视的生存形态受到了强烈威胁，如何才能"柳暗花明又一村"？唯众传媒认为，电视行业需要进一步的升级，带给受众个性、互动、即时的体验，让电视拥有互联网传播特征，将大众传播转化为个众传播行为。杨晖解释了公司的名字和定位："唯"字在词典中是"单独，只"的意思，"众"字的意思则是"许多、众人"。这两个字对立和统一，密不可分。也就是说我们唯一要看重的，或者需要重视的就是观众。因此，她主张将新媒体的特点应用到电视节目的制作中去，关键是要让电视还原到真正以受众为中心。

唯众传媒节目创新的核心理念是 TV2.0，这个电视新思维也是杨晖一直提倡的。TV2.0 受到 Web2.0 的启发，在互联网时代，Web2.0 和 Web 1.0 的区别主要是互动功能，即互联网实现了双向沟通，通过 Web2.0 受众也可以发言，可以表达自己的心声。同样的道理，当社会已经进入 Web2.0 时代时，电视不应该还定格在 TV1.0 时代"我播你看"的格局，应该借鉴互联网的特点，让电视这一传统媒体与时俱进，让观众创造内容和分享内容，以观众的体验和需求为中心，把话语权还给观众，真正做到"观众是上帝"。

2.2.3　唯众传媒的创新定位

TV2.0 还有更形象的一个说法——做电视，就是挠痒痒！如果用概念化的语言来描述就是，节目的受众定位（给谁挠）、内容定位（哪里痒）和形式定位（怎么挠）。唯众传媒基于 TV2.0 的概念，一反传统电视节目的产品定位，采用客户定位，目标受众是人群中最"鲜厚肥美"的一块——白领和中产阶层，这些人随着经济发展越来越好，有好的消费能力和消费欲望，是日渐成熟的意见领袖，也是未来中国最有价值的群体，而目前真正为他们量身定做的节目并不多。唯众传媒致力于满足他们的需求，为他们提供精神产品，迅速抢占了市场先机。

唯众传媒围绕用户群进行产品发掘，为中国日益崛起的中产阶级提供有用的、好看的节目，采取的策略是定位精英化、表达大众化，其目的在于"用不同的节目品类黏住同一群人"。唯众传媒像做产业一样做电视节目，例如通过《波士堂》展现企业家性情和人格魅力，用老板们的经历给上班族提供偶像；《上班这点事》作为中国第一档轻喜剧风格职场脱口秀，关注白领酸甜苦辣，完全取材于普通人的办公室生活，把普通人请进演播室分享经历，为之减压；《谁来一起午餐》作为中国第一档商务智性脱口秀，融汇创业精神和饭局国粹，让有梦想成为老板的员工进行创业计划 PK，并接受老板、智库评委们的考验。

总的来说，唯众传媒多年来做的事情不外乎老板的事儿、职场的事儿、创业的事儿、文化的事儿、旅行的事儿和时尚的事儿等。节目不断推陈出新，但是唯众传媒的资源无太大变化，只是对产品进行细分，通过不断地完善，牢牢黏住自己的受众群，也就占领了一片蓝海市场。

2.2.4 唯众传媒的创新方式

唯众传媒认为，电视的手段其实反映的是电视人的能力，原创是一个化学反应，如果混搭做好了它就成功了，旧的元素加旧的元素就是新的，会有无限的空间，无数的可能，关键在于勇气和思维方式。杨晖特别强调洞察力、思考力、行动力的作用，主张将三者的结果进行排列组合："创新的方式很多，有时退半步也是创新，不同元素的不同组合也是创新，对某些元素在不同的时间、地点做放大或缩小，也会产生完全不同的效果。"在她看来，创新要走内心，不是简单地把舞台变得很华丽，投入变得很大，而是要用内力、内功让节目去驱动观众内心，去和时代同步，去贴近年轻人的表达。

2.3 唯众传媒的创新实践

2.3.1 《波士堂》的创新

2006年6月，唯众传媒和第一财经、东方卫视推出中国第一档商业脱口秀《波士堂》，这是TV2.0的第一个实验品。节目意在打造一个全方位的、非常平等、深度体验的平台，让各色人等畅所欲言，没有一个完全掌握话语权的人，以便体现互联网开放、平等、参与的精神。节目还首次在国内尝试谈话节目录像直播模式，即在录制过程中进行网络全程直播，广大网民可以在第一时间与现场嘉宾进行互动。

"波士堂"英文翻译为"Boss Town"，寓意老板过堂，即一个老板，三个观察员，三堂会审。《波士堂》节目以网络论坛的形式设置了嘉宾、主持人和观察员的三角关系，呈现了一种全新的电视节目形态，将"斑竹""管理员"和"拍砖"的网络身份搬到了电视真人秀中。其中三位观察员，从专业、非专业的角度给平日严肃的老板们提一些观众很关心的问题，展现老板们日常生活的片断，其实就是老板"真人秀"，从而吸引了一批对经商感兴趣的粉丝成为其忠实观众。

《波士堂》的推出让大家耳目一新，用于丹的话来讲，《波士堂》的出现颠覆了中国财经节目的传统表达方式。以往的财经节目经常让人感到乏味，原因在于过于传统，无论多么生动的人只要出现在节目里，大多是西装革履，一脸严肃，像个机器一样讲一些商业理念，让观众感觉离自己非常遥远。而《波士堂》主张"商道即人道，财经也轻松"，将轻松、睿智、人性化、平民化的电视表达手段充分融入节目中，还原人物本色，分享商界精英的个性魅力、商业智慧和人生哲学，很容易受到观众的欢迎。

《波士堂》把财经人物不当成财经人物来访问，来节目的老板首先得是一个真实的人，然后才是商人，因此规定老板们不许着西装、打领带，甚至每次录像之前，杨晖都要亲自为他们解开上衣的第一颗纽扣。节目还加入了综艺成分，观众可以看到，平时不苟言笑的老板会唱歌、会跳舞、会指挥、会吹萨克斯。这个节目的特点就是拿高高在上的商界精英"开涮"，充满娱乐色彩。

周瑜打黄盖——一个愿打，一个愿挨。盛大网络有限公司前总裁唐骏曾作为嘉宾参加了《波士堂》节目的录制。他说："我原定花两个小时来录制这个节目，没想到我整整花了 11 小时 47 分钟，而且这 11 小时 47 分钟，我是真正乐在其中。"金蝶国际软件集团有限公司总裁徐少春谈到他参加《波士堂》录制的过程也是满脸笑容："这个节目真正做到了笑谈商业、笑谈人生，一改企业家在传统印象中一本正经的形象。"因此有人总结：《波士堂》比《财富人生》更搞怪，比《对话》更生活化；如果说《超级访问》《艺术人生》让你感动得落泪，那么《波士堂》一定会让你笑出眼泪来。

2006 年兴起的牛市引发了全民的财经热情，商业智慧被前所未有地重视并展现着。当《波士堂》中的老板们落座的红沙发成为节目粉丝想上去坐坐体验一把的梦想之地时，这个节目成了上海乃至全国特别受欢迎、影响力特别大的创新财经节目之一。《波士堂》一炮打响后，国内出现了很多"复制品"，而唯众传媒却又推出了一系列节目。由此可以看出，TV2.0 是维众传媒一系列节目的源头活水，它是一个创新的指导思想。

《波士堂》的卓越表现也赢得了众多的荣誉和奖项，大致包括：2007 年荣获 SMG 年度电视创新节目创新奖；2008 年获得胡润百富榜 Best of the best 访谈类电视节目最佳表现奖，同时荣获中广协电视经济委员会"中国创优栏目奖"；2009 年获得"2008 中国最具网络影响力十大省级卫视栏目"排行榜第一名，同时获得 SMG"传媒人"奖；2010 年荣获中广协创优专题二等奖，并且获得 SMG 总裁奖；2015 年，《波士堂》在优秀广播电视栏目推荐表彰活动中荣获"2014 年度全国最具市场价值栏目"。

2.3.2 唯众传媒的轻资产

互联网时代产生了轻资产和轻公司的概念，在很多人眼里，IT 公司才是轻公司，传统媒体是重公司。然而唯众传媒认为，在传媒产业链中的各环节中，有分工合作才有整个产业的繁荣，唯众传媒也要做轻公司，致力于品牌管理和创意管理，其他技术面的东西只要能外包的都外包。因此，唯众传媒的运作模式很特别，不需要机房，不需要摄像机，也不需要演播厅，这些全部都是租赁的。唯众传媒的一些外拍、演播厅录制中的设备、人员、后期制作等，都由一些外面的专业公司完成。

唯众传媒最重要的资产是人，唯一的固定资产就是笔记本电脑和办公室，极大地节省了管理成本。唯众传媒的员工非常精简，例如 6 个节目的一线策划导演团队的人数配置总和，可能只相当于传统电视台一个节目组的人数。《波士堂》节目只用了 4 个导演便把工作扛了下来，而如果在电视台，这样的工作量一般会需要十几个人才能完成。在公司层面，节目制作中心只是一个部门，不超过总人数的 40%，其他部门还包括视觉包装中心和广告运营中心。这样只"养脑袋"，不"养手"不"养脚"，因此公司自然极具战斗力，能够保证 6 个月，甚至 3 个月就有新品出来。

2.3.3 唯众传媒的创新系统

电视作为创意产业，它的创意是第一位的，一个完美的创意需要一个标准化的流程，越标准的操作流程和规范执行越能够更好地接近和完成创意的构想。唯众传媒有相应的创新机制来保证创意的实现。创新有三个层面：产品、结构和系统。第一个层面是产品，其实产品背后是人才，创新首先要重视人才，重视人才需要合理的结构。为了完善创新机制，唯众传媒创建了飞机样式的公司组织结构，并通过员工培训、导师机制、团队活动、协作沟通，在企业内部建造了一套创新的科学管理系统。

唯众传媒的创新系统类似于一架飞机，包括机身、机头、机翼和机尾等组成部分。唯众传媒的机身就是节目的生产部门，包括节目部和大型活动部。要想让这架飞机起飞，还要有机头，就是驾驶舱，也就是决策层。接下来还需要为飞机安上两对翅膀，唯众传媒有四个部门——研发部、视觉部、新媒体部和运营部来协助内容生产。最后，飞机还需要一个尾翼来保持平衡，这些是行政、人力资源、财务、制片中心等部门的职责。

3 唯众传媒创新道路上面临的机遇和挑战

3.1 唯众传媒面临的机遇

3.1.1 中国电视对高质量综艺节目的期盼

中国地广人多，几千家电视台每天需要播放的内容不计其数，因此对综艺节目的需求是巨大的。现实的问题是中国多数传媒公司没有做大，除了行政划分的机构外，尚未出现大的内容供应集团，即使看到了机会也难以把握，而同时国外内容集团蜂拥而至，垂涎中国市场这块蛋糕，让人感受到了一场硬仗在所难免。这样一来，中国电视尤其是综艺节目的竞争日趋白热化，开始集体进入大片化时代，各种同质化竞争、资源争夺、高投入以及无底线的推广不断上演。

3.1.2　中国电视综艺节目引进与原创之争

欧美电视工业沉淀下来许多精华，今天能为中国所用，无疑会加快我们成长的速度。引进模式节目是中国电视节目市场发展的必然阶段，通过学习、复制，然后才能在未来实现升级。为何会出现引进节目模式"井喷"现象？原《中国好声音》总策划杜昉说，其实这也是中国电视在"补课"，因为以前没有科学规划和发展。就像当年改革开放初期中国制造业的发展，许多家用电器都引进了欧美、日本的生产线，从而带动了整个中国制造业的发展。今天中国的电视也是一样，在中国的节目模式市场还没有形成之前，这种"补课"非常重要。

然而，中国电视节目的引进模式是先学习再创造，这绝非屡试不爽的法宝，国外成熟版权引进也许"多快好"，"省"就谈不上了，主要因为引进的成本很高，节目制作和推广的费用也不低。中国买不起模式的电视台不少，买模式吃亏的也太多。盘点这些年中国不断"拿来"与"借鉴"的电视综艺节目，大都处于"各领风骚三两月"的低水平重复，造成了电视文化资源的浪费。在少数引进节目一夜成名的同时，也有大量节目因为水土不服、消化不好等原因折戟沉沙。有些地方卫视大半年的营收砸进去，结果不仅收视率惨不忍睹，美誉度也没有。

3.1.3　阻碍中国电视综艺节目原创力的因素

考察目前中国电视产业的现状不难发现，电视节目模式化出现了一定负面的趋势，包括盲目引进和互相抄袭。杨晖认为："今天不是大家不要原创，而是真正坚持下来潜心去做原创、去为原创埋单的制作公司和电视台太少了。"从某种意义上来说，现在极其需要创新，但也相当难创新。大家现在都很怕出错，所有制作公司和电视台都说自己输不起，在这种风潮引领下，大家谁都不愿为出错去埋单，拿来主义似乎更保险一些。

中国电视事业起步很晚，与国外相差几十年，有人认为模仿不仅是与国际接轨最快的途径，而且也是可以有效规避风险，成本最低、成功率最高的方式。《年代秀》总制片人易骅认为，中国电视节目缺乏原创，是由于电视人和观众心态浮躁，经受不了失败，急于寻找成功模式进行复制，每天看着收视率，甚至容忍不了让节目有一个成长的空间。

对此，杨晖也深有同感："中国电视行业整体陷入缺氧局面，现在正集体'吸氧'，氧气就来自节目引进。"她打了个比喻，很多人看到《中国好声音》就看到转椅，但没看到这是西方70年的电视工业文明。我们更多地应该看到模式之外的东西，而现在很多人急功近利，都盼找到一个现成模式，第二天就火，第三天就数钱。

3.1.4 唯众传媒对综艺节目引进与原创的认识

唯众传媒发现，照搬照抄国外的电视节目费时费力，因为先得翻译和沟通，然后花时间消化，还需要进行本地化改造和处理，有这点时间和精力，还不如自己思考创出适合中国人口味的新节目，毕竟没有人比自己更了解中国的观众需求。另外，从生意的角度看，电视节目的复制模式成本并不低，经常达不到预期效果。外国电视花了70年所探索的节目模式，我们竞相引进来，两三年就用完了，这不仅是一种竭泽而渔、难以为继的现象，而且也是电视人自我挑战的缺失。

唯众传媒认为，如果我们不用自己的腿，仅仅借助拐杖，那我们永远也站立不起来。中国的电视正面临集体缺氧，而氧气总要有人来造。因此拿来主义不可能让中国电视一劳永逸，相反会让中国电视人产生惰性，阻碍本土创意研发的脚步。对此杨晖也说，千万不要以为引进模式就是屡试不爽的法宝，也千万不要想象原创就是那么难。两点之间直线最近，我们不能否认引进模式是"曲线救国"，目的也是为了未来能有自己的创作能力，但文化产业的本质就是创意，没有创意力，这个行业就没有生命力。如果有一天中国也可以批量向国外输出和销售自己原创的模式了，那才意味着中国电视作为一个创意文化产业真正走向成熟。

3.2 唯众传媒面临的挑战

中国传媒大学广告学院院长黄升民认为，唯众传媒的规模不大，但比较讨巧，会开发老板、员工、上班等内容市场，体现出了10年来内容产业不断深化、分流产生的差异化结果。唯众传媒先做了有特色的节目，把市场打响，然后迅速系列化丰富产品线，再考虑上下游，是一种典型的产业化运营思路。然而，将来能否规模化，一要看是否有持续创造性的创业团队，继续创造出类型丰富的产品；二要看有没有很强的把创作思维变成商品的营销团队，比如衍生产品，电视剧、动漫之类；三要看能否找到有远见、有宽容心、能坚持的投资者，创意产业的投资需要耐心。这对于唯众传媒来说都意味着挑战。

此外，国内知识产权保护不利也成为制作方在投资方面较大的风险。国内电视节目市场缺乏版权保护，不仅使制作方失去创新的动力，还可能使制作方的投资亏损。对此，唯众传媒的态度是不惧怕被模仿，并非执意要成为最大或最强的企业，而是要成为最具创新精神、最受人尊敬的媒体公司。

杨晖对电视的理解一直不曾改变：媒体必须创新。她始终有一个信念，只有原创才是出路，除此别无选择。"我们是市场化独立的制片公司。我们得让各个电视台看中我们的节目，所以我们有八个字：人无我有，人有我新。这样才能让自己更有生命力，才能活得下去，才能谈生存，接着再谈发展。"唯众传媒从100平方米的上下铺发展到几千平方米的独立办公楼，也许正应了《开讲啦》首季内容完整版的书名《人生路，莫慌张》，当别家公司都在疯买模式、抄内容的时候，杨晖带着唯众传媒不紧不慢地，按照自己的节奏走路，做她认为该做的事。

3.3　唯众传媒未来的抉择

唯众传媒未来要做成什么样？从最初的原创电视节目制作公司，到基于优质视频内容的全媒体整合运营商，是做中国下一个上市的光线传媒，还是聚焦于小而美的专注性全媒体公司，杨晖说她还在进一步考虑。从早期提出TV2.0新思维开始，杨晖就在思考全媒体时代原创的内容与形式的变化："作为民营的内容供应商，最大的困惑在于不能掌控渠道，最大的自由也在于不属于哪家渠道，天高任鸟飞，海阔凭鱼跃，只要你有创造力，永远有市场。"

唯众传媒从与电视台合作开始，到独立投资，循序渐进地，公司在原创的道路上一路狂奔。相比于各家渠道供应商们忙于撕破脸皮地相互指责节目模式的抄袭，唯众传媒这样的民营内容供应商们正在为中国的传媒天下开创"内容为王""模式为先"和"原创为本"的格局。

唯众传媒现在的规划大致有四步：第一步，老老实实做原创电视节目制作公司；第二步，做原创的优质视频节目公司；第三步，做基于优质视频内容的跨媒体整合运营商；第四步，做基于优质内容的全媒体整合运营商。全媒体的概念是基于线上和线下全渠道，不一定只有电视、互联网或移动互联，希望有内容的地方就有唯众传媒。尽管这个市场还不够成熟和理性，还没有学会去欣赏更多的风景，去尊重更多的创造，但是唯众传媒已经用自己的坚持证明，原创才是中国电视可持续发展的方向。

Visionary Media: Adhere to the Original

Abstract: In recent years, Chinese TV variety shows have introduced and copied a large number of foreign models. They are almost frantically looking for models, buying models, and copying models, but they are unwilling to pay for innovation. This kind of quick success has affected the originality of local media and has left the domestic content industry behind for a long time. Faced with domestic opportunities and foreign challenges, Visionary Media actively advocates the new thinking of TV2.0, regards innovative thinking as the core competitiveness of Visionary Media, and is committed to providing services for the rising white-collar and middle class. Using its asset-light and aircraft-style innovation system, Visionary Media has gradually formed its own style and principles in years of practice, and has become the private media organization with the largest number of original programs and the fastest growth rate in the Chinese media industry.

Key words: Visionary Media; Variety Show; Original

唯众传媒：将原创进行到底

一、教学目的与用途

1. 本案例主要适用于"战略管理"及其相关课程的教学和培训。

2. 本案例主要适用于学习"战略管理"及其相关课程的学生。

3. 通过本案例的了解和分析，帮助学生理论联系实践，结合工商管理教学中"战略管理"等课程内容，介绍战略管理等理论，使学生更好地领会和掌握战略管理的原理和技巧。本案例中唯众传媒的创新战略可以为战略管理的教学服务，案例涉及的相关知识与理论包括行业竞争分析、企业 SWOT 分析、产品创新、定位等。

二、启发思考题

1. 唯众传媒为什么要选择走节目原创的道路？

2. 唯众传媒为什么致力于为白领和中产阶层服务？

3. 唯众传媒为什么要采取飞机式的组织结构？

三、分析思路

唯众传媒的创始人杨晖将创新视为一个企业的根。电视产业本身就是一个创意产业，创意产业的核心竞争力是原创能力和持续创新的能力。然而创新乏力是当下中国电视业最大的阻碍。急功近利的竞争环境，疯狂地找模式、买模式、抄模式，不愿为创新买单，缺乏对原创的尊重和对知识产权的保护，使国内的内容产业长期落后。因此杨晖将唯众传媒定义为创意公司，将创新思维作为唯众传媒的核心竞争力，相信拥有这种核心竞争力，才能成为行业的"领头羊"。为了完善创新机制，唯众传媒创建了飞机样式的公司组织结构，并通过员工培训、导师机制、团队活动、协作沟通，在企业内部建造了一套创新的科学管理系统。

第五篇

品牌国际化

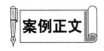
案例正文

"借船出海"定能一帆风顺吗？
锦江集团国际化的"步步惊心"①

摘　要：全球酒店业权威媒体 *HOTELS* 公布的 2016 年全球酒店榜单中，锦江国际集团排名第五，位列中国酒店之首。自 2005 年首次提出产业国际化的战略目标以来，锦江从"借船出海"到全球经营和跨国布局，十多年的国际化之路可谓步步惊心。本案例围绕锦江集团国际化过程中遇到的困境及解决之道展开深度剖析，分析中国服务型企业在国际化过程中可能遇到的战略制定与执行、品牌国际化、跨文化管理等问题，进而探讨克服困难的对策。锦江集团从战略制定的"三向"原则到战略执行"三驾马车"，采取品牌国际化整合、管理属地化、人才国际化的三大组合策略不断加速国际化进程。案例不仅有利于理解中国酒店服务企业国际化现状与竞争态势，而且对深入探究中国企业如何克服"走出去"的品牌、人力资源、跨文化等方面的难题具有重要的借鉴作用。

关键词：国际化战略；品牌输出战略；战略环境；战略制定原则；战略执行

---

①　本案例由上海对外经贸大学工商管理学院谢佩洪教授、上海大学悉尼工商学院霍伟伟副教授、北京师范大学经济与工商管理学院焦豪教授、澳大利亚悉尼大学卢佩融共同编写，本案例作者拥有著作权中的署名权、修改权、改编权。案例来源于中国管理案例共享中心案例库，案例编号 STR-0799，荣获第九届全国百篇优秀管理案例奖，并经该案例库同意授权引用。由于企业保密的要求，在本案例中对有关名称、数据等做了必要的掩饰性处理。本案例只供课堂讨论之用，并无意暗示或说明某种管理行为是否有效。

引　言

自 2013 年以来，国内的酒店行业已接近红海市场，如家、汉庭、7 天、格林豪泰、速 8、布丁和莫泰等众多品牌形成了烽火狼烟的竞争态势。2013~2015 年，锦江酒店在国内的市场收益率增长非常缓慢。在国内竞争红海的威逼下，锦江不仅要面对国内同行的虎视眈眈，还要应对来自国外同行的竞争。随着我国加入 WTO 过渡期的终结和中国酒店企业市场化、规模化、网络化、国际化趋势的加速，中国酒店行业的竞争十分激烈。在这种严峻的挑战下，2010 年锦江国际决定加快国际化扩张的步伐，寻找另一片"蓝海"。

锦江集团原副总裁王杰曾回忆道："早在 2005 年锦江就确立了产业向国际化进军的长期目标。"在国内市场竞争激烈时，"借船出海"不失为另辟蹊径的选择。十几年来，在布满鲜花与荆棘的国际化之路上，锦江人用国际视野打造管理创新，实现了国际化的华丽转身。2010 年至今，锦江集团联合美国德尔集团并购洲际酒店集团 50% 股权，2015 年又收购喜达屋资本旗下法国卢浮集团 100% 股权。此外，锦江集团引入全球最先进的 CRS 订房系统，为创新"传统酒店业+互联网"模式奠定基础，把握互联网时代消费升级的趋势。回顾锦江国际集团发展历程，在今日辉煌的背后，却有着不为人知的艰辛之路。

1　锦江集团发展概况

锦江国际（集团）有限公司（以下简称"锦江集团"）是中国规模最大的综合性酒店旅游产业集团之一，以酒店管理与投资、旅行服务及相关运输服务为主营业务，拥有酒店、旅游、客运三大核心主业和地产、实业、金融等相关产业及基础产业（集团架构见图 1）。控股（或间接控股）"锦江酒店"（2006. HK）、"锦江股份"（600754，900934）、"锦江投资"（600650，900914）、"锦江旅游"（900929）4 家上市公司。

三大核心主业营收占比超过 90%，初步形成了以酒店为核心的旅行服务产业链。锦江酒店以"锦江股份"为主体，2015 年收购法国卢浮酒店集团 100% 股权，2016 年战略投资铂涛集团、维也纳酒店集团 80% 股权。截至 2016 年底，锦江酒店拥有、管理和特许经营的酒店有 7000 余家，客房总数超过 70 万间，在全球酒店集团中排名第 5 位，亚洲第 1 位。酒店分布于全球约 62 个

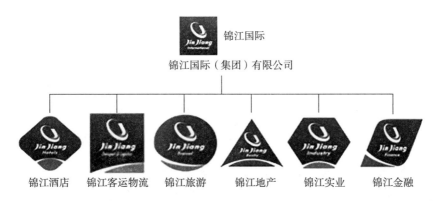

图1 锦江集团组织架构

国家和中国 31 个省（自治区、直辖市），会员超过 1 亿；业务涵盖全服务酒店及有限服务酒店的投资营运和管理，以及餐饮业的投资与经营。公司旗下酒店主要品牌包括 J、岩花园、锦江、昆仑、锦江都城、锦江之星、康铂（Campanile）、郁锦香（Golden Tulip）、7 天、丽枫、喆·啡、维也纳等。

集团注册资本 20 亿元，员工 5 万余名，企业 194 家。锦江集团紧紧围绕"全球布局、跨国经营"的战略目标，以酒店业为核心，在"互联网+"背景下，创新引领，卓越运营，全球发展，努力成为全球知名的酒店旅游产业集团。目前，锦江集团与万豪、希尔顿、洲际、费尔蒙、雅高等世界著名酒店集团以及日本三井、英国 HRG、瑞士理诺士等 20 多家全球知名企业集团建立了广泛的合资合作关系。同时，中瑞合作锦江国际理诺士酒店管理学院，从事中、高级酒店管理专业人才培训。"锦江"是中国驰名商标、上海市著名商标，品牌价值超过 300 亿元。

2 全球酒店服务业现状及发展趋势

2.1 全球酒店业概况

进入 21 世纪以来，世界知名酒店集团纷纷加快其在全球范围内的扩张。2014 年 Statista 发布的数据显示，全球共有 5.1 万家运营的酒店，客房数达到 1950 万间，2012~2014 年增长幅度为 16%。就全球市场分布而言，北美客房供应数量占全球供给的 67%，欧洲依然稳居酒店市场的第二位置，亚洲及中东地区成为近年酒店业的后起之秀，在酒店集团业务和度假区产业方面都呈现出较高的增长速度。IBISWorld 公司的行业分析报告也指出，2009～2015年，酒店行业表现出强劲的增长势头，从行业的两项关键指标即客房数与入住率中均能看出，其原因主要是旅游需求正逐步转为刚需（见附表1）。

2.2　全球酒店服务业发展趋势

在经济全球化与消费需求多样化的背景下，全球酒店行业在加速扩张的进程中呈现出以下三大特点：

第一，跨国酒店的所有权构成向轻资产模式转变。轻资产运营指，在资源既定前提下，杠杆利用各种资源，以智力资本的运营为基础，以最低的投入实现商业运营模式价值最大化的战略管理。就全球知名酒店的实践而言，一方面，轻资产战略能够释放资金、降低收益波动性，有效提升企业盈利水平以及增加企业市场溢价；另一方面，通过建立长期的管理合同以及强大的品牌声誉可以吸引更多投资。例如，洲际酒店集团采用轻资产战略，其中特许经营比例为 85.6%，管理合同为 13.7%，本身拥有的酒店仅为 0.7%。希尔顿酒店集团于目前拥有的资产仅有 9%，其他投资只保留管理权与特许品牌权。

第二，全球酒店业市场格局向发展中国家的新兴市场转移。截至 2002年，东亚及太平洋地区接待国际游客数量已经与北美持平。据世界旅游组织预测，到 2020 年，亚太地区的所占比例将增至 26.6%，而美国将降到18.1%；未来全球酒店业市场格局将发生较大变化，欧洲地区增长缓慢但基本占据旅游半壁江山，美洲地区增长停滞甚至出现负数，而亚太地区已成为引人瞩目的新兴市场。近年来，发展中国家逐渐成为旅游及酒店业增长的主要拉动力，从观光到休闲旅游，从国内到国外旅游逐步升级，出境游开始常态化。因此，与中产阶层相关的旅游行业未来在 GDP 中的重要性将大大增强，势必带来酒店服务业的爆发式增长。

第三，通过跨国并购方式打造全球品牌。已有数据显示，全球酒店业的集中化程度正在显著上升。仲量联行酒店集团的统计表明，近 10 年来全球酒店业每年金额过亿美元的并购案件上百起，年均并购金额 300 亿美元，高星级酒店和经济型酒店集聚在少数的大型跨国酒店集团手中，其中世界前十大连锁酒店集团拥有全球 20% 的酒店。然而，目前全球酒店行业的市场集中度相对较低，作为行业领跑者的万豪国际与希尔顿全球也仅仅占 4.2% 和 4.0%的市场份额。通过跨国并购单体酒店或本土连锁酒店的方式，已经成为酒店集团巨头打造全球品牌，丰富产品组合的有效方式。

3 中国酒店业的"红海之争"

自 2008 年金融危机之后，中国酒店行业经历了五年的快速扩张期，仅经济型酒店数量就增长了 5 倍以上。国内酒店行业竞争日益白热化，无论是在高端市场、中端市场还是经济型酒店市场或者是百元平价型市场，酒店之间的品牌之争都日渐剧烈。随着大量企业开始投资酒店服务业以及服务的同质化问题凸显，在经历了 5 年黄金期之后，中国的酒店服务业迎来了第一个"寒冬"。2013 年，中国酒店行业的营业额整体下降了 30%。中国旅游饭店协会报告也显示，外资的豪华酒店同年收益额也大幅下降。

面对国内酒店业的"红海之争"，锦江集团也在审视和思考着自己的出路在何方。截至 2014 年底，锦江在国内酒店行业主要涉足的是经济型酒店，随着更多经济型酒店品牌的加入，经济型酒店行业市场被不断瓜分，同质化严重。作为我国经济型酒店品牌的首创者，锦江之星（成立于 1996 年）在 2014 年中国经济型连锁酒店品牌规模 30 强排行榜中仅居于第四位，市场占有量为7.17%。如家和汉庭在品牌指数的排名上领先于锦江之星。面对业内的激烈竞争，大多数经济型酒店集团选择向上或向下发展的市场开拓策略，即发展全服务性酒店或向二、三线城市发展。

自 2008 年奥运会举办以来，大部分外资酒店均加快在中国布点。美国洲际酒店（全球规模最大的酒店集团）以及其他国外著名酒店行业巨头如喜达屋、香格里拉、希尔顿等都在积极扩张在中国的业务，这些酒店凭借自己在管理、技术、服务上的优势，抢滩中国市场。据悉，目前国内高端酒店市场的 2/3 已被外资品牌占有，这对锦江来说是严峻的挑战。

2013~2014 年，上市、退市和重组等商业活动在中国酒店服务业中频繁上演，如何转型升级是摆在每一家业内企业面前的难题。同样地，摆在锦江集团面前的也有两个选择：其一，坚持以国内作为主战场，借助锦江集团的规模优势，聚集大量资金向二、三线城市扩张；其二，另辟蹊径，面向国际市场加快海外扩张。究竟要不要"出海"，如何加快国际市场的扩张步伐？此时的锦江集团高管团队也正在打量着自身的优势和劣势，盘算着"出海"的风险与收益。

4 国际"蓝海"的诱惑

在全球跨境旅游需求市场持续增长的趋势下，国际酒店行业也在不断上演着战略重组的剧目。随着国际商贸及旅游业的快速发展，中国酒店业的潜在海外市场需求逐步凸显。与此同时，伴随欧洲国家、美国实行量化宽松的货币政策，人民币在世界范围的购买力增强。加之2008年金融危机导致的欧美房地产相关行业缩水、酒店服务业低迷等情况，都给中国企业海外投资带来了商机。

2010年以来，基于海外市场需求和国家政策导向，中国酒店服务业开始思考国际化发展，但在几十年投资依赖型的粗放模式下发展起来的中国酒店企业，对于"借船出海"与"借梯登高"的国际化战略仍然有诸多顾虑。其一，品牌结构单一。品牌体现酒店的国际知名度、顾客信任度、经营管理经验等巨大的无形资产。国际著名酒店集团十分重视品牌建设，通过实施品牌多元化战略以达到充分占领细分市场的目的。相比之下，中国酒店集团虽然形成了一批国内的知名品牌，但是品牌的国际知名度和美誉度都不高。其二，国际化人才储备不足，具有专业教育背景且有丰富跨国从业经验的管理人员仍然比较匮乏。其三，不熟悉国际规则，"走出去"的不确定性风险较大。

王杰曾直言不讳地说道："国际化之初，我们不熟悉国际规则，没有从规则上跟国际接轨，这在'走出去'的过程中是巨大的隐患。"

5 锦江"出海"十多年的"步步惊心"

早在2005年锦江集团就提出了产业国际化的战略目标。全球酒店行业权威媒体 HOTELS 杂志公布2016年全球酒店集团325强的最新排名为：万豪蝉联首位，中国排名最高的依旧是锦江酒店集团，名列第五位；首旅和如家合并后，升至第八位（见附表2）。在十年的"出海"之旅中，从"借船出海"到全球化企业，锦江集团经历了多次的国际化行动与整合（见附表3）。

5.1 "借船出海"首次挑战

受2008年金融危机和到期债务影响，2009年美国洲际酒店的股价被严重低估，营运已陷入困境。洲际集团是美国最大的第三方独立酒店管理企业和酒店房地产投资商，在全球 13 个国家管理了 432 家酒店。洲际集团在酒店行业久负盛名，它拥有包括 6 项全资资产在内的物产 56% 的股份权益，其合作伙伴包括威斯汀、万豪、希尔顿等著名国际酒店，共管理 246 项酒店物业或拥有这些物业权益。这些物业分布于美国 36 个州和哥伦比亚特区，以及俄罗斯、印度、墨西哥、比利时、加拿大、爱尔兰及英格兰等，客房间数超过 51000 间。

时任锦江国际董事长俞敏亮紧急召开董事会，决定对洲际集团进行股份收购，借"买"来的船"出海"。2010 年 4 月，锦江酒店与美国房地产投资企业德尔集团共同设立的合营企业 HAC 与美国洲际酒店与度假村集团达成协议，以约 3.07 亿美元的交易总价值收购洲际集团，并使其成为 HAC 的全资拥有企业。根据协定，HAC 将收购洲际集团全数已发行并现存的普通股股份及其合伙的权益单位，这次是迄今为止中国酒店行业金额最大的国际并购交易。

2010 年 12 月，锦江集团又与上海中心大厦建设开发公司签订了合资协议、品牌授权管理协议和酒店管理协议。协议规定，将由洲际（中国）经营管理这家拥有 258 间豪华客房的酒店。集团建立了由星级酒店品牌"锦江酒店"、商务酒店品牌"Marvel"以及经济型酒店品牌"锦江之星"组成的"J-Hotel"品牌组合。这个品牌组合将融入中西方文化并呈现国际化标准，展现中国品牌所具有的东方文化的精髓。

事实上，由于锦江高星级酒店一直没有形成清晰的品牌分层，因此此前锦江国际的品牌输出非常困难，而洲际酒店在美国的酒店物业不少，故锦江酒店可借此输出品牌。美国洲际集团首席执行官 Thomas Hewitt 表示："这次签署合作协议，不仅提升了中国酒店行业的投资和管理能力，也增强了锦江的核心竞争力。"洲际酒店的董事长兼首席执行官托马斯·休伊特认为："本次收购非常引人注目的报价存在显著溢价，酒店业仍处于严重的经济衰退中，这项交易给股东提供了最高和最好的价值。"

5.2 "海外输出"初体验

2011 年，锦江集团的"出海"战略开始将触角伸向东南亚。随着东盟自由贸易的发展，越来越多的商业人士往来于东南亚国家之间。2011 年 9 月 2 日，锦江之星与菲律宾的上好佳（国际）正式签约，通过品牌授权经营使"锦江之星"品牌正式落户菲律宾。2014 年，锦江国际在菲律宾主要城市马尼拉设立了两家锦江之星，以此首次出现在菲律宾人民的视野中。2013年，锦江之星奥迪加斯开业，共提供96个客房，毗邻Richmonde酒店，坐落在盖勒CBD和购物区附近。而锦江之星Greenbelt酒店在2014年开业，坐落在新世界马卡蒂酒店对面，位于马卡蒂CBD和购物区附近。此次合作是以锦江之星品牌输出形式，上好佳等于是菲律宾区域代理商，他们可以通过在菲律宾发展锦江之星的直营店和加盟店，促进上好佳国际市场扩张的进程。另外，在中国市场，一家经济型酒店的投资回报期约为3年，投资额为700万~1000万元，菲律宾市场的单店投资额与中国市场基本持平，但由于房价略高于中国市场，因此回报期会更短。

锦江之星徐祖荣认为："通常只有外资酒店企业向中国输出品牌和管理，鲜有中国品牌反向输出海外，尤其在经济型酒店，这是首例。输出品牌和自行在海外市场投建不同，前者是更高层次的模式。"通过这种方式，锦江之星在菲律宾市场迅速打开，能够获得海外拓展经济型连锁酒店的第一手资料，为其海外战略拓展做好铺垫。上好佳集团副总裁Oliver Rey-Matias表示，两家经济型酒店将面向中国和国内游客。两家经济型酒店将以中国和国内游客为客户群，以经济利益为准，提供精品商务酒店客房，不会使用传统斯巴达式房间。锦江之星投资发展中心副主任分析道："锦江与菲律宾和印度尼西亚采用品牌授权的合作方式，这也使锦江之星在菲律宾海外扩张的过程中面临着挑战。虽然南亚有着非常巨大的旅游市场，但是我们依然在我们的投资和合作伙伴的选择上非常谨慎。除此之外，由于语言障碍，文化和管理制度的不同，我们在如何适应海外当地文化背景的同时又能满足中国人出行的需求上面临挑战。此次合作我们只是进行品牌输出，上好佳等于是菲律宾区域代理商，我们分派的团队可以帮助他们在菲律宾发展新的酒店，给予对方品牌、管理培训、标准制定、订房系统共享等，上好佳对当地酒店进行投资、派人员和经营。上好佳将向锦江之星交纳品牌使用费、管理费、软件费、新开店费用等，进行经营分成，且自负盈亏。"

韩国是一个新兴的发达国家，又是中国的邻邦，随着经济的发展，赴韩的游客在逐年增长，所以锦江国际又将其国际化进程的注意力转向韩国。锦江之星与韩国SANG WON HOUSING CO. LTD公司签订的特许经营项目，采取的是单店特许经营的方式。这是继菲律宾、法国的项目之后，锦江之星海外项目的第三站。第一家锦江酒店在韩国首尔投资建造，大约有174间客房。酒店建成开业后，将为国内赴韩客人提供新的选择。2014年10月，由SANG WON HOUSING CO. LTD公司按照锦江之星的海外标准投资建造的韩国首尔明洞东酒店正式对外开张营业，成为进军韩国市场的首个中国经济型酒店品牌，对行业发展具有里程碑意义。锦江之所以采取授权代理公司的方式进行海外扩张，主要是出于降低风险的考虑，并最大程度上避免"水土不服"。

事实上，这是一个品牌交换的过程。通过签订合同，锦江之星授予韩国 SANG WON HOUSING CO. LTD 公司使用锦江之星品牌、经营模式等经营资源。韩国公司声称，此次之所以选择锦江之星作为特许经营品牌是由于锦江之星作为锦江国际集团的下属公司，不仅拥有极高的品牌知名度和良好的信誉，同时还有长达15年的品牌运营经验，这为锦江之星在韩国的运营奠定了坚实的基础。经济型酒店网 CEO 胡升阳分析说，随着经济的发展，赴韩的游客在逐年增长，锦江之星的落户将会成为华人游客的首选，这对锦江之星乃至锦江国际的全球战略都将起到积极的推动作用。锦江之星首席执行官俞萌透露，锦江之星不仅通过收购、兼并的方式来整合国内酒店资源，而且还率先进军海外市场，目的就是希望通过锦江之星的努力为中国经济型酒店的国际化再探新路。

2014 年 1 月 15 日，锦江之星品牌的海外拓展项目——印度尼西亚项目正式签约。印度尼西亚是发展中大国，也是世界知名的旅游胜地，拥有 3 亿人口的庞大市场，经济增长迅速。锦江之星决定走进印度尼西亚，一方面是考虑锦江之星品牌成功落户印度尼西亚不仅有利于提高品牌的海外知名度；另一方面可以与菲律宾市场形成联动，借助当地有实力、有背景的优质企业集团以较低的进入成本迅速在东南亚市场将锦江之星品牌打响，并由此奠定在海外特别是亚洲市场的发展格局。

上海锦江国际酒店发展股份有限公司全资子公司上海锦江都城酒店管理有限公司于 2014 年 1 月 15 日与金锋集团的主要投资者 PT MARINDO INVESTAMA（系被授权人，公司注册地为印度尼西亚）签署了锦江之星连锁酒店品牌授权经营合同，"以品牌输出换市场"的方式进行国际化尝试。在合作期内，金锋集团在印度尼西亚应总共发展不少于 30 家锦江之星酒店。锦江国际将在印度尼西亚锦江之星的品牌特许经营总代理权授予当地的金锋集团，由该集团负责当地直营店和加盟店发展。此次锦江在印度尼西亚市场的做法与菲律宾一致：锦江国际寻找一个当地酒店经营者，授权 PT MARINDO INVESTAMA，由该代理商进行锦江之星品牌在印度尼西亚的经营发展，锦江之星输出品牌和管理支持，PT MARINDO INVESTAMA 则缴纳品牌使用费并且收益分成。品牌授权期限为 15 年，在整个合同期及续约期内，PT MARINDO INVESTAMA 将承担经营酒店所需的一切成本。

5.3 加速国际化"航行"

2012 年开始，锦江酒店在国内市场的作风相对保守稳当，先后被"如家"和"7 天"在规模上超越。随着国内经济型酒店竞争日趋激烈，锦江开始加速国际化进程，将重点转向颇为成熟的欧洲酒店市场寻求机会。

卢浮集团是欧洲第二大酒店集团，总部位于法国巴黎，于 1976 年成立并自 2005 年起由美国喜达屋资本集团持有，在全球 47 个国家经营超过 1100 家一星到五星级酒店。2012 年 3 月，锦江国际与卢浮酒店集团在巴黎宣布双方各选取 15 家经济型酒店同时互相挂牌，并将各自的特色服务植入对方酒店。2015 年 2 月，锦江国际通过在境外设立的全资子公司卢森堡海路投资有限公司作为收购主体，收购美国地产投资机构即喜达屋资本集团拥有的卢浮集团 100% 股权，作价 13 亿英镑（约 14.83 亿美元）。此次锦江的收购价格 14.83 亿美元明显低于喜达屋收购时的价格，其中部分原因是 2014 年卢浮集团的利润出现了负数。

然而，卢浮集团原母公司喜达屋，在出售前先进行了资产处理，相对好的资产已经剥离。另外，卢浮大部分酒店位于法国，面对更具规模和品牌影响力的雅高集团，其市场竞争力比较有限。2011 年末至 2014 年上半年，锦江股份的资产负债率分别为 19.15%、20.82%、38.15% 和 38.32%，呈逐渐上升趋势；本次交易切割完成后，其负债率将升至 82%。而这也意味着，虽然本次收购利用了较高的财务杠杆，随着后期运营的逐步磨合和品牌整合的完成，利润释放空间较大，但是短期来看，锦江股份需面对银行借款而承担较高的利息支出。这次的收购对旅游者来说是很重要的，因为它为锦江打开了将卢浮品牌带到亚洲的机会，反之也成立。锦江国际董事长俞敏亮表示，锦江采取品牌联盟的方式入驻法国，是首次经济型酒店品牌进入欧洲市场。然而他也清醒地意识到，拓展海外市场只是趋势，但并非重点，国内市场的竞争依旧是经济型连锁酒店发展的重点。只有在国内市场发展相对稳定的情况下，才有可能进军海外市场。

2015 年 5 月锦江都城酒店管理有限公司与荷兰 Postillion 酒店集团正式签署合作意向书，锦江都城公司旗下酒店品牌将以品牌联盟的方式亮相荷兰。这也是继菲律宾、法国、韩国、印度尼西亚之后，锦江都城公司开拓全球化市场的第五站。

5.4 国际化整合"复盘"

从 2010 年第一次"借船出海"开始，锦江集团在制定和实现国际化战略的过程中不断地尝试并逐步形成自己的特色。王杰曾表示，从国内的战略环境看，国内酒店业竞争日益激烈，经济型酒店行业市场被不断瓜分，经济型酒店同质化严重。从市场角度看，锦江选择"走出去"是开拓新市场，进入蓝海的有效途径。与此同时，国家对服务型企业"走出去"的政策支持、国资国企改革和上海自贸区的建立都给锦江的国际化提供了契机。上海市将锦江定位为未来上海国资要重点打造的全球布局的本土跨国企业之一。

在战略环境分析前提下，锦江国际重点把握国际酒店行业发展趋势和国际经济宏观走势，将其作为制定战略的重要风向标。2008 年金融危机期间，锦江判断国际酒店资产处于被低估状态，果断抓住了并购机遇，迈出了锦江国际化的重要一步。从卢浮集团到喜达屋，锦江每一次在选择并购对象之前，都对国际酒店业的宏观情况做了详细的战略分析，从中筛选并购的最佳目标与时机，这成为国际化道路上至为重要的一步。锦江在选择收购时机与收购对象时，通过专业的资产评估公司，并结合自己公司对业内公司的长期跟踪分析，把握目标对象的"脉向"。然而在战略制定的过程中，锦江仍然面临着进退两难的困境，中国"走出去"相关法律的缺乏，将公司置于巨大的风险之中。

"尊重对方，收购采用战略思维方式，确保被收购方的长期利益"一直是锦江人坚持的原则。锦江国际收购美国洲际公司后，经营还是很顺利的。在并购完成后，锦江国际集团又对新洲际实施了一系列内部整合和战略重组。鉴于中美银行间的利差及汇率因素，锦江国际联手中国工商银行等金融机构，通过融资偿还美元债务的形式，顺利完成了原洲际在美资银行最高利息达 9%的 1.28 亿美元借贷债务重组。这为新洲际节省了每年 600 万美元的财务成本。王杰指出："走出去是个组合拳，在法律层面，财务层面，董事会层面，我们都有非常值得探讨的地方。实现海外并购的成功，必须把握战略先行，价值驱动，整合为王。坚持经济、法律、文化三种思想，经济思维是把事情做成，法律思维是把事情做得规范，文化思维是把事情做得圆满。这三种思维缺一不可。如果说我们仅仅是在经济的方面考虑并购，我认为这不够全面。在海外你就是要研究国际规则，更重要的就是文化的磨合至关重要。"

在国际化战略执行方面，锦江集团董事长俞敏亮强调：当你处在一种文化当中，就要学会尊重它、适应它。事实上，尽管锦江海外并购很顺利，但是难的是进行相互磨合和整合后获得盈利，在这个过程中文化碰撞与冲突一直存在。王杰回忆道："收购美国公司的第一年，我们举办了第一次海外会谈。在美国文化中，美国人参加会议要在现场进行讨论。原本会议议程有六项，没想到一个议程讨论了三小时，导致接下来的程序无法继续进行。后来我们与会议的负责人交流时，才告诉他在中国的会议文化是不进行讨论的，讨论都在会前进行。当我们国家召开全国人民代表大会时，都是井然有序的，会议只是一个过程，我们都选择在会前进行讨论。因此，我们建议在第二次召开会议时，提前一个月向中外负责人发送董事会文件，给予他们充分的时间讨论，而会议时间只用来进行会议日程。会后美国人说中方的会议文化会更好。当然我们也会有些非常有价值的讨论，锦江一直坚持尊重被并购方文化的管理理念。"

锦江也非常强调要保持被收购团队的核心人力资源。关于内部选人还是市场上寻找，锦江认为除了核心岗位和职务要严控之外，其他则没有标准定论。2010年4月，锦江酒店与美国房地产投资企业德尔集团共同设立的合营企业HAC与美国洲际酒店与度假村集团达成协议，以约3.07亿美元的交易总价值收购洲际集团，并使其成为HAC的全资拥有企业。根据合并协定，HAC将收购洲际集团全数已发行并现存的普通股股份及其合伙的权益单位。美国酒店协会主席托马斯（Thomas）工作能力非常强，王杰指出："他是这个行业的人才，像这种人我们一定会任用。而在公司被收购之后，他们一直担心自己职位的问题，锦江集团不仅提出优厚条件将其留用，更保存了从CEO开始到部门总监30多个职务。"除了保留外来人才，锦江国际也重视内部人才的培养。王杰分析称："收购公司容易，但人才的任用更加至关重要，锦江已经投入近4000万资金在人力资源建设方面。我们集团选派100名五星级酒店的管理人员赴美国德尔集团、康奈尔大学酒店管理学院和IHR接受为期半年的培训，为国际化发展提供人才支撑。集团定期选派中高层管理人员到海外公司进行实地训练，将海外经验作为晋升的重要指标。同时，集团内部定期组织学习海外的商业规则、海外经营的能力培训项目。"

6　未知的旅程

当前酒店行业过分依赖第三方渠道、丧失定价权的现状，曾使不止一家酒店高层感慨，酒店在为在线旅行社（OTA）打工。而当一家企业拥有上亿会员，并建立起畅达的网络之后，这一局面将逐渐改变。

2016年12月5日，由锦江酒店联合锦江资本、银联创投、西藏弘毅、国盛投资等知名企业，共同注资10亿元设立WeHotel。WeHotel以"移动互联网+智能酒店+共享服务+消费金融"商业模式为依托，积极创建全球酒店共享平台，构筑以酒店为核心的旅行服务生态圈。平台重要的动作之一，便是将锦江、卢浮、铂涛、维也纳旗下所有酒店的会员信息整合，逐渐构建起一个上亿会员的庞大网络，将产业、互联网、金融资本联动。锦江酒店在其公告中表示，设立WeHotel有利于资源整合和能级提升，推进国内及国际酒店系统对接，有效提高运营效率和降低服务成本，打造基于移动互联的共享经济平台，以适应全球科技竞争和经济发展新趋势，以"产业+互联网"为手段促进产业跨界整合发展。

2017年11月9日，时任上海市委副书记、市长应勇调研锦江国际集团时指出，上海竞争类国企要坚持市场化、专业化、国际化发展方向，牢牢抓住新一轮消费升级的机遇，努力走出一条竞争类国企创新转型发展的新路。锦江国际集团要成为中国酒店业转型升级的典范，成为民族品牌"走出去"典范，打造具有全球竞争力的世界一流酒店集团。

面对国内外同行的步步紧逼，寸土必争之势，锦江也从未停止稳内扩外的步伐。通过品牌输出、品牌联盟、特许经营、品牌并购等形式将锦江系酒店品牌推至海外，提升知名度的同时扩大集团规模和影响力。2017年，锦江集团已跻身全球酒店排名前五行列，正在从"走出去"升级为全球化企业的新的旅程中，今时的锦江不仅想要成为一家全球性酒店集团，更有了成为行业掌控者的雄心。

与此同时，锦江酒店2017年中期报告显示，在销售收入同比增长25.30%的同时，锦江酒店上半年净利润为5.55亿元，同比仅微增长0.5%。而2016年年报中，锦江酒店净利润为7.58亿元，同比下滑12.4%。在经历了十多年的国际化之后，锦江已被冠以"超级买手"的头衔，但酒店品牌过多，整合工作仍任重道远。

回首往事，这些年自己带领团队一路走来的往事像电影一样在王杰脑海一幕一幕回放，其间多少艰辛，而今后的路，又该何去何从，王杰陷入了深思中……

附录 1　2009~2015 年全球酒店业主要利润及 *HOTELS* 杂志公布的 2016 年度全球酒店集团排名

附表 1　2009~2015 年全球酒店业主要利润

年份	Revenue（$b）	IVA（$b）	Establishments	Enterprises	Employment	Wages（$b）	Globaltouristarrivals（Million）
2009	568.3	195.5	598	516	3789	131.3	894
2010	594.4	207.4	608	522	3876	136.7	952
2011	634.6	233.6	622	533	4010	147.3	996
2012	673.7	256.1	645	541	4084	157.0	1035
2013	706.7	274.9	673	549	4166	164.7	1087
2014	738.8	288.2	687	558	4264	172.2	1127
2015	761.7	296.6	701	568	4366	177.0	1203

附表 2 *HOTELS* 杂志公布的 2016 年度全球酒店集团排名（部分）

2016 RANK	2015 RANK	COMPANY	LOCATION	2016 ROOMS	2016 HOTELS	2015 ROOMS	2015 HOTELS
1	1	Marriott International	Bethesda. Maryland USA	1164668	5952	759330	4424
2	2	Hilton	Pklean Virgina USA	795440	4875	753777	4596
3	3	IHG（Intercontinental Hotels Group）	Denham. England	767135	5174	744368	5032
4	4	Wyndham Hotel Group	Parsippany New Jersey USA	697607	8035	678042	7812
5	5	Shanghai Jin Jiang International Hotel Group Co.	Shanghai. China	602350	5977	565558	5400
6	6	AccorHotels	Paris. France	583161	4144	511517	3873
7	7	Choice Hotels International Inc.	Rockville Maryand USA	516122	6514	507484	6423
8	38	BTG Homeinns Hotels Group	Beijing, China	373560	3402	35428	170
9	10	China lodging Group	Shanghai China	331347	3269	278843	2763
10	9	Best Western Hotels & Resorts	Phoenix Arizona USA	293059	3677	293589	3745
11	47	HNA Hospitality Group	Beijing China	228948	1385	30000	90
12	14	HyattHotels Corp.	Chicago USA	177118	657	161737	605
13	13	Green Tree Inns Hotel Management Group	Shanghai China	173053	2100	171890	1927
14	15	G6 Hospitality	Carrollton Texas USA	125017	1395	121886	1332
15	16	Magnuson Hotels	Spokane. Washington USA	103306	1274	102817	1255
16	17	Melia Hotels International	Palmade Mallorca Spain	96355	376	99337	376
17	18	Westmont Hospitality Group	Houston Texas USA	91564	787	91599	772
18	19	La Quinta Inns & Suites	Iming Texas USA	87283	888	87500	886
19	20	Interstate Hotels & Resorts	Arlington Virginia USA	76247	425	76965	434
20	76	Vienna Hotels Group	Shenzhen. China	73534	464	17703	92

附录 2　锦江集团国际化大事记

附表 3　锦江集团国际化大事记

时间	大事记	类型
2009~2010 年	2010 年成功收购美国洲际集团 50% 股份。美国洲际酒店集团是美国最大的第三方酒店管理公司，在全球十一个国家管理了 434 家酒店	股份收购
2011 年 9 月	锦江之星与菲律宾的上好佳（国际）正式签约，通过品牌授权经营使锦江之星品牌正式落户菲律宾，成功以品牌输出的方式跨出国门，成为中国经济型酒店品牌正式走向海外的第一例	品牌授权
2011~2012 年	2012 年 3 月 13 日，锦江之星与卢浮酒店集团在巴黎宣布双方各选取 15 家经济型酒店同时互相挂牌，并将各自的特色服务植入对方酒店	品牌联盟
2012~2014 年	2012 年 6 月与韩国 SANG WON HOUSING CO. LTD 公司签订特许经营项目，采取的是单店特许经营的方式。2014 年 10 月，由 SANG WON HOUSING CO. LTD 公司按照锦江之星的海外标准投资建造的韩国首尔明洞东酒店正式对外开张营业，成为进军韩国市场的首个中国经济型酒店品牌，对行业发展具有里程碑意义	特许经营
2014 年 1 月 15 日	锦江之星品牌的海外拓展项目——印度尼西亚项目正式签约，将在印度尼西亚的锦江之星品牌特许经营总代理授予当地的金锋集团	特许经营
2014~2015 年	2014 年 11 月，上海锦江国际酒店发展股份有限公司和其母公司上海锦江国际酒店（集团）股份有限公司均发布公告，实际控股股东锦江集团已与美国喜达屋资本就其出售卢浮集团和全资子公司卢浮酒店集团 100% 股权签署协议，锦江国际于 2015 年初基本完成全部收购事宜	股权收购
2014~2015 年	2015 年 5 月锦江都城酒店管理有限公司与荷兰 Postillion 酒店集团正式签署合作意向书，锦江都城公司旗下酒店品牌将以品牌联盟的方式亮相荷兰。这也是继菲律宾、法国、韩国、印度尼西亚之后，锦江都城公司开拓全球化市场的第五站	品牌联盟

Is It Plain Sailing?
The Internationalization of
Jin Jiang Group

Abstract: According to the ranking of global hotels raised by the authority of the global hotel industry "HOTELS" in 2016, Jin Jiang International Group was ranked fifth, ranking first among all the Chinese hotels. Since Jin Jiang first put forward the goal of industrial internationalization in 2005, it has been struck by step by step from "sailing with borrowed boat" to "global operation and multinational layout". This case extends a deep description about difficulties Jin Jiang met and its solutions in the process of "going out", and analyses the potential problems like the strategy formulation and implementation, brand internationalization and cross – cultural management that Chinese services enterprises would meet in the course of internationalization, and then explores strategies to overcome these problems. From the "three–orientation" principle of strategy formulation to the "troika" of strategy implementation, Jin Jiang adopts a strategy profile of brand internationalization integration, management localization and talent internationalization in order to boost the internationalization process. Case study not only helps understand the current situation and competition situation of Chinese hotel service enterprises' internationalization, but also has great implications for Chinese enterprises to solve problems related to brand "going out", human resources management and cross–cultural management.

Key words: Internationalization Strategy; Brand Exportation Strategy; Strategic Environment; Principle of Strategy Formulation; Strategy Implementation

"借船出海"定能一帆风顺吗？
锦江集团国际化的"步步惊心"

一、教学目的与用途

1. 本案例主要适用于 MBA、EMBA、EDP 以及全日制研究生和高年级本科生的"国际商务""国际企业管理""战略品牌管理"及"国际市场营销"等课程的教学和管理培训。

2. 本案例的教学目的在于通过描述锦江集团国际化过程中的国际市场机会与困难、进入模式、区位选择与国际化战略等相关主题，以上海锦江国际集团成功实现企业国际化之路的过程为主线，希望引发学生深度思考，当身处一个充满挑战的全球环境中时，如何增强应对不同商业决策、国际商业实践以及提升跨文化管理的经营能力。

3. 教学目标如下：

（1）运用国际商务相关理论知识和分析框架，分析企业国际化过程中的机遇与挑战，剖析锦江集团国际化的主要动因。

（2）了解和学习锦江集团国际化过程中，企业内部优势和外部环境的动态匹配以及该动态匹配影响企业国际化战略决策的过程。

（3）理解商业环境的全球化背景如何影响企业的战略进程，深入分析锦江集团品牌国际化过程中，品牌扩张的策略和具体做法。

（4）展开对于中国及新兴市场企业的国际化路径、进入模式及时机选择的探讨，思考这些企业应该如何制定和实施国际化战略。

二、启发思考题

1. 锦江集团国际化发展的主要目的和动因是什么？

2. 锦江集团在品牌国际化扩张过程中，在亚洲市场和欧洲市场的进入路径和模式有何差异？为什么要采取不同的模式和策略？

3. 锦江集团如何克服国际化进程中的困难？有哪些成功的经验或原则？

4. 中国酒店服务企业在加速国际化进程中需要克服的主要障碍有哪些？

5. 中国酒店企业应如何借鉴锦江国际化经验，从而提高跨文化管理能力？

三、分析思路

以"国际商务"或"国际企业管理"课程为例，可以围绕以下五个环节进行案例研讨：国际企业的战略环境分析、新兴市场国家跨国公司的市场进入战略、国际企业的竞争战略、跨国并购与整合、跨文化管理。

案例分析思路参考图1，案例分析过程以锦江国际集团十年的"走出去"国际化进程为主线。首先，从国际产业环境、国内竞争趋势的双重视角，找出锦江国际化过程中的主要阻碍因素。其次，从战略环境影响战略制定的角度，分析锦江集团制定国际化战略的核心原则。再次，分别从品牌国际化、人才国际化、跨文化管理等视角，讨论锦江国际化战略的"三驾马车"原则是如何执行和落地的。最后，从开放式和思辨学习的视角，思考未来锦江国际化中可能面临的机遇与挑战。

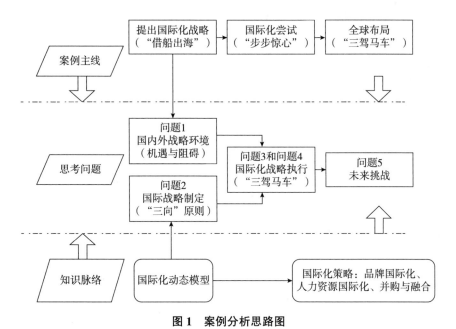

图1 案例分析思路图

课前建议阅读资料：

［1］Petromilli M., Morrison D., Million M. Brand Architecture：Building Brand Portfolio Value ［J］. Strategy & Leadership，2002，30（5）：22-28.

［2］Forsgren M. The Concept of Learning in the Uppsala Internationalization Process Model：A Critical View ［J］. International Business Review，2002，11（3）：257-278.

［3］尼尔马利亚·库马尔，扬-本尼迪克特·斯廷坎普 . 品牌突围：新兴市场品牌如何走向世界 ［M］. 北京：中国财富出版社，2013.

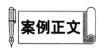

中国羊绒隐形冠军 Sandriver 的
品牌国际化之路①

摘　要： 本案例描述了中国羊绒隐形冠军 Sandriver 从创立、转型到国际化的成长道路，着重分析了 Sandriver 在众多国际奢侈羊绒品牌中突出重围的品牌国际化进程。Sandriver 基于对内外部环境的分析与审视，将品牌国际化的最重要市场放在了欧洲，并逐步向亚洲、北美洲、澳洲国家进军，形成了"国际互联网+一线城市实体店"模式的品牌建设之路。本案例根据第一手的调研和实地访谈资料，系统分析了 Sandriver 转型及品牌国际化的全过程。该案例对于企业如何构建民族国际化品牌，提高战略分析、战略选择和战略品牌管理能力具有较好的借鉴意义。

关键词： 沙涓；艺术羊绒；国际化战略；战略品牌管理

引　言

对上海本土设计品牌"沙涓"（Sandriver）来说，2020 年有两大里程碑事件。2020 年 3 月，郭秀玲接到了来自巴黎的电话，路威酩轩（LVMH）集团旗下顶级奢侈品百货商场 Le Bon Marché（乐蓬马歇）正式邀请 Sandriver 品牌入驻。"商场打电话来的那天，巴黎宣布封城，乐蓬马歇全店关闭，但我们是

---

① 本案例由上海对外经贸大学工商管理学院谢佩洪教授，吴志艳博士，陈怡霏、于诗荟和陆亚幸硕士共同撰写，本案例作者拥有著作权中的署名权、修改权、改编权。由于企业保密的要求，在本案例中对有关名称、数据等做了必要的掩饰性处理。本案例只供课堂讨论之用，并无意暗示或说明某种管理行为是否有效。

逆流而上的！Sandriver 也将透过这里，不断向巴黎、向欧洲、向世界传递品牌精神和价值，向全世界娓娓诉说'Made in China'的故事。"品牌创始人郭秀玲说。

2020 年 9 月 15 日，Sandriver 首家官方直营精品店正式入驻顶级百货 Le Bon Marché 专柜，成为商场内唯一一个中国品牌。在全球时尚和奢侈品领域，Le Bon Marché 是公认的顶级殿堂，是全球高端品牌地位的象征，无人可及。Sandriver 在 Le Bon Marché 出样的商品售价不便宜，一条羊绒毯 3000 欧元，一条羊绒围巾也要上百欧元，即使如此，Sandriver 依然能在顶级品牌林立的商场中被频频"点击"。与此同时，Sandriver 海外 30 多家门店多个板块的外贸业绩，在过去一年都规模翻番。因为走高端路线，物流也不受影响，订货一周内空运到全球。

2020 年是新冠肺炎疫情在全球横行的一年，对全球线下商场的冲击尤为明显，Sandriver 却能在海外市场实现逆势飞扬，取得亮眼成绩，"人无我有、独具特色"是主要原因。Sandriver 所有羊绒制品在传承蒙古族制毡这种古老民族技艺的基础上，还持续研发和创新植物染色技术。秉持着羊绒制品要有故事可讲的理念，其产品都富含故宫文化、敦煌艺术、金山农民画、帛画等中国特有文化要素，从各方面展示自己的品牌内涵。创始人郭秀玲说，在2020 年疫情最严重的时候，品牌还拿到了几个大订单，包括巴黎、纽约的安缦酒店都大手笔采购了羊绒床毯制品。

作为中国新兴的国际轻奢品牌，Sandriver 却能在新冠肺炎疫情冲击下安然无恙，甚至最近国际订单还稳中有升。此外，Sandriver 首家精品店正式入驻顶级百货 Le Bon Marché 专柜，成为商场内唯一一个中国品牌。2020 年这两个里程碑事件让我们不禁思考，Sandriver 成功的秘诀是什么？

2019 年 9 月，Sandriver 获得 2019 年度上海市政府质量奖。同时，上海市政府还公布了"2019 年度上海市政府质量奖"获奖个人名单，上海沙涓时装科技有限公司总经理、Sandriver 品牌创始人郭秀玲女士凭借 28 年在纺织领域和民族品牌塑造方面的优异管理成效和独特创新能力获此殊荣。该奖项是上海市人民政府设立的最高质量荣誉，不仅聚焦于产品质量，更是对企业综合治理的全面评估。

2015 年 10 月，Sandriver 代表着"Made in Shanghai"，成为唯一走进巴黎时装周的中国品牌，史无前例。郭秀玲以 1.8 倍的价格，把披肩卖到德国、法国、意大利、荷兰、英国、美国、日本、新西兰、澳大利亚等 12 个国家。德国的"隐形冠军"之父、全球最负盛名的战略管理大师赫尔曼·西蒙（Hermann Simon）教授更是给予了其对于中国服装品牌的最高称赞，他说：

"Sandriver 就是中国羊绒产业的隐形冠军。"作为一个新兴的羊绒企业，Sandriver 为何能够获得"隐形冠军之父"的青睐，如何在国际羊绒高端市场站稳脚跟并打造一片属于自己的天空，又是如何在展现中国文化自信的同时实现自主品牌的国际化？28 年来，郭秀玲从未离开过羊绒产业，这背后是一场破茧重生、匠心铸就的传奇之旅。

1 Sandriver：从 OEM 转型升级 OBM

1.1 艺术羊绒的布道者——郭秀玲

郭秀玲女士（Juliet Guo）是地道的内蒙古自治区人，大学毕业后在内蒙古自治区的一家大型羊绒国企做了十年的研发技术人员。2000 年，在内蒙古自治区已经是顶尖技术水平的郭秀玲选择去德国埃哈茨河畔的罗伊特林根市，进入全球领先的针织电脑横机制造商 STOLL 公司继续研发深造。在素以严谨著称的德国公司，郭秀玲是这个领域唯一的女性开发者，也是唯一一位从事核心研究的中国人。在德国的两年时间，郭秀玲不仅成为了同事眼中的"master"，更拥有 200 多项技术专利，成为了针织领域全球 TOP5 的技术专家。

虽然德国的工业之美令人留恋，但是 2002 年郭秀玲还是带着众多核心技术与先进设备，回到上海金山创办了上海沙涓时装科技有限公司，从事针织品生产、设计、研发及进出口贸易。2002 年到 2012 年，郭秀玲一直在给国际奢侈品牌 Max Mara、Armani、Hermes、LoroPiana、Chloe 等做代工供应商（OEM），尽管那些奢侈品牌最终的售价高昂，但是作为代工厂实际得到的利润却微乎其微。我们有最好的原料，有最好的技术，为何却始终处于没有话语权的最底层，郭秀玲不甘心再为他人作嫁衣。2012 年初，郭秀玲破釜沉舟地做了一个疯狂的决定，她砍掉了所有工厂的欧洲订单，彻底放弃安逸的代工模式，她尝试转型从零开始创立了自己的羊绒品牌 Sandriver，梦想成为中国的 Max Mara。2012 年 5 月 28 日，Sandriver 上海旗舰店在老码头三号库首次启幕。

郭秀玲的心中一直怀揣着对家乡草原的深深眷恋，深藏着向世界推广顶级羊绒和创立民族品牌的追求与渴望。"创立这个品牌完全是梦想使然，完完全全是希望把内蒙古最优质的产品呈现给世界，我不希望成为 Hermes 或者 Max Mara 背后的那个人，我希望呈现我们非常核心的技术，呈现我们的创新创意，呈现我们中国人自己的智慧结晶，呈现我们整个工业当中的精工细作，这样的呈现唯有品牌可以承载，我希望可以给中国制造正名。"郭秀玲激动地说。

Sandriver 所承载的意义就如同它的名字，"Sand"是沙，是内蒙古广袤的草原，是它的根；而"River"是水，来自上海滩涓涓流淌的黄浦江，是源远流长、联结世界的未来。郭秀玲如是说："Sandriver 的中文名叫沙涓，沙漠当中的河流，所以我希望的一个意境是说在内蒙古的荒漠当中有河有水，就会有绿洲，它是生命的希望。我们是一个比较'慢'的品牌，这个'慢'字就是承载了我们要走得很久很远，我们要成就百年之后世界会竖起来大拇指说，这是中国一个优秀的品牌，这才是我的梦想和未来。""我们一开始也是延续了国内很多羊绒制品的模式，走快消的路子，但是后来发现不对。羊绒是高品质原材料，走快消低价的道路是无法匹配的，低价策略也会降低羊绒应有的质量，并令消费者忘记它的稀缺性。"郭秀玲毫不掩饰地谈起曾经走过的弯路。

Sandriver 孕育着郭秀玲的理想与情怀，正如她日记里所说："我就是那个永远奔跑的草原小姑娘，带着蒙古族的气息，不变的秉性，甚至有点木讷和不谙世事的执着，行走在内蒙古自治区、上海与世界之间，实现我的梦想。"从国企一线工人，到全球羊绒领域顶级技术专家；从而立之年从未走出内蒙古自治区，到国际商学院的流利英文演讲；从为国际大牌"作嫁衣"，到优秀民族品牌的创立；从品牌的全球化路径，到寻本溯源的质朴回归……作为草原的女儿，她走遍世界，只为推广中国顶级羊绒。郭秀玲希望做羊绒虔诚的守护者，将 Sandriver 献给真正懂羊绒的人。她将 Sandriver 定位为"高科技含量的艺术化羊绒产品"，她决定找回羊绒的本真和珍贵，做"艺术羊绒的布道者"。

1.2 工匠精神：羊绒基地和自有牧场

作为一个土生土长的内蒙古人，对郭秀玲来说，羊绒在她的生命当中扮演了重要的角色。在郭秀玲的家乡内蒙古阿拉善草原，出产着全世界顶级的羊绒原料。这里温差大、日照时间长，绒山羊们为了度过漫长的寒冬，会在外层绒毛下进化出一层由最轻、最优质的纤维组成的内层绒毛，这就是羊绒原绒。到了春季，再由牧民们梳理采集。一只成年羊一年仅能产生 50 克的羊绒，而被称为"Baby Cashmere"的小山羊绒则更加珍贵，只有 30 克。正因为其如此珍贵又稀少的产量，羊绒也被称作是"软黄金"。

郭秀玲将 Sandriver 定位为高端艺术羊绒品牌，第一道关便是严把材料，

Sandriver 的所有羊绒原料均来自世界上优质的羊绒产地——内蒙古阿拉善盟。"我是内蒙古人，全世界 75%的羊绒原料产自内蒙古，最好的、顶级的羊绒就在内蒙古阿拉善牧区。"郭秀玲如是说。创立自主品牌后，郭秀玲回到内蒙古自治区，在鄂尔多斯阿尔巴斯牧区及阿拉善的部分牧区建立了自己的羊绒原料基地，与草原上的牧民们共同建立农户合作制度，与牧民发展长期的供应关系，包括从羊羔的喂养到羊绒的收取，确保羊绒原料的可控。采集下来的100%幼羊绒，他们选用的纤维细度在 14~17 微米，长度在 36~45 毫米，极为绵密柔韧，色泽为顶级的"白中白"羊绒。

Sandriver 与当地牧民共同建立专属牧场并精细化管理，确保羔山羊绒的顶级品质和足额供给。为保持阿拉善山羊纯正的血统，Sandriver 只选择纯种的阿拉善公羊和母山羊繁衍后代，并在羊羔出生后甄选出毛质优异的小羊加以分别圈养，从源头保证原料的绝对品质。小羊羔的初生绒毛一生仅能被采集一次，弥足珍贵，郭秀玲和牧民一起界定与区隔顶级羊种，分开养护 1 岁以内的小山羊羔，从而确保每一只小山羊首次产出羊绒的整齐度。只有摸起来"细软似云"，围起来"轻如蝉翼"，收起来"小若鸡蛋"，才是郭秀玲想要的顶级羊绒围巾的品质标准。

Sandriver 为保证农户的生活质量，给予他们足够的收入，关爱他们的家庭和子女，同时长期关注牧区环境和动物保护，践行可持续发展的理念。Sandriver 的羊绒哲学是"道法自然，天人合一"，即源自自然，回归自然，不与自然对抗，懂得敬畏才有依恋和共存。"真诚地对待产品，真诚地回馈给予我们灵感与发想的广袤土地，以及平和善良的牧民。"这是 Sandriver 的核心价值观。

对于 Sandriver 来说，牧场和顶级羊绒原料就是它的源头、它的根。郭秀玲花了近 20 年时间建立了自己的产业供应链，聚集了拥有超过 15 年经验的中国传统手工匠人，并坚持采用可持续的方法使羊绒生产现代化。郭秀玲表示："工匠这个词是对我最大的褒奖，比什么都重要。"如今，上海金山区 Sandriver 的工厂，"工匠精神"在每一件羊绒产品的细节中得到体现。从"金山工匠"到"上海工匠"，精耕细作，不走捷径，在郭秀玲的带领下，Sandriver 工厂的工人们用一针一线，把对羊绒的敬畏与珍惜，融入产品中。

2 Sandriver 国际化之路——用艺术羊绒对话世界

源自内蒙古，上海制造，走向世界，Sandriver 以羊绒为载体，坚持国际化设计风格与品牌运作，通过艺术设计展现深厚的中国传统文化积淀与品牌创造力。目前，Sandriver 已连续 8 届受邀于巴黎时装周，在德国、法国、日本拥有 30 余家海外合作店。在国内，Sandriver 选择自主经营直营店的模式，Sandriver 在上海、北京、深圳、杭州、苏州等国内城市开设了 11 家线下直营精品店，并启动了 5 个多语种电商网站和 2 个海外样品店。Sandriver 产品涵盖男女装、童装、家居、饰品、艺术和文化衍生品等全系列羊绒产品。

2.1 中西合璧的卓越设计——世界顶级设计团队与中国传统文化的融合

Sandriver 羊绒从创立开始就一直是国际艺术家和本土艺术家合作的产物。在技术上，郭秀玲是一个拥有钢铁意志的偏执狂；在设计和艺术追求上，她又是一个特别感性、柔软的人。郭秀玲创立的 Sandriver 从一开始就确立了要以一流的原材料和精湛的技术为基础，精工细作的同时融入中国深厚的文化底蕴与当代的艺术设计，这才是品牌生命力的价值所在。要打造世界级的羊绒品牌，一定要有世界级的服装设计师和艺术设计师。Sandriver 在国际化的初期，与德国设计师 Antje Weidner 合作以顺利进入德国市场。Sandriver 还与设计师 Ashlee Meng 合作，通过其对中国服装市场的理解以及国内外教育带来的国际化视角，为品牌注入新理念。

自 2012 年起，Sandriver 选择在国际时装世界舞台上与三宅一生、山本耀司等齐名的日本设计大师小筱顺子作为其首席设计师，她被誉为"一朵开在中国大树上的花"。她的加入给这一品牌带来了很多的艺术设计灵感，主要为精致讲究、时尚潮流的独立的高收入都市女性提供无与伦比的优雅和舒适（见图 1）。在小筱顺子的设计中，东方文化的精髓"对极"（如天与地、男和女、白与黑、左和右）是其设计理念的主线，自然的圆形与象征人类文明的三角形和四方形是其设计中的主要创作元素。小筱顺子将东方传统文化元素以现代绘画作品加以体现，使其作品成为连接东方与西方、传统与现代、艺术与生活、自然与人文的桥梁，进而成为通行世界的时尚语言。

图 1　Sandriver 的小筱顺子作品

　　注重设计上拓展与创新的 Sandriver，还与法国现代艺术家弗朗西斯卡·布兰达·密特朗（Francesca Brenda Mitterrand）进行了深度合作。她作为 Sandriver 的艺术总监，长期致力于为品牌输入艺术气质和灵感（见图 2）。弗朗西斯卡·布兰达·密特朗擅长用微光和色彩的对比涂满画布，冲突的色彩和粗重的画笔使她的作品充满着变化、冲击、矛盾、飘渺和灵动。她以羊绒为画布，别有洞天地把传统的中国墨和中国古代书法带来的灵感与西方现代颜料结合在一起，实现两者之间的激情碰撞，演绎着艺术羊绒的轻盈与时尚。她还陆续推出了至今依然是 Sandriver 最受欢迎的艺术羊绒围巾系列，如“男人与女人”“五彩缤纷”以及“动静之魅”等。如果说小筱顺子的设计讲究“美”与“味”的话，那么弗朗西斯卡·布兰达·密特朗带来的设计则是“灵”与“逸”。Sandriver 让东西方的艺术设计大师在羊绒上尽情挥洒着他们的曼妙才情。

图 2　郭秀玲与法国现代艺术家弗朗西斯卡·布兰达·密特朗

2.2　国际化市场布局——攻克欧日美发达国家

　　Sandriver 的品牌国际化之路从 2012 年开始，主要分为“走出去”“走进去”与“走上去”三个阶段，目前正尽力实现从“走进去”到“走上去”的飞跃，进而成为国际知名艺术羊绒品牌。

2.2.1 国际化试水的"走出去"阶段（2012~2014年）

2012年，郭秀玲开始尝试进入国际市场，如何把中国优质制造、属于中国的羊绒品牌推向国际成为亟须解决的首要难题。由于小山羊绒在西方社会有着悠久的文化传承和尊贵基因，因此郭秀玲把Sandriver品牌国际化的最重要市场放在了欧洲，成立了欧洲品牌中心，因为占领了欧洲，就占领了高端市场的心智制高点。曾在德国生活了两年的郭秀玲，汲取了这个国家的严谨作风，为了对自己的产品进行最严苛的检验，她把走向国际市场的第一步选在德国。2013年，郭秀玲通过展览会的方式成功进入德国市场，目前德国市场也成为Sandriver卖得较好的一个海外市场。

Sandriver首先以德国市场为试验田，源于挑战德国市场对产品品质极度苛刻的要求，因此成功进入德国市场就是对其产品品质最有说服力的印证。然而出乎意料的是，在退换货率高达75%的德国，Sandriver也一直保持着零退货率的成绩。同时，由于日本知名设计师小筱顺子的加入，日本市场成为Sandriver海外的第二大市场，日本也成为Sandriver在海外市场拥有精品店的首站。

2.2.2 国际化接纳的"走进去"阶段（2015~2017年）

2015年开始，Sandriver的首席设计师小筱顺子连续七年带领Sandriver出现在巴黎时装周的舞台上，进一步实现了Sandriver的国际化之路。Sandriver通过其在巴黎时装周的亮相，吸引了全球各地的精品买手纷纷购买其产品，其中从买手市场来看，美国成为Sandriver的第三大海外市场。2016年12月，Sandriver正式进入美国市场，并在纽约时代广场播放广告。如今，Sandriver已在德国、法国、美国、日本等众多国家拥有合作精品店，初步完成国际化战略布局。

2.2.3 国际化深化的"走上去"阶段（2018年至今）

2018年是Sandriver首次以中国企业身份入驻巴黎时装周，名正言顺地对世界宣扬中国的好品牌Sandriver。在此次展会上，Sandriver展出了全新研发的全新植物染法的系列作品，将自然、环保、可持续发展融入产品，与世界的消费者共同探讨环保与可持续发展的消费观。从2018年开始，Sandriver通过其与专业设计师团队的合作以及对产品质量近乎苛刻的要求，进一步推进其国际化进程，尽力实现从"走进去"到"走上去"的飞跃，进而成为国际知名艺术羊绒品牌，在国际舞台上大放异彩。2020年5月，Sandriver荣获上海市质量金奖，这是对其产品品质的高度肯定。

2.3 跨界合作——与国际顶级品牌的强强联合

2.3.1 与安缦酒店、阿斯顿·马丁和 M&O 的跨界探索

Sandriver 以羊绒为基础，不断拓展自己的品类，从时装到家居产品、空间装饰品、旅行用品等，丰富的品类让消费者有了更多的选择，也让 Sandriver 从大型商业百货走向顶级酒店。Sandriver 与安缦酒店、瑰丽酒店等建立了紧密的合作关系——酒店将舒适的羊绒产品带入客房和酒店销售系统，让住店客人们沉浸式感受，用更具体验感的方式做艺术羊绒的布道者。从 2017 年开始，Sandriver 与国际品牌安缦酒店进行长期深度的合作。目前，Sandriver 已经为上海的养云安缦酒店、老挝安缦塔迦酒店和日本东京的安缦酒店提供床上和家居用品。

Sandriver 与阿斯顿·马丁合作，为其苏格兰特别定制版车型 NC500 打造了一款专属羊绒毯，也曾为其 VIP 客户定制独一无二的羊绒围巾。阿斯顿·马丁对手工打造、技艺传承和匠人精神的认同感与责任感，也正是 Sandriver 多年以来所坚持的初心，相契合的理念也促成了双方品牌之间更多的合作。2019 年，阿斯顿·马丁与 Sandriver 在上海阿斯顿·马丁之家共同举办以"致美体验，匠心传承之旅"为主题的品牌活动，使参与者更近距离地领略两个品牌的匠心如一。

此外，2020 年 1 月 17 日至 21 日，Sandriver 受邀参加了在法国巴黎北维勒班特展览中心举行的 Maison & Objet（以下简称 M&O）巴黎时尚家居设计展。Sandriver 在此次设计展中首次推出羊绒手塑艺术和舒适的家居生活系列，包括羊绒披毯、羊绒靠包、羊绒家居服、羊绒旅行套装等，涉及居家、酒店、旅行、游艇的不同生活场景。"从时装领域到家居高端生活方式领域，是 Sandriver 的一个飞跃。"郭秀玲说，可以通过三个"C"来理解 Sandriver 行走世界的底气——Care（关怀）、Craft（匠心）、Comfort（舒适）。

2.3.2 故宫、敦煌和金山农民画的传统文化提炼

作为中国民族品牌的代表，Sandriver 一直在不遗余力地传承和推广中国传统文化，它注重返回古典的同时拥抱现代。与故宫宫廷文化、敦煌研究院展开合作，Sandriver 从藏品、壁画中汲取灵感，吸收其经典元素，与羊绒产品产生连接，实现传统文化和现代工艺的跨时空交流。在郭秀玲看来，传统文化与艺术羊绒产生的奇妙化学反应，可以形成更强的影响力，从而能够进入全球视线，这也是中国品牌的责任与担当。

故宫是中国传统文化最具代表性的象征载体，通过对故宫元素的提取与再创造，Sandriver 携手故宫文化珠宝设计出两款独具宫廷元素的羊绒围巾。

敦煌莫高窟作为佛教艺术圣地，记录着中国美术的发展史和中西文化交流的历程。自 2016 年"敦煌计划"创立伊始，Sandriver 就与扎根于敦煌地区的不同艺术家跨界合作，将敦煌元素应用于羊绒服饰与配饰，再次演绎各民族文化融合、文明激荡的缩影（见图 3）。金山农民画是源于民间蓝印花布、剪纸、刺绣等传统工艺的民间艺术，以江南水乡、风土人情和现实生活为主要题材，自然质朴，生活气息浓郁。Sandriver 将其作品中强烈的艺术表现力以羊绒围巾为载体再次演绎，诉说着对生活最朴实的热爱与对未来的美好追求（见图 4）。

图 3 Sandriver 敦煌壁画系列

图 4 Sandriver 金山农民画系列

通过与国际顶级品牌的跨界合作，Sandriver 不仅提高了品牌在业内的名声，而且也让更多的人体会到传统文化的魅力与博大精深。从故宫文化提炼到敦煌文化挖掘，从金山农民画的艺术加工到王府刺绣，Sandriver 不断地在世界舞台上展示中国源远流长的传统文化，展现中国的文化自信。

3　未知的旅程

"羊绒原料是中国的，技术我们也有，活儿都是我们干的，为什么人家贴个牌子身价就能涨上去几十倍、上百倍？"郭秀玲的这种不甘心和梦想驱动她走上了创立自主品牌的道路。立志于传播中华美学的郭秀玲，不断思考如何把中国优质制造、属于中国的羊绒品牌推向国际。从中国内蒙古自治区到法国巴黎，不到 10000 公里的距离，9 小时的旅程，郭秀玲却走了 5 年。有着海派追求的草原女儿郭秀玲，缔造出来时尚羊绒品牌 Sandriver，它的身体流动着德国的精细基因，风格里弥漫着巴黎的时尚风情，外表洋溢着中国设计元素。

郭秀玲发现了一个市场发展契机，即将羊绒产品的耐用性和奢华触感与现代和时尚的审美设计相结合。不做 Max Mara 和 Hermes 的代工，从 OEM 转型升级到 ODM 和 OBM，做世界最棒的艺术羊绒，把中国传统文化与手工技艺展现给全世界，郭秀玲的心中装着这样的品牌梦想。尽管 Sandriver 在国际化进程中小有成就，但是其品牌全球化之路仍布满荆棘。"拒绝代工，重塑羊绒生态。站到国际顶级品牌面前，这条路注定不容易，但我们已经出发了。世界不拒绝'中国制造'（Made in China），只拒绝粗制滥造。"郭秀玲如是说。

Sandriver 以艺术的气质、顶级的品质和精品的价格畅销欧洲、亚洲、美洲和大洋洲的 12 个国家。郭秀玲在国际化的进程中始终保持法律先行的原则，然而在实践中，还会时常出现公司无法预估的知识产权纠纷等事宜。比如，2017 年 Sandriver 受到丹麦一个拥有 60 年历史的男装品牌 Sand 的起诉，2018 年其又受到一个女装品牌 Sandro 的起诉。诸如此类的商标维权等问题接踵而至，东道国同行品牌的抵制也给 Sandriver 在国际化进程中更好地"走进去"成熟的发达市场带来巨大的挑战。

Sandriver 是一个以品质和文化传承的品牌，它需要时间去雕琢。"Made in China"的负面认知依然广泛存在，中国品牌的影响力仍需长期的时间和文化积淀，更需大量的资金储备。Sandriver 要想真正走进东道国市场，并成为国际羊绒奢侈品牌，还需考虑商业模式的博弈：做大众品牌还是小众？做广度还是做深度？做商业品牌还是坚持艺术道路？这些都是郭秀玲和 Sandriver 高管团队所面临的抉择和挑战，也考验着他们的管理和经营智慧！

Chinese Cashmere Invisible Champion:
Internationalization Path of Sandriver Brand

Abstract: This case describes the growth path of Sandriver which is Chinese cashmere Invisible Champion from its founding, transformation to internationalization. It focuses on analyzing the brand internationalization that Sandriver has highlighted among many international luxury cashmere brands. Based on the analysis and review of the internal and external environment, Sandriver placed the most important market for brand internationalization in Europe and gradually entered the Asian, North American and Australian countries. In this way, Sandriver formed its own brand building road through using the international network and first–tier city physical store model. On the basis of first–hand research and field interview data, this case systematically analyzes the whole process of Sandriver transformation and brand internationalization. This case has a good reference meaning for companies to build national international brands and also can help improve their capabilities of strategic analysis, strategic choices and brand international management.

Key words: Sandriver; Artistic Cashmere; International Strategy; Strategic Brand Management

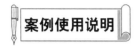

案例使用说明

中国羊绒隐形冠军 Sandriver
的品牌国际化之路

一、教学目的与用途

1. 本案例主要适用于 DBA、EMBA、MBA、专业类或学术类硕士研究生的"战略管理""国际商务""品牌管理"及"国际市场营销"等工商管理类课程的教学和管理培训。本案例所提供的线索为学生提供了一个真实的企业国际化战略选择的演化历程，一个企业在与环境互动关系中的演变过程，以及企业未来发展战略中路径选择的困惑。

2. 本案例在于通过描述 Sandriver 的创立初衷、从 OEM 到 OBM 的转型升级以及国际化进程中面临的进入模式、区位选择、优势及劣势、品牌战略等，引发学生对新兴市场企业国际化过程中市场选择以及战略制定的思考，深化学生对品牌国际化、文化双融、国际化进程和节奏等相关理论的认识，提高学生解决实际管理问题的能力，具体包括以下方面：

（1）运用隐形冠军理论及转型升级理论，分析 Sandriver 创立的初衷以及如何实现从 OEM 到 OBM 的转型升级。

（2）结合国际化的折中范式理论，了解和学习 Sandriver 国际化扩张过程中的进入模式，以及选择该种进入模式的原因。

（3）了解和学习作为新兴市场企业，Sandriver 国际化过程中的优势和劣势以及如何制定其品牌国际化战略。

（4）通过此案例展开对于新兴市场企业的国际化路径和模式的探讨，思考如何克服来源国和外来者的双重劣势，以及应该如何制定和实施国际化战略。

二、启发思考题

1. 郭秀玲创立 Sandriver 的初衷是什么？你是否认同 Sandriver 的品牌定位？

2. Sandriver 是如何实现从 OEM 到 OBM 转型升级的？有何经验可循？

3. 在品牌国际化扩张过程中，Sandriver 采取哪种进入模式？为什么采取这种战略布局？

4. 请分析 Sandriver 国际化过程中的优势和劣势，基于此情况下其品牌国际化的主要策略和节奏是什么？

5. 在新冠肺炎疫情冲击下，为何 Sandriver 能够逆势飞扬并获得 Le Bon Marché 的青睐？未来在国际化进程中会面临哪些主要挑战并如何应对？

三、分析思路

本案例可以围绕五个理论进行切入案例研讨，即转型升级理论、品牌国际化理论、国际化进程理论、文化双融理论、隐形冠军理论。

案例分析思路仅供参考使用，案例分析过程以 Sandriver 从创立、转型到国际化的成长道路为主线（见图 1）。首先，从隐形冠军理论的视角，找出郭秀玲创立 Sandriver 的初衷以及其品牌定位。其次，从转型升级的角度，分析得出 Sandriver 如何实现其转型升级以及背后的动机。再次，从品牌国际化理论以及国际化进程的双重角度，讨论 Sandriver 制定了何种国际化战略以及做出该种选择的原因。最后，从开放式和思辨学习的视角，思考未来 Sandriver 国际化中可能面临的机遇与挑战。

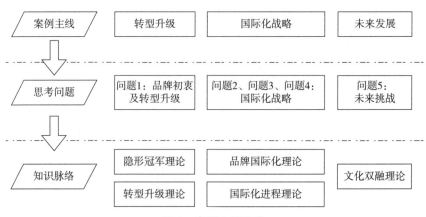

图 1　案例分析思路

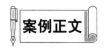

跨境智能营销助力中小型
外贸企业"走出去"
——星谷云平台①

摘　要： 上海星谷信息科技有限公司诞生于外需萎缩之际，彼时外贸市场仍受 2008 年金融危机的影响，一度低迷。成立之日，该公司就提出了"外贸精准整合营销"的理念，并始终致力于帮助中小型外贸企业进行不同阶段的跨境营销，为中国外贸企业提供精准整合营销服务。国内 SaaS 智能营销板块正在苗壮发展，星谷的竞争对手也越来越多，要想在 SaaS 营销领域取得长足进步需要深刻研判未来形势，尤其在未来营销越来越自动化的情况下，星谷急需利用智能化工具吸收更多的企业用户，打响品牌知名度和提升品牌美誉度。

关键词： 跨境营销；智能营销；中小外贸企业；Hubspot 公司

引　言

2019 年 9 月末的周五上午，上海星谷信息科技有限公司（以下简称"星谷"）CEO 郭亮召开部门例会，运营、研发、人力等部门完成月工作汇报后，市场部商务经理小吴接着发言，她首先对客户情况做了总体描述，然后对郭亮说："在这些客户中，叉车公司的于总和义乌轻纺公司的王总可以说是

---

① 本案例由上海对外经贸大学徐建平副教授，桑辉副教授撰写，本案例作者拥有著作权中的署名权、修改权、改编权。未经允许，本案例的所有部分都不能以任何方式与手段擅自复制或传播。案例来源于中国工商管理国际案例库，案例编号 GC-19-036，并经该案例库同意授权引用。案例中数据均来自公开发表的渠道。本案例只供课堂讨论之用，并无意暗示或说明某种管理行为是否有效。

新老客户的代表。于总跟星谷的合作已有两年之久，在星谷的帮助下欧洲市场的销售询盘成本明显下降，销售量也大幅提升。他希望可以继续拓展南美市场，但是顾虑重重，一来担心小语种网站建设时间过长，二来担心多站点运营会不会影响现有客户的维系质量。而义乌轻纺公司的王总是这个月刚签约的新客户，他的公司之前投过两个月的谷歌（Google）广告，但是没有达到他们预期的效果，就停了。王总的朋友是星谷的客户，他是听他朋友推荐主动来找我们公司的，但他目前对星谷产品的服务效果也还心存疑惑……"

听着商务经理的汇报，郭亮思考着：如何运用星谷的智能营销服务更好地帮助中小型外贸企业进行不同阶段的跨境营销？如何对星谷的产品再创新，让星谷离它的对标企业即美国 Hubspot 公司更近一点呢？

1 企业历史

上海星谷信息科技有限公司 2010 年初成立于上海。2010 年上半年，金融危机的影响仍在持续，外需严重萎缩，导致我国对外贸易总量急速下滑，但降幅逐季收窄且在年底转为增长，不少外贸公司都在焦急地寻找出路。正是在这外部竞争环境恶劣与全球外贸形势低迷、不明朗的一年里，星谷成立了，并提出了"外贸精准整合营销"① 的理念。星谷最初的 3 位创始人皆为 Google 在中国第一家代理商——中企动力科技集团的优秀工作人员，他们早在 2006 年就与团队一起接触 Google 的海外推广业务，是第一批利用搜索引擎做制造业海外推广的先行者。在与中国优秀企业家接触的过程中，他们发现中国工厂生产出了许多领域内优秀的产品，但因为各种原因，很难被展示出去。创始人之一郭亮带着团队正是从这个发现中受到启发，秉承帮助中国制造业"走出去"的使命感，开始了对"海外整体营销解决方案"② 的研究。2012 年 9 月，星谷创新性推出"洲际通"产品，整合了海外多语网站、海外多语搜索、海外社媒、视频营销等渠道，尝试将各种营销渠道整合在一起。2013 年 7 月，星谷从国外引入 B2B 企业级响应式网站技术，将多媒体建站纳入公司

---

① 通过将各个独立的营销活动综合成一个整体，以产生协同的整合效应。
② 含义同国外贸精准整合营销，是以整条产业链为核心的通过整合营销手段帮助外贸企业开拓海外市场的全新外贸电子商务模式。海外营销整体解决方案主要包括海外市场分析、行销平台架设、营销推广、运营支持四大体系，通过整合外贸电子商务的所有环节，为客户提供更便捷的服务，从而提高外贸成单率。

整合营销的业务中。通过多年不断地高强度研发投入，星谷终于成为 SaaS 级外贸社交化大数据智能营销平台（简称"星谷云平台"）的积极推动者和践行者。从 3 个人的销售型公司走到 70 人的科技型公司，整个团队不知道踩了多少坑，但坚持用产品创新和技术解决企业营销问题的理念，让星谷在上海站稳了脚跟，也取得了不俗成绩。2015 年 9 月 24 日，由中国产业信息发展研究院主办的"2015 中国工业互联网大会"在北京举行，星谷在这次大会上荣获了"2015 年度中国制造业海外网络营销优秀服务奖"和"2015 年度中国制造业海外网络营销最佳解决方案奖"。这让在这个行业辛苦耕耘了 5 年的星谷首次在北京崭露头角。也正是在这一年，星谷获得首笔行业内大咖的股权投资，并入选上海科技型中小企业技术创新立项企业和上海市外贸发展专项资金中小项目指定合作单位。2016 年 10 月，星谷云 1.0 版本正式发布上线，从这个产品开始，星谷真正走上了专业的帮助中国制造业进行海外营销之路。2017 年 6 月，星谷云再次获得政府资金支持。2018 年 1 月，星谷当选上海浦东电商协会副会长单位。2017~2019 年，星谷连续 3 年成为上海市产业电商"双推"平台企业。2019 年 3 月 20 日，星谷获得 2018~2019 年度上海市电子商务示范企业称号。目前，星谷在无锡、义乌等地均拥有分支机构，在江苏、浙江、广东、山东等地拥有 20 多家代理商。

2　为什么中小型外贸企业需要智能营销

2.1　互联网环境下中小企业外贸的跨境营销困境

据海关总署公布的数据，2019 年前三个季度，中国参与了进出口的民营企业数量有 37.4 万家，相较上年同期增长了 8.7%。在前三个季度中，民营企业进出口增加了 10.4%，高出外贸总体增速 7.6%，占我国外贸总值的 42.3%，比重增加了 2.9%。其中出口增长 13%，在中国出口值的占比已过半。虽然民营企业参与外贸的总体发展态势良好，但是仍然存在问题，怎样更好地在海外市场推广与销售产品，是很多外贸企业尤其是中小型外贸企业面临的实际困难。

随着互联网的发展，外贸企业的目标客户发生了较大变化。老一辈的海外客户喜欢通过参加展会了解产品，但随着海外客户日趋年轻化，其行为习惯也发生了变化。2012 年，34 岁以下的客户只占到总体的 27%，过了仅仅两年

34 岁以下的客户已达到 46%，接近总体的一半。如今"千禧一代"（1982～1995 年出生的人）已经成为主要的海外采购人群。为了能够更快地得到卖家的回复，大部分客户都喜欢通过互联网进行采购，其中 49% 的客户会在工作期间通过手机进行工作相关的搜索、研究和决策活动①。目标客户的变化导致企业和客户沟通的方式也逐渐发生了改变，沟通方式由当初的展会交流以及传统 B2B 平台上的短期洽谈，转变为通过互联网工具（手机、平板和电脑）进行线上沟通。

外部环境的变化使得外贸企业传统的营销方式面临着考验。从中小型企业自身来看，其经营规模小、数量庞大且行业分布较为广泛，且由于其业务渠道单一且综合实力不足，缺乏专业的网络营销人才，导致外贸团队不成熟。而中小外贸企业资金和资源又有限，更加希望能够通过互联网实现精准营销，降低营销成本。软硬件条件的限制使中小型外贸企业不能像大型外贸企业那样拥有完备的营销体系和策略、通过大数据技术来对客户信息进行精准分析、精确定位到企业真正的潜在客户。这是中小外贸企业在互联网环境下进行跨境营销所面临的困境。

2.2 基于互联网的海外营销手段

传统的外贸营销手段包括国际展会、行业杂志和产品目录等，随着互联网技术的不断发展，网络营销的手段越来越多，海外买家可以通过搜索引擎寻找产品和供应商，通过浏览企业网站了解更多产品和企业信息。外贸企业可以通过社交媒体争取更多产品和企业曝光的机会，也可以通过向目标客户发送邮件主动推送相关信息。外贸企业常用的海外营销手段有企业海外网站营销、搜索引擎营销、社交媒体营销、邮件营销（Email Direct Marketing, EDM）。

2.3 企业海外网站营销

企业海外网站可以向海外客户全方位展示企业整体形象、产品及服务，通过视频和图片等方式使企业产品和企业形象得到真实的呈现，客户通过网站就能方便、快捷地了解到企业环境、产品的详细介绍、相关参数等企业所有愿意展现的信息。如果客户对产品感兴趣还可以留言或者与企业客户在线沟通，让企业实时了解客户的想法，更好地促成订单完成。企业网

---

① 数据来源于亿邦动力网，参见 http://www.ebrun.com/20180822/293323.shtml? from=timeline。

站还可以结合搜索引擎营销，在客户使用搜索引擎搜索关键字时，使网站在搜索结果中排名靠前显示，让用户更容易看到企业信息，从而提高客户转化率。

然而创建和维护企业海外网站对中小外贸企业来说有语言障碍和技术难度，因此，有些中小外贸企业会选择加入 B2B 平台如阿里巴巴等来完成海外营销。B2B 平台具有潜在买家集中、操作简单的优势，但是 B2B 平台上集中了很多同类供应商，导致竞争异常激烈、买家忠诚度不高。如果中小外贸企业想要广泛触及海外潜在客户并树立自己的品牌，则需要创建自己独立的企业海外网站，并有效利用各种海外营销手段，将广大的海外客户引流到网站上来。

2.4 搜索引擎营销

搜索引擎营销是通过搜索引擎平台进行的网络营销。不同的国家和地区有自己主流的搜索引擎。Google 是全球最大的搜索引擎，覆盖 200 多个国家和地区，拥有全球 80% 以上的互联网用户，日均 50 亿次的广告展示。Yandex 是俄罗斯重要的网站门户，每天访问人数达 400 多万。海外主要国家本土化搜索引擎如附表 1 所示。

Google 作为美国、德国、西班牙、印度等全球较多国家使用的搜索引擎，是外贸企业海外搜索引擎营销的首选平台。以采用 Google 进行海外营销为例，企业有免费推广和付费推广两种选择。在免费推广的方式里，企业网页的排名先后与用户搜索的关键字有直接关系，网页与搜索关键字的相关度越高，在搜索显示结果中的位置就越靠前，企业可以通过对网站做搜索引擎优化（Search Engine Optimization，SEO）来提升企业网站的自然排名。

Google 的付费推广即为 Google 广告，Google 广告分为搜索广告、展示广告与视频广告。搜索广告可以让网站出现在客户的搜索页排名靠前的位置，展示广告可以将产品信息显示在再访问客户的其他浏览页上，视频广告可以更生动地展现产品特性。当目标客户在 Google 上搜索时，相关关键字会触发广告，网页排名由付费金额和网页质量得分共同决定。当客户点击广告链接时，才需要支付费用。企业可以选择将广告投放到特定的 200 多个国家、地区或城市，也可以选择将广告投放给使用特定语言的客户，还可以选择将广告在特定日期、时段或每周、每天的特定时段展示。

2.5 社交媒体营销

社交媒体营销是通过在社会化网络、在线社区、博客或者其他互联网合作平台和媒体发布信息以及与客户互动，达成销售、营销和客户关系维护的目的。社交媒体营销主要可以分为社交营销、图片营销和视频营销三大类。

社交营销主要通过文字交流的方式来发布信息、与用户建立关系，当然，社交营销也可以发布图片与视频。社交营销的核心在于发展新关系和稳固老关系，通过粉丝标签与行为，可以很好地实现精准营销，因此越来越多的外贸企业运用脸书（Facebook）、领英（Linkedin）和推特（Twitter）开展跨境营销。

图片营销是指采用可被转载的图片做广告，这种方式成本低、传播快而且可以突出产品特征，达到很好的宣传效果，图片营销的平台主要有拼趣（Pinterest）和照片墙（Instagram）。

视频营销是采用短视频的方式，通过其精心的创意和直观性来博得用户的眼球，最终达到宣传产品与企业形象的目的。据统计，有70%的B2B采购人员会在采购调研过程中观看相关行业的视频内容辅助采购决策。海外营销常用的视频营销平台是油管（YouTube），近年来，YouTube平台上与B2B采购相关的搜索量在迅速攀升。Google为B2B外贸企业提供的广告类型之一就有视频广告，YouTube在全球有超过15亿用户，约1/3的网民每天都在YouTube上花费数个小时。因此，在海外市场营销中，无论什么行业，社交媒体都是企业不能忽略的营销渠道。海外主要社交平台及其营销效果如附表2所示。

2.6 邮件营销

邮件营销是指向目标客户发送邮件，发送产品信息、电子广告和销售信息等，从而达成向潜在客户传递有效信息的一种网络营销方式。查看邮件对国外用户来说是每日的日常工作，因此邮件营销是海外营销的一个重要渠道。

邮件营销比其他营销方法更为直接，能够做到向目标客户一对一地传递信息。邮件营销基本上不需要成本，唯一的成本就是购买邮件名单。而邮件营销最高可以有2%成为潜在客户，因此对中小型外贸企业来说，邮件营销是一种比较好的营销手段。邮件营销要想取得较好的效果，要注意对邮件主题与内容的设置，邮件主题必须清晰明了，邮件内容必须是目标客户关注的，只有做到这些才能提升用户的忠诚度，从而达到良好的海外营销效果。

使用邮件营销,还可以根据客户的反馈看出客户对产品的态度,打开率与链接的点击率可以更方便地了解客户的喜好、客户的参与度以及客户的活跃度。有了数据反馈,则可以更有针对性地对不同类型的客户发送相关的信息,提高打开率。

在进行海外邮件营销时,通常采用 Google 公司的 Gmail。正常的邮件营销是免费的,如果企业用户希望更精准地推送信息给目标客户,也可以采用 Google 公司专为 Gmail 推出的广告平台 GSP(Gmail Sponsored Promotions),企业可以利用 GSP,根据 Gmail 用户的年龄、性别、兴趣、邮箱内关键字等特征,筛选目标客户,推送其感兴趣的 Gmail 广告,将广告直接递送到目标客户的收件箱中,并通过创新的广告表现形式,有效提高邮件打开率。Gmail 广告采用点击付费模式,只有目标客户点击广告时,才需要支付费用。

2.7　智能营销的兴起

随着互联网营销工具日益成熟,越来越多的外贸企业重视运用互联网营销工具进行跨境营销。尽管企业海外网站营销、搜索引擎营销、社交媒体营销与邮件营销能够各履其职,帮助外贸企业实现一定的营销目标,但是海外客户获取信息的多渠道性与主动性促使企业认识到,只有打通各个营销渠道,实现营销沟通工具的整合方能最大化提高营销效率。而大数据与人工智能技术的发展促进了营销自动化工具的产生,营销自动化工具取代了传统营销人员要做的对潜在客户的培育、审核工作,使得企业能够精准地获得目标客户。由此,智能营销应运而生。智能营销是借助互联网、云计算、大数据、人工智能等信息技术,研发具有智能化、自动化的数字营销工具及平台,为数字营销提供智能化服务。智能营销的营销作业流程如附图 1 所示。

从本质上讲,智能营销并没有对整个营销作业流程形成颠覆与重塑,而是对现有流程的优化和增强。智能营销将营销过程由人力驱动转换为技术驱动,使得营销过程变得更加标准化、营销结果更加精准化。B2B 海外营销的重点在于找到客户,得到询盘,如果是在人力驱动下的营销服务,则效率相对较低,而智能营销是技术驱动下的营销服务模型,能够自动化收集客户行为数据,通过对客户行为数据的分析,不仅可以快速、精确地找到客户,而且还可达到成交的目的。

智能营销发展到现在,有两个"全"字的特点:一是"全渠道"营销体系接入,包括邮件营销接入、社交媒体营销接入、搜索营销接入,以便全方面吸引和转化高质量客户;二是客户"全生命周期"追踪,包括了解客户需求、研究客户行为、影响目标客户，使得企业海外营销的询盘成本大幅下降。

对于外贸企业来说，智能营销能够帮助其打通企业网站、营销渠道、社交媒体、邮箱等各个独立系统，整合自有流量、搜索流量、社交流量、引荐流量等隐藏的采购行为数据，建立起自己的营销大数据库。然而要完成智能营销，仅靠中小外贸企业自身是难以胜任的，需要智能营销服务平台提供支持。星谷就是这样一家提供智能营销服务的公司。

3　星谷的智能营销服务

星谷旨在为中国外贸企业提供精准整合营销服务。星谷服务企业的典型业务流程如下：企业购买服务—星谷云开户—运营服务与优化—线上线下售后服务。不同的企业可以选择企业海外建站营销、搜索引擎营销、社交营销、邮件营销等多种海外营销方式的组合。

3.1　星谷的业务

星谷目前的主要业务包括：智能建站系统——星谷云智能云站；智能搜索营销——星谷云智能搜索；智能社交营销——星谷云智能社交；SaaS 智能营销工具——星谷云平台，服务于想开拓海外市场的外贸 B2B 企业。

3.1.1　星谷云智能云站

所有的营销活动都是以企业网站为基础的，营销的目的就是要将各种渠道的流量引入企业网站。因此，企业网站是营销的基础设施，网站的反应速度和内容的相关性是留住客户的关键。

星谷的智能云站系统能够让企业用户根据自己的实际需求，自行设计网站的版式，自定义网站的风格，创建跨屏响应式网站。网站能够根据访问者的设备类型调整页面版式，自动适应电脑、平板、手机等各类不同尺寸的屏幕，兼容所有终端设备。

智能云站是基于客户关键行为节点的，能够对企业网站实时监控，随时掌握网站的运行情况，精确抓取访问流，记录下访客打开的页面，在每一个页面的停留时长等数据。通过收集客户行为大数据，对访问行为智能分析，能够让不同需求阶段的客户在打开企业网站时看到其最想看到的内容，从而完成高转化。

3.1.2 星谷云智能搜索

星谷云智能搜索提供运营 Google 广告的服务与工具。企业用户需要在星谷云绑定其 Google 广告账号，然后就可以在星谷云平台上查看其 Google 广告账户的概览，通过概览可知各广告组的整体情况。各广告组内部详细数据，包括广告开通的地理位置、广告的效果（点击数、点击率、价格）、具体关键词等，都能在星谷云平台得到呈现。

星谷云智能搜索还提供 Google 广告的自动化运营的工具，可以智能创建高级账户结构、自动对接企业反馈数据，实现基本效果的账户自动优化。

3.1.3 星谷云智能社交

星谷云智能社交可以对社交多账号进行一站式管理。在星谷云上绑定社交账号，无须翻墙，就可以同步打理 Facebook、Linkedin、Twitter 等多个账号，包括管理公司账号、个人账号、建立的群组账号等，也可以在 Facebook 企业主页完成添加功能、设定时间更新内容等多种操作。

星谷云可以对社交平台相关信息进行智能提取，将 Facebook、YouTube 等社交平台贴文下的评论、私信全部提取并统一整合，分析提取其中的潜在客户，跟踪其行为。以 Facebook 为例。星谷云智能社交包括进行 Facebook 企业主页运营和 Facebook 广告推广。通俗来讲，星谷云智能社交通过占地（企业主页、产品图文）、建渠（投 Facebook 广告、加企业粉丝）、撒网（粉丝活动策划执行、病毒营销传播、事件营销）、搜鱼（询盘快送、售前支持）来达到 Facebook 的运营效果。具体来讲，占地过程涉及企业主页的创意设计、定制化贴文、产品图文内容定期更新；建渠过程涉及广告创意、精准定向广告、广告智能优化、客户开发；撒网过程涉及与粉丝的贴文互动、视频互动、消息互动，和粉丝保持良好关系；搜鱼过程涉及询盘的快速提醒、售前服务支持等。

3.1.4 星谷云邮件营销服务

邮件营销是由星谷云平台完成的。邮件营销的成功率与邮件的主题及内容非常相关，星谷云平台拥有资源丰富的邮件营销模板库，企业用户可以利用现有模板发送邮件，也可以利用组件制作个性化的模板。企业用户在绑定账户后，就可以运用星谷云平台的一键同步收发全部邮件的功能，实现企业邮件的收发。邮件营销与私人的收发邮件有很大差别，邮件营销的收件人数量较多，通常是几百、几千甚至更多的收件人数量，如果采用私人收发邮件的方式，则效率过于低下。星谷云允许企业用户利用其客户标签的逻辑组合（设置选中标签、排除标签）来选择收件人，可支持 10 万级批量发送，提高发送效率。另外，邮件营销的收件人遍布全球，邮件服务器位于世界各地，用户担心发送的营销邮件是否能够送达对方的邮箱。针对这一点，星谷云可以设置邮箱劫持预警，用户不用担心邮件未到达、邮件被劫持等问题。

除了常规的邮件发送之外，星谷云还能够对邮件进行精准跟踪分析，对邮件关键动作进行一对一数据反馈，包括客户是何时打开邮件的、有没有点开链接、是何时点开链接的。星谷云会通过分析不同地区客户打开邮件的时间，确定在该地区客户发送邮件的最佳时间，企业用户可以利用星谷云定时发送邮件的功能，提前安排好计划，将邮件在最佳时间发送。

3.2　基于星谷云平台的智能营销

星谷云平台为 SaaS 化智能营销工具，以客户行为数据为纽带，打通了智能云站、智能搜索与智能社交等独立系统，整合并自动收集各渠道的销售线索与客户行为数据，分析客户行为与运营情况，优化营销方案并循环迭代，达到低成本、高效果的精准营销目标（具体流程见附图2）。

3.2.1　整合并自动收集销售线索与客户行为数据

星谷云平台上的销售线索即为询盘，具体表现为邮箱线索、表单线索与社交线索等。客户回复邮件营销产生的询盘信息会以邮箱线索的形式展现，客户在企业官网留言板的留言会以表单线索的形式展现，客户在 Facebook、Linkedin、Twitter 社交账户上回复的信息将会以社交线索的形式整合。企业用户只要预先绑定好星谷云平台的账号，就可以在星谷云平台上查看所有渠道的询盘。这体现了星谷的整合优势，避免用户需要登录各种账号去关注各渠道动态的低效率行为。

星谷云平台可以自动跟踪客户行为，一旦平台收录了一个新客户的信息，在后续的交易过程中，买卖双方产生的任何互动都会被收录到平台中，无论是电子邮件往来、社交媒体互动，还是访问企业官网，平台都可以随时捕获客户信息并记录客户数据。海外客户登录企业官网访问的数据包括会话时间，访问页面数，地理位置，关注的页面等信息。除了企业网站中的客户行为，星谷云平台还记录其他营销工具中的客户行为，包括邮件营销中邮件的发送数、打开数、链接点击量，浏览企业社交媒体账号、点击帖子、留言等。

星谷云平台可以根据是否有成交订单把客户分为成交客户与潜在客户。针对有过交流的用户，星谷云会记录下和客户沟通的最后时间，客户最后的行为（如网站访问、在线客服等），客户的职位、邮箱、国家等信息，为再次营销和客户关系管理打好基础。

3.2.2 分析客户行为与运营情况

星谷助力中小型外贸企业进行海外营销的理念是帮助中小型外贸企业最大化其用户每次访问的价值。星谷云平台记录用户的每次点击及其在网站的行为数据，并定期汇总形成报表和可视化图表。报表的数据包括页面浏览量PV（Page View）、独立访客数UV（Unique Visitor）、跳出率、新老客户访问对比、访客地理位置分析、访客使用终端设备即PC端和移动端的占比。对这些数据进行分析可以判断企业网站是否需要优化及做哪方面的优化。除了记录客户行为，平台还对访客来源进行分析，来源包括搜索引擎、社交媒体、直接访问、邮箱链接点击等，由此可以判断企业在不同渠道的广告投入的比例是否合理。

星谷云平台可以分析指定时间段内实名追踪的客户数量的变化，统计指定时间段内客户初次访问、二次访问企业网站的次数，邮件打开次数、浏览企业社交媒体账号的次数、点击贴子的次数、留言的次数等，从而筛选出潜在客户。

综合分析客户行为，星谷云平台为企业形成其指定时间段的运营分析报告，包括邮件营销情况、网站流量变化、销售线索变化和不同客户类型的数量变化。企业可根据运营情况调整与优化运营方案。

3.2.3 优化运营方案

通过对客户行为数据的分析，企业可以制定对应的运营方案优化策略，主要包括着陆页的优化、广告投入的优化、再营销方案的确定。

（1）优化企业网站着陆页。

着陆页（Landing Page）即为客户通过各种营销渠道进入网站的第一个页面，不一定为网站首页。着陆页对于企业的营销活动非常重要。通过分析跳出率与会话时长两个数据，可以判断着陆页是否需要优化，跳出率越低、会话时长越长，则说明客户的购买意向越强烈。一般跳出率要控制在85%以下，如果跳出率高于85%，则需要分析着陆页的内容与广告的相关性，进而进行优化。星谷为企业提供相应模板，企业无须另外聘请专业团队，只需通过拖放即可设计精美的产品页面、登录页面或电子邮件模板，并支持多种设备的访问。网页中嵌入的代码可以记录网站访问者的访问流信息，自动加入销售线索。着陆页可以让访问者选择是否留下电子邮件地址、参加网络研讨会、体验免费试用、观看演示视频等，这些都可以作为销售线索进行记录。网站还可以配备实时聊天工具与网站访问者进行实时互动，并自动将对话转接给团队相关人员。

（2）调整广告投入比重。

通过分析网站的访客来源，可以获知不同国家与地区的客户对于互联网营销工具的偏好，进而调整企业投放于 Google 广告、社交媒体广告以及邮件营销的费用与人工的比重。

（3）优化 Google 广告。

优化 Google 广告是一项日常工作，主要是根据营销结果对关键词条与词组进行调整与优化。星谷云平台可以实现 Google 广告账户的自动优化，还可以自动对接企业反馈数据，根据 Google 广告投放效果及客户询盘，对账户进行调整优化，不断提高广告主的 ROI（投资回报率）。

（4）制定再营销方案。

再营销方案是在原有营销方案已经实施一段时间之后，针对已访问过企业网站的客户制定的广告策略。星谷云平台为企业提供方便设置再营销方案的功能，使得当客户再次搜索时，网站会展示与新客户不同的广告内容。再营销方案可以根据之前客户行为的不同，提供不同的再营销方案。对于访问过网站但未询盘就离开的客户，要抓住产品重新曝光的机会，利用图片加深印象，强调产品的细节与优势；对于另一类已经询盘但未成交的客户，可以提供成功案例和行业经验，提升信任，并可以给出折扣信息吸引客户；而对于已经购买过本企业产品的客户，可以为其推广企业的新产品。

3.3 成功案例——星谷云助力上海埃文制药海外营销

星谷成立至今，已有 10 年的海外营销经验，服务了超过 1000 家外贸企业。目前，公司正服务着如中车、中航高科、江南电缆、建发集团等 400 多家各行业极具影响力的企业，其中上市企业 60 多家，行业龙头企业 100 多家。星谷帮助上海埃文制药制定海外营销方案、打开其海外市场只是众多成功案例中的一则。

上海埃文制药设备工程有限公司（以下简称"埃文"）成立于 2005 年，是一家在中国率先为国际药厂提供符合欧盟 GMP 标准、美国 FDA 标准和 WHO 标准的一体化工程解决方案的供货商。埃文所提供的服务涵盖了洁净房、水处理系统、药厂的整套生产线，还包括后道包装以及中心实验室等。2015 年 10 月，星谷与埃文签订海外营销战略推广合作协议。根据埃文外贸营销现状，星谷为其选择了企业网站加上搜索引擎广告投放的营销方案。

首先，星谷运用其智能云站系统为埃文创建了企业海外网站，采用小语种母语化多媒体视频建站思路，将埃文的工厂搬到互联网上，让海外采购商全方位多角度深入了解埃文各种生产线的先进之处，以及埃文能够提供一整套制药工厂整体解决方案的能力和标准。

其次，为了让全球更多的采购商找到埃文、联系埃文，星谷针对埃文提供的海外市场，结合海外采购者的语言、习惯、诉求等，对其网站进行全球搜索引擎广告投放。第一阶段实施的是搜索广告和 Youtube 视频广告，让海外买家在搜索相关关键词时能够看到埃文网站和视频。第二阶段实施的是投放再营销广告，让访问过埃文的客户再次搜索时，网站能够展示与新客户不同的广告内容，更加强调产品细节、优势，刺激询盘；当这类客户在浏览其他网站时，能够不断看到埃文的产品介绍、公司优势，帮助其对埃文产生信任；在客户看相关视频时，也可以在视频前先看到埃文的产品广告。

在运营过程中，星谷云平台收集客户在埃文海外网站的访问浏览行为，分析评估搜索引擎广告的效果，并根据结果优化搜索引擎营销方案。运营一年后，看到明显的营销效果，刚开始广告投放时，大约每个月获得 40 封询盘，而一年之后，基本上每月稳定在 100 多封。

经过两年左右的合作，星谷为埃文提供的海外营销服务帮助其在海外树立了良好的品牌形象，提升了埃文的海外知名度和美誉度。经济效果也很明显，单个有效询盘成本从 2016 年的 800 元降低到了 2017 年的 200 元，有效询盘数量平均上升 53%，网站访问量平均上升 120%，客户数量增加 94%。目前已达成中亚、中东、非洲等地区大型药厂建设项目订单，项目金额高达千万美元以上。

4　星谷的竞争对手

目前，国内 SaaS 智能营销板块正在苗壮发展，除了星谷以外，行业代表还有小满科技和笨鸟社交等，其中小满科技从 CRM 管理软件切入 SaaS 营销领域，笨鸟社交则从社交角度切入 SaaS 营销领域。它们从成立至今不断发展，功能不断完善，目前已积累了较大规模的客户。

4.1　小满科技

深圳市小满科技有限公司（以下简称"小满科技"）成立于 2013 年 3 月，是国际贸易解决方案供应商，通过大数据与人工智能的产品、解决方案与服务，帮助中国企业拓展国际业务。小满科技通过小满客户关系管理、小满营销、小满发现等产品，为企业提供从发现客户、营销客户、管理客户、实现订单的全套解决方案。

小满科技支持 IMP 协议的 Web 多邮箱客户端，可以满足同一账户绑定多个邮箱，无须切换直接操作，通过文件夹、标签、客户多个维度，全局性地管理邮件，实时监测邮件打开的次数、时间和地点。其特有的客户评分体系为基于客户行为和客户属性的智能自动评价系统，通过建档完善程度、客户匹配程度、大数据活跃度、客户联系紧密度等维度，将大量往来邮件、通话录音、会面拜访、报价订单等虚拟线索量化，勾勒出翔实的客户"画像"，借此完成精准营销。

4.2 笨鸟社交

深圳市笨鸟社交科技有限公司（以下简称"笨鸟社交"），是外贸成交全流程解决方案提供平台之一。笨鸟社交于 2015 年在厦门成立，围绕跨境社交媒体管理、社交客户挖掘、社交媒体内容营销 3 个方面，发布了当时全中国第一个跨境社交系列产品。上线 4 年，已服务 3000 余家客户，其中超过三成企业是大型或品牌企业以及上市企业。

笨鸟社交面向全球跨境 B2B 企业，围绕外贸企业订单，创建从高质量获客到高效率转换成交的全流程解决方案。笨鸟社交的业务流程大致为：通过全流程平台，首先，借助 AI（人工智能）推荐将潜在客户挖掘出来，成为企业的目标客户；其次，通过营销管理影响目标客户，获得营销线索；再次，通过销售管理和线索增强将线索转化为商机；最后，通过成交管理达成交易，形成订单。

笨鸟社交的特色是利用自建的全球采购商及联系人数据库，为企业智能推荐最匹配的优质买家资源，其 ACC（客户推荐采纳率）与 AUC（推荐评估准确率）分别达到 67% 与 80%。并结合 DM（智能数据管理平台）为企业开展智能化、自动化、精准化的营销。

星谷与小满科技及笨鸟社交既是竞争对手关系又有合作的情况，有的企业既购买了星谷的服务又同时使用小满科技完成客户管理。在未来，中国的 B2B 智能营销领域将会进入扩张阶段，这一阶段的特征是大量企业开始愿意尝试新的营销方式、市场上需求旺盛，而高需求会吸引大量公司涉足此行业，进而 VC 投资者开始关注行业动态并参与投资，行业标签逐步完善、行业开始细分。这对星谷及其竞争对手来说是难得的发展机遇。

5 展望未来

星谷的创始人郭亮深知前方的道路还很漫长，幸运的是有一个目标在指引着星谷前进的方向，这个目标就是星谷的对标企业——美国的 HubSpot 公司，其市值已达到 70 多亿美元，在全球拥有 10000 多家付费 B2B 企业。

5.1 星谷对标企业——HubSpot 公司

2004 年，两位麻省理工学院的研究生 Brian 和 Dharmesh 注意到人们购买方式的转变，即人们不再希望被营销人员和销售人员直接打扰自己的购买行为，更喜欢被潜在地引导购买和个性化的营销。他们在"集客营销"（Inbound Marketing）基础上创立了 HubSpot 公司。截至 2019 年，该公司在全球拥有 8 家分公司，2600 多名员工，其平台现支持 6 种语言，拥有 150 多个用户群体、100 多个国家/地区的 60500 多位客户。

HubSpot 公司旨在为企业提供解决营销、销售和客户服务问题的一整套软件，帮助企业改善传统低效的营销方式，将传统的"推"式营销方式改为以用户为中心、通过优质内容有针对性地"拉"取用户，将邮件、社交媒体、网站设计集成于一体，主要步骤包括引流、转化、成交与持续口碑营销。

HubSpot 公司的产品包括 CRM（客户关系管理）系统、Marketing Hub（营销中心）、Sales Hub（销售中心）、Service Hub（服务中心）4 个软件。各软件之间可独立运行，也可配套使用。根据软件的不同与等级的高低，HubSpot 公司进行不同标准的收费，如营销中心分为入门级、专业级与企业级三种供客户选择，不同等级的软件功能有所差异，越贵的软件配套功能越完善。

5.2 星谷的下一步工作

对标 HubSpot 公司，结合星谷自身的发展，郭亮对星谷的下一步工作有如下的考虑：首先要继续深度挖掘线上线下营销整合的切入点，使得企业线下存量资源更便捷地线上化，充分优化企业的营销资源。可以预见，未来的营销将会高度去人工化，即营销自动化程度将越来越高，人只要设置目标，营销渠道的选择、营销内容的创建、广告的智能投放将全部由计算机完成。因此，星谷也要提升营销自动化程度，利用大数据和人工智能技术优化广告、创建广告内容，提升搜索和社交广告自动化投放的程度。同时，还要开展营销数据和营销结果预测系统的研发，提高预测的准确度。

其次，星谷要吸引更多的中小外贸企业加入星谷，享受跨境营销带来的益处，则要考虑将星谷的软件分级，不同的级别有不同的收费标准，满足不同类型企业的需要。基础入门级的软件免费或只收少量的费用，用于普惠众多刚刚尝试跨境营销的中小外贸企业，对于那些希望利用星谷实现更高精准跨境营销的外贸企业，则可以选择高级进阶版本。

郭亮知道未来还有很多工作要做，有很多的困难需要克服，但是看到越来越多的中小外贸企业在星谷的帮助下扬帆出海，在海外声名远扬，深感这一切都是值得的。

附录 1　海外主要国家本土化搜索引擎

附表 1　海外主要国家本土化搜索引擎

亚洲	大洋洲	欧洲	美洲	非洲
马来西亚	澳大利亚	英国	加拿大	毛里求斯
Cari、Sajasearch	Anzswers	Izito、Splut	Amray、Canadaone	Servihoo
日本	新西兰	法国	墨西哥	阿尔及利亚
Ceek、Goo	AccessNZ	Orang、Kompass	Mexicoweb	Marweb
韩国		丹麦	阿根廷	埃及
Naver、Nate、Korea		Jubii	Buscapique	Egypt Search
菲律宾		意大利	巴西	塞内加尔
Sanock、Yehey		Excite、Tiscali、Cutestat	Starmedia、Uol	Seneweb
以色列		瑞士	美国	毛里塔尼亚
Gogo		Sharelook	Yahoo、Google、Bing	4arabs、Marweb
泰国		俄罗斯	巴拿马	苏丹
Sanook		Yandex、Akavita	Istmania	Sudaneseonline

资料来源：根据郑暖和杨荫的研究文献整理。①

---

① 郑暖，杨荫. 跨境电商海外营销方式分析［J］. 现代商贸工业，2018（3）：34-36.

附录2 海外主要社交平台及其特点

附表2　海外主要社交平台及其特点

名称	用户规模	类型	营销效果
Facebook	45亿活跃用户	全球最大的社交分享平台	拥有庞大的用户基础，吸引一个粉丝平均花费1.07美元
LinkedIn	6.1亿活跃用户	全球最大的职业社交平台	"一站式"职业发展平台，行业分类清晰，潜在客户专业且质量较高
Twitter	1.45亿活跃用户	全球最大的微博平台	54%的推文都来自手机，36%的用户每天都要发推文
Instagram	10亿月活用户	全球最大的图片分享平台	每天有420万Instagram用户访问至少一个企业主页，80%的账户至少关注一个企业账户；Instagram有2500万个企业账户
YouTube	8亿活跃用户	全球最大的视频网站	视频营销能带来病毒式传播效果，消费者接受起来更为直观
Pinterest	拥有300亿张图片	基于兴趣图片的社交平台	精美的图片非常吸引买家，卖家可以建立自己的品牌主页，上传产品图片并与他人互动

资料来源：根据郑暖和杨荺的研究文献整理。①

---

① 郑暖，杨荺. 跨境电商海外营销方式分析 [J]. 现代商贸工业，2018 (3)：34-36.

附录 3　智能营销的营销作业流程

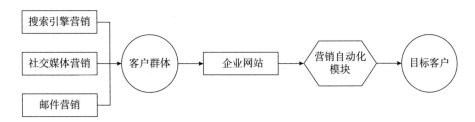

附图 1　智能营销的营销作业流程

资料来源：根据约翰·亚瑟的研究文献整理。①

---

① 约翰·亚瑟. 关注营销自动化新模式 [J]. 中外管理，2012（15）：88-89.

附录4 基于星谷云平台的智能营销流程

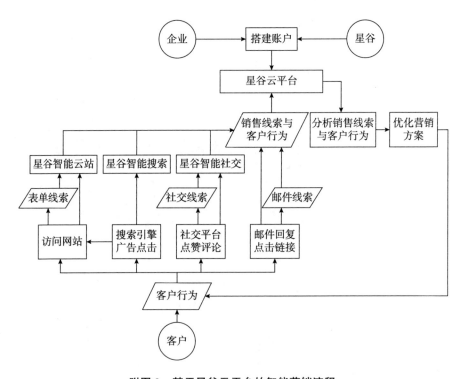

附图2 基于星谷云平台的智能营销流程

资料来源：笔者绘制。

Cross-Border Intelligent Marketing Helps Small and Medium-Sized Foreign Trade Companies Go Global
—Xinggu Cloud Platform

Abstract: Shanghai Xinggu Information Technology Co., Ltd. was born at a time when external demand was shrinking. At that time, the foreign trade market was still affected by the 2008 financial crisis, and it was once in a downturn. On the day of its establishment, Xinggu put forward the concept of "precise integrated marketing of foreign trade", and has always been committed to helping small and medium-sized foreign trade companies carry out cross-border marketing at different stages, and providing precise integrated marketing services for Chinese foreign trade companies. The domestic SaaS intelligent marketing sector is developing vigorously, and Xinggu has more and more competitors. Making great progress in the SaaS marketing field requires profound research and judgment of the future situation. Especially in the future when marketing becomes more and more automated, Xinggu urgently needs to use intelligence tools to absorb more corporate users, build brand awareness and enhance brand reputation.

Key words: Cross-Border Marketing; Intelligent Marketing; Small and Medium-sized Foreign Trade Enterprises; Hubspot

案例使用说明

跨境智能营销助力中小型外贸企业走出去
——星谷云平台

一、教学目的与用途

1. 本案例主要适用于"跨境电子商务""国家贸易电子化实务与跨境电子商务"等课程中的"国际贸易网络营销"与"跨境网络营销"等章节的教学与管理培训。也适用于"网络营销"课程中"搜索引擎营销""社交媒体营销"及"邮件营销"等章节之后的教学与管理培训，以及"市场营销"课程中"直复、网络、社交媒体营销"的教学与管理培训。

2. 本案例适用于有一定工作经验和管理阅历的 MBA 及 EMBA 的学生和管理者，同时也适用于市场营销、工商管理专业本科生与硕士研究生关于以上相关内容的教学。

3. 教学目的如下：

（1）帮助学生了解外部环境变化下中小型外贸调整与海外客户沟通方式的必要性。

（2）掌握互联网环境下的营销手段、智能营销的含义以及智能营销的工作机理。

（3）理解如何利用智能营销服务平台开展海外智能营销。

二、启发思考题

1. 互联网环境下外贸企业在与海外客户的营销沟通方面出现了哪些变化和特征？这对中小外贸企业的营销活动有什么影响？

2. 目前常见的互联网营销工具是什么？分别可以实现什么营销目标？智能营销有什么特征？

3. 星谷所提供的智能营销工具相比传统互联网营销工具优势在哪？

4. 星谷是如何利用云平台实现外贸企业海外智能营销的？

5. 比照对标企业，星谷接下来要在智能营销方面做哪些努力才可以为处于不同跨境营销阶段的中小型外贸企业提供更好的解决方案？

三、分析思路

下面提出的分析思路仅供参考使用，如图 1 所示。

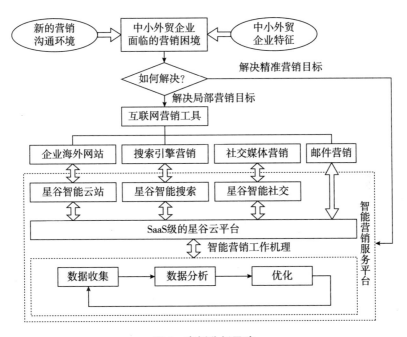

图 1　案例分析思路

首先，结合星谷发展的历史，分析外贸企业跨境营销环境的变化，以及对中小外贸企业跨境营销的影响。分析在互联网环境下能够帮助外贸企业实行海外营销的工具，设想各种营销手段的使用场景，理解实现高效的精准跨境营销需要各种营销手段的整合使用。其次，分析星谷提供的智能营销工具在服务中小外贸企业进行海外营销方面与相应的传统互联网营销工具的不同之处。分析智能营销的逻辑与工作机理，结合星谷云平台分析在智能营销落地时各步骤所需要的工作。再次，讨论其他的常见数据指标，例如，广告的点击率，邮件的发送数、打开数、链接点击量，浏览企业社交媒体账号、点击帖子、留言等。或者讨论不同营销渠道整合的客户行为表现，例如，某客户点击了邮件链接来到企业网站，浏览了某种产品的详情页面。对于以上的数据指标与场景，讨论其数据收集、数据分析与优化工作。最后，结合当前对营销自动化程度要求越来越高的大背景，对于智能营销的未来展开讨论。结合案例中星谷的对标企业即 HotSpot 公司的介绍，分析未来的智能营销会实现什么功能与效果。再结合当前我国中小企业的现状，分析它们对于智能营销的要求，同时，对类似星谷的智能营销服务平台提出其发展方向。

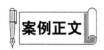
案例正文

振华重工：全球疫情影响下，
海外运营何以坚持？①

　　摘　要：振华重工占全球港口机械市场的 70% 以上，基本每天都有运送振华港机设备的运输船在大洋上航行，也都有港机设备在客户码头调试和交机。2020 年 2 月以来，新冠肺炎疫情在全球蔓延，使振华重工的国际运营置于全球疫情的危机之中。本案例聚焦振华重工的国际运营环节，即运输、交机（卸船、调试），以南美子公司在巴西的卸船和调试为例，描写其在巴西及全球疫情背景下遭遇的困难，例如被感染的风险、国内的工程师和工人无法正常派出等，以及子公司团队和振华重工总部为克服这些困难而采取的各类措施。虽然振华重工基本能够应对疫情下交机和调试的挑战，但是又面临疫情下悲观经济预期和全球贸易下降带来的需求疲软。

　　关键词：振华重工；港口机械；新冠肺炎疫情；国际运营；组织韧性

---

　　①　本案例由同济大学经济管理学院李清海撰写，本案例作者拥有著作权中的署名权、修改权、改编权。衷心感谢振华重工创始人、首任总裁管彤贤，时任总裁、党委副书记黄庆丰、振华国际集团执行总经理叶晖、南美子公司经理徐波、地中海子公司经理柴云鹏、中东子公司经理汤栋、卸船工程师鲁广宇等的大力支持。感谢华东师范大学金润圭教授、北京航空航天大学欧阳桃花教授、潘立新副教授、上海对外经贸大学谢佩洪教授、同济大学闫淑敏教授等专家提出宝贵建议。案例来源于中国管理案例共享中心案例库，案例编号为 STR-1221，荣获第十一届全国百篇优秀管理案例奖，并经该案例库同意授权引用。由于企业保密的要求，在本案例中对有关名称、数据等做了必要的掩饰性处理。本案例只供课堂讨论之用，并无意暗示或说明某种管理行为是否有效。

引 言

2020 年 3 月初，时任振华重工总裁黄庆丰召集振华国际集团执行总经理叶晖、振华各海外子公司经理召开海外"战疫情、保交机"的视频会议。南美子公司经理徐波、地中海子公司经理柴云鹏、中东子公司汤栋等海外子公司经理参加了视频会议。黄庆丰介绍了国内复工复产的情况。为了 2 月 10 日按时复工，振华重工中高层干部牺牲春节休息，为复工复产做了大量而细致的准备。到 2 月底，振华的工人回归率超过 60%，所有重要的项目都恢复了生产，振华在年后需要交付的港机设备基本能够按时装船发运。①

国内疫情得以控制及振华重工国内生产恢复之后，黄庆丰把工作重点投向海外，尤其是海外疫情蔓延使黄庆丰感到担忧。振华港机设备的 80% 供应海外港口，与一般产品简单交付给用户不同，振华的港机需要自己跨洋运输，到达客户港口后，需要卸船和调试。而卸船是一项难度高、风险大的工作，需要振华派出卸船工程师和技术工人完成。调试是一项复杂的技术工作，需要振华的电气工程师或其他控制系统供应商的工程师来完成。只有调试完成正式交付给用户，才算完成合同，振华也能够收到剩余款项，否则振华不仅拿不到剩余款项，还会影响到振华的声誉。除交机之外，黄庆丰更加担心振华外派员工和当地员工的安全。

振华国际集团直接领导海外各子公司。国际集团执行总经理表达了自己的担忧，按照国内疫情发生后中国、美国、澳大利亚、俄罗斯等国采取的措施，中断航空等交通工具，阻断人员往来是各国防止疫情输入常采取的手段，而在平时，振华的运输船、卸船人员、调试人员一直在路上或在用户处，一旦交通阻断，交机环节的卸船、调试必然受到影响。交机是海外子公司的责任范围。疫情之下，当公司总部的工程师和技术工人不能保证时，海外子公司有能力保障交机吗？徐波、柴云鹏、汤栋等海外子公司的经理陷入沉思。

---

① 李清海. 如何让海外客户摆脱疫情阴影 [J]. 商业评论, 2020 (2-3): 66-71.

1 振华重工的海外运营

1.1 不受制于人

管彤贤于 1992 年与一群志同道合的同志创办了振华重工。[①] 经过近 30 年的发展，振华重工已经成为全球港口机械的市场和技术领导者，市场份额超过 70%，实现了创立之初定下的目标："世界上凡是有集装箱装卸的港口，就应有振华生产的集装箱起重机在作业。"振华的全球运营有自己的特点，即所有的产品在国内（主要是上海长兴生产基地）制造，用自己的运输船运送到客户港口。在世界范围内，振华是唯一一家拥有自己整机运输船队的重型装备企业，目前有 30 艘整机运输船。拥有自己的运输船，保证振华把运输环节掌握在自己手里，而运输是港机交货期的重要保证。港机的顾客即港口码头运营商对于交货期非常看重，因为港机设备的交货期影响到港口是否能及时投入运营。振华创始人、首任总裁管彤贤说："振华起步时，产品质量不可能比日本企业的质量好，所以我们只能在交货期上下功夫，后来我们越做越好。"

振华并非一开始就有自己的运输船。管彤贤说："振华自己搞运输船是被逼出来的。"1992 年起步时，全球只有一家荷兰公司 Dockwise 拥有能运输岸桥的特种运输船，接到振华要再加运一台岸桥的订单，它开出了 140 万美元的高价。振华的商务人员有点懵："上次运那台不是才 90 多万美元吗？我们是回头客，怎么反而提价这么多？"对方拿出垄断者的傲慢说："不是这次贵，而是上次已经便宜你们了。"这家公司的合同条款还相当霸道：运输船如果晚到始发港码头装机，不承担违约责任；而运输船抵达目的港后，租赁方必须在规定时间内完成卸货，逾期要承担赔偿责任。管彤贤说："海上运输已成岸桥如期交货的瓶颈，要想不受制于人，只有自己干，否则只能关门！"1995 年，振华首次造出了自己的运输船，之后随着订单的增加，先后建造了数十艘运输船，经过更新换代，振华保持 30 条船的运输能力。同时，振华还掌握了全球远洋运输的能力、培育了相关人才。运输船已经成为振华的核心能力

---

① 2009 年底，管彤贤离开了总裁岗位，接替管彤贤担任总裁的是康学增。康学增历任中交第一航务工程局总经理。2012 年 10 月，宋海良任振华重工董事长兼总裁，之前宋海良任中交水运规划设计院有限公司董事长兼总裁。2015 年 4 月，长期担任副总裁的黄庆丰接任总裁职务。

之一，竞争对手很难模仿。一个重要的原因是建造和养活一艘运输船很昂贵，所以需要有与运输船匹配的订单。有了运输船不一定拿到订单，但没有运输船，不能保证交货期，更拿不到订单。

一般而言，设备制造企业均采用知名企业的控制系统，例如 ABB、西门子或富士。由此导致的后果是控制系统价格贵、交货期不能保证，因为谁的系统谁调试。"不受制于人"是时任总裁管彤贤的信条。按照这个信条，振华从 2000 年开始，开发自己的控制系统。① 为了推广自己的控制系统，振华提出终身保修的条件。到 2020 年，一半左右的振华港机设备采用自己的控制系统。更为重要的是，振华培养了大批电气和软件人才，他们还能够承担调试交机工作。振华的控制系统已经成为其核心竞争力，振华已经发展成为自动化（无人）码头系统的全球技术领导者，该系统主要的价值创造是自动控制和人工智能。

1.2　运输交机有预案

海外交机包括运输、卸船、调试等工作。整机运输是振华的"招牌"，也是核心能力之一。跨洋运输，一直会碰到各种危机和挑战。每一次运输、交机、调试，派谁去，如何去，何时去，都有人专门做方案。做预案时，要考虑各种风险因素，尽量做到万无一失。预案还涉及运营优化，例如运输船跑一次欧洲，他们就会想把给德国、法国的港机一起运过去，或者路过非洲某港口，就把其产品也顺便带过去。尽管做了很详细的预案，但是还会遭遇各种突发事件。例如，2008 年 12 月 17 日，"振华 4"轮在苏丹卸货之后返航途经亚丁湾水域遭遇索马里 9 名武装海盗袭击，通过奋力抗击，击退海盗②；2009 年，"振华 4"轮再次遭遇海盗时，启动预案，再次击退海盗③。2014～2015 年，面对埃博拉疫情，振华派出团队，圆满完成了几内亚两台岸桥的交机调试，并培训了当地工人。④ 振华中东子公司 2011 年底成立，2012 年就遭遇了中东呼吸综合征（MERS）以及 2012 年之后的叙利亚战争的威胁。每次处理突发事件后，振华都要复盘，吸取经验和教训。然而，"如果一点儿风险

---

① 陈怡璇."不安分"的程序员——访上海振华重工电气有限公司副总经理叶军 [J]. 上海国资，2014（12）：90-92.

② "振华 4 轮"抗击索马里海盗 [EB/OL]. 新浪网，http：//news. sina. com. cn/o/2009-01-26/033215086292s. shtml，2009-01-26.

③ 中国"振华 4 号"货船在亚丁湾再次遭遇海盗袭击 [N]. 文汇报，2009-04-30.

④ 上海振华重工设备在几内亚受到业内人士高度赞誉 [EB/OL]. http：//gn. mofcom. gov. cn/article/jmxw/201511/20151101165309. shtml，2015-11-17.

都不冒，就成就不了振华，'富贵险中求'就是企业家精神的最好体现。"振华国际集团执行总经理叶晖说。

虽然装卸船用常规的设备来完成的大部分计算是比较简单的估算，但是一旦搞错，就会机毁人亡，尤其在涌浪大、潮差大的码头。尽管卸船工程师能够看到风险，并通过方案设计规避风险，但是卸船是系统工程，靠几篇文章和几张图无法真正搞懂。曾有人拿了振华的整本文件和图纸，按照图纸制作工装，甚至还请了部分振华离职的有多次经历的卸船工人，结果还是无法完成装卸船。卸船是团队作业，光靠某个人是无法做好工作的。

卸船要克服的一个难题是船甲板与码头平台的落差。全世界各港口的潮差各不相同，同一个港口又随日期而不同，最大潮差可以达到 7~8 米，所以每次卸船都需要设计和计算方案。为了克服落差，卸船需要利用潮汐的时间窗口，"潮"是指白天的涨潮。①振华的运输船比较特殊，像潜水艇一样，船肚子里面可以蓄水，靠船排水和压水，船自身可以调节 1~2 米，由此可以拉大卸船的窗口期。卸船所需要的时间随不同的港机设备而不同，岸桥最大、最重，卸船难度最大，通常情况下，卸一台岸桥大概需要 3 天时间，卸两台岸桥需要 4~5 天，3 台需要 7 天。

卸船之后的工作是安装。卸船时，对卸船有干涉的部件需要拆掉，所以卸完之后需要安装回去。调试工作的第一步是测试，港机从上海长兴基地运送到目的地，需要 1~2 个月时间，如从上海运到巴西需要 45 天。在海上漂过 1~2 个月时间之后，电器元器件难免会出问题，所以首先需要测试和恢复，但测试和恢复过程较快。调试的第二步工作是功能测试，测试港机的基本功能和用户的定制化功能，定制化功能包括用户的操作习惯（速度更快一些或慢一些）等。功能测试需要 1~2 周。第三步是耐久性试验，即让港机模拟工作状况连续 24 小时。第四步是附加功能的测试，如用于识别每个集装箱标识的 OCR（Optical Character Recognition）系统。

卸船工程师和调试工程师从国内派，调试工程师一般是电气工程师，多数情况下派两个，一个负责硬件，另一个负责软件。这些工程师对被调试的产品很有经验，在生产制造的时候，就负责这些项目，所以他们对要调试的设备很熟悉，调试效率较高。振华的交机员习惯于边"旅行"边工作，甚

---

① 潮汐现象是指海水在天体（主要是月球和太阳）引潮力作用下所产生的周期性运动，习惯上把海面垂直方向涨落称为潮汐，而海水在水平方向的流动称为潮流。潮汐现象的特点是每昼夜有两次高潮，而不是一次，"昼涨称潮，夜涨称汐"。简而言之，"潮"指白天海水上涨，"汐"指晚上海水上涨，不过通常我们往往将潮和汐都叫作"潮"。

至工作就是"旅行"。此外，即使在没有疫情期间，很多员工也都有扮演过"救火队"角色。

1.3 与分包商的合作模式

与分包商的合作模式可以分为两类。第一类，有难度和风险大的活，分包商做不了，如卸船，那么子公司采用点工的模式，即分包商按照子公司的要求派工人，如电焊工、钳工。第二类，比较简单、没有风险的工作，可以直接给分包商，类似于装修工程，如做一个工装件，振华把图纸给分包商，后者在自己的车间完成，不需要到现场。

1.4 人才培养与干部选拔

创业最初几年，管彤贤还发现一个问题，外派到海外的人员不懂英语，不会开车，需要配备翻译和司机，不仅增加成本，而且不能进行深度商务和技术交流，而港机是一个技术复杂产品，每个用户都有独特要求。于是管彤贤鼓励员工学英语。通过一定级别的英语考试的员工可以拿到英语津贴，几年下来，中高层管理人员和技术人员中，只有管彤贤没有拿到英文补贴。随着公司财务状况的好转，振华专门发放免息贷款支持职工买车，只要职工能在20年之内还清就行。通过这两个举措，振华绝大多数员工能够用英语交流，会开车，能够被单独派到海外。

作为一家快速成长的创业企业，振华经常面临一个又一个挑战，要解决这些困难和挑战，干部是关键，管彤贤总结了选干部要有四个条件：一是肯操心；二是能着急；三是遇事拿得出办法，不能只是向领导汇报了之；四是出手快。时任总裁黄庆丰、国际集团执行总经理叶晖等高管就是按照这个标准选拔出来的。

1.5 设立海外子公司

在振华起步时，为了开拓市场，海外服务基本免费。近年来，随着港机市场饱和，振华面临增长的瓶颈。另外，振华销售的近二十年的港机逐步进入更新换代的时间，港机维护保养的需求也日益突出，用户也希望振华在当地提供维修保养服务。用户觉得振华工程师三个月调试交机就走了，他们再想升级改造，再想买个配件等都颇感费劲，尤其对于类似巴西这样的国家，中国离得远而且有时差，不容易找到振华的人，只能自己想办法解决。基于这些原因，黄庆丰决定，逐步在海外建立分公司制度，希望在一段时期内，把海外销售和服务从费用中心转化为盈利中心。同时，海外分公司承担市场开拓任务。2011 年到 2020 年，振华拟建立八大区域中心，即亚太、北美、拉美、南美、欧洲、中东、非洲和地中海及东欧，以及 36 家海外分公司或办事处。这些海外机构采用"振华国际集团—区域中心—子公司/办事处"的三层次矩阵式管理模式。

2 振华南美子公司（巴西）

振华的港机于 1996 年进入巴西，截至 2020 年 5 月，振华已为巴西各港口提供了 62 台岸桥、87 台场桥，以及卸船机、龙门吊等港机设备，在巴西的市场占有率达到 90%。振华在南美销售的岸桥等设备中，有八成采用振华的控制系统，由振华工程师调试。

尽管徐工集团、江淮汽车、奇瑞等中国企业都在巴西设立生产型分公司，但是中国领导人到巴西访问时，多选择参观港口，感受振华集装箱起重机的宏大和气魄。振华南美子公司成立于 2014 年，位于巴西最大的港口城市桑托斯（Santos），业务包括港口设备的销售、改造、升级、维修保养、拆解、搬迁以及抢修等，也负责振华在当地交机、售后，以及解决振华人员签证、备件发运清关等事务。子公司努力降低费用，提高售后服务反应速度，提高客户满意度。上海总部外派 3 人，本地直接雇员 8 人，具体项目施工都由长期合作的巴西分包商提供人员支持。南美子公司类似一家 4S 店，卖整机利润不高，但服务市场利润可观。

2.1 南美子公司经理徐波

南美子公司徐波于 2008 年毕业于东华大学机械工程及自动化专业。他当时拿到丰田汽车和振华两个工作机会，尽管汽车行业薪水高，但是由于其不愿意为日资企业效力，所以选择了振华。徐波首先在振华售后服务部工作，负责海外项目的交机和售后服务，2008~2013 年差不多有一半时间在国外现场。直到 2013 年进行海外机构经理统一招聘，徐波被选拔为上海振华南美子公司经理。从子公司设立注册、办公室选址、当地人员招聘到现在基本架构的完成和运营，徐波全面参与。2014~2020 年，他 80% 的时间在南美洲，主要在巴西。

徐波的职业生涯可分为两个部分，即常驻海外前和常驻海外后。他在常驻海外前一直负责公司产品的服务，从国内的支持到现场的管理。他除了和机械设备打交道，更多的是和人打交道，尤其在国外，带领一个不大不小的团队（一般十几个人）到一个陌生地方，从日常生活到现场进度和满足用户新要求，都要靠自己来协调完成。"管好项目进度很难，把人管好则更加困难"，通过这几年的锻炼，徐波成长了很多，协调能力得到了提升，基本上可以独当一面了。

徐波到了海外子公司后，又碰到了很多困难，比如各种法律法规、财务流程等，前两年他走了不少弯路、吃了不少亏和苦，但是这为后面的道路打下了坚实的基础，也让徐波更加了解巴西这个国家。常驻海外的后六年，徐波的资源调动能力和领导能力得到了很大的提升，自信和坚韧增加了不少，承受压力的能力也强了很多。

2.2　费用增加，效率下降

新冠肺炎疫情发生后，成本增加，效率降低，15天能完成的活要干20天。原来只要遵守安全规章制度就可以，现在发生疫情后要戴口罩、要洗手，吃饭要求也提高，还不停地加入各种防疫物资。一旦有人发烧就不能来了，再到医院里做一些检查。这些都转化为子公司的成本。徐波估算，疫情导致成本至少增加30%~40%。

徐波一方面面临技术工人缺乏的难题，他需要大量技术工人，但分包商没有足够的技术工人，另一方面又有很多技术工人在失业。

3　新冠肺炎疫情下的卸船与交机

3.1　在桑托斯港卸船与装船

2020年2月19日，"振华23"轮装载2台岸桥抵达桑托斯港码头。这是自疫情发生以来，南美子公司的首个到岸项目。振华派了卸船工程师、调试工程师，但工人没有来。工人大多是可以替代的，所以困难比较小。这些工程师有的在迪拜转机，有的在巴黎转机，避开当时疫情较为严重的地区。施工设备随船运到。

南美子公司副经理任伟担任现场交机组长。他综合研判，结合疫情形势和项目人员短缺现状，第一时间与用户和当地分包商联系，同时积极动员现场的中国工程师和工人，带领大家顺利完成 2 台岸桥的卸船任务。

南美子公司还有 3 台旧岸桥的装船和搬迁任务。3 台旧岸桥的使命寿命超过 20 年，非常陈旧，帮助港口处理到期旧港机设备是振华全生命周期服务中的一个新业务，由海外子公司负责。用户还提出将船中途驶离码头 10 天后再靠泊的要求①，增加了工作压力和施工难度，施工期间还遭遇了持续的暴雨天气。经过精心组织，并与用户反复沟通，南美子公司采取增加巴西当地人员数量和设备、在法律允许的情况下适当加班、轮换班组施工等多种措施，同时对现场施工人员进行严格安全保护，每日早晚进行体温检测，认真关注施工人员的健康情况，并发放口罩、护目镜等防护用品。3 月 21 日，随着一声汽笛，"振华 23"轮装载着 3 台旧岸桥从巴西桑托斯码头出发驶向印度尼西亚，顺利按期完成装船搬迁，巴西当地工会和客户对此给予了高度赞赏。

到了 2020 年 3 月，全球疫情发生变化，巴西于 3 月 20 日封国，外国人不能再进入巴西。负责附加功能调试后续工程师过不来，而设备的基本功能已经具备。徐波与客户商量，等疫情过后，调试附加功能的工程师再过来，用户表示理解和支持。

3.2 在萨尔瓦多港卸船与交机

5 月 14 日，"振华 24"轮装载着 3 台岸桥和 5 台轮胎吊历时 44 天航行抵达萨尔瓦多港（Salvador）。萨尔瓦多港濒临大西洋的西北侧，是巴西北部最大的集装箱码头。2000 年，萨尔瓦多港首次采用振华建造的港机设备。为了保障设备靠岸后及时卸船，以及防止在机场和飞机上和别人接触，徐波决定不坐飞机，包了一个大巴，连夜行驶 2200 公里累计 35 小时将所有人员从桑托斯市送至萨尔瓦多市的卸船现场，与海服集团随船的卸船工程师组成临时卸船小组，开展卸船工作。

将 3 台岸桥和 5 台轮胎吊卸船，在正常情况下需要 30 个人的队伍，包括20 个工人和 10 个工程师，但这次徐波只有 3 个工人和 2 个工程师。徐波求助分包商派遣工人，克服不利因素，到 5 月 22 日完成全部卸船任务。如果没有疫情，会有两支队伍分别调试岸桥和轮胎吊，在 1.5~2 个月内完成调试。这次徐波只有一支从桑托斯带来的调试团队。徐波与用户协商，先调试桥吊，再调试轮胎吊。因为岸桥对用户来讲是比较重要的大设备，先把桥吊调试完毕，交付给用户，让用户投入作业，满足主要功能，辅助功能需要在疫情之

---

① 由于其他集装箱船要停靠。

后再派专门工程师来调试。这样一来，完成所有设备交付需要 3~3.5 个月。经过徐波与用户的沟通和商议，用户表示理解。

尽管比合同交机日期有所延误，但是客户并没有提出赔偿。徐波归纳了三个因素。第一，南美子公司与客户保持良好的互动关系；第二，巴西人看到振华人的努力还是很佩服的；第三，客户觉得全世界都由于疫情而基本停下来的情况下，振华的设备基本上按照合同运输到现场，已经很厉害了。对此，码头首席运营官 Sergio Augusto Gonçalves 先生表示，在受到新冠肺炎疫情的严重影响下，振华重工仍旧可以保质保量完成制造和运输任务，将设备准时运抵码头，为码头提升运营能力提供了有力的保障，这使他更加坚信选择振华重工和"中国制造"是一个正确决定。①

4 振华总部的支持

振华要求总部及海外子公司的党员和领导冲在前，在第一线指挥协调，起带头和稳定人心的作用。振华采取了诸多举措支持海外员工。例如，邀请知名专家举办防疫讲座，让海外员工科学理性面对疫情，消除盲目恐惧；举办在线的心理讲座，聘请心理医生对海外员工做线上辅导；建立紧急联系机制，成立了防控应急小组；主动慰问外派人员家属、发放慰问物资，让家属理解海外员工工作的意义，因为有了家属的支持和理解，海外一线员工就可以更好地集中精力工作；按照惯例给予疫情期间外派人员补贴；给各个子公司充足的抗疫物资，例如 N95 口罩、防护服、药品等；针对疫情较严重的国家和地区，与相关海外子公司建立每日沟通机制，指导开展必要的科学防护，消除不必要的恐慌心理，保证公司海外员工的身心健康。

振华多次召开专题会议，听取海外分支机构关于当地疫情防控以及生产经营的汇报。时任振华总裁、党委副书记黄庆丰对海外疫情防控和生产经营提出要求，他强调努力将疫情对公司的影响降至最低限度，加强与海外用户以及属地国政府的沟通交流，服从中国使馆、领馆的指导。

此外，驻巴西使领馆也给予振华公司大力支持。如办进港证，及时给予港口或当地机构照会或公函，说明振华技术人员待在巴西是工作需要，而不是这种非法滞留。使领馆还解决实际困难，如有些药品，子公司在当地买不

---

① 振华重工克服疫情困难如期向巴西交付港机 [EB/OL]. 2020-05-20. http://cn. zpmc. com/news/cont. aspx? id=1546.

到，国内又不能寄，使领馆通过外交渠道等帮子公司解决。

5 挑战

尽管徐波和振华总部等做出了诸多努力，但是南美子公司仍面临诸多挑战。面对巴西疫情的严峻形势，南美子公司员工心理压力依旧较大。尽管可以保证基本生活物资，例如衣食住行，但是物资整体匮乏。员工外出受到限制，尽管能和用户保持非接触式的沟通，想办法维持良好的关系，但是面对面交谈所产生的效果无法通过其他沟通方式取代。员工长期在外，想念家人。这些导致成本增加和效率降低持续。

对经济的悲观预期使得港口方不愿意投资新的港口设备，或者少投资，或者把项目延后，这些又影响到子公司承接港机设备新订单的业务。[1] 这些问题与新冠肺炎疫情叠加，长期而言会威胁到南美子公司的生存。疫情还导致全球贸易下降，而全球贸易的下降或悲观预期，也会对振华整体业务产生负面影响。

时任振华重工总裁黄庆丰和振华国际集团执行总经理叶晖了解南美子公司的情形后，将注意力集中到中东、地中海等其他子公司，期望其他子公司带来好消息。他们能如愿吗？

---

[1] 2008 年世界经济危机开始后，时任总裁管彤贤已经开始担心世界经济下行导致全球贸易下降，而贸易下降会导致各港口对港口设备的需求下降。为此他下大力气进入海工行业，经过 10 年的艰苦奋斗，振华已经在海工市场立足，然后油价的持续低迷，使得海工设备市场需求乏力。

ZPMC: How to Maintain Overseas Operations under the Constraint of Global COVID-19 Epidemic?

Abstract: ZPMC (Zhenhua Port Machinery Corporation) accounts for more than 70% of the global port machinery market. Every day, there are ships transporting ZPMC port machinery and equipment that sail on the ocean and there are also port machinery equipment that is commissioned and delivered at customer terminals. Since February 2020, the COVID-19 has spread around the world, putting ZPMC's international operations at risk of the global epidemic. This case focuses on ZPMC's international operations, namely, transportation, delivery (discharge, debugging), takes discharging and debugging undertaken by the South America Subsidiary of ZPMC in Brazil as example, describes the difficulties and challenges under the background of the global outbreak and epidemic in Brazil. The difficulties and challenges include: The risk of infection, domestic engineers and workers can't be sent as normal. This case depicts also various measures taken by subsidiary team and ZPMC headquarters to overcome the difficulties. Although ZPMC is basically able to cope with the challenges of delivery and commissioning under the epidemic, it is also facing the weak demand brought by the pessimistic economic expectation and the decline of global trade duo to the epidemic.

Key words: ZPMC; Port Machinery; COVID-19 Epidemic; International Operation; Organizational Resilience

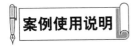

案例使用说明

振华重工：全球疫情影响下，海外运营何以坚持？

一、教学目的与用途

1. 本案例主要适用于"战略管理"课程中的组织韧性等相关教学环节。

2. 本案例主要为 EMBA 和 MBA 课程开发，适合有一定经营管理经验的企业家和管理者学习。

3. 教学目的：

通过本案例的教学，期望学生能够掌握下述知识：

（1）了解大型装备制造企业全球运营的特点，振华重工的模式是我国装备制造企业常用的模式，即生产集中在中国，向全球销售，在全球各地拥有销售、售后和维护保养团队。

（2）从组织韧性的视角，理解全球疫情下的适应能力表示形式和特征。

（3）了解组织韧性所涉及资源与能力的形成和积累过程。

二、启发思考题

1. 振华的全球运营有何特点？

2. 在新冠肺炎疫情限制下，振华及其南美子公司做了哪些适应和调整？请从组织韧性的视角分析。

3. 为何振华及其南美子公司能够做出应对新冠肺炎疫情限制的适应和调整？请从资源和能力的视角分析。

4. 振华及其南美子公司如何积累适应和调整所需的资源和能力？

5. 通过这次疫情，你认为振华未来需要完善哪些资源和能力？

6. 振华的做法对其他中国装备制造企业有何启示？

三、分析思路

笔者推荐以下分析思路（见图1）：

案例问题	案例情景	教学目标
1.振华的全球运营有何特点？	生产基地在国内，运输、卸船和调试分布于全球港口	价值链
2.做了哪些适应和调整？	延长交机时间、改变和调整交机要求（全功能—基本功能）；两个团队完成的调试（岸桥、轮胎吊）改由一个团队完成（岸桥）；外派振华工人—当地工人；坐飞机到巴西—坐振华运输船；巴西国内；坐飞机—包大巴	韧性（适应能力）
3.为何能够做出适应和调整？	资源丰富：物质、人力、网络、政治	韧性的影响因素
4.如何积累适应和调整所需的资源和能力？	建造运输船、开发推广自己的控制系统、建立海外子公司，培养海外管理人才	持续积累、补短板
5.未来需要完善哪些资源和能力？	疫情期间发现的问题：工程师不能到达调试现场，让客户接受一定延期，海外员工管理	继续构建、加强新的资源和能力

图1　案例分析思路

　　首先，界定组织韧性的背景，即我国企业在一个发展中国家的国际运营，面临着新冠肺炎疫情的全球蔓延。其次，认识组织韧性，关注适应能力，关注疫情之下与常态的不同（如断航、调试工程师派不出来），关注公司相对于常态的变化和调整（如交机时间由1~1.5个月延长至3~3.5个月，由完整功能交机调整为基本功能交机），这些改变获得用户的理解和认可，并收回了设备款项。再次，认识资源丰富性对于组织韧性的影响。丰富的资源包括物质资源、人力资源、网络资源和政治资源。最后，了解物质资源、人力资源的演变和积累过程，即疫情期间发挥作用的资源是振华为解决各类问题和危机而积累的。

　　此外，围绕疫情期间面临的问题，找到资源和能力的短板，也是振华要改进的方向。

课前建议阅读资料：

　　[1] Conz E. , Magnani G. A Dynamic Perspective on the Resilience of Firms: A Systematic Literature Review and a Framework for Future Research [J].

European Management Journal，2020，38（3）：400-412.

　　［2］王勇. 组织韧性的构念、测量及其影响因素［J］. 首都经济贸易大学学报，2016，18（4）：120-128.

　　［3］王勇. 组织韧性、战略能力与新创企业成长关系研究［J］. 中国社会科学院研究生院学报，2019（1）：68-77.